從詩中走過來：
論羅門蓉子

謝　　冕等著

本社編輯部編

文史哲出版社印行

國家圖書館出版品預行編目資料

從詩中走過來 ： 論羅門蓉子 / 謝冕等著；文
史哲出版社編輯室編輯. -- 初版. --. 臺北市
：文史哲，民86
面； 公分
ISBN 957-549-095-9

1.羅門 - 作品集 - 評論　2. 王蓉芷 - 作品
集 - 評論

851.486　　　　　　　　　　　　86011148

從詩中走過來:論羅門蓉子

編 輯 者：文史哲出版社編輯室
著　　 者：謝　　　　　冕　等
出 版 者：文 史 哲 出 版 社
登記證字號：行政院新聞局版臺業字五三三七號
發 行 人：彭　　　　正　　　　雄
發 行 所：文 史 哲 出 版 社
印 刷 者：文 史 哲 出 版 社
　　　　臺北市羅斯福路一段七十二巷四號
　　　　郵政劃撥帳號：一六一八〇一七五
　　　　電話 886-2-23511028 · 傳眞 886-2-23965656

實價新臺幣|五六〇元 E

中 華 民 國 八 十 六 年 十 月 初 版

從詩中走過來——論羅門蓉子

目　次

蓉子簡介

本名王蓉芷，江蘇人。大學肄業，考選部交通事業人員高等考試及格。曾任婦女寫作協會值年常務理事、青年寫作協會常務理事兼詩研究委員會主任委員。曾出席在菲舉行第一屆世界詩人大會與羅門獲「大會傑出文學伉儷獎」，接受菲總統大綬勳章。曾獲國家文藝獎、國際婦女年國際婦女文學獎、青協第一屆文學成就金鑰獎。曾先後應聘擔任各公私文化教育機構文學獎評審委員，曾應聘擔任「文建會」與東海大學合辦「文藝創作研習班」詩組主任。一九六五年曾以詩人身份同小說家謝冰瑩、散文家潘琦君，應韓國文化出版界之邀，組成女作家三人代表團赴韓做了一次全國性的訪問。一九八三年曾參加新加坡第一屆國際華文作家會議。曾赴菲講學以及應邀赴香港大學、泰國與美國……等地發表有關詩的講演。曾擔任一九八九年亞洲華文女作家文藝大會主席。

名列「世界名詩人辭典」、「世界名人錄」。

詩集有：「青鳥集」、「七月的南方」、「天堂鳥」、「這一站不到神話」、「千曲之聲」……等十六種。

作品選入英、法、日、韓、南斯拉夫、羅馬尼亞等外文版詩選集以及中文版詩選集……等近八十種選集及蓉子‧羅門系列書乙套八冊。

作品接受國內外著名學人、評論家及詩人的評介文章近七十萬字。

已出版三本評論蓉子作品的書。

羅門簡介

1928年生，海南省文昌縣人。

空軍飛行官校肄業，美國民航中心畢業，考試院舉辦民航高級技術員考試及格，曾任民航局高級技術員，民航業務發展研究員。

從事詩創作四十年，曾任藍星詩社社長、UPLI國際詩會榮譽會員、中國文協詩創作班主任、國家文藝獎評審委員、世界華文詩人協會會長、中國雷射協會發起人。先後曾赴菲律賓、香港、大陸、泰國與美國等地（或大學或文藝團體）發表有關詩的專題講演。

1958年獲藍星詩獎與中國詩聯會詩獎。1965年「麥堅利堡」詩被UPLI國際詩組織譽為世界偉大之作，頒發菲總統金牌。1969年同蓉子選派參加中國五人代表團，出席菲舉行第一屆世界詩人大會，全獲大會「傑出文學伉儷獎」，頒發菲總統大綬勳章。1960年在美國奧克立荷馬州民航中心研習，獲州長頒發「榮譽公民狀」。1976年同蓉子應邀以貴賓參加美國第三屆世界詩人大會，全獲大會特別獎與接受加冕。1978年獲文復會「鼓吹中興」文化榮譽獎。1987年獲教育部「詩教獎」。1988年獲中國時報推薦詩獎。1991年獲中山文藝獎。1992年同蓉子全獲愛荷華大學國際作家工作室（IWP）榮譽研究員證書。1995年獲美國傳記學術中心頒發二十世紀世界五〇〇位具有影響力的領導人證書。

名列英文版「中華民國年鑑名人錄」、「世界名人錄」、「世界

名詩人辭典」及中文版「大美百科全書」。

　　著作有詩集十三種，論文集五種，羅門創作大系書十種，羅門、蓉子系列書八種。並在臺灣與大陸北京大學兩地分別舉辦羅門蓉子系列書發表會。

　　作品選入英、法、南斯拉夫、日、韓，等外文詩選與中文版「中國當代十大詩人選集」……等近一百種詩選集。

　　作品接受國內外著名學人、評論家及詩人評介文章近一百萬字、已出版六本評論羅門作品的書。

　　羅門作品碑刻入臺北新生公園（1982年）、臺北動物園（1988年）、彰化市區廣場（1992年）、及彰化火車站廣場（1996年）。

　　羅門除寫詩，尚寫詩論與藝評，有「臺灣阿波里奈爾」之稱。

- 一向被稱為詩壇永遠的青鳥、一朵不凋的青蓮—蓉子在名詩人余光中教授的評介中是詩壇開得最久的菊花。
- 被稱為現代詩守護神、都市詩與戰爭巨擘的詩人—羅門；在名詩人楊牧教授看來，羅門是詩壇重鎮、詩藝精湛、一代風範的詩人。

我們的話

一

　　在失去中心與價值失控的年代，人飄浮在現象與雜音中，而「詩」使我們深一層的認識自己、認識人、認識這個存在著的世界。我們同「詩」走了四十餘年，也將同「詩」走完我們的一生。離開「詩」，世界將失去最美的看見與聽見，人類也將無法使一切確實的在「美」中完成。同時「詩」的思想可「美」化哲學、科學、政治、社會乃至宗教等所有的思想，而它們都只能加強而卻不能「美」化「詩」的思想。的確如果「詩」不存在了，美的焦點、時空的核心、生命的座標到那裡去找？人類創造的智慧與思想的激化力與爆發點在那？聖經都是「詩」看著寫的；科學家大腦的思路，探索入宇宙無限奧秘迷矇的宇宙時空而有所發現與發明都是靠「詩」的靈視在無形中一路上閃亮著向前「想像」的可見的光。的確世界上所有偉大的文學家、藝術家，乃至哲學家、科學家、政治家、宗教家都事實上與「詩」（POETRY）非寫成的詩（POEM）脫不了關係。因為「詩」確實是潛伏在人類內在生命與精神世界中無所不在的核能，是人類智慧金庫的鑰匙。孔子甚至認為「『詩』是天地之心」，法國詩人阿拉貢更指說「『詩』就是天國」，也有人說「詩」是真理，「詩」是神之目、「上帝」的筆名，唯有「詩」創造的超越的「美」，能接近永恒。

　　存在是一種選擇，我們除了不能不像所有的人，必須生存與生活下去，同時選擇詩，並將生命投給詩與藝術的世界，確是基於上述對存在的覺識以及個人所持的價值觀與生命觀。

二

　　前兩年（一九九五年）是我們結婚四十週年紀念，也是我們從詩中走過來達四十餘年，**臺灣文史哲出版社耗資百萬出版我們十二冊紀念系列書**，青年寫作協會為我們舉辦出書發表會；大陸北京社會科學出版社也同時破例出版我們文學創作系列書八冊，北京大學也破例舉辦我們出書發表會。兩次會議，都分別有不少海內外知名的學者、評論家、詩人與藝術人士與會，給我們在持續詩創作四十餘年的漫長歲月中，帶來極大的激勵與慶慰，我們內心由衷的表示感謝。

　　這本帶有溫情與紀念性的論文集，是海內外評論家或者為兩個討論會、或者為我們創作四十餘年與出版20冊紀念系列書，所寫的有關論文與感言，彙編而成。

　　在此我們除了感謝寫論文的作者專家們，以及參加討論會的與會者，並對文史哲出版社彭正雄先生在目前經營出版事業萬分艱難的情形下，基於為文化奉獻的理念，出版我們 12本系列書與多冊論我們的書，接著現在又彙編出版這部帶有紀念性的論文集，除了深表感佩，更多的是謝意，同時希望愛護我們的讀者，繼續給我們批評指教。

　　此外我們也特別要感謝周偉民與唐玲玲教授夫婦這些年來對我們詩創作世界的盛情與厚愛。

 于86年（1997）5月4日

羅門論

4　從詩中走過來——論羅門蓉子

羅門都市詩美學探究

潘麗珠

提　要

　　羅門是現代詩壇中，始終以藝術理念貫串詩作的人，讀他的作品，應該牢籠全豹而不能單一評價，否則無法盡知作品的勝處。他的都市詩「方形」、「窗」、「眼睛」等意象突出，詩語言明朗具現代感，詩形結構切合都市意涵的美學要求，内容也能呼應他所主張的「第三自然」觀，直探都市人的心靈病灶。稱譽他是「城市詩國的發言人」或「當代都市詩的守護神」實當之無愧！本文從「外緣的探討」與「内涵的深究」兩部分論析羅門的都市詩作品，前者討論羅門其人、都市詩的範疇及美學批評法釋義；後者分別就特殊意象、語言風格及詩形結構析論作品的審美旨趣和藝術理念，此一部分尤爲本文之重心及價值所在。

一、前　言

　　生活在臺北這樣的胭脂盆地①，許多人存在著一種有點喜歡又有點不喜歡的矛盾心理（嚴重的說是愛恨交織、膠滯）：喜歡的是胭脂的繁華風情，臺北的諸多便利；不喜歡的是胭脂的沈淪滋味，臺北的種種俗、膩。無論愛也罷、恨也好，盆地裡的情緒管不著兀自發展的病態風華，名利二帆的來來去去載運著浮浮沈沈的人心，人類原始的衝動（性）與潛伏的獸性（暴力），隨時在暗處上演激情劇。存活於

斯，詩人羅門以筆爲刀斧，鑿築人類精神層次的「第三自然」②，有意識地勾勒、評判在泛價值觀與方向感裡已形失控、飄忽搖擺的都市現象，詩評家張漢良教授稱譽他「寫反映現代社會現象的都市詩，是最具有代表性的詩人」③，良有以也。以下，擬就「外緣的探討」與「內涵的深究」兩大部分進行「羅門都市詩美學探究」。

二、外緣的探討

所謂「外緣」，和「文本」（Text）距離遠而和作者的距離近，所關心的課題包括：一「羅門」其人；二「都市詩」的義界；三「美學批評法」釋義。

㈠關於「羅門」

羅門，本名韓仁存，西元一九二八年出生於海南文昌縣。「祖父是讀書人，清朝進士；父親是位富商，經營遠洋航運事業，有三艘大木船經常往來於南洋一帶，鄉下有兩幢小洋房：一叫『望月樓』，供家人乘涼賞月；一叫『讀書廳』，供子女假期寫字與溫習功課。」④

一九四八年，羅門畢業於空軍幼年學校，轉進杭州筧橋空軍飛行官校。同年代表空軍足球隊參加上海舉行的第七屆全國運動會。一九四九年隨飛行官校到臺灣，在岡山繼續學飛，因踢足球腿部受傷而於一九五〇年技術停飛。一九五一年考進民航局，在民航圖書室擔任管理員的工作，一九五九年考取民航局高級技術員，一九六七年往美國民航失事調查學校研讀。

羅門的第一首詩〈加力布露斯〉於一九五四年以紅字發表於《現代詩》。一九五五年四月十四日下午四時與女詩人蓉子結婚。一九六七年，〈麥堅利堡〉詩獲菲律賓總統金牌獎。一九六九年，同蓉子出席在馬尼拉召開的第一屆世界詩人大會，被譽爲「世界詩人大會傑出文學伉儷」，獲菲總統大綬勳章。一九七〇年，與蓉子並列入在倫敦

出版的《世界詩人辭典》；〈死亡之塔〉詩被圖畫會舉辦的同仁出國告別展中，以繪畫、雕塑、音樂、幻燈、舞蹈與詩等綜合演出，爲中國綜合藝術表演之首創。一九八一年與蓉子參加第一屆國際雷射藝術景觀展，以詩、雕塑、音樂與雷射綜合演出；次年，以詩〈花之手〉配合雕塑家何恆雄的雕塑，碑刻入臺北新生公園。

　　一九八四年，擔任全國首屆戶外藝展顧問團副主席，構想用「藝術造一條路」帶動觀眾參加，形成即興與行動藝術的演出。一九八五年，參加著名藝術家楊英風、何恆雄與國家光電尖端科學家胡錦標、張榮森博士等人在臺北市立美術館舉行的雷射藝展，寫兩首序詩配合雷射演出；另外爲藝術家林壽宇所領導的國內前衛青年畫家在春之藝廊展出的「超度空間」展畫冊作序，也爲現代畫家莊普畫展目錄畫冊寫序。一九八七年，國際知名的眼鏡蛇（COBRA）畫派理論家與畫家造訪羅門以裝置藝術觀念完成的藝術空間「燈屋」。「燈屋」受到媒體廣泛報導。一九八八年，〈宇宙大門〉詩碑刻於臺北市立動物園門口；〈整個世界停止呼吸在起跑線上〉獲中國時報新詩推薦獎。一九九一年獲中山文藝獎。一九九二年，配合雕塑家何恆雄的作品「智慧鳥」而寫的詩，連同雕塑，碑刻在彰化市區。

　　羅門自一九七一年擔任藍星詩社社長迄今，出版詩集《曙光》、《第九日的底流》、《日月集》、《死亡之塔》、《隱形的椅子》、《曠野》、《誰能買下這條天地線》等詩集十三冊，另有《長期受審判的人》、《詩眼看世界》等論文集五冊。一九九五年四月，更由林耀德策畫、文史哲出版社出版「羅門創作大系」十卷；以及北京社會科學出版社出版「羅門蓉子創作系列」書八冊以紀念羅門蓉子結褵四十周年⑤！

　　如此不憚詞費縷述羅門的經歷與部分事蹟，是想說明筆者的幾項猜測：㈠羅門的飛行員經驗使他慣常以一種超越的高度觀照種種都市

世相，冷靜地透視人們空寂的心靈。㈡不同門類的藝術造詣令他更能強調「美」與「精神深度」的結合，對於詩藝的經營絕對有益。㈢運動員的敏銳反應，有助於世相百態的針血擷取，快捷、冷靜。㈣與蓉子相互深情滋潤，對都市的批判，理性中散發生命的溫熱與光度。

大陸當代文學研究會臺灣文學研究部負責人古繼堂說：

> 羅門寫的大量優秀的城市詩，奠定了他臺灣城市詩人的基礎，
> 爲他贏來了都市詩人的桂冠，也使臺灣有了專門描寫都市的「
> 都市詩」新品種⑥。

羅門門羅都市百相，有其異於其他詩人的優勢。以羅門的都市詩爲探究題材，正是因爲他最具「發言人的氣勢」⑦！

㈡「都市詩」義界

何謂「都市詩」？許多詩評家難抗拒羅門都市詩的魅力，除了張漢良、古繼堂、陳煌，還有張健、羅青、張默、王一桃、陝曉明、王振科、古遠清、朱徽、林燿德以及蔡源煌，或直接以都市詩作分析對象，或在文章裡關注都市詩的主題⑧。而除了張漢良之外，其鮮少思考「都市詩」的範域，彷彿這根本無需討論，大家有理所當然的默契。然而誠如張漢良〈都市詩言談〉一文中所提：

> 有一根本問題，〈都市詩〉這個文類的名詞怎麼來的？根據哪
> 一種批評言談產生的？如果對象語言不是先驗的，而是被後設
> 語言所界說與創造的，那麼是否不同立場、觀點、理論、方法
> 及策略，不同主導語碼（Master code），眾聲喧嘩的批評言
> 談，會給它不同的面貌？甚至說穿了，會有不同的稱謂？在這
> 種情形下，是否根本就沒有一種叫「都市詩」的東西⑨？

這樣的質疑，可以讓我們的思慮益加周密，在判斷哪些是都市詩哪些不是時，更有依據。誠然作品的分類是一道艱難的課題，但這卻是本文重要部分「內涵的深究」根基之所在，必須正視。張漢良在暫時認

可主題學（Stoffgeschi-chichte）的前提下，假設「以都市爲素材或狀寫都市的詩皆可稱之爲都市詩，都市詩是都市的主題化或實體化」⑩，如果拿此假設義界檢驗羅門「創作大系」卷二《都市詩》的篇章：

1. 都市之死
2. 都市你要到那裡去
3. 都市的旋律
4. 都市・方形的存在
5. 「麥當勞」午餐時間
6. 咖啡廳
7. 咖啡情
8. 卡拉ＯＫ
9. 車禍
10. 摩托車
11. 電視機
12. 迷妳裙
13. 露背袋
14. 提００７手提箱的年輕人
15. 眼睛的收容所
16. 都市的落幕式
17. 玻璃大廈的異化
18. 生存！這兩個字
19. 帶著世紀末跑的麥可傑克遜
20. 主！阿門　平安夜
21. 上帝開的心臟病醫院
22. 都市心電圖
23. 都市　此刻坐在教堂作禮拜
24. 寂
25. 床上錄影
26. 都市與粽子
27. 銀行
28. 搶劫與強暴
29. 永恆在都市是什麼樣子
30. 進入週末的眼睛
31. 都市的變奏曲
32. 塞車的後遺症
33. 鳥聲帶著早晨起跑
34. 古典的悲情故事
35. 長在「後現代」背後的一顆黑痣
36. 後現代Ａ管道
37. 後現代０管道
38. 「世紀末」病在都市裡
39. 據說後現代是一隻狐狸

可知詩人自己內心的分類界定，與此假設若合符節。然而，「創作大系」所選入者，應有詩人自己的滿意程度，沒有選入而應屬於「都市詩」的作品應該還有：〈外鄉人〉、〈餐廳〉、〈二十世紀生存空間

的調整〉、〈三座名山〉、〈老處女型企業家〉、〈ＢＢ型單身女秘書〉、〈都市、摩登女郎〉、〈流浪人〉、〈送早報者〉、〈地攤〉、〈教堂〉、〈禮拜堂內外〉、〈馬路工人〉、〈建築工人〉、〈玻璃工人〉、〈傘〉、〈「雪」與「魚」的對話〉、〈舊曆年印象〉、〈香港腳〉、〈另一個睡不著的世界〉、〈一生想變「白」的李黑〉、〈愛荷華印象〉、〈「明星咖啡屋」浮沈記〉、〈摩卡的世界〉、〈餐館侍者〉、〈歌女〉、〈城市的人〉等二十多首。

雖然朱徽將〈外鄉人〉放置在「藝術篇」，將〈三座名山〉、〈老處女型企業家〉、〈ＢＢ型單身女秘書〉、〈都市、摩登女郎〉、〈流浪人〉、〈送早報者〉、〈地攤〉、〈教堂〉、〈禮拜堂內外〉、〈馬路工人〉、〈建築工人〉、〈玻璃工人〉放置在「世相篇」，將〈傘〉放置在「哲思篇」而〈愛荷華印象〉安排在「異域篇」，但「閒情篇」裡的〈玻璃大廈的異化〉及「世相篇」裡的〈都市與粽子〉，⑪羅門都收錄在《都市詩》卷中，可見詩人心目中自有分類歸屬標準（前面提及此標準與張漢良的假設定義相符），據此標準判斷：羅門都市詩大約在七十首左右⑫。

㈢「美學批評法」釋義

羅門的詩適合運用美學批評法予以評析。一則因為羅門不只是詩人，他同時對於裝置藝術、拼湊藝術、繪畫、雕塑與建築，有理念與愛好；一則他有「明朗的藝術觀」⑬：

㈠將創作以新的審美與觀物態度，產生具有現代感的創作空間。在創作過程把焦點移轉至較強的現代感領域，不論是材質的運用或色彩搭配，配合作品演出的時空，使其存在的定位獲得更深刻而傑出。㈡透過精神活動的深度建立起詩與藝術的完美性與純粹性。詩人在創作時除了注意如何表現掌握詩在脈動中的趨勢，尤能透過存在的特殊處境，產生心感，藉透視力從具象

通向抽象，再由抽象回歸到另一具象……⑭

上引葉立誠歸納羅門藝術觀念的言語，姑且不論通或不通，但是其中「審美與觀物態度」、「色彩搭配」、「建立詩與藝術的完美性與純粹性」卻與美學命題攸關！「美學」就是研究「美的含意為何？」「美如何產生？」「人們經由何種管道羅致美的感受？」等有關「美」的學問，它可以包含「探討美的本質、美的形式、以及美的價值等等」⑮各種主題。然則，中國人初始是如何理解「美」這個字呢？讓我們來看《說文解字》：

美，甘也，從羊大。羊在六畜主給膳也。美與善同意。

許慎的說法：「美」是由「羊」、「大」兩字組合而成，本義是「甘」。段玉裁認為：「甘」是五味之一的「甜」。換句話，「美」作為從「羊大」的字，是認為肥大的羊肉味甜美，表示對「甘」這一味覺體驗美的感受。另外，「羊大」的視覺觀感是羊軀體的豐碩壯美；羊大的豐厚皮毛，可作為防寒用具受人喜愛。再者，羊作為經濟生活之資源，在物物交易的時代，具有高經濟價值，而且羊可作為寓意慶賀的吉祥物，豐富人們的生活感情。歸納上述中國人初始的審美意識，「美」字所蘊含的內涵包括⑯：

第一，味覺方面，肥厚豐腴的羊肉，產生甜美的感受。

第二，視覺方面，羊碩大的軀體有壯美的感受。

第三，觸覺方面，羊毛可作防寒必需品，有溫暖的感受。

第四，心理方面，羊具有很高的經濟價值，引發人們心理慾望的感受。

以上四點，從審美心理學的角度來看，反映了最基本層次的審美要求──官能性的滿足，無論是味覺、視覺、觸覺或心覺。但是，光是官能性的滿足還不夠，還不能稱為「美感」，因此我們絕對不能輕忽「美與善同意」這句話，有了這句話，中國人的審美觀念才具有更

高層次的義涵，才能談「美感」！素來，中國文人對於美的品味，無論是自然的或藝術的，往往體認成一種精神的超越，總是以宇宙生命的情趣表現爲基點。美必須有「善」意才爲眞美！也就是說，僅止於官能性的滿足，若缺乏善，美不成其爲美；就藝術的創作而言，作品是作者美好心靈與性格的呈現，所謂「骨力」、「勁拔」、「秀媚」、「氣韻」、「性靈」、「格調」等等，莫不是歷來藝術家心靈映射後的評斷，這種心靈映射，朱光潛稱之爲「宇宙的人情化」⑰，宗白華則說「賞玩它（宇宙人生）的色相、秩序、節奏、和諧，藉以窺見自我的最深心靈底反映」⑱，朱、宗二說都是指作者心靈「善」意的流露。準此，作家創作意圖與理念爲何？遂成爲中國人評斷作品良窳的重要憑據之一。

這正是筆者認爲羅門的詩適合運用美學批評法評析的理由！

美學批評法：以美學作理論基礎的批評方法⑲。羅門有堅實的藝術理念，他的燈屋造型藝術是最佳驗證；他的「第三自然」觀，滲透著詩人的審美理想。他從理想的高度，睥睨都市生活的現實醜，洞察它的本質，予以揭露、抨擊；通過詩歌藝術的再現，喚起讀者心中對崇高和美好事物的沈思和對理想的渴望。這是一種「化醜爲美」的藝術心靈，是激動人心的美的「善」意！

以下，即進入本文的重心，以詩作分析來探究羅門都市詩的內涵。

三、內涵的深究

本節擬從「意象」、「語言」、「結構」等方面嘗試挖掘羅門詩筆構築都市詩王國的奧秘，揭櫫詩人揭露都市之醜的審美理想與旨趣。

㈠羅門都市詩中的重要意象

詩人的情思與外界的物象相交、作用，通過一番審思或聯想作用（心中的審思、聯想是美感醞釀的重要過程），使作品成爲有意境的

景象再現，謂之「意象」⑳。作品的意象如何呈現？黃永武說：「透過文字，利用視覺意象或其他感官意象的傳達，將完美的意境與物象清晰地重現出來，讓讀者如同親見親受一般。」㉑陳義芝認為具有自由感染力的「一種景象示現在眾人眼前，不待教、不待學，眾人即可依據自己的生活經驗、心靈感覺，得到不同等級的情意撞擊，意念從而激湧，作者與讀者情志即有了共鳴」㉒，我們肯定：「詩的意象是已注入詩人理念的形象」㉓。

　　羅門都市詩中的重要意象如何？先來讀一首詩〈電視機〉：

　　入晚
　　眼睛都急著趕回家
　　小小的十六吋的家
　　　是一座水晶大廈
　　　　較星空明麗
　　　　較天空迷妳

要笑開來	有開心果
要哭下去	有滴滴酸
要親	有蜜絲佛陀的彩色唇
要愛	有愛蓮那樣的芳心
要跳	讓迪斯可去跳
要飛	叫鳳飛飛去飛
要靈魂燦爛	把銀河星光都點亮

這是羅門的詩作〈電視機〉㉔，頗能具體而微地標示羅門詩眼望向都市的形象：方形。小小的方形牢籠了都市人的哭、笑與生活，當都市人的眼睛都攏向方形的電視機時，人的心靈也由心型變成方形——機械而物質。〈都市・方形的存在〉㉕更是明白宣告：「天空溺死在方

形的市井裡／山水枯死在方形的鋁窗外」，「眼睛從屋裡／方形的窗
／看出去／立即又被公寓一排排／方形的窗／看回來」，「眼睛看不
出去／窗又一個個瞎在／方形的牆上／便只好在餐桌上／在麻將桌上
／找方形的窗／找來找去　最後／全都從電視機／方形的窗裡／逃走」！
市井是方形，鋁窗是方形，牆是方形，餐桌、麻將桌也是方形，當都
市人的眼睛都逃向方形的電視機時，天空已死、山水已枯！方形的線
條透露冷硬的心靈，詩人說除非人們的心眼能夠重回銀河點燃星光，
否則靈魂無法燦爛。

　　「方形」是羅門都市詩中的重要意象。詩人藉方形意象提點都市
人的心靈病灶：冷硬而無奈。這樣的提點無疑揭示了都市的醜，卻也
喚起我們的省思，流露了詩人的善意。

　　「窗」也是羅門都市詩中的重要意象：

　　零時三點

　　一輛車沿著窗外

　　將夜一路咬到

　　　完全沒有聲音的地方

　　　　　　　丟下來

　　世界睡得更沈

　　連最不想睡的卡拉ＯＫ

　　　都打哈欠關燈了

　　你卻睡不著

　　在另一個不眠不休的世界裡

　　因為夜一直要找光的出口

> 詩便將你點亮成
> 　　一盞燈
> 放在最接近太陽出來的
> 山頂上

詩題是〈另一個睡不著的世界〉㉖。「窗」意象在羅門都市詩中出現的頻率極高，幾乎近三分之一的比例㉗，詩人在向讀者傳達什麼？「窗」是用來透光的，窗外夜深，世界睡沈，窗內點燈一盞讓夜得以找到光的出口。燈由何亮？由於有詩的心窗。心窗開啓，詩眼透視，玻璃大廈異化了（詩名），「麥當勞」午餐時間享用的是餐飲與街景㉘，同一號碼的巴士與同一名字的人都具咖啡情調㉙，禮拜堂的窗口可看到天堂㉚，玻璃工人造窗爲湖讓都市划著波光㉛，雨中的花傘走成一個個孤獨的世界㉜，天空將自己寫成最大的「寂」字㉝……羅門始終標榜「靈視」，他也被譽爲「臺灣極少數具有靈視的詩人之一」㉞，心窗透光正是靈視作用的結果，結果：都市儘管物化，卻因詩筆的溫情而溫柔，無論孤寂與否。

　　然而，並不是每一扇心窗都能亮起燈光。庸俗的人們一早打開鋁窗，見不到「南山」，便趕往證券行爭先恐後搶看「金山」；㉟流浪人的明天，「當第一扇百葉窗／將太陽拉成一把梯子／他不知往上走還是往下去」（〈流浪人〉）；廿世紀新開的天窗是露背裝㊱；塞車族「車窗裡的臉／全是停了的鐘」（〈塞車的後遺症〉）……這些「窗」，「連玻璃窗上的光／都負荷不了」㊲，更遑論自燃一盞燈光。

　　窗讓眼睛來看，「眼睛」也是羅門都市詩中的重要意象㊳。先看〈眼睛的收容所〉：

> 跟紅綠燈接力跑的眼睛
> 跟公文來回跑的眼睛
> 跟新聞到處跑的眼睛

> 跟股市行情追著跑的眼睛
>
> 跟菜單腸胃齊跑的眼睛
>
> 跟女人乳峰上下跑的眼睛
>
> 跟刀槍與血路逃跑的眼睛
>
> 跟禱告往天堂直跑的眼睛
>
> 無論是近視遠視與老花
>
> 是帶（戴？）眼鏡不帶眼鏡
>
> 跑了一整天
>
> 都一個個累倒在
>
> 電視機的收容所裡

都市人的眼睛何其忙碌！忙碌的眼睛忙碌的人，忙到一天終了，還忙著看電視！眼是靈魂之窗，靈魂被收容在一方狹隘的、浮面的電視節目裡，可憐的都市人，你怎麼辦？在〈都市・方形的存在〉首段，羅門大呼：「天空溺死在方形的市井裡／山水枯死在方形的銘窗外／眼睛該怎麼辦呢？」眼睛被一排排高樓、公寓擋住，只好去看迷妳裙、露背裝、咖啡廳的夜色、麥可傑克遜的新聞、餐館酒館茶館賓館、紅燈和裸體畫㉟，即使坐車出城，車內的眼睛也追不上山水煙雲一幅幅風景，山水煙雲得在五十年前的記憶裡尋，難怪羅門宣稱：「世紀末」病在都市裡！

　　五十年前的山水煙雲是「第一自然」；眼睛所看的都市是「第二自然」；羅門的詩眼透過心窗點亮的藝術光芒——可無限擴展的心靈活動空間，正是他所主張的「第三自然」；「第一自然」與時漸滅，「第二自然」充斥方形的存在，唯有「第三自然」無限開闊，人們，尤其是都市裏的人們，必須往這裏來。羅門「方形」、「窗」、「眼睛」的意象，深深寄寓著詩人的理念，試圖為都市人的精神困局發出警訊、謀求出境。顯然，這一組意象群乃至意象系統是詩人自覺、刻

意之經營！於是我們不能光是單篇單篇看詩人的作品，必須整體掌握、牢籠全豹才能透悟羅門藝術意志之貫串。這樣的透悟是審美感受中的理性認識，它包括感覺、知覺和思維、理解，已經超越了一般的詩藝欣賞，它帶給我們的是更大愉快和滿足！

　　從一九六一到一九九三（「創作大系」《都市詩》卷的第一首〈都市之死〉成於一九六一年，最後一首〈據說後現代是一隻狐狸〉成於一九九三年九月），三十多年來羅門都市詩中的重要意象——「方形」、「窗」、「眼睛」，有其一致的藝術理念。

㈡羅門都市詩中的語言風格

　　語言的使用或運作能夠形成風格必定有其優、異於他人的長處。羅門都市詩中的語言如何？詩人對自己有無要求？讓我們再來讀詩一首：

　　都市是一張吸墨最快的棉紙
　　寫來寫去
　　一直是生存兩個字

　　趕上班的行人
　　用一行行的小楷
　　　　寫著生存
　　趕上班的公車
　　用一排排的正楷
　　　　寫著生存
　　趕上班的摩托車
　　用來不及看的狂草
　　　　　寫著生存
　　只爲寫生存這兩個字

　　在時鐘的硯盤裡

　　　幾乎把心血滴盡

這是羅門〈生存！這兩個字〉。羅門自剖：近年來的詩語言走向是朝
較明朗、直接與單純但堅持精神深度與質感的方向發展，特別強調語
言的現代感⑩，而所謂「現代感」，「首先涉及詩人心態活動的現場
性（即現代詩人生活的處境）；其次是要求傳達媒體（語言與技巧）
必須做適應性的調度與配合。當傳達媒體不能有效與確切地呈現新穎
事物存在與活動的實情與實況，及其發生在這代人『官能』與『心感』世
界中新的美感經驗，便導致現代詩乃至現代文學與藝術的『現代』兩
字失去最大的意義」⑪。前引〈生存！這兩個字〉詩，字字直指核心，沒
有贅字，見不到一些貧弱無力的修飾詞藻，果然明朗、直接，並且能
夠有效傳達都市人的生活情態，具「現場性」，符合「現代感」的要
求。同時，小小的行人是小楷，方形的公車是正楷，亂竄的摩托車是
狂草，譬喻生動淺顯，而趕上班與時間爭競，心血只為生存，結尾三
句令人動容！我們再來看詩題悚動的〈搶劫與強暴〉：

　　在深夜暗淡的街燈下

　　她身上擺動過來的曲線

　　　　與他的視線接上

　　她項間垂掛的珍珠

　　　與他的眼珠碰上

　　她胸前聳起的乳峰

　　與他經常走險的長白山

　　　　　　　對上

　　整個視覺空間

　　便走入原始可怕的蠻荒

　　看不見教堂法院與警察局

　　　　　便什麼都能做

這首詩的內容是我們愈來愈熟悉的社會新聞版，語言平易而現代感十足。女人的曲線是一股浪潮流風，煽得暴徒蠢動原始獸性，有錢財做驚爆的導火線，道德與法律只好靠邊站。詩人使用類疊性的語言：曲線／視線、珍珠／眼珠、乳峰／長白山（峰）、接上／碰上／對上，類疊所製造的緊湊效果，很快就把都市人緊張而暗潮洶湧的生活情態顯像出來；在道德淪喪、法律失效的都市裡，動物行為和蠻荒時期沒什麼兩樣：這是現代人的「心感」。

　　羅門的都市詩中，如上所述：「使用類疊性的語言以顯示人們緊張的生活情態」，可說是信手拈來、隨處可見：

　　腦空出來不思

　　心空出來不想

　　全交給身體動

　　四肢是燃燒的高壓電路

　　　　　　　——〈卡拉ＯＫ〉第二段

　　都市　你織的網密得使呼吸停止

　　在車站招喊著旅途的焦急裡

　　在車胎孕滿道路的疲憊裡

　　一切不帶阻力地滑下斜坡　衝向末站

　　誰也不知道太陽在那一天會死去

　　人們伏在重疊的底片上　再也叫不出自己

　　　　　　　　　　看不見眼睛

　　　　——〈都市之死〉第一節行十六至行二十二

　　從行車道到人行道到地下道

　　從階梯到樓梯到電梯

　　從工作房到門房到臥房

　　你一天看著手臂與曲柄

　　　在工作中動來動去

　　　　最後總是動回那個

　　　　原本的動作裡來

　　　　　　──〈都市你要到那裡去〉第六段行十一到十七

　綠燈亮

　紅燈閃

　車來車去

　車擠車

　人來人去

　　人擠人

　　　　　　──〈都市的旋律〉首段

　裁紙刀般　刷的一聲

　　將夜裁成兩半

　一半剛被眼睛調成彩色版

　另一半已印成愛鳳床單

　　　　　　──〈迷妳裙〉第一段

例子實是不勝枚舉。雖說類疊本屬現代詩創作的基本技巧，在其他詩
人的作品中亦可見到，但羅門用得特別多，節奏感特別好，傳現都市
的緊張，逼眞、傳神，而且是有藝術設計理念的蓄意使用。

　　此外，羅門都市詩中大量「一」字的出現也頗堪玩味：如「酒宴
亡命於一條抹布、而腰下世界　總是自靜夜升起的一輪月、一光潔的
象牙櫃臺、有一種聲音總是在破玻璃的裂縫裡逃亡、一棵樹便只好飄
落到土地之外、一頭吞食生命不露傷口的無面獸、沈船日／只有床與
餐具是唯一的浮木、掙扎的手臂是一串呼叫的鑰匙、天堂便暗成一個
投影、一隻裸獸　在最空無的原始、一扇屏風　遮住墳的陰影、一具

彫花的棺　裝滿了走動的死亡」（以上見〈都市之死〉）；「管他是
那一國來的觀光客、隨便一條束腰帶、一條短裙的底邊、穿著一身的
文明回去、一個個閃亮的洞口、你也一路上有家、一群她（以上見〈
都市你要到那裡去〉）」；「目與天空一起空、一滴香水／一池春、
長髮長街一起蕩、流行歌排水溝一起流、機車公車火車一起追、耳與
喇叭一起叫、目與櫥窗一起亮」（以上見〈都市的旋律〉）；「一群
年輕人、窗內一盤餐飲／窗外一盤街景、一幅記憶、當一陣陣年輕人、一
個老年人、枯坐成一棵、一自言自語」（見〈「麥當勞」午餐時間〉）；
「直喊自己是一張漏光的底片、同一號碼的巴士、同一個名字的他、
只是一隻盲睛」（見〈咖啡情〉）；他走著　走進一聲急煞車裡去（
見〈車禍〉）；揮過來的一根皮鞭、一條條鞭痕（見〈摩托車〉）；
他不是　提著一座天堂／便是提著一座墳（見〈提００７手提箱的年
輕人──他夢見００７是造在乳峰上的一座水晶大廈〉）；「十字街
口是割去一半的心臟、都市你一身都是病、天天／店門像一排鈕扣解
開、天亮時／另一隻鳥便來接管」（見〈都市的落幕式〉）；一路叫
著向餐廳定位的腸胃（見〈主！阿門　平安夜〉）；「給它打一針、
一下亢奮了起來、那也是一種藥物反應／另一種形式的作愛、你口一
開、你手一舉、你腳一踢／都市是一隻球」（見〈帶著世紀末跑的麥
可傑克遜〉）；「一直跳的不停、吞下第一顆定心丸、然後呼一聲愛
世人的耶和華／叫一聲全能的主　阿門／世界在一片寧靜中」（見〈
上帝開的心臟病醫院〉）；一個上穿中裝下穿西褲的行人、都市一緊
張心臟病又突發了（見〈都市心電圖〉）；「被垃圾車一路送行的都
市、坐成一排排焦慮／一排排疲累／一排排空虛／一排排寂寞／一排
排懺悔／一排排讚頌／一排排寧靜／一排排等待」（見〈都市此刻坐
在教堂作禮拜〉）；「一些飄落的煙幕、一朵潔白的時間之花、亂畫
著一大堆線條／紅綠燈塗改著一幅一幅的街景、寫成最大的一個『寂』字」（

見〈寂〉）……還有沒登錄進來的至少九十句以上含「一」字的詩句，總數超過一百七十（上列詩句即七十又七句），數量驚人！這意謂著什麼？相信不是單純的習慣用語，而是詩人的某種暗示，暗示著都市人單一的形體、孤寂的心情。至於，詩人究竟有無如此自覺的安排？或許沒有，但羅門以他的靈視觀照都市世相時，都市人因害怕而藉助聲色食慾以躲避孤單侵蝕的情態，卻不知不覺化成了詩句中形體孤單的「一」了。於是「一……」的使用也成爲羅門都市詩語言的一種異致風格。

　　類疊性的語言表徵都市人的喧鬧，喋喋不休；「一」的使用表徵都市人心靈的孤單；這樣的詩語言，彰顯了羅門都市詩的優異風格。對於都市人的觀照，羅門冷靜中透著悲憫，詩語言的傳達有效。

㈢羅門都市詩中的特殊結構

　　此處所謂的結構，是指詩句的布置，也就是詩形結構。現代詩的寫作形式極其自由，字數、行數沒有定規，從哪裡對齊寫下來也沒有標準，完全視創作者的需要而定。因此，詩形的變化萬端，足供創作者任意揮灑，有自覺的經營者甚至可布置成「視覺詩」㊷，塑造具象效果。羅門這位藝術家詩人對於詩形的經營，有他獨到的堅持，請看〈提００７手提箱的年輕人〉：

　　　００７是歲月的密碼
　　　　　　只打開明天
　　　００７是高速公路上
　　　　　　最帥的速度
　　　　　　　不往後看
　　　提著００７
　　　整座城跟著跑
　　　跑到「下午三點半」

　　　在銀行放下的鐵柵前

　　　他不是提著一座天堂

　　　　便是提著一座墳

此詩分兩段，第一段以末字為準，第二段向首字看齊而於末句「稍矮
下去」。為何如此處理？第一段的處理方式突顯了「００７」，照應
了結尾「一座天堂」的天堂位置；而第二段００７的位置下移，結句
也低兩格處理，恰好照應「一座墳」的情緒。而且在詩句長度的斟酌
上，首段的末句將好可鑲進次段的首句空白處，彷彿隱指兩段原可搭
連，但天堂與墳場本為天壤之隔，詩人兩段分開，造成前十行視覺上
彷彿「兩塊可以拼合的梯形」的圖形效果，頗有意趣；分隔的版塊，
正好符合詩題副標「他夢見００７是造在乳峰上的一座水晶大廈」的
夢幻寓意。

　　　將詩句「矮化」，以相應詩句意義的情緒，幾乎可說是羅門都市
詩中必然的形式布置：

　　　過去的過去的過去　　呼呼大睡

　　　未來的未來的未來　　呼呼大睡

　　　現在　　　　夾在中間　　　睡不著

　　　　　　　　　便蹓跑出去

　　　　　　——〈「世紀末」病在都市裡〉行九至十二

　　　它走過的

　　　　明明是翠綠的草地

　　　你跟著走

　　　　腳下竟是滿地的青苔

　　　　　　一路跌交

　　　　　　——〈據說後現代是一隻狐狸〉行三至七

　　　有人把酒瓶玉腿與槍支

當作天堂的支柱
有人用一堆銅與水泥
　　堆成永恆
　　　──〈後現代Ａ管道〉第三段行十四至十七

頭腦與電腦
　將辦公室的時間與空間
　　　　想光

雙腳與車輛
　將街道的時間與空間
　　　　走光

麥當勞與肯德基
　將中午的時間與空間
　　　　啃光

電視機與女人
　將主要的時間與空間
　　　　耗光
　　　──〈都市心電圖〉第一段

忽然間
公寓裡所有的住屋
　全都往雨裡跑
　　直喊自己
　　　也是傘
　　──〈傘〉第二段

第一例的「便蹓跑出去」情緒是極其無奈的，第二例的「一路跌交（跤？）」根本就是狼狽，第三例「堆成永恆」諷刺至極，第四例「想光、走光、啃光、耗光」簡直就是明示不屑，第五例「也是傘」則是

揶揄的情緒；為數眾多的實例，讓我們有理由相信：這樣的詩形布置，應是羅門有意的經營！雖然審閱羅門都市詩時，不免感到其形式的「硬度」與「制式」超乎其他詩人的作品，較少靈動的變化與意隨念轉的活潑，然而，都市的風格不正是有些制式與硬度的嗎？羅門的詩形布置，就都市詩而言，其實存在著「形」與「神」統一的考量，假如其他類型的作品（如自然詩或抒情詩）的詩形布置也是如此，則顯得泥滯僵化了了。不過這是另一個議題，茲不論述。

四、結語

從羅門「方形」、「窗」、「眼睛」等重要意象，明朗直接、具現代感和類疊性的語言風格，以及寓有特殊寄意的詩形結構，來深究羅門都市詩的內涵，可以瞭解他以都市為構圖的藝術理念和審美趣味。雖然在〈都市之死〉或〈長在「後現代」背後的一顆黑痣〉等少數詩篇裡，偶有「意象失控」的現象㊸，但這絲毫無損於羅門都市詩王國的建立及其城市詩國發言人的地位！本文雖沒有碰觸「性」、「暴力」、「腔腸文化」㊹等這些與都市之醜相關的主題，但從所舉的詩例中，讀者不難窺見詩人對於都市劣質生活的批判，批判的背後卻是濃郁的溫情與深摯的悲憫，於是有「第三自然」觀念的標出；而羅門，正是以他的詩藝不斷地實踐「第三自然」的審美心靈。蔡源煌說：

> 十多年來，我發現，羅門對於詩始終堅持如故，不改其志。他不是唯美派的詩人；他的藝術執著為的是揭櫫精神上的超越，而不是遁世者的玄談㊺。

誠哉斯言！從藝術理念、審美心靈與「善」意的堅持等美學角度來看，羅門允稱為當代都市詩的守護神！

【附　註】

① 現代散文作家簡媜於民國八十三年十月由洪範書店出版了《胭脂盆地》散文集。

② 所謂「第三自然」，是緣自「第一自然（田園型的生存環境）」與「第二自然（人爲都市型旳現實社會）」兩大生存空間，透過詩與藝術轉化所開拓的心靈層面，可無限擴展的N度活動空間。可參閱羅門著《詩眼看世界‧序》及《詩眼看世界‧從我詩的「第三自然」螺旋型架構看後現代情況》，師大書苑民國七十八年出版。

③ 引自民國七十六年五月號《中外文學》，張漢良著〈分析羅門的一首都市詩〉一文。

④ 引自《臺灣文學家辭典》，頁382。王晉民主編，廣西教育出版社一九九一年七月出版。

⑤ 以上所述，資料得自羅門所著、文史哲出版社的《誰能買下這條天地線》書末「羅門年表」以及「羅門創作大系」之〈總序〉與〈策畫者的話〉。

⑥ 引自〈靜聽那心底的旋律〉一文結語，收錄於蔡源煌、張漢良等著《門羅天下》，頁391-404，文史哲出版社八十年十二月第一版。

⑦ 陳煌語，引自〈城市詩國的發言人——讀《羅門詩選》〉，刊載於《臺灣時報》一九八四年十二月二日。

⑧ 除了參考註③、⑥、⑦之外，張健曾評過羅門的〈都市之死〉詩（見《現代文學》季刊二十期一九六四年三月〈評羅門的《第九日的底流》〉一文），羅青在一九七八年三月五日《大華晚報》寫〈羅門的「流浪人」〉，張默所著的《現代詩投影》（一九六七年商務印書館出版）收錄了〈羅門及其「都市之死」〉，王一桃發表過〈論羅門的城市詩〉，陳曉明發表〈「戰爭詩的巨擘」與「城市詩國的發言人」——羅門的戰爭詩與都市詩〉（二文收錄於文史哲出版社印行的《羅門蓉子文學世界學術研討會論文集》一書），大陸學者王振科於一九八九年六月號《藍星詩刊》發表的〈超越與回歸：從心靈到現實〉副標題即是「對羅門都市詩的再

認識」，古遠清分別於一九九一年七月及四月於《藍星詩刊》發表〈都市人深重孤寂感的生動展示——羅門三首詩賞析〉及〈刻畫都市人生的聖手羅門詩作賞析〉，四川學者朱徽委託文史哲出版社刊行《羅門詩一百首賞析》列有「都市篇」一項，林燿德多次在他評析羅門的文章裡涉列都市主題，蔡源煌於一九七七年二月號《中外文學》發表〈從顯型到原始基型——論羅門的詩〉也論及都市主題。

⑨　引自正中書局民國八十二年出版「當代臺灣文學評論大系」《新詩批評》卷，頁156-157。

⑩　同註⑨。

⑪　見文史哲出版社印行《羅門詩一百首賞析》八十三年一月版。

⑫　如果〈擦鞋匠〉、〈紐約〉和〈未完成的隨想曲〉也併入計算，則總計六十九首。

⑬　葉立誠語，引自〈以美學建築藝術殿堂的詩人〉，一九八九年十月《藍星詩刊》二十一期登載。

⑭　同註⑬。

⑮　趙天儀語，引自趙著三民書局印行《美學與語言·美學的意義》。

⑯　詳參筆者所著《盛唐王孟詩派美學研究》第一章第四節的討論。

⑰　詳閱朱光潛著《談美》第三章。

⑱　引自宗白華著，元山書局出版《美從何處尋》，頁65。

⑲　蔡芳定著，楊昌年指導之《中國文學批評史上之美學批評法》可資參考，民國七十四年五月臺灣師大國研所碩士論文。

⑳　詳參筆者八十四年三月於《中國學術年刊》第十六期發表之〈從「女低音狂想曲」談現代詩的意象經營〉論意象部分。

㉑　詳參巨流圖書公司出版、黃永武著《中國詩學設計篇·談意象的浮現》。

㉒　引自陳義芝著、幼獅文化公司出版《不盡長江滾滾來》，頁7。

㉓　同註㉒。

㉔　見「羅門創作大系」卷二《都市詩》，頁98。

㉕　同註㉔，頁82。

㉖　見《誰能買下這條天地線》，頁98。

㉗　除了〈另一個睡不著的世界〉，還有〈愛荷華印象〉、〈外鄉人〉、〈三座名山〉、〈流浪人〉、〈玻璃工人〉、〈傘〉、〈咖啡情〉、〈都市・方形的存在〉、〈「麥當勞」午餐時間〉、〈露背裝〉、〈都市的落幕式〉、〈玻璃大廈的異化〉、〈都市此刻坐在教堂作禮拜〉、〈寂〉、〈床上錄影〉、〈永恆在都市是什麼樣子〉、〈塞車的後遺症〉、〈古典的悲情故事〉共計十九首詩出現二十二次，佔總數六十五首左右的近三分之一比例。

㉘　〈「麥當勞」午餐時間〉第二段詩句：窗內一盤餐飲／窗外一盤街景。

㉙　〈咖啡情〉第二段詩句：同一號碼的巴士／在窗外過了又過／同一個名字的他／在窗內坐了又坐。

㉚　〈永恆在都市是什麼樣子〉第三段詩句：禮拜堂有一個窗口／可看到天堂。

㉛　〈玻璃工人〉首段：窗是湖／水晶大夏是海／他不停地造湖／造海／讓都市划著／波光／浪影。

㉜　〈傘〉第一段前四句：他靠著公寓的窗口／看雨中的傘／走成一個個／孤獨的世界。

㉝　〈寂〉詩結尾：天空乾脆將自己／寫成最大的一個「寂」字。

㉞　張漢良語，同註③。

㉟　〈三座名山〉詩句：人們一早打開鋁窗／悠然見不到「南山」／便趕往證券行／爭先擁後／搶著看「金山」。

㊱　〈露背裝〉詩句：原來那是廿世紀新開的天窗。

㊲　〈床上錄影〉中的詩句。

㊳　張漢良在〈都市詩言談〉文中曾明說：「人的眼睛，一個羅門慣用的象

徵。」見「當代臺灣文學評論大系」《新詩批評》卷，頁175。

㊴ 以上所列，在羅門都市詩中都有相應的詩句。

㊵ 見〈我的詩觀與創作歷程〉，「羅門創作大系」《都市卷》，頁32。

㊶ 引自周偉民、唐玲玲合者，文史哲出版社印行《日月的雙軌》，頁186。

㊷ 白萩的〈流浪者〉即是著名的例子。可參考古繼堂著、文史哲出版社印行《臺灣新詩發展史》，頁365所引。

㊸ 陳瑞山語，見〈意象層次剖析法──並試辦羅門的超現實詩之謎〉一文，收錄於《門羅天下》，頁99-117。羅門〈都市之死〉中第四節行七至行十的詩句：「射擊日　你是一頭掛在假日裡的死鳥／笑聲自入口飛起從出口跌下」以及〈長在「後現代」背後的一顆黑痣〉中第九行至第十二行的詩句：「世界平躺在地上／連隆乳器也抽掉／天地相望　誰都不高／卻苦了飛不起來的天空」等，就無法讓人掌握意象所指爲何。

㊹ 可參考林耀德〈在文明的塔尖造塔──羅門都市主題初探〉一文，收錄於師大書苑民國八十年元月出版之《羅門論》，頁63-114。

㊺ 見〈捕捉光的行蹤〉，《門羅天下》序言，頁6。

後現代氛圍中的詩人與詩

王岳川

　　詩人荷爾德林曾經說：「人，詩意地棲居……」。這句名言在現代社會的思想進程中具有重要的意義。可以說，對生命與世界意義的揭示，已成爲今天詩人和詩論的使命。

　　讀羅門的詩，我分明感到一個清醒的詩人對世界的言說，同時我也感到，詩人是以一種生命的深度去測量這個世界並且測量自身。羅門如是說：「詩能以最快的速度與最短的距離，進入一切存在的眞位與核心，而接近完美與永恒。」又說：「詩與藝術是傳達我乃至全人類內在生命活動最佳的線索。」還說：「將詩與藝術從人類的生命裡放逐出去，那便等於將花朵殺害，然後來尋找春天的含義。」可以說，羅門的詩是對存在生成價值與意義的追問，是對世界意義的追尋，同時也是對人的生存空間、人的整個活動過程的意義的探索。在此，我無意對羅門的詩和詩論作一整體評價。相反，我想就羅門的詩歌在二十世紀中國詩界的意義，以及其引發我對二十世紀人類所面臨的問題和「詩意棲居」問題的關注作一些總體性闡釋。

一、二十世紀中的人文理性

　　毫無疑問，二十世紀是現代化迅猛發展的世紀。現代化的核心概念，依韋伯所說就是「合法性」，依哈貝烏斯所說就是「理性化」，合法化包含了政治經濟的內容，理性化則更易理解。當我們把目光投射在理性上時，就會發現理性並非單一的東西，而是多層面結構，至

少可以分為三個層面：工具理性、歷史理性和人文理性。

工具理性在二十世紀高奏凱歌，層層逼進，層層滲透。不可否認它帶來了很多好的方面：科技發展、生產力進步，物質生活日益發達帶來前所未有的富庶與方便。然而工具理性所帶來的災難也駭人聽聞，二十世紀短短一百年間的災難超過了人類上下五千年。以原子彈為例，它是人類最具「理性」的產物，同時也到達了理性的邊緣，即「非理性」。當初，科學家製造出原子彈並在廣島爆炸之後，研究小組成員有五位科學家自殺，因為科學家的良知和科學所造成的惡果之間巨大的反差，使科學家無法承受而只得以自殺終結。

原子彈這種最大的理性與最大非理性的集合體，充分體現了福科「知識就是權力」的預見。當知識被權力扼制時，人類無法想像將會產生什麼結果。如今原子彈的威力足以將人類毀滅幾百次，那麼人類是否會聽從工具理性安排自身的命運，是否就將人類未來的發展、遠景和藍圖交給可怕的冰冷的工具理性呢？

工具理性的一個維度已使人類肉體和心靈受到極大震撼，但是，工具理性還有另外一種品性，那就是為戰爭服務。毒氣彈、細菌彈、生化武器，一戰二戰中每拋出一件新的研究成果，就使更多的人死於非命。在中國人的記憶中，日本七三一部隊臭名昭著的殺人魔王，種種慘無人道的行徑至今令人髮指，而這些都是以高科技為後盾。一旦戰爭這個惡魔誘騙了科技與它聯姻，會使人類棲身的家園變得多麼荒蕪、多麼蕭條、多麼死寂！

九十年代，日本奧姆真理教製造的地鐵沙林案件，對日本的震動不啻神戶大地震。我們驚異地發現，從事這場宗教聖戰的人物都是擁有高學位的科技人員。當工具理性使他們由追求精密科學的狂熱，轉向追求死亡、追求屠殺的喜悅的時候，我們可以看到工具理性帶來的災禍是如此怵目驚心。

　　工具理性擁有愈來愈先進的高科技，卻忽略了「高情感」，人變成異化的非人，變成偌大的機器上一個小小的零件。如果說奧姆眞理教因爲工具理性造成的心靈變態，依仗科技手段，神出鬼沒地殺人，那麼工具理性的合理性就相當値得懷疑。我要說的是，二十世紀不到一百年的時間就歷經了兩次世界大戰，導致人類由理性走向前所未有的非理性。我認爲，人類應該眞切地思考一下自身存在的問題。工具理性氾濫的癥結和惡果，自然科學知識分子理應深思並反省。

　　作爲二十世紀理性的另一個維度，歷史理性同樣不能逃避反省，因爲它造成的巨大災難絕不亞於工具理性，歸結有三：納粹法西斯主義、斯大林獨裁主義和文革專制主義。

　　納粹法西斯主義打著社會主義民主黨的旗號，以對未來烏托邦的憧憬，把成千上萬的德國人召集起來，聽從一個狂人的召喚，使整個世界陷入深重的災難，也使衆多無辜的人進入了焚屍爐。殺人不需要理由，歷史的資料與倖存者的記憶眞實地記錄了那不堪回首的一切。這告誡後人以烏托邦爲思想內核，以專制獨裁爲表徵的歷史理性是多麼恐怖。但是，今天奧斯維辛猶在，人們卻早已忘掉苦難，遊戲之詩和遊戲之作橫掃文壇。我無法理解從事社會科學和人文科學的人們爲何心情如此平靜和冷漠。

　　同樣，斯大林獨裁主義更是集專制獨裁之大成。讀罷蘇聯作家帕斯捷爾納克的《日瓦戈醫生》和索爾仁尼琴的《古拉格群島》，可以沉重地感受到苦難與苦難意識。《日瓦戈醫生》通過知識分子曲折的命運和不幸的遭遇，反映了十月革命的失誤和挫折，以及對知識分子精神的禁錮和壓抑。《古拉格群島》呈現當時重重的警察制度，遍布的監獄和勞改營，清白無辜的人被捕，道德觀念敗壞，產生出令人窒息的恐懼。極權制度是一個鋼箍，緊緊束縛著人們，法律是一紙空文，烏托邦成爲希望的絕望。正直的作家在深刻反省，而現實的沉重卻使他

們無法喘息，現實的專制使一切有價值的思想消亡，古老的俄羅斯思想精華被否棄，人民麻木地陷入專制獨裁的深淵。但是，仍有一些眞正的思想家以他們帶血的頭顱去撞擊那扇冰冷堅硬的「牆」，以喚醒世人的良知與激情。

帕斯捷爾納克在作品尙未發表時就遭到嚴厲批判，本人被開除作家協會，被迫宣布拒絕諾貝爾文學獎金，在貧病交加中去世。索伊仁尼琴則以叛國罪被捕，剝奪公民權，押上飛機驅逐出境。兩人的種種遭遇都爲斯大林獨裁主義做了一個注腳。捷克作家米蘭‧昆德拉曾經對納粹法西斯主義和斯大林獨裁主義做出這樣的分析：「法西斯主義一目了然，並不產生什麼複雜的道德問題，因爲它根本不觸動人道主義的原則和道德觀，而是一概地加以反對罷了。可斯大林主義則不是這樣，它應是那個偉大的人道主義運動的繼承和捍衛者。它保持了這個運動的許多最初的觀點、理想和口號。然而人們看到這樣的人道主義運動正在走上相反的歧途……」昆德拉遭到了上述兩位作家同樣的命運：開除出黨，流亡國外。可見，當獨裁主義走向極限時就變成一種新的法西斯主義，沉重的歷史壓迫得我們不得不重新關注它，並深思、再深思。

歷史理性的另一個表現是文革專制主義。文革十年，中國人民付出了慘重的代價，八億人八個戲曲，八億人唱著一首歌，八億人揮著一本小紅書，思想整合在一個頻道上，沒有自由的空間，沒有獨立的思想，沒有自我反省，也沒有對社會發展作出深遠的構想。可以說，文化大革命體現的愚民、專制和對思想自由的否棄是「史無前例」的。歷史理性的核心是未來社會烏托邦和人類大同遠景，是將一種虛幻的東西強加於現實，使人背離理性而走向最大的非理性。

如果說二十世紀工具理性出了問題，歷史理性也造成災難，那麼對工具理性，科技工作者不能辭其咎，對歷史理性，社會工作者同樣

不能逃避責任。苦難的世界需要一個更重要的維度，那就是人文理性
──對苦難的反思和對人的價值關懷。

　　人文理性對人文科學提出了更高的要求，不僅是人文精神和價值，
也不僅是人文關懷，更是一種理性的思索與反省。在現代化進程中，
文化和價值問題逐漸游離於人們關注的視野之外，並無可挽回地走向
邊緣化，這使得人文精神日益淡化。人的精神生活顯現出貧乏，理想
主義坍落，人們喪失心性、真誠、信念、理想、正義，導致了社會文
化結構的深層危機。現代化過程的前提、災難、前景、困惑與問題都
需要人文理性去反省，同時，還要反省後現代社會如何向人性復歸以
及後現代路程出現的一系列繁複龐雜的問題。因此，在面臨重重困境
之時，人文理性將在新的社會、新的世紀、新的歷史節點上對歷史和
現實作出回答。

　　我認為，在當代文化語境中，「新啟蒙」這一價值承諾能夠在被
消解的文化精神廢墟上重建價值。新啟蒙是知識者走出啟蒙誤區的
「新覺醒」，是每個個體自我心靈的啟蒙，是去掉虛妄張狂而使自我認
清自我、知悉自己存在的有限性和可能性，洞悉自我選擇的不可逆性
與自我承擔選擇的結果。新啟蒙不再相信一切造神或證神的承諾，這
種啟蒙是一個不斷重複的和無止境的解蔽過程，一個不斷反省甚至對
啟蒙自身也加以反省的心路歷程。新啟蒙行為是一種自我蘇生和自我
覺醒（而非啟迪他人和喚醒大眾），新啟蒙不從一個僵硬的理念去推
導「應該」和「必然」，而是注重選擇的個體自由和自主多樣性，使
那強迫人接受的東西成為歷史，同時也將價值廢墟前的新選擇推到每
個人面前。人文理性的核心，也許就是對人的生命存在、對人的意義
和價值的追問，是人和自己內心獨處這一價值詢問的境界，也就是荷
爾德林所說「詩意地棲居」。

二、詩人自殺與重喚詩人

時代的冷漠在於：籲請「詩意地棲居」時，詩人卻自殺了。本世紀工具理性和歷史理性造成巨大災難之後，人們呼喚人文理性重新出場。然而，在世紀末喧囂的背景中，卻出現了詩人自殺景象。

在短短幾年的「彈指一揮間」，詩人被「邊緣化」了。當創造的生命激情轉化為「零度寫作」、思想的魅力變成無深度的嘮叨平庸、深切的價值關懷置換成「金幣寫作」的策略（稻粱謀）時；當精神品質成為超出當代人生存需要的奢侈品甚至無用品時；語言浮腫，思想乾癟詩意散盡，詩思消逝，世界淪為「散文」世界。——也許，海子在九十年代的門坎前自殺，正是他以「臨終的慧眼」看到世紀末詩歌將在商業消費和技術理性的壓榨下根葉飄零，瀕於滅絕，而先別而去？

詩人作為生活的目擊者和意義的揭示者一直是人們謳歌的對象，因為詩人可以獨特的體驗方式，把現實渾渾噩噩的生命變成一種有意義的生活，一種「返歸本心」的、詩一般的生活，然而，在價值錯位的今天，詩在偽詩中日益貶值，偽詩人們開始以輕淺謔浪的文字遊戲，去掉了沉甸甸的價值關懷，使偽體驗走上詩的祭壇。那些在語言操作中排列著長短句的「詩人」，給人們的是「非詩」——冷漠的敘述方式，隨意捏合的語言意象，疲軟情感的裸露，本真意識和血性情懷的消逝，遊戲與痛苦的轉位，這就是世紀末詩藝的疲憊尊容。

詩人一連串的自殺行為成為九十年代文化風景中最為沉重的事件，這種重複發生的「事件」使整個九十年代初死寂的文壇再也不可能緘默。對其「解釋」儘管各各不同，但直面這種生死界面，返回歧路之初，回到思之根基，回到價值理性，是「失園」後的民族進入新世界的新覺醒，也是在物欲橫流的世界中用詩思把握靈魂甦生的心路歷程。

我不知道海子在冰冷的軌道上怎樣坦然地目睹鋼輪的撲近，在生

命最終時刻，他的生命天平測量著什麼？我也不知道戈麥在圓明園附近投水自殺前毀掉自己大部分詩作時，他的腦海裡預感到了什麼？死亡帶走了深不可測的思和不可言表的痛。這沉重的死不僅給每一個生者留下巨大的問號，而且隨時以其鮮紅的刻度指明「生命之輕」的不合法。也許，詩人的「殉詩之死」是給九十年代「輕飄的生」一個巨大的反諷和冷靜的寓言。

詩人自殺的結果是詩人被遺忘和詩被遺忘。時代真是不以人的意志為轉移了。詩人作為這個時代的精神求索者和追問者，卻死於一個詩意匱乏的時代，一個不需要詩人、詩性、詩情的時代。詩人死於向思維、精神、體驗的極限的衝擊中那直面真理後卻只能無言的撕裂感和絕望感。詩人自殺是「詩人」獨憔悴的極端形式。

詩人自殺，使其生命價值重新顯現。也許從孔子「殺身以成仁」、孟子「捨生而取義」開始，中國傳統文化就有直視本心、直觀靈魂的內蘊。從喧囂紛擾的現世退回內心，保持心靈的真實，是中國詩性哲人不懈的追求。然而詩人這種勇毅取捨並沒有使大眾記住詩人，更沒有任何詩人因死亡而獲得其詩的價值屬性。

正因為自殺，阻死了詩人之路。因為詩人死得過早而急促，使其詩境終未臻達「大道」之境。生命的年限使他們過早地與詩告別，告別了詩，只能使大眾自以為詩是無用的，詩人已離別詩而去。詩人成為多餘品，詩也成為多餘品。人們在悼念詩人的同時也拋棄了詩，詩人的遺像掩住了詩本身的光輝，也擋住了讀者的視線。當十幾位小詩人在全國各地相繼自殺時，詩界發現，人們已不再對「詩人自殺」感興趣，人們不讀詩也不在乎詩人的死。詩人的死在詩人自己眼中也許是崇高而偉大的，但在遊戲者眼中卻是無意義的，詩人何為並何去絕非他們所關心的。詩人之死只是他們茶餘飯後談資，只是他們輕飄無聊的風景中一片顫抖的秋葉，只成為他們用來裝點自身「懂得文化」

的羽毛而已。

因此，在這痛苦與歡樂交織旳世紀，在這患得患失的世紀，在這充滿希望與絕望（絕望中的希望、希望中的絕望）的歷史轉折點上，在詩人自殺、詩意消隱的時刻，我們重喚詩人出場，因爲正如羅門先生所說：「如果詩死了，美的焦點、時空的核心、生命的坐標到哪裡去找？『詩』是內在生命之核心，是神之目，『上帝』的筆名。」是的，在新世紀，詩人將重新出場。

三、後現代氛圍中的詩人之思

後現代是當前文化中一個尖銳突出的問題，甚至後現代本身就是一個問題。當代大多學者都就此提出自己的看法。反對也罷、贊成也罷、推進也罷，都有各自獨特的見解。羅門先生的看法在我看來是非常有意義的。

羅門認爲：「我主張多向性（NDB）的詩觀，是因爲詩人與藝術家是在「自由遼闊的天空」而不是在『鳥籠』內工作的。因爲他拿有『上帝』的通行證與信用卡，不宜有框限，不宜標上任何『主義』兩字的標籤。同時，任何階段性的現實生存環境以及創作上出現過的任何『主義』與流派，乃至古、今、中、外等時空範疇，乃至『現代』之後的『後現代』的『後現代』……等不斷呈現的『新』的『現代』，對於一個具有涵蓋力的詩人，都只是那不斷納入詩人超越的自由創作心靈溶化爐中的各種『景象』與『材料』，有待詩人以機動與自由開放的『心靈』，來將之創造與呈現出新的生命。所以詩的創作，不能不採取開放的多向性視點。」　羅門先生的觀點無疑是辯證且富於歷史感的。有些批評家往往喜歡追「後」逐「新」，對傳統中有價值的東西一概排斥，對藝術中的價值關懷，日久彌新的意義統統放逐。羅門的思想與他們完全不同，他強調從傳統中走出，賦予傳統新的機能，讓

傳統與現代對話。

後現代思維向度開拓了這樣一個境界：懷疑一切——懷疑歷史，懷疑進化，懷疑終極之物，懷疑意義的本源性和確定性；認爲一個世紀的「迷信」，只不過是上一世紀的理性勝利。同時，他們也保持著相對主義的意識，認爲借助於最新科學成就的時髦詞彙，並不能表達本質的特殊表象，因爲世界是永遠發展的，它的意義是在理解和解釋中不斷生成的，它永遠不可能受制於任何一種單一的體系或論斷。

人類精神歷史的發展是沿展與回溯、營構與革新的統一。那種一味強調差別而無視統一甚至將每一本文當作是關於同一些古老的哲學對立項：時與空、可感的與可理解的、主體與客體、存在與生成、同一與差別等等的作法，事實上只會走向自己的反面。在後現代時代，對詩人哲人而言，尤爲重要的是，以一種平和的心境看待人類文化的過去、現在和走向後現代主義文化的未來。因爲歷史已掀起了一角：所有理論層面上的喧嘩與騷動，都將在歷史長河中刮落一切表面的東西，而以屬於人的眞理形式還給人類，視野應進一步擴大；應將任何偏激的理論和實踐放到歷史中加以檢驗，以減少獨斷性和狂妄性。因爲，究極而言，整體同一性和非中心差異性是互相依存的，喪失了其中任何一維，則另一維也不復存在。

羅門的觀點標明了一種完全不同於過去傳統觀念的特殊思維方式。打開了思維禁區，批判了僵化的個性。他認爲：作爲一個中國的現代詩人，必須站在現在的最眞實的時空中，去看中國文化中屬於全人類的文化和詩的心理。因此，羅門非常強調「現代感」，即「現代感」所含有的「前衛性」，使詩人在創作中機敏地站在靠近「未來」的前端，去確實地預感新的一切之「來向」，而成爲所謂的「先知者」，去迎接與創造一切進入新境與其活動的新的美感形態與秩序。「現代感」所含有的「震驚性」，是一直刺動詩人的創作生命，呈現其超越

已往的獨特與新異的面貌。因此可見「現代感」對一個詩人的創作生命，是極其重要的。

　　羅門對後現代詩的看法也有獨到之處。他認為，眞正偉大的詩人、藝術家都是具有偉大的思想，有極強的主體性的，不會僅僅是以了無內容的形式取勝。現代主義相當注重價值，希圖在「上帝之死」的荒原上重建價值的追求過程本身具有一種「知其不可爲而爲之」的悲壯感，對之的嘲笑無疑是輕率的。後現代思想是後工業文明世界的產物，但實際上與現代主義有著一個延續發展的連續性。後現代思想本身具有兩重性，以後現代全面反叛現代，本身就不太現實。對傳統必要的批判精神和解構策略是應該的。但若是光解構，不重建，就會缺乏中心，主體性完全消解，也會導向空茫和虛無。所以，羅門主張一個詩人應該打破一切條條框框，吸取一切能爲他所用的東西，不要人爲地過分地強調現代還是後現代，而要強調一切有價值、有意義、有永恒性的東西。因爲詩歌作爲語言藝術的本質，它的內在超越的精神力量是無可替代的，這也正是詩歌的意義和魅力之所在。

　　在後現代時代，「迷惘」是後現代的品格，「消解」是後現代的策略，「虛無」是後現代的必然結果。然而可貴的是，詩人在後現代問題成堆中浮現出來，站在這個世界的頂端。他們思考，反省，求諸內心，返身而誠，以清醒的頭腦思索工具理性的異化，以犀利的筆鋒挑開歷史理性的謊言，終於在人文理性層面發現了自我的生命存在意義，發現了自我良知的構成，同時發現了清醒的自我對迷惘的世界揭底的重要性。有了這層清醒、良知，有了這層對世界和「詩意樓居」的關懷，這個世界也許會是有希望的。

　　在詩人自殺、理想坍落、價值信仰發生蛻變的圖景上，羅門先生仍堅持眞正的寫作。能如此者，是眞詩人。

　　　　　　（作者：北京大學中文系教授，文藝理論家）

山河天眼裡・世界法身中

──羅門詩作中的「自然」

林燿德

　　西方哲學思想中的自然一詞原本是與存有物的本性、天性結合在一起的，拉丁文 Natura和希臘文Physis都與誕生有關，因此，自然指的是存有物自起源開始既有的本質特性。天性是一切存有物發展的起源，神也不例外，何況乎人？天性既是存有物內在的構造計畫，也是限制其活動的機制。人以下的事物缺乏自覺意識，依自然律而行動；而具備自覺、有精神生活的人類卻在自然律上建立倫理價值，此一倫理特徵也成爲人類不同於萬物的特徵。

　　所謂大自然，一般而言，指的就是一切具備可變化的天性的事物，因此，也存在著一種冥冥中的秩序意志。

　　如果我們瞭解西方文化傳統中對於自然的概念，那麼就可以解答：爲什麼直到文藝復興時代，大自然的素材一直未曾被重視過。文學史家施平格曾指出，在中世紀時期「詩之所以被尊視者，惟因其爲哲學之侍婢，而尤因其爲神學之臣下也。」（施平格，一九六七）然而文藝復興時期之詩論者也未針對自然與文學之關係深予探究。遲至十八世紀，才有英國詩人開始處理相關的題材。

　　西方詩學向以悲劇、史詩爲核心，注重人的現象遠甚於對大自然的關懷；也就是說，他們所重視的自然是人類天性和倫理價值的問題；而屬於人以下的自然世界，因爲它的神學位階在人類之下，自非詩人所

重視的歌詠對象。

　　相對地，中國傳統詩學中藉重自然環境來表現創作主體的情志，是一種常態而非變態，自魏晉時代開始，大山大水常常是詩人寄情詠懷的重要意象。這種對於大自然的態度，和中國人的宇宙觀有密切關係；聽起來很老套的「天人合一」說，擺明了是以對應理論來解釋人與大自然的同構性，人的肉體和自然的原素都依五行的生剋而運轉，人既是大自然的一部分也是大自然的縮影，因此，用現代術語來說，人和大自然的關係不是上下位階的區分，而是互為正文的聯立體系。也因為這種人與自然的互相溶滲，追求抒情的境界、深入大自然的景觀以求心靈上的妙悟與和諧，便成為中國傳統詩學中一個異常重要的領域。

　　把重點挪置到當代詩人羅門的作品上，我們又可以發現自然的豐富內涵在詩人的現代詩視野中展現了東西兩大美學領域融合的壯闊情境，更值得注意的是他個人發展出來的「第三自然觀」和現象界的「第一自然」碰撞在一道的時候，又誕生出巨大的想像空間和飽滿的知性趣味。

　　羅門的「第三自然觀」是一種作者中心論的創作觀，他認為「第一自然」的田園【按：亦應包括天然的物質】、「第二自然」的都市在創作者的心靈中都必然匯入「第三自然」——內心的無限性——之中。

　　他指出：「詩人與藝術家創造人類存在的『第三自然』，也就是超越田園（第一自然）與都市（人為的第二自然）【按：『田園』也是『人為』的？筆者認為羅門的『第一自然』應該是指與『田園』連成一氣的樸素大自然。】等外在有限的自然，而臻至靈視所探索到的內心的無限的自然。」（林燿德，一九九一，頁七）羅門的都市詩是自「第二自然」的素材中提煉出「第三自然」的心靈視野，再折射回

都市現實的觀點。而他筆下的自然主題，則更完整地將「第一自然」的原始天眞和「第二自然」的物欲塵囂進行對照，再以「第三自然」的通感、哲智和物象的觀想疊套爲一體。一方面，他透過「第一自然」的景觀隱喻「第三自然」的龐碩心象，烘襯出詩人的生命情境；另一方面，他又藉靈視下的「第三自然」來規範「第一自然」的秩序，層層析理，將整個宇宙的永恆無限轉化爲人文性的心象。

在「隱形的椅子」時期（一九六六～一九七三），羅門的自然主題已步入成熟運作的階段。

一九七三年的〈海〉以圖象的形式來顯現海的「形上學」：

那透明的空闊

已忘形成風

水

平

線

是

最

後

的

一

根

弦

用整座天空去碰也碰不出聲來

（第二段）

圖象的運用在此既是形式也是內容，「水平線是最後的一根弦」採取齊底的單字橫列，象徵著自然巨大無限的延展，這首詩可以說是五年後〈觀海〉一詩的「前奏」。在〈觀海〉中，羅門不再套用海平線的

意象，而是如同莫札特一般輕靈的指法彈奏出海的節奏感，但是在那精確掌握的意象旋律之間，又隱藏貝多芬式的宏偉主題：時間與空間的綿互不朽。從單純對自然的歌詠，不著痕跡地引帶出人類心靈與歷史撞擊的迴響。

　　試讀〈觀海〉第二段及第三段：

　　　　總是發光的明天
　　　　總是弦音琴聲迴響的遠方
　　　　千里江河是你的手
　　　　握山頂的雪林野的花而來
　　　　帶來一路的風景
　　　　其中最美最耐看的
　　　　到後來都不是風景
　　　　而是開在你額上
　　　　　那朵永不凋的空寂

　　　　聽不見的　都已聽見
　　　　看不見的　都已看見
　　　　到不了的　都已進來
　　　　你就這樣成爲那種
　　　　　無限的壯闊與圓滿
　　　　　　滿滿的陽光
　　　　　　滿滿的月色
　　　　　　滿滿的浪聲
　　　　　　滿滿的帆影

在此，我們看到現代詩中匯集聲光影色，將抽象與具象伶俐交映互襯的範例；但若是僅只於此，仍然只是一種「表演」，無法有力地將「

那朵永不凋的空寂」說明清楚。接著，我們看到羅門將「已明之義」
的物質海洋擴張爲「待定之義」的意識汪洋，將海的包容性（也即是
詩人內在「第三自然」的包容性）如同急遽的漲潮般推擴開來；在第
六段，我們聽聞到，也目睹了比物理的海更爲雄渾的另一座海：

> 蒼茫若能探視出一切的初貌
> 那純粹的擺動
> 那永不休止的澎湃
> 它便是鐘錶的心
> 　　　時空的心
> 也是你的心
> 　　你收藏日月風雨江河的心
> 　　你塡滿千萬座深淵的心
> 　　你被冰與火焚燒藍透了的心
> 任霧色夜色一層層塗過來
> 任太陽將所有的油彩倒下來
> 任滿天烽火猛然的掃過來
> 任炮管把血漿不停的灌下來
> 　　都更變不了你那藍色的頑強
> 　　　　藍色的深沉
> 　　　　藍色的凝望

「頑強」、「深沉」、「凝望」的「藍」，這種虔誠的「神入」正是
詩人對於創作心靈的最高要求，他觀海，溶於海，最終成爲被海容納，也
容納海以及海所容納的歷史的巨大宇宙。

　　羅門寫〈山〉（一九七三）也沒有忘記討論山與原野、天空和海
的關係，這是一個詩人內在心象地理的有機結構；到了一九八二年他
又以〈山的世界〉來討論創作世界的結構特質。羅門在〈山的世界〉

的註釋中指出：「它（山）以穩固的『垂直』與『水平』抓住時空的重心，在沉靜中守住一切的秩序與動向。」相對於海的感性與騷動，山成為「第三自然」中知性力量的象徵，在〈山的世界〉第三節「山的結構」裡，我們讀到：

　　以塔的造型

　　　　　凸現

　　上去　是圓渾的天

　　下來　是圓闊的地

　　屹立不動時

　　所有的石面

　　都抓牢水平

　　要向前走嗎

　　排排的樹景

　　一路跟著鳥飛

　　飛就飛吧

　　塔的每一層

　　都是凌空的鷹翅

　　最後與天地迴旋一次

　　不就旋進了大自然

　　　　　原本的結構

在此，「與天地迴旋一次」、「旋進了大自然／原本的結構」，這些敘述不正在諧擬羅門自己主唱的「第三自然螺旋型架構」？讀者立即可以警覺到這麼一首不但在意象鏤刻上呈現流利而機智的風貌，也將創作思想嵌鑲其中的詩，正是一首以詩論詩的後設詩。似乎不待後現代思維的興起，更早於臺灣後設小說的風潮，羅門已經在創作中揭示創作本身的奧秘。

　　海、山仍然是有形的景象，而抽離地表的凌虛高空則更充滿了難以描摹的特質，〈飛在雲上三萬呎高空讀詩看畫〉（一九八六）在羅門的作品中不算是結構宏大的例子，但其中的經驗卻令人耳目一新。當一切都只剩下凌虛的「透明」時，羅門便要用「雙目跪下來看」（這是多麼弔詭又多麼令人動容的句子）：

　　　　誰曾在此畫過
　　　　　　　　展過
　　　　而一幅幅不能畫的畫
　　　　都氣勢逼人的
　　　　　　自己跑來
　　　　逼使我雙目
　　　　跪下來看

　　　　千山萬水
　　　　　　何處去
　　　　千飛萬翔
　　　　　　翅在那
　　　　問筆
　　　　問墨
　　　　都說大自然在畫框裡
　　　　瘦如走不出去的盆景
　　　　而太空船又能運回
　　　　　　　　多少天空
　　　　　　　　多少渺茫

　　　　在沒有終點站的渾沌裡

問時間　春夏秋冬都在睡
問空間　東南西北都不在
整個世界空在那裡
如果還要畫
誰的眼睛能是調色盤
誰的視線能是揮灑的線條
宇宙看看我
我看看宇宙
不畫
全是畫
（第四至七段）

「不能畫的畫」說明了所謂的「崇高」（sublime）究為何物。「崇高」如果被認為是巨大的景觀，那就一點也沒有趣味了；龐大的物體根本不是「崇高」的美學內容。要解釋「崇高」的最佳說法，是句老話：「筆墨難以形容」，因為超越了人類的語言能力，語言能力所不能描述的事物便湧現出一股震懾性的力量，這便是「崇高感」。空無一物的三萬呎高空，即是一個筆墨難以形容的崇高對象，而羅門竟能將此一無法征服的對象征服了，可是他仍然付出自己的虔誠，用「跪下來看」的雙目去瀏覽究極性的宇宙畫廊。〈飛在雲上三萬呎高空讀詩看畫〉雖然不曾有批評家注意到過，但筆者認為這首詩在羅門的自然主題之中，甚或八〇年代的眾多詩作中應該有其獨特的位置。

　　九〇年代的羅門在都市主題方面的開拓，主要在和「後現代狀況」對話，將都會中的後現代現象亦莊亦諧地表現出來，和過去他在都市詩中沉痛批判的基調有所不同；因此，指責羅門在九〇年代沒有「變化」是不太公平的。

　　在自然主題方面，大師也續有開拓；當然，也絕不是舊作的翻拓。

七、八〇年代間，羅門最好的幾首自然主題的創作有三項共同的特色：

㈠均以總稱名詞的「山」、「海」、「天空」做為描寫對象，並未標定地點。

㈡這些作品多半以驗證詩人心靈空間為描述的最終意旨，也就是說多半是將「第一自然」拿來做為「第三自然」的符徵，有些作品甚至直接標明或註解「以詩論詩或詩人」的企圖。

㈢這些作品中自然有「我」的存在，但卻是一個隱藏的「我」，透過凝視或冥思進行心靈活動。

不過到了九〇年代，我們又可以看到羅門的新趨勢，他開始標定地點，也將自然主題所包容的議題擴張到藝術的品鑑、歷史的探索、文學脈絡的析解以及更進一步對於「第三自然觀」的詮釋等等多元多面的思維。

〈過三峽〉是羅門一九九五年三月與蓉子共遊長江時的感思之作：

　　八大的潑墨

　　蒙特里安的造型

　　克利斯多的 LAND ART

　　都一一退出風景

　　只留下山水

　　　一剛一柔

　　　一動一靜

　　在畫著那一幅幅不能畫的

　　　　　　山水畫

　　在雕著那一座座不能割的

　　　　　　雕塑

　　　　　給大自然看

　　看到長河落日圓

山隨水盡

煙雲變滅

遠處的一盞船燈

便亮開整條江

在夜讀

讀來星垂原野闊

月湧大江流

讀到天亮

方讀出天地線上那個一字

人與船與風景便都醒來

跟著太陽一起讀

讀來千山萬水

天高地遠

大江南北

源遠流長

平面看　都是畫

立體看　都是雕塑

屬於眼睛的　都由相機運回去

屬於心的　　便由詩來轉運

沿水路　是長江萬里

讓風景去走

走心路　比歷史遠

便由風雲鳥去飛

（第二節第三段）

在文體和形式上我們仍然可以看出羅門完成於七、八〇年代的遺風，
但是在言談上已較過去延伸出更多的觸角，而且詩人本身的行動性（

如「人與船與風景便都醒來」一句）恰如古典詩學中的「人中景」，以人視景，透過流動的視野來暗示詩人本身的動作。羅門在題目上刻意標示出「三峽」這個地景也是很特別的，這表示他與「環境」（儘管只是地理上的標的）之間產生了更直接的聯繫。

而〈大峽谷奏鳴曲〉可說是繼羅門八○年代完成〈時空奏鳴曲〉之後又一重量級的巨製。這首詩是依照他在一九九二年同蓉子赴美時旅遊內華達州大峽谷的印象完成的，有記遊詩的性質，但又完全沒有囿限在記遊詩的傳統之中。詩人自稱這首詩「是一首企圖跨時空、跨國界、跨文化與藝術流派匡限以世界觀與後現代結構理念所寫的詩。」

將〈大峽谷〉視爲羅門在九○年代前期的扛鼎之作，以及他在自然主題方面各種經營的集大成展現，是絲毫也沒有錯誤的。〈大峽谷〉全詩分爲九節，第一節就以壓迫性的視覺意象迎接了讀者：

> 千萬座深淵在這裡沉落
> 　　無數向下的→→→
> 　　　　追著死亡
> 所有的石屋解體在石壁上
> 　　都找不到原來的建築圖
> 　　　　萬徑人蹤滅
> 大峽谷
> 你兩邊的建築與走道
> 是日月星辰雷電風雨
> 　　千萬年營造的
> 岩壁打開的兩扇通天門
> 　　永遠開著
> 　　世界要來就來
> 　　要去就去

至於
惠特曼有沒有
　　駕著西部的篷車來過
柳宗元有沒有
　　把寒江釣到這裡來
從不說話的蠻荒與孤寂
　　　　都不知道
天空也沒有人管
鳥帶著山水飛來
飛機帶著都市飛去
你是牽著鳥翅與機翅在飛的
　　　　　那條線
飛到接近太陽出來的東方
另一條線
接著從萬里長城
　　　　揮出來
帶著大自然的風景與
　　　起伏的歷史
　　　　　滿天飛
飛到鳥翅與機翅
　　都飛不過去
另一條線
便從茫茫的天地間
　　　　飄出來
　　　閒在那裡
這三條線　握在你手中

　　　已是三條最長的鞭子

　　　地球要凹到底

　　　　　凸到頂

　　　　　去到○

　　　都真的是鞭長可及了

一氣呵成的綿長詩行映襯出大峽谷磅礡的形勢，以「千萬座深淵」的
「沉落」來形容其深，以「日月星辰雷電風雨」以「千萬年營造的岩
壁打開的兩扇通天門」來形容其廣闊，都是勁道十足的句子。但是更
重要的是那「三條線」的強調：「牽著鳥翅與機翅在飛的那條線」再
度詮解了大自然的不可征服性；「從萬里長城揮出來」的「另一條線」指
出人類文明與歷史（這是延伸出平面都市之外的「第二自然」）的悠
遠傳承；而「從茫茫的天地間飄出來」的「第三條線」（詩人心靈的
轉義）則是「第三自然」的神奇映象，這三條線在羅門親履大峽谷之
刻全部在霎時感悟而出（「握在你手中」、「三條最長的鞭子」），
包含了一切宇宙萬有的三軸線在此詩中遂成為一個凸顯的重點，呼應
了第九節的大統化、大通悟：

　　　沿著深度走下去

　　　順著高度走上來

　　　大峽谷你垂直的視線

　　　同地球的軸直在一起

　　　下端碰到地

　　　上端頂著天

　　　只要跟著地球轉

　　　無數變化的圓面

　　　便在時空的縱向與橫向裡

　　　旋成停不下來的螺旋塔

> 所有的眼睛都在塔上
>
> 看前進中的永恆
>
> 往那裡走

「前進中的永恆」一直是羅門念茲在茲的思想懸的，在〈大峽谷奏鳴曲〉的曲式中也成為化身萬千、寄託於三軸線的主旋律。雖然筆者不敢斷言這首詩在羅門的自然主題中是最後的力作，但是卻已建立了一個完整的思維體系，讓人想到王維的詩句：「山河天眼裡，世界法身中。」相隔無數歲月，一古一今，兩個詩人在超越時空、超越流派的大境界中竟然終究在「前進中的永恆」中相會相通，這正是詩所以之為詩的暢快。

徵引暨參考書（篇）目

林燿德，《羅門論》。臺北，師大書苑，一九九一。

施平格著，正中書局編審部譯，任常俠校訂，《文藝復興期之文藝批評》。
　　臺北，正中書局，一九六七。

羅門，《羅門詩選》。臺北，洪範書店，一九八四。

羅門，《誰能買下這條天地線》。臺北，文史哲出版社，一九九三。

羅門，《過三峽》。見《香港文學》第一二四期，香港，香港文學雜誌社，
　　一九九五（四月號）。

　【註】本文是作者在1995年對羅門出版系列書中的「自然」主題所作的論文，
　　　　因故未能赴京參加出書研討會，此文在考慮的結果，有收集在本書的
　　　　必要性。

　　（作者：詩人、散文家、小說家、評論家）

羅　門　論

──羅門暨其詩作的價值

杜十三

　　羅門，一九二八年生於海南島文昌縣，一九四二年（十四歲）進入設在四川成都的空軍幼年學校，畢業後，一九四八年（廿歲）進入杭州筧橋空軍飛行官校，同年代表空軍足球隊參加在上海市舉行的第七屆全國運動會，一九四九年由大陸撤退來台，在岡山繼續飛行，一九五一年停飛，進民航局工作，一九五九年（卅一歲）參加民航局高級技術員考試合格，調任民航局臺北國際機場高級技術員，一九六七年擔任民航局民航業務發展研究員，一九七七年（四十九歲），他辭掉了所有的工作，從此專心從事詩創作至今。

　　羅門早在一九四八年（十多歲）編空軍幼校畢業特刊，就已發表詩作。但正式發表的第一首詩「加力布露斯」是在他廿六歲服務於民航局（認識女詩人蓉子）的時候寫成的，才首度出擊，就被主編紀弦以特殊的紅字刊登於「現代詩」季刊封底，四年後，他出版了第一本詩集「曙光」，七年後出版了風格成熟的「第九日的底流」，隔年，寫成了奠定他在中國詩壇崇高地位的「麥堅利堡」，此後他更是創作不綴，至今陸續完成了「死亡之塔」、「隱形的椅子」、「整個世界停止呼吸在起跑線上」、「曠野」、「有一條永遠的路」、「誰能買下這條天地線」、「羅門詩選」……等長詩。短詩與英譯本十數種，內容涵蓋了抒情、自然、都市、戰爭、死亡與時空等各種主題，此外

更有論文集數部，視覺詩創作兩層「燈屋」……，目前的他仍然以近七旬的「高齡」，生龍活虎的穿梭在臺灣文壇上，用心的過著他所謂的「每一秒鐘都是詩人」的日子。如此一位從小身智俱優，生命結構紮實豐富，充滿尼采所說「衝創意志」，每一時都是詩人的羅門，他在中國近代文壇上的出現，存在與努力，自應有其特殊與非凡的價值──這個價值是建立在羅門堅持做爲一個純粹的詩人所散發出來的毅力、悲憫、能量、智慧與創意，通過他的作品對世俗的社會、傳統的人世、弱者的妥協、愚者的執著……所進行的一次長達半個世紀的發現、顛覆、革命與重建──也就在這一連串爲了捍衛做爲一個人的價值的過程裡，羅門才成爲一個眞正的詩人，並且讓我們深信他所一再強調的：「凡是離開人的一切，它若不是死亡，便是尚未誕生。」

　　因此，如果我們能夠誠實的，像發現一座山的雄偉或一條河流的美麗那樣的去面對羅門，我們也將可以「發現」：近看的羅門和幾分鐘內看到的羅門確實難以和遠觀的羅門和數十年中看到的羅門相比，前者和身旁的山岩、河岸一樣，難免有失之頑固、粗硬、拘束甚至冗煩之感，後者卻是磅礡與婉約兼俱，動人心弦引人深思的壯麗美景。我們要從那個角度，要如何看才能發現羅門及其詩作的價值呢？

　　首先，我們應該從藝術的角度去發現羅門──任何藝術，尤其是詩，都是爲了尋求人類與週遭環境互動與和諧相處的「美學」之道，並以之實踐在人類的文化之中，誠如杜斯妥也夫斯基所言：「世界將由美來拯救」，詩人和藝術家的價值就在於他能否在不同的環境中創造出一種和外界和諧互動的，獨到的美（學之道），並以其實踐的結果提供給其他的人類做爲「發現」的方向與生、活的表率，以避免自我生命的淪陷。比如說，面對「第一環境」──山水雲天的大自然環境，藝術家所提出的「美學之道」是自然主義、是印象派、是寫實派……；面對「第二環境」──人造城市與人造景物的環境，藝術家所

提出的「美學之道」是現代主義，是立體派、是抽象派……；面對「第三環境」——電波聲光、虛擬景況膨脹的環境，藝術家提出的美學之道則是後現代主義，是解構的、是拼貼的……。以此觀之，身跨農業社會、工業社會與資訊社會的羅門，早在五〇年代末期的臺灣便已率先投入了「都市詩」創作，並以之充分的實踐其「三大自然」①美學觀與「圓與塔互動」②的生命觀，不僅對後代文壇樹立了鮮明的導範與影響，也對生活在「農村—都市」過渡期的讀者擴大了生命的視野，提高了心靈的向度，甚至於讓一些徬徨的靈魂得以在黑暗和失望中找到尋求更新生命質能的可能性。「三大自然美學」意指藉由大自然，人造自然和內造自然交感互溶而擴張生命質能的創作觀，也是羅門宏觀的詩美學架構；「圓與塔互動」說則是體認了外在自然的圓融諧和和工業文明世界的衝突、壓抑之間的矛盾，以及如何經由「螺旋狀運動」尋找生命本體和價值的一種動態的體悟，這也是羅門掌握自己的行動和創作，甚至是掌握文字的一種美學上的策略。重點是，祭出了美學觀和美學策略的同時或前後，羅門一直義無反顧，以他數十年來一長串的創作誠摯而剛健的實踐他的所思與所信，這在他豐沛的作品中可說所見多是，試舉「茶意」片斷觀之：「……整個視野靜入那杯茶中／歲月睡在那裡，血淚也睡在那裡，……／沈在杯底的茶葉，全都醒成彈片……」——詩中的「歲月」、「血淚」是第一自然的，「茶葉」、「彈片」是第二自然的，然而那個「醒」字就是「螺旋狀運動」的某個姿勢，巧妙的讓「第一自然」和「第二自然」由沿外圍緩動的圓週迅速凝縮成激烈暴動的圓心，推翻了我們對於茶葉的「鄉村印象」，揭露了戰爭的廢墟本質，進而讓讀者在驚惶反思未定時跌入詩人悲天憫人的「第三自然」心跳聲中。

　　其次，我們可以從羅門詩作的本身去發現羅門——綜觀羅門各種時期，各類題材的詩作之後，我們可以歸納出他作品的幾個特質，此

即：悲憫的、現代的、口語的、深刻的、爆發的，以及生命的、宗教的、思想的、沈重的……。似乎除了睡眠之外，他時刻都不忘運用自己的每一根神經去撞擊時間、空間和人間的每個座椅，企圖藉由不同的動作，諸如摩擦、切割、扭轉、重組、位移……，讓他所接觸到的每個面向都能產生巨大而尖銳，至少是與眾不同的回響，以便用來提醒、警告，或是安撫、暗示受困於文明絞鍊和死亡重壓的無助心靈。他似乎就像一個具有宗教狂熱的使徒，又像是不斷舉矛向人類困境風車挑戰的唐吉訶德，活著就是為了創作，創作就是為了想替週遭的同類傳達一些可以獲得救贖的感悟——美的感悟、時空的感悟、死亡的感悟。誠如他自己所言，他曾在「麥堅利堡」、「板門店38度線」、「TONY的斷腿」、「時空奏鳴曲」……等詩作中追蹤死亡的奧義。曾經在「都市之死」、「方形的存在」、「玻璃大廈的異化」、「眼睛的收容所」……中，安撫受到文明與性慾操控的人性。曾經在「窗」、「螺旋型之悲」、「天空三境」、「存在空間系列」……中，揭露受困於自我，無助於存在的荒謬。曾經在「死亡之塔」、「第九日的底流」、「整個世界停止呼吸在起跑線上」、「回首」……中，剖示時空的內臟和基因。此外，他曾經在「山」、「河」、「海」、「大峽谷奏鳴曲」……中，闡述大自然圓融的精華，在「光穿著黑色的睡衣」、「教堂」、「女性快鏡拍攝系列」、「悲劇的三原色」……中，反諷文明生存情境的必然與未然……。如此，羅門的大量作品幾乎都是透過他所謂的「靈視」，藉由超寫實和超現實的各種鏡頭，用文字感光、感「靈」之後拍攝出來的「電」影，往往在令人觸「電」之餘還能留下鮮明的意象，試看「地球也哭著回去」的片斷：「……當焚屍爐較郵局還穩妥／一封信在火途上快遞／我便清楚的讀到，主啊／你在用骨灰修補天國」，再看「流浪人」的片斷：「椅子與它坐成它與椅子／坐到長短針指出酒是一種路／空酒瓶是一座荒島／他向樓梯取回鞋聲

……」，再看「麥堅利堡」的片斷：「麥堅利堡　鳥都不叫了　樹葉也怕動／凡是聲音都會使這裡的靜默受擊出血」──如此口語近人，如此出人意表，如此深刻沈重，如此重擊得讓人的心靈感動震撼的詩意象和詩語言，在羅門的詩作中所見多是，就是這種舉重若無，微風吹來造成山崩一般所產生的「受美救贖」的快感和靈動，才建構了羅門詩作崇高的價值，不像時下的某些詩作晦澀難解，有若一座座妄想取代自然景觀的水泥牆，只顧著以做作的「牆」貌孤傲示人，卻總是不智的隔開了讀者和真正風景的通道。羅門的詩就像一條條幽徑引導著你輕鬆步行，但在上坡和轉彎處總會讓你看到驚心動魄或是迤邐深遠的美景和遠景──換句話說，羅門的詩是動態的「言語」，而不是靜態的「語言」，是「發現」本身，而不是「被發現」的終點，讀他的「詩」，是真正進入語「言」的「寺」廟中去感悟另一個更神秘，更恢宏的「第三自然」真世界，而不會只是停留在「第一自然」和「第二自然」的有限表象中徘徊、頓足──總之，從羅門的詩作中，我們發現了「羅門的發現」、「羅門的看」、「羅門的言語」的價值，也發現了一種可以提供別人發現他自己、發現美、發現生命的真價值──這乃是一條秘徑、一把鑰匙、一種「靈視」的價值，而不是一塊人造碑，一座人工牆、一把人造花……的價格。

　　最後，我們可以從羅門的「行動」去發現羅門──從四十九歲毅然辭去高薪民航職務專心創作，至今已近廿年卻無一日不在詩的崗位上思索、鑽研、工作，始終努力不懈的羅門，比起一些寫了幾年詩就停筆，成了名就停筆的詩人而言，確實有其值得敬佩與踵法之處。為了把時間全部集中奉獻給自己的熱愛的詩創作，因為他已然把詩當成自己生命的全部，詩是他所有的目的，而不是手段──這種宗教式的狂熱造使羅門的每一個細胞都有如純粹的「詩元素」，讓他在呼吸行止之間較諸任何人更能輕易的進入並且掌握詩的「靈視」，也更有能

力從混亂錯綜的紅塵萬象中去提煉自己明亮剔透的詩心，幾乎任何來自第一、第二自然界中喜怒哀樂的各種情狀，羅門均能以其詩禪苦修後的高深身段，巧妙玄奇的將其折射、昇華，成為「第三自然」中的豐勻血肉與澎湃的感動。雖然在日常生活中，有人會以俗世的觀點批評羅門的頑固，冗煩與不通人情，但對於一個詩人和藝術家而言，就是這種能夠因為理想與使命而不妥協的堅持，才造就了藝術和文學的永恆和對人類發揮救贖力量的價值，也正如羅門所言：「只有這種抱摟，才能進入火的三圍」——這三圍就是「真、善、美」的高峰和深谷。一輩子求真、求美，充滿悲憫仁者胸懷的羅門，除了他的藝術和詩作之外，是不是也透過了他的行為本身，讓我們發現了他做為一個詩人的價值了呢。

　　毋庸諱言，擁有「中國都市詩之父」美譽的羅門，確是中國近代詩空中一顆閃亮而詭奇的星，他以獨創的姿態恆久發光，毫不倦怠，即使他終將殞落，後世的人亦能領受他無數光年以前便已傳出的能量，而不會忘記他所在的位置。最重要的是，我們將從這個位置繼續他的「發現」，努力的去發現更多、更美的「發現」。

一九九六年四月五日　石陰公園

（作者：詩人、藝術家、評論家）

【附　註】

① 見羅門「我的詩觀與創作歷程」頁5-頁8，文史哲出版社，一九九五年四月出版。

② 見林燿德「世界的心靈彰顯」頁59-頁62，藍星詩刊，一九八七年三月五日。

都市詩學

──從羅門到林燿德

王潤華

　　我在1994年舉行的《當代臺灣都市文學研討會》上，曾提出《從沈從文的「都市文明」到林燿德的「終端機文化」》的論文。①我的論點主要說明，沈從文及其他中國大陸作家與林燿德的都市文學是不同的，雖然他們作品重點都是在描寫現代都市文明。沈從文的小說是最早的都市文學，他所代表的是鄉村中國的詩學，而林燿德則代表另一種新的都市文學的開始。我稱這種都市詩學為「終端機文化」詩學。

　　本文嘗試從中國大陸最早的都市文學到臺灣的都市文學，在沈從文與林燿德之間，為羅門的都市詩尋找一個歷史位置，為他的詩學作一種詮釋。

一、自然人與都市人在鄉鎮相遇：都市文學的開始

　　雖然沈從文的小說給人的印象，主要是描寫湘西的鄉村中國，其實他的城市小說幾乎占了全部作品的一半。在《沈從文文集》②中的小說，有76篇以城市為主題，87篇以鄉村為主題。③在他描寫鄉村社會的小說中，對都市文明的批判也有所表現，像〈雨後〉（1928）、〈柔園〉（1929）、〈三三〉（1931）、〈貴生〉（1937）等小說，就是很好的例子。沈從文的這些鄉村小說，不只表現區域文化，他更以鄉村中國的文學視野，一方面監視著在城市商業文明的包圍、侵襲

下，農村緩慢發生的一切，同時又在原始野性的活力中，顯現都市人的沉落靈魂。④例如，在〈三三〉那篇小說中呈現的是鄉村中國的自然人發現都市人的病態及荒謬性。三三和她的寡母住在苗區山彎堡子裡過著世外桃源的生活。有一天城裡來了一個白面書生，他原來是希望到鄉下養病，享受農村田野的新鮮空氣，吃些新鮮雞蛋蔬菜，滋補身體，然後把病治好。三三的媽媽希望把女兒嫁給這位青年，可是城市人突然得狂病死了。整個村落的人開始對城市及從城市來的人感到驚恐，他們認識到城市人與病人是同等意義的。在〈三三〉小說，通過象徵性的語言，解剖下鄉村中國與城市中國的第一次相遇後，鄉村人對城市的夢幻開始破滅，而大自然的靈藥也救治不了城市人的死亡，因為他患的已是第三期的癆病。⑤

在另一篇充滿抒情幻想的抒情詩小說〈夫婦〉中，城市人在現代文明的污染與壓力下，生命變得空虛，因此患上神經衰弱症。最後他回歸大自然去尋找自然的生命力來治療自己的病。可是原本潛藏著生命力的鄉村世界卻正在都市文明的侵染下逐漸失去那原始的人性美與生命力。保護鄉村的團衛就是都市文明的化身：它亂用權力，虛偽，公報私仇。⑥〈菜園〉中的「縣府」，胡亂處決玉琛及其妻子，代表現代文明只是一場慘無人道的政治鬥爭，在白色恐怖中，許多無辜的老百姓慘遭殺害。這是另一種現代文明帶來的災難。⑦

所以沈從文在他的被稱為最具魅力，充滿泥土氣息的小說中，仍然沒有忘記都市文化無孔不入的侵入其間，而引起自然生活秩序的錯亂，美麗的自然大地的受破壞。沈從文以都市主題為中心的小說，如〈紳士的太太〉（1929）、〈虎雛〉（1931）、〈八駿圖〉（1935）等小說中，⑧他又以鄉下人的目光來觀察都市人生，來看都市人生荒謬性與社會病態現象。沈從文的鄉村中國的視野是具有道德與價值的一把尺，一把稱：

> 我是一個鄉下人，走到任何一處照例都帶了一把尺，一把稱，
> 和普通社會總是不合。一切來到我命運中的事事物物，我有我
> 自己的尺寸和分量，來證實生命的價值與意義。⑨

所以他對都市人的觀察，依據的是「鄉下人」的標準。他把人類病態
精神看作都市文明──外部環境對人性的扭曲，那就是他拒絕的「社
會」。這種扭曲的人性與自然相衝突，在〈虎雛〉小說中，小兵虎雛
被放置在城市中，接受現代文明的教育與文化，從野蠻湘西鄉村來的
他，做出直覺的抗爭，最後他因在城裡打死一個城市人而消失。他打
死一個城市人，表示他打死了城市文明，他的消失是暗喻鄉下人逃回
到自然的鄉村去尋找失落的生命與意義。⑩

　　這些小說都是通過鄉村中國的眼光在看中國城市，來觀察現代文
明：真正屬於大多數人的中國是農村中國，而它正在逐漸消失。沈從
文小說中的人物，都感到只有回歸到鄉村中國，才能找回失落的精神
和品質。他們始終無法與都市文化認同。

　　沈從文這種鄉村中國的詩學，從鄉村中國來考察城市中國的小說，
可說代表了中國五四時期以後的城市小說與詩歌的寫作視野與思維方
式。從魯迅、王魯彥到施蟄存的鄉土作家，他們作品的主題是呈現現
代物質文明如何慢慢毀滅中國的鄉鎮。⑪即使到了上海現代派作家，
像劉吶鷗、穆時英、杜衡，葉靈鳳和戴望舒，他們雖然長期生活在中
國現代的上海，對現代都市有些認同，但對都市文明的困惑還是很多，因
為他們多是從帶有鄉土味的鄉村或小城鎮走出城市的人家，結果還是
站在現代大都市的邊緣來窺探都市人的觀念行為模式。⑫

　　根據楊義的分析，三十年代上海現代派的都市文學作品對現代人
的認識的也就是現代人的病症，可分為三大類。第一種是「陌生人」。由
於受了大都會物質文明和商業文明的極大誘惑，從城鄉湧進大都會的
中國人，脫離了地緣、血緣，與倫理道德的維繫，他們一步一步掉進

無底的深淵。所以從「陌生人」又變成了「片面人」，最後變成「變態人」。⑬不屬於任何文學派別的老舍的城市小說，被稱為「城市庶民文學的高峰」，而且是少數出身都市（北京）貧民階層的作家，⑭但是老舍的代表作《駱駝樣子》，是關於一個出生農村的年輕人樣子，城市文明使他從鄉間帶來的強壯的身體腐爛，成為現代都市社會胎裡的產兒。他的墮落也是一步步的，從仁和車廠到大雜院與白房子（妓院），代表他逐漸掉進黑暗腐敗的都市文明的最底層。他也是從「陌生人」、「片面人」而最後被扭曲人性成為「變態人」。⑮

　　中國較發達的大城市，只是廣大內地小城鎮與鄉村的延長，像北平只是一個放大的縣城，所以北平長大的老舍基本上的文化意識，還是很「鄉村中國的」，因為「鄉村中國才能代表中國的特性」。⑯

二、從安東街到泰順街，從《第九日》到《有一條》：羅門愈來愈深入現代都市文明的底層

　　以鄉村中國為視野的城市詩學，從1950年代，或甚至更早便在臺灣落地生根。林燿德在〈都市：文學變遷的新坐標〉一文中，曾用黃用的〈都市〉、〈機械與神〉、張健的〈文明〉、林綠的〈都市組曲〉、羅門的〈都市‧此刻坐在教堂作禮拜〉等詩作為實例，給予很有深度的解讀。黃用對工業機械文明影響下，對中產階段的異化，對遠異於農業社會體質的城市權力產生迷惘。他既擁抱現代文明，又批判其矛盾。張健把臺北以「一只龐大的煙灰缸」來表現他對現代城市文明的幻滅感。林綠地用香煙「自紅而黑」的幻滅來表示對中產階級生活的懷疑與反叛。羅門近四十年來，每一首詩都在編織「都市迷惘」的網。⑰

　　不論在都市主題的處理上，是屬於文明與自然的衝突而引起的迷惘，還是城鄉的對立，這些城市文學，都是以鄉村中國的詩學作為基點，來探索現代都市文明的現象。

在臺灣詩人中，羅門在近四十年裡，一直不斷對當代都市文明迷惘現象探索。他是最早最有系統從事這方面的創作的詩人，羅門常被人引述的一首都市詩〈都市的人〉寫於 1957年，他的第二本詩集《第九日的底流》以都市主題為主，出版於1963年。從此以後，羅門不但創作城市詩，他也努力建立自己的一套城市詩學。第一本理論《現代人的悲劇精神與現代詩人》出版於1964年，目前他已出版了五本理論專書。⑱因此陳煌稱他為「都市詩國的發言人」：

> 羅門對城市的冥暗心態看得透，觀察入微，說他是都市詩國的發言人，並不為過。⑲

張漢良則肯定他為都市詩最具表性的詩人：

> 現代化造成的社會結構與生活型態的改變，往往衝擊著敏感的詩人。反映這種社會現象的都市詩（urban poetry）乃應運而生，最具代表性的詩人便是羅門。⑳

羅門一直住在臺北市，而且愈來愈往市中心搬遷。我開始與他認識時，他住在安東街，在 1965年，我、林綠、淡瑩、黃德偉、翱翱等人替他把家搬到和平東路，最後他又遷居泰順街。他的生活象徵他愈來愈深入都市文明的底層。所以林燿德說：

> 羅門是中國現代詩人中經營都市意象迄今歷時最久，成就最豐碩的一位。自一九五七年……一直持續著對於現代都市的探索與挖掘，他已不僅止於陳煌所指的「都市詩國的發言人」……更是一個不斷在文明塔尖造塔的藝術思想家。㉑

同時林燿德還補充說：

> 羅門已經全面把握著都市時空的變異性、創作者向前衛領域不斷逼近的必然性以及都市文明的淫威正君臨一切藝術的無空等等時代課題，在他諸多同時蘊含著批判與禮讚的雙重立案中，羅門似乎絲毫不曾減低對於當代都市的強烈興趣。㉒

　　目前研究羅門的都市主題詩的著作很多，像蔡源煌〈從顯型到原始基型——論羅門的詩〉、張漢良〈分析羅門的一首都市詩〉、陳煌〈城市詩國的發言人——讀《羅門詩選》〉、林燿德的〈在文明的塔尖造路——羅門都市主題初探〉，都是有見地論析，對羅門都市詩的藝術與意義結構提供有深度的認識。㉓本文嘗試在這個基礎上，進一步尋找羅門都市詩在中國都市詩學上的歷史位置。

三、鋼鐵的都市把原野吃掉，人類被囚禁在方形的籠裡：羅門詩中的都市之死

　　在1957年，臺灣還處於農業社會，不過有些人的腳步已逐漸從田芭上走向工業廠房了。在這一年，羅門寫了目前經常被引述的〈城裡的人〉。在這首詩中，羅門開始感受到城市的病態現象：人在追求物質的享受中，開始在城市中迷失自己。作爲批判現代生活的都市詩人，羅門經常表現的主題之一，是人類自然社會被現代的科技文明城市所毀壞。因爲他自己住在臺北市，也日漸感到自我扭曲與變形。1967年羅門去了紐約一趟，回到臺北，他發現紐約已是物質文明的親生子，而臺北還不是：

> 回到臺北，這一座「工業」與「農業」、「田園」與「都市」
> 仍在彼此拉著鋸的城……㉔

　　物質文明造成人的異化，人與自然以及人性的離異。張漢良以羅門的〈玻璃大廈的異化〉（1987）爲例，來說明半個世紀的異化過程已經改變了人性。人想克服異化，只有回歸自然，但這種願望再也無法實現。㉕〈都市・方形的存在〉一詩中，呈現天空被「溺死在方形的市井裡」，山水「死在方形的鋁窗外」，而人類呢？他們像囚犯，被監禁在方形的都市裡。方形代表機械化、公式化的生活，代表現代文明的種種規範與制度。這些方形的牢籠，如電視機，電腦，是人類

自己所創造，卻將自己囚禁在裡面：㉖

> 天空溺死在方形的市井裡
> 山水枯死在方形的鋁窗外
> 眼睛該怎麼辦呢
> 眼睛從車裡
> 　方形的窗
> 　　看出去
> 立即被高樓一排排
> 　　　　方形的窗
> 　　　　　看回來
> 眼睛從屋裡
> 　方形的窗
> 　　看出去
> 立即被公寓一排排
> 　　　　方形的窗
> 　　　　　看回來
>
> 眼睛看不出去
> 窗又一個個瞎在
> 　方形的牆上
> 便只好在餐桌上
> 　　在麻將桌上
> 　　找方形的窗
> 找來找去　最後
> 　全都從電視機
> 　　方形的窗裡

逃走

都市是一座由水泥鋼鐵所圍築成的人類動物園，人一旦被困在這巨大堅固的牢籠中，心靈便荒蕪和萎縮。下面是羅門在〈現代詩發展中的危機〉的一段話：

> 鋼鐵的都市，它以圍攏過來的高樓大廈，把遼闊的天空與原野吃掉，人類的視覺聽覺與感覺在跟著都市文明的外在世界在急速地變動與反應，現實的利害又死死抓住人們的欲望與思考不放，人便似鳥掉進那形如鳥籠的狹窄的市井裡……於是詩與心靈便一同在人生存於日漸物化的都市環境中被放逐，人的內在生命遂趨於萎縮與荒蕪了……㉗

羅門早在1961年完成的〈城市之死〉是有關墮落城市的長詩。在城市裡，人的精神枯竭，人們以楚楚衣冠來掩飾心靈之污染：㉘

> 建築物的層次　托住人們的仰視
> 食物店的陳列　紋刻人們的胃壁
> 櫥窗閃著季節伶俐的眼色
> 人們用紙幣選購歲月的容貌
> 在這裡　腳步是不載運靈魂的
> 在這裡　神父以聖經遮目睡去
> 　　　凡是禁地都成爲市集

都市的死亡就是宗教信仰和道德的死亡，金錢、物質與肉欲是都市現代文明的象徵物。

到了1972年，由於都市還未死，羅門寫了〈都市的落幕式〉一詩。都市的病也是人的病，治療這些疾病的藥物與方法是克補、克勞酸與電療院。請看都市與現代人的病態生活：

> 煞車咬住輪軸
> 街道是急性腸炎

　　　紅燈是腦出血　胃出血

　　　十字路口是割去一半的心臟

　　　只有那盞綠燈　是插到呼吸裡去的

　　　　　　　　　　　通氣管

　　　都市你一身都是病

　　　　氣喘在克勞酸裡

　　　　癱瘓在電梯上

　　　　痙攣在電療院裡

　　　於癲狂症發作的周末

　　　　只有床忍受得了你

　　　牛尾湯往上端　流行歌往下流

　　　那種酒　總是往那種臉色裡死

　　　天天　店門像一排鈕扣解開

　　　那陰處　便對準你的發洩

　　　夜夜　綠燈戶是你的北極星

　　　照著觀光客最後的那段路

　　　天亮時　另一隻鳥便來接管

　　　　　　希爾頓窗外的天空

　　　誰也不知道你坐上垃圾車往那裡去㉔

都市「一身都是病」，這種病不止是腦出血，胃出血，心臟已割去一半，「氣喘在克勞酸裡」，「癱瘓在電梯上」，「痙攣在電療院裡」，都市已成為又臭又髒的垃圾，沒有土地可以把它埋葬。

四、高速公路帶著田園進城，帶著城市入鄉：羅門都市詩中的自然情意結

　　羅門在上述〈玻璃大廈的異化〉一詩中已暗示，物質文明已造成

人在自然的異化，要克服異化，只有回歸第一自然，可是「眼睛」已追不上自然山水了。儘管住在臺北市心臟區，羅門自己心裡明白，自己嚮往自然而又無奈自然的被毀壞或遙不可及，自己永恆的被鎖在方形的存在裡。這種無奈，充份表現在〈窗〉那首詩裡：「猛力一推竟被反鎖在走不出去的透明裡」。⑳羅門自己把窗詮釋爲「現代型悲劇所形成潛在性的自我意識之困境」。㉑但是羅門一而再的在詩中表現企圖突破都市方形空間的約束的欲望，因爲這是具有鄉村中國心靈的都市人的共同理想。在〈廿世紀生存空間的調整〉（1982）一詩中，羅門突然產生一種天眞無邪的樂觀的想法，以爲高速公路通車後，都市人便可以輕易的走進風景裡，踏在泥土上：㉒

> 往後的日子
> 只要高速公路
> 　一直在通車
> 便有人帶著田園進城
> 　　有人駕著都市入鄉
> 泥土與地毯既已走進
> 　　　同一雙鞋
> 風景與街景既已美入
> 　　　同一雙眼睛
> 大家又天天擠在電視機上
> 　　　彼此不認識
> 　　也會越來越面熟

其實這首詩以反諷語調來結束：現代文明的電視機，那個方形的框框，把鄉下自然人連同城裡人，一道囚禁起來。高速公路，其實是現代科技與都市文明的一只怪手，偏遠的鄉野的自然生活與山水，都會被毀滅在這魔掌中。

　　羅門作為一個鄉村中國視野的詩人，詩中一直強調個人基本上是嚮往自然，盡一切努力擁抱自然大地，雖然已經身被囚禁在城市的方形牢籠裡，無奈又無望，但還是不能與城市文明完全認同。當他在臺北大街上看見女人飄逸的裙，便想起雲，看見乳房，便想起山峰，所以，陳煌便指出，羅門在他的都市詩中特別喜歡用自然意象。羅門即使寫現代科技的產物〈摩托車〉（1980），現代力與速度之象徵，他也把鄉村中國的意象如皮鞭、田園、樹根寫進去：㉝

　　　　從20世紀手中
　　　　　揮過來的一根皮鞭
　　　　　　狠狠的鞭在都市
　　　　　　　撒野的腿上
　　　　一條條鞭痕
　　　　　是田園死去的樹根
　　　　　　乾掉的河

　　在1979年寫的〈曠野〉，羅門的呈現地球生態被戰爭破壞，美麗山水被現代文明污染的情形。首先世界人為的紛爭，從戰爭到流血到傷天害理的人事紛爭，破壞了曠野大地，因此「鳥帶著天空逃向水平線」，「人帶著護照逃往邊界」。接著現代都市的機械與物質文明，把天空與原野吃掉：「高樓大廈圍攏來／迫天空躲成天花板」。牛羊絕滅，摩托車取而代之，迅速繁殖，河流乾枯，禽鳥消失，因為「河流都在蓄水池裡」，「有翅的都在菜市場」。人在急速度與動亂的都市生活上，天天疲累焦灼。地球與人類所受的傷害，要尋求復原，寺廟與教堂都無法治好，只有原始的曠野或詩藝術轉化成的「曠野」能挽救人類的生存情況。所以從〈曠野〉的第一層次意義來解讀，它是勸人回歸自然。㉞

五、把鄉村中國的心靈放進現代詩：羅門的都市詩學

　　以上所作的詮釋，主要是根據目前學術界對羅門城市詩的一般解讀。羅門自己一而再的重複強調，他的都市詩之重要性，[35]因此他為張漢良所說的這句話而自豪：「羅門是臺灣極少數具有靈視的詩人之一，他寫反應現代社會現象的都市詩，是最具有代表性的詩人。」[36]羅門每次回顧他的創作歷程時都強調他「透過都市文明與性……在〈都市之死〉、〈都市的落幕式〉、〈都市的旋律〉……〈方形的存在〉……等詩中追蹤人的生命。」[37]

　　羅門的都市詩代表作，我在上面已簡略詮釋這一些。現在再檢查一下作者自己的看法。他說〈都市之死〉是「對現代都市文明進行透視所做的批判」；〈車禍〉詩中「表現都市文明冷漠面」；〈迷你裙〉詩中，「表現現代都市生活銳利的官能反應與特殊的視覺經驗」；而〈流浪人〉則寫「現代人被冷酷的時空與都市文明放逐中的孤寂與落寞感」。[38]

　　羅門自己綜觀一生創作的方向時，承認他是探求人在「都市」與「大自然」空間中的生存情況：

> 對人存在於「都市」與「大自然」兩大生存空間所遭遇到的「生死」，「戰爭」，「自我」，「性」與「永恆」等重大生命主題予以沉思默想，所發出一己的獨特的聲音；同時也更企求這聲音，必須與人類原本的生命相呼應。[39]

所以他始終沒有忘記，他是鄉村中國的詩人，雖然他經由一個從農村到城市的心理文化震盪，他還是用鄉村中國的目光，這一點與沈從文開始的城市詩學，沒有太大差別。所以從沈從文到羅門，在他們的作品中存在著鄉村與城市兩種文化的基本對峙，包括兩種生活形態，兩種文化環境，兩種人性的對立性的描寫。

　　建立在這個描寫系統裡面，再加上羅門的自然情意結，羅門稱他所創造的詩歌藝術爲「第三自然」。第一自然世界爲「日月星、江河大海、森林曠象」。用科技電力創造的現代都市生活環境（大都市），與大自然相抗衡，羅門稱它爲第二自然。羅門把第一與第二自然中的生存空間的素材經美感心靈轉化成爲詩。這就是羅門所謂的內心「第三自然」。羅門詩中最常出現的主題，便是表現第一與第二自然的衝突與矛盾中，對第二自然（城市生活）的批判，同時對第一自然的懷念。⑩

　　不管羅門在許多論文中，把他的詩歌藝術說得如何深奧玄妙，他的詩簡單的說，就是「對現代都市文明進行透視所做的批判」，「表現都市文明冷漠面」，「追捕人類在物質文明猛進但上帝已逐漸離去的現代世界中相連失落的性靈」。㊶他到底還是一個用鄉村中國的眼光打量都市中國的詩人。怪不得他一再重申：

> 一個具有思想大幅面的現代中國詩人……第一：他必須是中國人，同時他必須是現代的中國人，此外，他也必須是關心到現代世界中去的一個人……㊷

　　所以從1961年的〈都市之死〉到1972年的〈城市的落幕式〉，再到1983年的〈都市‧方形的存在〉，羅門的都市詩主題還是鄉村中國的目光下城市之敗壞與死亡。另一方面，羅門從 1958年的〈曙光〉到1979年的〈曠野〉，還是擁有嚮往回歸大自然的原始心靈。

　　羅門所以強調他必須是中國人外，他又說「必須是關心到現代世界中去的一個人」，這因爲他的都市詩的藝術系統，是用來自現代都市文明與世界各地的各種各樣的藝術技巧與性能所建造：

> 接受西方現代科技文明的衝擊，以及物質繁榮的生活景觀之襲擊，所引發人類官能、情緒、心態與精神意識的活動，都是以大幅度、大容量與多向性在進行……所以我覺得可以考慮採取其他藝術的性能來擴展與構架現代詩語言活動的新空間環境——

——譬如我自己在〈曠野〉詩中，曾企圖使用立體派多層面的組合觀點以及採取半抽象、抽象與超現實的技巧，與電影中有電影的手法……⑬

羅門更強調「現代感」，「多向性」的詩觀，包括多向性的技巧與詩的內涵。對前者，他說：「可自由運用『比』、『象徵』、與『超現實』等技巧，乃至電影、繪畫、雕塑等其他藝術技巧，以加強詩的表現效果。」⑭羅門的詩的結構形式，是典型的現代主義作品，因為作品反映及呈現現代工業時代機器的形狀、大型機械的重量與力量。重工業機器的立體性，多層面的雕塑性，可見可觸。羅門都市詩的機器結構，最容易辨認，它龐大的體積、機械性的句法、厚重的節奏感、重疊的意象，都反映現代工業社會的機器形狀、操作方式與功能。⑮

六、從現代到後現代：從羅門到林燿德的都市詩學

我在〈沈從文的「都市文明」到林燿德的「終端機文化」〉一文中指出，在林燿德的詩歌裡，從《銀碗盛雪》、《都市終端機》到《一九九〇》，打量都市文明的鄉村中國的眼光已消失了。林燿德的都市詩，代表另一種新的都市詩學之出現。這種城市詩學我稱它為終端機文化詩學。⑯

在林燿德詩中的都市人，不管是代表作者本人的目光還是臺北市年輕的族類，他們自小在城市中，在電腦的聲響與影像下長大，不像羅門那一代多數在雲朵與樹下長大，他們不但與都市認同，更認為與電腦是同類之族人。他們居住在臺北，並不以為是被囚禁在方形的牢籠裡。所以在林燿德的城市詩中，臺北的都市人不但把愛情讓電腦去處理，整個人類與都市的認識，都是通過電腦的程序，電腦的眼光思考後而得出的結論。都市人與電腦已二而一，一而二，所以鄉村中國的心靈已被終端機的積體電路所取代。鄉村中國眼光下的都市迷惘，

已成為一台一台冷靜、自信的電腦，一切是那樣整齊有序。

　　在終端機文化統治下的都市，所有焦慮、迷惘都消失了，每個人都是一架冷漠的電話，任人按動鍵鈕，聽取需要的資訊，能同時提供一萬種訊息，便是人的最大意義。

　　我在上面說過，羅門的詩是典型的現代主義的詩，因為這種現代詩反映及呈現現代工業時代機器的形狀：立體，多層面的雕塑性，沉重而有力。作為終端機文化的產品，林燿德的都市詩就不同了，它的形式結構像後現代的機器，尤其像電腦電視。後現代時期電子機器，在視覺上都是平面的，不突出，完全沒有雕塑形象，因此在視覺上無甚可觀，因為體積微小的電路板取代了許多粗大的零件，核能取代了體形巨大的燃油箱。林燿德的都市詩，如收集在《銀碗盛雪》與《都市終端機》內大多數詩，其形式也像方形的電腦。這些詩的語言文字與藝術結構，都不像羅門的現代詩那樣沉重誇張的呈現出來，反而採取隱藏式的手法。後現代電子產品如閉路攝像機，我們只看見其體積如拳頭一般大小，懸掛在牆壁，不停旋轉地在監視著進出超級市場或銀行的人潮，可是它的視野、功能、結構即無限的大，但是閉路電視的內在的複雜結構，都是隱藏起來的。林燿德的詩就這樣，從表面形式看，微不足道，單調，甚至公式化，如〈交通問題〉（1968）一詩。可是這種平面化，無深度，構圖簡單的詩的意義複製力，傳送潛力，是超空間的。這種詩雖不特別強調個性和獨特性，不像羅門的詩，一看就知道是他的作品，林燿德的詩的廣告、商業精神很重，他把藝術崇高性打破，把生活美學化。⑰

　　後現代的文學藝術觀念中，取消藝術神秘性和貴族感，作家心目中沒有文學大師，沒有權威與潮流，他們甚至說，當一篇作品產生，作者就死亡了。⑱讀林燿德的詩，從《銀碗盛雪》到《一九九〇》，所寫的不但反叛了過去所有的詩風，他自己同一本詩集中，不同輯中

的作品，居然題材、語言、文字、表現手法、形式等方面，都大不相同。羅門從第一本理論集《現代人的悲劇精神與現代詩人》（1960）到《詩眼看世界》（1989），一直強調詩人精神的卓越性與超越性的地位，每一頁都出現世界詩人藝術家的權威人物的姓名。而他的都市詩，從1957年的〈都市的人〉到1983年的〈都市・方形的存在〉或〈廿世紀生存空間的調整〉，在思維方式、語文風格上都沒有很大改變，主題永遠是都市之敗壞死亡。所以羅門是現代的，而林燿德是後現代的，他們這兩位詩人是臺灣詩歌從現代走向後現代最具代表性的重要詩人。

　　羅門在八十年代的作品，如〈電視機〉（1980）、〈廿世紀生存空間的調整〉及〈都市・方形的存在〉開始，終端機文化的意象已進入他的作品，可是由於他始終還是維持一個鄉村中國的詩人身份，他跟他的族類，「最後全部從電視機方形的箱裡逃走」。羅門知道臺北市已被電腦終端機統治著，許多臺北市的年輕人如林燿德，已向終端機文化認同，成為電腦的一代了。所以我把羅門看作代表鄉村中國詩學的集大成的代表詩人，而林燿德則是終端機文化詩學的建國功臣。

　　　　（作者：星加坡大學教授、詩人、評論家）

【註　釋】

① 一九九四年十二月二十六至二十七日在臺北舉行，由中國青年寫作協會主辦。論文集正由臺北時報文化出版公司出版中。

② 《沈從文文集》（香港：香港三聯，1982-85），十二卷，是目前所出版最完整的集子，但未收入者甚多，都是因為政治審查之故。目前大陸北岳出版社正進行編印一部《沈從文全集》，不但要恢復被政治刪改過的作品原貌，也盡力收集齊全沈從文的未收入作品。

③ 關於這個問題，我曾指導過一篇學位論文研究其城鄉主題，見梁其功《沈從文作品中城鄉主題的比較研究》（新加坡國立大學中文系碩士論文，

1994）。

④　吳福輝〈鄉村中國的文學形態：論京派小說〉見《帶著枷鎖的笑》（杭州：浙江文藝出版社，1991），頁113-135。又參考凌宇《從邊城走向世界》（北京：三聯，1985），頁200。

⑤　〈三三〉這篇小說見《沈從文文集》，第四卷，頁120-148。

⑥　〈夫婦〉這篇小說見《沈從文文集》，第八卷，頁384-393。關於這篇小說分析，參考王繼志《沈從文論》（南京：江蘇教育出版社，1992），頁196-199；凌宇《從邊城走向世界》，頁262-265。

⑦　〈菜園〉見《沈從文文集》，第二卷，頁261-271。分析參考王繼志，《沈從文文論》，頁248-251。

⑧　見《沈從文文集》，第四卷，頁88-118；149-175；第六卷，頁166-194。

⑨　〈水云〉，見《沈從文文集》，頁266。

⑩　參考凌宇的分析，見前《從邊城走向世界》，頁265-266。

⑪　我在這篇論文中有所討論：王潤華〈沈從文論魯迅：中國現代小說的新傳統〉，收集於《魯迅仙台留學90周年紀念國際學術文化研討會》（仙台：東北大學語言文化學院，1994），頁204-228。

⑫　楊義〈三十年代上海現代派的都市文化意識〉，見《二十世紀中國小說與文化》（臺北：業強出版社，1993），頁217-230。

⑬　同上，頁220-230。

⑭　楊義《中國現代小說史》，第二卷（北京：人民文學出版社，1993），頁181-182。

⑮　我對這問題在《老舍小說新論》（臺北：東大圖書公司，1995）有關篇章中有所討論。

⑯　有關鄉村中國概念的提出，見吳福輝《帶著枷鎖的笑》，頁123-124。

⑰　論文見林燿德《重組的星空》（臺北：業強出版社，1991），頁189-201。

⑱　關於羅門的詩集與論文專書目錄，見蔡源煌、張漢良等著《羅門天下：當代名家論羅門》（臺北：文史哲出版社，1991）的附錄，頁529-530。

⑲　陳煌〈城市詩國的發言人——讀《羅門詩選》〉，見《門羅天下》，頁221。

⑳　張漢良〈分析羅門的一首詩〉，《門羅天下》，頁23。

㉑　林燿德〈在文明的塔尖造塔——羅門都市主題初探〉見《羅門論》（臺北：師大書苑，1991），頁65。

㉒　《羅門論》，頁66。

㉓　這些論文均見上引的《門羅天下》與《羅門論》二書中。另外周偉民，唐伶伶《日月的雙軌：羅門蓉子創作世界評介》（臺北：文史哲出版社，1991）也有論及羅門都市詩及理論，見頁117-130，196-204。

㉔　羅門〈紐約・莊喆與我〉，見《時空的回聲》（臺北：德華出版社，1981），頁410。

㉕　張漢良〈都市詩言談——臺灣的例子〉，《門羅天下》，頁33-34。

㉖　《羅門詩選》（臺北：洪範書店，1984），頁334-335。這本詩選是作者所編，並加寫作日期，依年代先後排列，且有些詩經過修正，因此本文引詩多依據此書。

㉗　《時空的回聲》，頁199。

㉘　《羅門詩選》，頁51-58。

㉙　《羅門詩選》，頁129-130。

㉚　《曠野》（臺北：時報出版公司，1980），頁2。

㉛　《羅門詩選》，頁14。

㉜　《羅門詩選》，頁336-337，參考林燿德對這首詩的分析，見《羅門論》，頁101-104。

㉝　詩見前注，㉖頁290。

㉞　羅門在《我的詩觀——兼談《曠野》詩創作之意圖與感想》一文，曾自

　　我分析這詩的內涵，見《時空的回聲》，頁428-434。

㉟　如《曠野》及《羅門詩選》之序言都有所強調。

㊱　張漢良這句話原是本文前面所引的形式出現，羅門曾把張漢良文中之句子改裝，但不違反原意，見《羅門詩選》序，頁14。

㊲　見《羅門詩選》序，頁1-21，《曠野》代序，頁1-17。

㊳　同上。

㊴　《羅門詩選》序，頁16。

㊵　〈詩人藝術家創造人類存在的第三自然〉，同注㉔，頁53-69。原是《羅門自選集》（臺北：黎明文化，1975）之代序。

㊶　《時空的回聲》，頁222。

㊷　《羅門詩選》序，頁21；又見《曠野》序，頁4。

㊸　《羅門詩選》序，頁7。

㊹　《時空的回聲》，頁418，及《羅門詩選》序，頁2-5；14及16。

㊺　關於現代主義藝術與現代工業時代之機器之相似理論，見葉維廉，〈現代到後現代：傳釋的架構〉，《當代》第43期（1989年11月），頁20。

㊻　同注①。

㊼　同注①，頁9-10。關於現代與後現代之藝術作品與其時代之機器之比較，見前注㊺，頁6及20。

㊽　關於後現代的這些藝術觀念，參考高名潞〈走向後現代主義的思考〉，見《21世紀》第18期（1993年8月），頁60-64。

羅門猜想

邵燕祥

我猜想羅門少年時代學習飛行的經歷，影響了他後來幾十年的詩心。羅門詩中的風景離不開鳥；飛鳥和它的翅膀，成爲頻繁出現的意象，不是偶然的。

徐志摩「想飛」，嚮往「其翼若垂天之雲」的鵬，但是天不從人願，阻撓並挫敗了他天眞的夢想。羅門相比要幸運得多，他不是在天空跌躓的，他永遠不會詛咒天空。他不僅從事飛行的事業，而且他營造了一個包括長天碧海大地和心靈的詩的立體空間，「上窮碧落下黃泉」地遨遊，從形而下到形而上地馳騁，帶領他的讀者深入一萬米高空，痛飲哲思的遼闊與空茫。

跟著羅門飛，俯仰古今，鳥瞰中外，我們也成了飛鳥。時間與空間，以速度和動態進入羅門的詩，比繪畫抽象，比音樂具象。我們的翅膀也感覺到羅門的翅膀扇起的風，時疾時徐的風聲裡是羅門或剛或柔的聲音，談論著城市與鄉村，自然與社會，存在與虛無。

在羅門的天空飛過以後，落地才看到詩人羅門。

中國詩歌史上有不少苦吟的詩人：「兩句三年得，一吟雙淚流」，「吟成一個字，捻斷數莖鬚」。羅門也是刻意爲詩，但絕沒有這樣的憔悴；他是瀟洒的苦吟者，精神上更接近老莊、王維、李白、蘇軾、柳宗元，較多超塵拔俗的一面；對待詩藝，則接近匠心獨運的羅丹，他是用文字進行雕塑，「意匠慘淡經營中」，一絲不苟而不帶匠氣。

園林藝術用清、奇、古、怪命名四棵老樹，用瘦、透、漏、皺形

容一組花石，我願意用深、玄、奇、冷表述我對羅門詩的總體感覺。

　　一般說詩是感性的藝術，而羅門不肯停留在感性的表層，他不但像一位詩論家要求的那樣，以主觀擁抱、搏擊並楔入客觀，同時向生命和精神的深層掘進和鑽探，必欲逼近事態人情的本質。深刻，深邃，以至深玄，達到羅門特有的「美麗的形而上」；就連一些好像玻璃鏡片似的短章，也不止於平面的反映，而顯示出鏡子般誘人的縱深。

　　也許因爲羅門皈依詩歌的年齡較晚，已經快是李賀夭折的歲數，對世界更多知性的把握了，他能夠以追求永恒的開濶胸襟區別於千年前鬱鬱而終的一代鬼才。他獨具慧眼通過靈視，通過有穿透性的幻覺去發現和構築詩的境界，他如古人那樣語不驚人死不休地煉字煉意，那奇詭的語言、奇崛的意象搭起來的不是五色眩目的「七寶樓台──拆下來不成片斷」，而是卞之琳的空靈剔透的小樓，「風穿過，柳絮穿過，燕子穿過像穿梭」。羅門詩中的冷，就像熾熱的岩漿被冰川風雨澆鑄成石頭，使人倍覺凝重。《麥堅利堡》就是這方面一個無須多作闡釋的例子。如果它是一塊岩石，它還留存著火焰的痕迹；如果它是一塊冰雕，它還留存著海濤的波紋。

　　在五四以後一段時間裡，只有周氏兄弟的新詩，雖然爲數不多，卻最徹底地擺脫了傳統的束縛，從內容到形式盡量容納了在傳統認爲屬於非詩的東西，開拓了詩的空間。

　　羅門的詩，在詩的意蘊和趣味上完全與傳統決裂了，他絕不沿襲詩詞曲的意境、辭藻以至節調，使像我這樣有時借口點化、活用，對舊詞舊境生吞活剝的，顯出懶惰而感慚愧。

　　我十分欣賞羅門的一段話，他自己一定也很重視他的這一闡述：「現代更深層的意義，不只是要人類看起重機把摩天樓舉到半空裡去；而是以銳敏的心靈，在焦灼中守望與期待下一秒鐘的誕生。──因爲下一秒鐘將爲我們……帶來一些過往所沒有的新的事物。」他強調的詩

人創作中三種生命動力「前衛性」「創新性」與「驚異性（或震撼性）」，使詩人永遠面向未來，拒絕僵化，渴望新鮮，要求突破。儘管說「日光之下無新事」，但每一個體生命都要對世界重新發現一次，何況現代的詩人。歸根結柢是蓉子說的人生經驗。人生經驗的深刻性！這不是任何不屑咀嚼、懶於咀嚼的人所擁有的。而羅門，他的創造智慧，使他在保持對永恒的不倦探求，對新異的明快感應的同時，也還要對傳統重新發現。就以詩藝來說，他從馬致遠「枯藤，老樹，昏鴉」那首小令，悟出讓多重景物向中心迫近的寫法，於是有了現代詩的「房屋急急讓開林野，林野漸漸讓開遠山，遠山慢慢讓開煙雲，煙雲卻不知往哪裡讓」的鏡頭。羅門在《詩的追蹤》等不少詩論裡敘述了他怎樣從古典詩歌裡吸收和融滙其精華的例子。用大陸上習慣的說法：他立足於現代，一手伸向古代，一手伸向西方，完成他對外部世界和內心世界觀察、體認、感受、轉化、昇華的詩創造過程。

我願意引用詩人、詩論家羅門一段關於中國現代詩人的話，來結束我的發言：

> 作為一個具有創造與展望的中國現代詩人，他首先必須是一個領受過中國有機傳統文化的人，同時他必須是一個顯己生存在現代環境中的現代中國人，同時他也必須是一個關心到全人類存在的現代世界中的人，最後他更必須是他獨特的自己，唯有站在這一完整與複疊的精神活動層次上，才可望在詩的創作世界中，創造出那獨特且感人與偉大的現代作品來。

謹借此語祝願羅門夫婦，也祝願更多的詩人朋友們。

1995年12月4日

（作者：詩人、散文家、評論家）

與天同游

──羅門詩歌精神散論

沈 奇

一

　　在可能的天堂和實在的人世之間，千百年來，無論是用靈視還是用肉眼，我們所能企及的，永遠只是那一片蔚藍──虛茫而又深邃、混沌而又明澈；它存在著，即使駕駛著宇宙飛船，以光的速度前行，也無法窮盡它而依然在你視野的前方輝耀著。它是這樣的一種存在：我們既不能將它像玻璃一樣敲下一塊來做梳妝鏡，又不能因它毫無實用價值而無視它的存在──抬起頭，它就在我們眼前；低下頭，它又在我們的心裡。它唯一的功用在於提昇和淨化我們的目光，使之看到我們肉身的卑微與脆弱，同時也看到我們精神的宏闊與超邁。這是一種開啓而非遮蔽，這是一種引領而非統治，這是人類所獨自擁有的另一種目光──在人世之外，在自然之外，在實在的生活和籠子之外，照亮另一片風景──如另一隻手，伸向你，伸向所有的人類，永不收回！

　　這便是藝術，是詩，是詩性／神性生命意識所拓殖的人類精神空間，是唯一可能握得著的「上帝之手」──詩人羅門則形象地將其命名爲「第三自然」，便由此確定了他的詩歌立場，爲其服役一生。

　　因了氣質的不同，也因了文化境遇的不同，實際上，古今中外的

詩人們，在對人類精神空間的拓殖中，一直存在著外向與內向兩個向度的進發。一部分著眼於人的內宇宙，深潛於個在的生命體驗之幽微曲迴，以此揭示人類意識深處的本眞存在，可稱之爲「微觀詩人」；另一部分則放眼於人的外宇宙，高蹈於人類整體生存狀態與外部世界的互動之風雲變幻，以此叩尋爲歷史和現實所遮蔽了的神性啓示以洞見未來，可稱之爲「宏觀詩人」。以此去看羅門，顯然偏於後者。雖然在他的詩之視域中，也不乏對現實人生及個生命體驗的探幽察微之觀照，但更多的時候，詩人是以「高度鳥瞰的位置」（林燿德評語）高視闊步在現世和永恒之間、存在與虛無之間，以其潑墨大寫意般的詩之思，代神（詩神與藝術之神）立言，代永恆發問，以「將人類與一切提昇到『美』的顚峰世界」（羅門語）來完成他的「第三自然」之追尋。

　　與天同游以觀照人世，以貫通天、地、人、神於「美的顚峰」——「雙手如流」（羅門詩名句）詩人要推開的是一扇爲塵世所一再遮掩起來的詩性／神性生命之窗，讓我們在他的籲請中去叩尋「第三自然」的歸所。對於這一超凡脫俗的詩人形像，羅門在其寫於一九八九年的一首題爲《與天同游的詩人》作品中，似乎作出了最恰適的自然寫照：

　　　　你不是從那些煙囱裡

　　　　製作出來的煙

　　　　也不是在低高度

　　　　走動的霧

　　　　你是以整座太陽的熱能

　　　　從大地幅射

　　　　不斷向上昇華的

　　　　雲

　　在一個主體人格普遍破碎猥瑣的時代裡，詩人羅門爲我們的展示的這種「與天同游」的精神境界，確實令人感佩至深。無論詩人筆力所及，對其意欲追尋的這種境界表現了多少，僅就這種支撐其創造的精神源流之本身而言，在當代詩人中，也確是屈指可數的。也正是因了這一豐沛而宏闊的精神源流的灌注，方使所有讀到詩人作品的人們，無不爲之湧流在詩行中的那種「以整座太陽的熱能」所迸發的「幅射」力的震撼！由此我們更看到，無論現代漢詩在其語言與形式上，發生和發展著怎樣的實驗與變革，其精神取向的深淺狹廣，仍是第一位的因素。即或是身處後現代語境之下，詩，依然是精神的產物，而非工藝的製品。

二

　　在大陸詩學界，尤其在一些前衛／先鋒詩歌理論與批評家那裡，一直有一種先入爲主的看法，即在缺乏全面深入的研讀的情況下，就主觀判定臺灣現代詩只是在藝術上有一定價值，而在精神向度方面的開掘「肯定有限」，所謂「小而美」、「堂廡不大」……等等。大陸有實力的前衛／先鋒詩評家們多年來只所以一直鮮有人分力於臺灣現代詩的研究，內中原因很多，但受這種人云亦云先入爲主的觀念之影響，也是其主要因素之一。

　　實則這確實是一個極大的誤解。臺灣現代詩從五十年代初全面勃興至今，經近半個世紀的深入拓展，實已在審美價值和意義價值兩個方面，都已取得了歷史性的豐碩成就。誠然，在大部份臺灣詩人那裡，我們確能感覺到，其對詩歌技藝的守望遠遠超過對詩歌精神的開掘，感情透支，詩思枯竭，唯剩下形式的重複，一些脫盡內涵的「空洞能指」。但聲勢浩大的臺灣現代詩運，畢竟還造就了一批「重量級」的詩人，他們不僅以其各自獨到的風格極大地豐富了現代漢詩的藝術殿堂，也

同時以其不同凡響的詩之思之言說，極大地拓展了現代中國的精神天地——詩人羅門即是其中之一。

在臺灣，羅門曾名列十大詩人之列。這十位大詩人各有千秋，而羅門的入圍，依筆者所見，恐怕主要見其詩歌精神的「堂廡」之大。這樣說，並非貶低羅門在詩歌藝術上的成就，而是想指出，在對現代詩之精神向度的探求與拓殖方面，羅門是著力最重也最為持久的一位詩人，那份雄心和那種韌性以及聖徒般的虔誠與堅卓，是極為難得的。我想，大概每一位為羅門所吸引的讀者，首先感動於心的，便是透過詩行所噴湧而出的、唯羅門所獨具的那種精神的衝擊波和震撼力，以及那不竭的生命激情和時時要穿透一切的敏銳目光。

何謂「堂廡之大」？細研羅門的作品，筆者發現，在羅門的詩歌精神構架中，幾乎已涵納了現代人類所面臨的主要命題——

㈠**對現代科技文明的反思與對現代人生存境況的質疑**

對這一主題的關注，在臺灣，羅門是最早的開啟者之一，也是最持久的拓殖者，故被評論者稱為：「城市詩國的發言人」。我們僅從一系列羅門此類詩作的題目，便可見詩人在此向度的掘進之深廣：長詩《都市之死》、《都市，你要到哪裡去》、組詩《都市的五角亭》，以及《都市，方形的存在》、《迷你裙》、《咖啡情》、《夜總會》、《床上錄影》等一系列以都市生活為題材的短詩，其中《都市之死》等一批代表作，尤其為論者稱道，影響甚大。應該說，羅門對這一類題材如此著力，顯示了一位大詩人慧眼獨到的超前性。現代人的主要麻煩是都市的麻煩，這裡引誘的是欲望，追求的是流行，操作的是遊戲，滿足的是感官，造就的是「沒有靈魂的享樂人」（馬克斯·韋伯Max Weber語）——在這裡，在這些由水泥、鋼鐵與玻璃所拼湊的聚合物裡，「腳步是不載運靈魂的」，而「神父以聖經遮目睡去」，「人們慌忙用影子播種，在天花板上收回自己」，並最終成為「一隻裸

獸　在最空無的原始」，而都市則化爲「一具雕花的棺　裝滿了走動的死亡」──現代科技文明所造成的諸般負面效應，在詩人意象化的詩句裡，得到了極爲深刻凝重的揭示。

㈡對戰爭的反省和對死亡的透析

誠如詩人所言：「戰爭是人類生命與文化數千年來所面對的一個含有偉大悲劇性的主題。」「是構成人類生存困境中，較重大的一個困境」（《麥堅利堡》②）戰爭造成巨大的非正常的死亡，而人類更大的悲劇在於那些日常的、生來就必須面對的死亡之陰影。這是生命之根本性荒誕，並成爲認知生命本質的基點。「……死亡帶來時間的壓力與空間的漠遠感是強大的。逼使詩人里爾克說出『死亡是生命的成熟』；也迫使我說出：『生命最大的回聲，是碰上死亡才響的』。」（《死亡之塔》題記）可以說，這些站在哲學高度所發出的理論認知，奠定了詩人對這一主題之詩性言說的堅實基礎，由此成就的一批寫戰爭與死亡的詩作，遂成爲詩人爲現代漢詩所做出的又一突出貢獻。其中，長詩代表作《麥堅利堡》、《死亡之塔》、《板門店・38度線》等，更成爲人們認識和領略羅門詩歌的標誌之作。尤其是《麥堅利堡》一詩，無論就其審美價值來看，還是就其意義價值而言，都已抵達人類共識性的深度和廣度，從而引起所有讀者的強烈共鳴，爲詩人贏得了世界性的聲譽。

㈢對現代人精神困境的揭示和對走出這種困境的詩性的探求

這一命題實則已成爲羅門詩歌精神的基石，亦即是他全部詩思的焦點所在。我們在詩人幾乎所有的詩章中都可以找到這個焦點的閃光，而集中表現這一命題的，則以長詩《第九日的底流》、《曠野》和短詩《窗》、《天空》、《流浪人》等爲代表作。在這些作品中，詩人創造了許多令人觸目驚心的典型意象，如「收割季後　希望與果物同是一支火柴燃熄的過程／許多焦慮的頭低垂在時間的斷柱上／一種刀尖

也達不到的劇痛常起自不見血的損傷」（《第九日的底流》）「猛力一推，竟被反鎖在走不出去／的透明裡」（《窗子》）「明天　當第一扇百葉窗／將太陽拉成一把梯子／他不知往上走　還是往下走」（《流浪人》）等。在這些可稱之爲「羅門式」的經典意象中，現代人焦慮、困窘和迷失的生存境遇，被揭示得入木三分。而在這種揭示的背後，我們更可感受到詩人那種超越個在體驗，代人類覓良知、尋出路的闊大情懷——由大悲憫而生發的大關懷。

至此，我們似可以給羅門詩歌精神的「堂廡」，勾勒出一個大致的框架——這個框架由羅門詩中的主體意象和常用的關鍵詞梳理組成，並呈三個象限的展開——

第一象限：都市／人→在場的肉身／物化的生存樣態→死亡；

第二象限：曠野／鳥→逃離的靈魂／失意的生存樣態→懸置；

第三象限：天空／雲→重返的家園／詩意的生存樣態→永恒。

三個象限構成三維想像空間，互爲指涉，互爲印證，諸思貫通天、地、人、神，產生巨大的精神張力，呈現一派與天同游、與地共思的雄渾氣象。應該特別指出的是，羅門對第三象限亦即其所稱「第三自然」的指歸，並未盲目而簡單地落於「天堂」、落於「上帝」，而是指向代「上帝」立言的「藝術與詩」。詩人曾尖刻地將天堂比喻爲「洗衣機」，而「誰也不知道自己展於那一季／而天國只是一隻無港可靠的船／當船纜解開　岸是不能跟著去的」（《死亡之塔》）由此詩人認爲，人欲獲救，於虛茫中找到永恒，必得「重返大自然的結構中，去重溫風與鳥的自由」——這便是藝術的自由，詩意生存的自由。羅門是有宗教情懷的，無論是從他的詩作中還是其詩學理論中都可以感受到這種情懷的存在。只是詩人並未將這種情懷上昇爲虛妄的宗教狂熱，歸於單一的宗教維度。詩人明白，即或詩人眞能將自己打磨成一把開啓「天堂之門」的鑰匙，可能否找到「門上的那把鎖」呢？這是一個世

紀性的悖論──而正是在這一悖論之中，詩人為獲得他存在的特殊意義──「而你是唯一在落葉聲中／堅持不下來的那片葉子／陪著天空」（《天空》）這裡的「天空」與「虛茫」「永恒」同構，而「那片葉子」，便是詩性的靈魂，是經由藝術與詩之導引，重返精神家園的本真生存樣態。實際上，在哲學家們宣稱「上帝死了」接著又宣稱「人也死了」之後，藝術與詩，確已成為在這個世紀裡依然覺醒著的人們的「私人宗教」──而言，正是羅門詩歌精神的宏闊主旨之所在。

三

　　經由以上對羅門詩歌精神的粗略透析，我們便可進一步把握其詩歌藝術的基本品相。縱觀羅門的作品，其主要的藝術特質，似可歸納為以下三個方面──

　　其一是其超越性。羅門詩思靈動闊展，常有很大的時空跨度。無論處理那一類題材，都能自覺地將傳統與現代、本土與外域之視點溶合在一起，放開去思、去言說，不拘泥於一己的情懷，或狹猛的歷史觀及狹猛的民族意識。表現在語言的運用和意象的營造上，也不拘一格，善於融滙一些新的意識的新的審美情趣，創造出一些新語境。如此，便常常可以超越地域、時代與民族文化心理的差異，也便經得起時空的打磨，得以廣披博及、長在長新的藝術魅力。

　　其二是其包容性。這主要來自於詩人創作中的大主題取向，無論長詩短詩，都能大處著眼，賦予較深廣的底蘊。如屢為詩家稱道的《窗》一詩，短短十一行八十餘字，便營造出一派大氣象，其開掘的精神空間已不亞於一首長詩的容量。這種包容性還表現在另一方面，即在羅門的詩思指向中，不僅有對現實犀利的批判，對存在深刻的質疑，同時也有對良知的呼喚和對理想的探尋，所謂「正負承載」，便具更大的震撼力。

　　其三是其思想性。羅門本質上是一位偏於理念和知性的詩人，支撐其寫作的，主要在於對意義價值的追尋而非淺近的審美需求。詩人大部份的作品，都可歸爲一種思想性之詩，彌散著濃郁的哲學氣息，且常有一種雄辯的氣勢和思辯之美讓人著迷。實際上這也正是中外傑出詩人的一個優良傳統，正如笛卡爾早就指出的那樣：「有份量的意見往往在詩人的作品裡，而不是在哲學家的作品裡發現。」只不過在當代漢語詩歌界裡，羅門在此方面的探求，顯得更爲突出和執著。

　　而問題正由此提出——

　　細心研讀過羅門所有作品的讀者和批評家，或許都會發現這樣的兩個現象：一是其晚近的作品與早期一大批成名之作（主要是集中在六十年代的一批力作）相比，思想性更加突露而在審美價值上有所降低；一是就整體作品而言，在其創作主體所拓植的精神空間與通過文本所凝定的藝術空間之間，存在著一定的落差。我們知道，羅門在六十年代成名之後，便開始分力於對詩學理論的研究，至今已先後出版了《詩眼看世界》、《時空的回聲》、《羅門論文集》等五部論集，用另一種文體來拓展和張揚他的精神立場和詩學主張。應該說，羅門在這一領域的貢獻也是十分突出的，顯示了一位傑出詩人的雄心和才具。然而，當這一雄心發展到太過肯定，並急於使「可能」更多地轉化爲「現實」時，它對創作的負面影響就逐漸顯露了出來——常爲噴湧而生的觀念的內驅力所推擁，急於言說而缺乏必要的控制，出現了一些人爲的「預設框架」和「觀念結石」，失去了原本自由而沉著的呼吸，過早地收縮於一個想像的中心，諸如《文學新社區的開拓者》（1989年）、《有一條永遠的路》（1990年）等作品。

　　或許，以上的批評，並不盡切合詩人的創作實際，乃至僅只是筆者的一己之偏見。但作爲一個誠實的批評家同時也作爲一個誠實的讀者，在研讀完羅門的作品之後，確實從內心深處，更懷念起那個創作

《麥堅利堡》、《第九日的底流》等作品時期的羅門。當然，返回是
沒有意義的，但超越是一份真誠的期許，而羅門正是屬於那種具有超
越意識和能力的詩人。其實他一直在做著這樣的努力。對於羅門這樣
的詩人來說，奇蹟可能是會隨時發生的──不竭的激情，總是活躍敏
感的思緒，似乎永遠年輕著的心態，尤其是那份聖徒般的虔誠與堅卓，終
會使他像在《曠野》一詩題記中所說的那樣：「以原本的遼闊，守望
到最後」。

　　　　（作者：詩人、評論家）

羅門詩的藝術

一、靈視：智性的燭照與悟性的穿透

陳仲義

　　讀完《羅門詩選》，有一種異樣感覺：詩人的想像，穿越時空的能力，智性深度，靈覺，乃至悟性都在一般詩人之上，想來想去，最後還是服膺張漢良先生的判定：「羅門是臺灣少數具有靈視（Poetic Vision）的詩人之一。」①靈視，按字面的理解，可解釋為心靈的視界視域，即心靈的洞見。羅門在他的經驗談裡曾指出：「任何一個具有創造性的詩人與藝術家，都必須不斷擴展一己特殊性的靈視，去向時空與生命做深入性探索，以便把個人具卓越性與特異性的『看見』提示出來，讓全世界以驚贊的眼光來注視它。」②也就是說，詩人要以自己獨異的目光與聲音呼應萬物，把萬物壓縮且溶入瞬間的自我，重新主宰一切存在與活動，在新的境域裡與世界獲得新的關聯與交通。③羅門又從他所熟悉的飛行行當中引出一個比喻，視靈視為「多向導航儀」（NDB），這種儀器使「飛機可在看得見，看不見的狀況下，從各種方向，準確飛向機場。這情形，頗似詩人與藝術家以廣體的心靈與各種媒體，將世界從各種方向，導入存在的真位與核心，這便無形中形成我創作上『多向性』的詩觀。」④這段話，道出靈視的巨大功能：可在看得見、看不見的狀態下對詩思、詩情做多向準確的導航。

　　靈視既然是詩人心靈對萬物的洞燭與照徹，是一種內在的深見，那麼我寧可把它上升到智性與悟性的高度，它是智性與悟性的合一。

智性一般可以看做是詩人敏銳的知解力與智慧的集成，它帶有直接知性思考（「詩想」）的特徵，它不是一種單純抽象思維能力，而是充滿高度能動性的智慧「詩想」，詩人的智性深度往往取決於詩的哲思去向，所以一首詩的「詩想」高度亦往往導源於詩人的智性深度。然而好的現代詩不能僅僅靠智性把握，在詩人的思維運動過程中，實際上很大一部分智性在自覺或不自覺中已瞬間地轉化爲悟性了。悟性是現代詩掌握世界的一種特殊高級方式。悟性就其過程來講，是一種帶有神秘性質，充滿個人化的神秘心靈體驗；就其心理圖式來講，應是直覺、想像、知解三位一體的瞬間頓悟；就其結果本身來講，卻是一種屬於知性理性的智慧結晶。所以，我願意把羅門極其可貴的靈視——心靈的內在發現上升爲理論定位，即智性的燭照與悟性的穿透。

在靈視的統攝下，戰爭都市死亡成爲他筆下三大主題。如戰爭力作《麥堅利堡》，沒有停留於一般膚淺的人道感傷，也沒有追究意識形態性質的褒貶，而主要是面對人類生命與文化的偉大悲劇「你們的盲睛不分季節地睡著／睡醒了一個死不透的世界。」我們從陰鬱的字裡行間感受到戰爭不可逃脫的悖論，它處於「偉大」（道德上的正義）與「血」（生存殘酷的劣根性）的對峙中，詩人有如此深刻的洞見完全取決於他的靈視。

比如死亡，始終是羅門靈視的主要聚焦。他凝視時間對生命的絞殺，感受空間對存在沉重壓迫，體味生與死的撕裂及其轉換，並追求終極性的超越永恒，據此他才能發出如此發聵振聾的呼喊：「生命最大的回聲，是碰上死亡才響的」；「在時空與死亡的紡織機上，我們紡織著虛無也紡織著生命」。

再比如，面對都市，羅門的靈視更似解剖刀犀利無比「天空溺死在方形的市井裡／山水枯死在方形的鋁窗外」，「都市只不過是一具雕花的棺／裝滿了走動的死亡」，他洞見現代都市被文明異化的嚴重

結果，最根本的是喪失了內在精神，卻要以繁華物欲的「食色」填補空虛和危機，他對於這種「空心」文明的「稻草人」，永遠保持一股清醒與救贖心情。

　　的確，羅門的靈視是無所不在的，字裡行間，依稀可辨靈光閃閃，隨便：

　　　　一條河從她腰間流過

　　　　竟被看成破山而出的

　　　　　　　　　瀑布

或者全局如：

　　　　浮升在喧囂之上

　　　　你是一種海底

　　　　凡是聲音　都能看見

豈止聲音能看見，一切有形的無形的，宏觀像星雲，微觀似芥末，一切抽象的虛象的，哪怕縹緲如影子，寂靜如空曠，一經靈視的照耀，便會格外生動顯明起來，何況充滿生命活力的具象：

　　　　一只鳥把路飛起來

　　　　雙目遠過翅膀時

　　　　那朵圓寂便將你

　　　　　　整個開放

　　　　寧靜中　你是聲音的心

　　　　回聲裡　你是遠方的心　　（《日月的行蹤》）

在羅門的靈視裡，鳥可以把路帶飛起來，目力可以超過翅膀的飛行距離，當全身所有感官和細胞全方位打開時，心靈也隨之擁有八面來風，那是在寧靜中能諦聽一切神明的耳朵，那是一種在呼喚中能接納感通萬有的回音壁。

　　開頭已經談到，羅門的靈視首先擁有一種智性的燭照，著名者如

《窗》：

> 猛力一推／雙手如流／總是千山萬水／總是回不來的眼睛／遙
> 望裡／你被望成千翼之鳥／棄天空而去　你已不在翅膀上／聆
> 聽裡／你被聽成千孔之笛／音道深如望向往者的凝目／猛力一
> 推／竟被反鎖在走不出的透明裡

該詩通過對窗的推、望、聽三個連續動作，闡明都市與自然，精神與肉體之間的激烈衝突。流水般的推窗，回收不了的眼波，提示著內心對大自然的嚮往，同時亦反彈出對都市生活壓抑的抗爭逃離。在目光與千山萬水的交往中，神思萬里，心游太玄，竟脫穎出千翼鳥，且能棄翅而飛；竟「坐忘」成千孔笛，且幽然深邃，一種精神超脫的快感溢於言表。然而好景不長，開窗後短暫的解放終歸還是注定要被困鎖。「透明」兩字極為突兀、詭奇，亦最見生氣，這種困境恰恰是一種衝不破的透明，是人人可以感知卻無奈何的無形鎖鏈。羅門的智慧與機警就在於把現代人生存欲擺不脫，欲破無能的窘態通過極為形象的日常推窗予以顯現，充滿智性的照徹。這種照徹，沒有一句半行理性說教，也看不出意念的人工化演繹，完全是在意象行進中寓入哲思的伏線，且全詩達到高度集中凝練，這不能不歸功於羅門對智性的深刻把握。

《隱形的椅子》同樣體現羅門這一靈視特色，不過滲入的知性成分卻大大增多：

> 落葉是被風坐去的那張椅子／流水是被荒野坐去的那張椅子／
> 鳥與雲是放在天空裡很遠的那張椅子／十字架與銅像是放在天
> 空裡更遠的那張椅子／較近的那張椅子是你的影子、他的影子、
> 我的影子、大家的影子

按羅門的創造意念是：全人類都在找那張椅子，它一直吊在空中，周圍堆滿了被擊瞎的眼睛與停了的破鐘。尋找椅子，該是與「等待果陀」具有相似的指向，人類在生存困境中要尋找的是精神家園、靈魂憩所，

但往往得到的還是一團虛幻，猶如自己的影子、大家的影子。羅門用超拔的想像力，把具象的椅子寓入抽象的意蘊，讓它在萬物中成爲寄託的焦點。以椅子爲輻輳中心，推衍發展各種意象，同時再由各種意象反射椅子，這一知性的邏輯思路顯然取決於智性的成熟，這種智性的成熟使各種意象的輻輳式雙向發展有條不紊，且帶著極強的想像成分，從而擁有相當的感性色彩而避免枯燥的理念說教。

　　除了智性之外，羅門的靈視還少不了悟性的參與介入。如果說洛夫後期的某種禪意更多帶有人與自然和解共溶，那麼羅門的感悟多出於人與都市的對峙分裂。這種悟相當精彩地表現在《傘》上，他首先在都市背景下推出雨中的前景：

　　　　他靠著公寓的窗口／看雨中的傘／走成一個個／孤獨的世界／
　　　　想起一大群人／每天從人潮滾滾的／公車與地下道／裹住自己
　　　　躲回家／把門關上
然後筆鋒一轉：

　　　　忽然間

　　　　公寓所有的住戶

　　　　全都往雨裡跑

　　　　　　直喊自己

　　　　　　　　也是傘

　　　　他愕然站住

　　　　把自己緊緊握成傘柄

　　　　而只有天空是傘

　　　　雨在傘裡落

　　　　傘外無雨

所有的住戶都朝雨裡跑，且喊著自己是雨傘，「他」（管他是什麼指稱）在這一片「幻境」中也把自己當做一把傘，此時的景況亦改變爲

傘裡落雨，傘外無雨的「奇觀」。這，並不是什麼詩人的錯覺、幻覺，而
是都市對人生普遍擠壓所產生的一種悟道，即都市對人的異化，借助
住戶與傘，「他」與傘柄的轉換關係，通過體味的瞬間激發給予巧妙
地傳達出來。

　　現代詩人的悟性與直覺、靈感是緊密關聯的，直覺作爲詩人感覺
系統的「尖鋒」，是在知覺水平上，直接感知穿透對象，而靈感則是
大量感性信息積澱基礎上的一種噴射口，它有閃電般打開封閉思路閘
門的功能，而悟性既有直覺的直接穿透直逼底裡的能力，又有靈感突
然爆發，瞬間激活，頓開茅塞的解悟能力。悟性已成爲現代詩人感受
世界的高級手段。

　　作爲一名大家，羅門的靈視已擁有可觀的資本，其智性的燭照與
悟性的穿透是一種極難仿效的秉賦，如〈海〉詩中：

　　　　整個寂靜在那一握裡／伸開來／江河便沿掌紋而流／滿目都是
　　　　水聲／山連著山走來／走成你的形體／翅膀疊著翅膀飛去　飛
　　　　成你的遙遠

在主客互溶，內外交感中，羅門渾身的毛孔彷彿都奔湧瀰漫著一股股
生氣靈氣，他淋漓盡致地發揮靈視的優勢；憑著這種優勢，將使他走
在現代詩的前列。

【註　釋】

①　《現代詩導讀》第130頁，故鄉出版社，80年版。

②　蕭蕭：《現代詩入門》第200頁，故鄉出版社，82年版。

③　同②。

④　《羅門詩選》第9頁，洪範書店，84年版。

二、想像：「不合法的配偶與離異」

　　羅門在靈視的統攝下，充分釋放出他另一種心理優勢：想像。奇譎怪拔之處，舉不勝舉：隨便兩把刀子，能從她媚眼中伸出來，插在左右心房，並長成兩棵相思樹（《隱形椅子》）；路經夏威夷，少女的曲線從浪中躍起，陽光的弦線，便被眼睛彈響（《夏威夷》），而鳥的飛翔，能將偌大的天空飛成壯麗的旗（《樹·鳥二重唱》），而街道會患急性腸炎，紅燈是腦出血胃出血（《都市落幕式》）。各種事物，經過他想像的「撮合」，瞬間便能迅速「配偶」或「離異」。諸如上述的例子，不過是牛刀小試，早已見怪不怪。羅門自己曾說：「由於詩與一切事物能發生良好的交通，完全是依靠聯想力與想像力。所以詩人必須培養自己有優越與遼闊的想像力，方能使詩在活動中，發揮出同一切往來的無限良好的交通……」①羅門如此推仰想像，是基於對都市深切的失望，他認爲現代人在都市機械文明的壓榨下，內心的聯想想像世界已接近零度，拉不出一點距離。人與神與物與自我的交通連線，早已被急轉的齒輪輾斷，這種抽離與落空，導致人的內在失明與陰暗，教人成爲一頭猛奔在物欲中心的文明獸。爲了打開被物質文明越扣越緊的死鎖，內在的聯想想像是最好的鑰匙。②如果暫時撇開社會學視角，僅就方法論而言。我們佩服羅門很早就懂得如何以想像的鑰匙輕鬆地旋開想像之門。這裡有什麼「秘訣」呢？我們覺察出，羅門有自己獨特的思路，主要是：他放棄對對象屬性之間的相似、相近點的尋求（即放棄近取譬式的聯想），而努力追求事物之間屬性特徵的遠距離差異，進而作出更爲「不合法的配偶和離異」（培根語），即追求遠取譬式的想像，在大幅度的分解組合中，創造更高的藝術眞實並形成動人的詩意。

　　想像，其本質是對表象的改造工作，是主觀情思對客觀表象的強

大變異，改造變異得愈「離譜」，詩愈有刺激性。詩人的想像要瀟灑，就不能在事物表象屬性相近相似的地方尋找落腳點，如果這樣做，想像往往停留於一般比喻性修辭學水平上。聰慧的詩人往往在表象屬性差異很大，甚至風馬牛不相及的絕路中「鑽牛角」，循著「無理而妙」的邏輯，鑽出驚奇感。西班牙詩人沙爾迦說過：「一首詩的永恒價值在於想像（Image）的素質及相互間的一致。」③羅門的想像素質，我倒覺得更多體現於想像長度、想像跨度、想像密度的出色把握。

想像長度

> 將貝多芬的心房／先點火／然後把世界放在火上／射出去／那是一朵最美的形而上／馬拉美早就等在神秘的天空裡／以一個象徵的手勢／把它指引過去／一轉目　夢也追不上／它已飛越阿拉貢的故鄉／降落成一座月球（《哥倫比亞太空梭登月記》）

羅門把自己漫長的創作生涯想像爲登月，創作是隱秘的精神活動，登月則是冒險的空間壯舉，兩者的差異可是十萬八千里，不用說，雙方的聯接點多麼聳人聽聞，就是其想像的距離（時間的空間的）也夠「馬拉松」了。先將貝多芬心房點火，意謂詩人早期的浪漫主義情愫如其詩歌內在動力，接著馬拉美的手勢指引，意謂中期的象徵主義作形而上急劇推進，而飛越阿拉貢故鄉連夢也追不上則意謂後期超現實主義的影響。三十多年漫長的創作道路，壓縮性地想像爲一次完整的登月過程，且表現如此完美嚴密，有始有終，正是對詩人想像「耐力」的考驗。功夫不足的詩人或者後勁跟不上，難以爲繼，或者想像只停留個別句段。羅門能一氣呵成，游刃有餘，善始善終，顯示出他有很強的想像拉力。

想像密度

> 那是一部不銹的鋼洗衣機／經過六天弄髒的靈魂／禮拜日都送到這裡來受洗／唱詩班的嘴一張關／天國的電源便接通了／牧

師的嘴一張開／水龍頭的水便滾滾下來／在布道詞回蕩的聲浪
裡／受洗的靈魂　漂白又漂白／如果有什麼不潔的／便是自目
中排出去的那些／不安與焦慮　迷惘與悔意（《教堂》）

想像的密度是指一定長度語境中，想像的含量容量。羅門又一次天方
夜譚般把教堂想像爲不銹鋼洗衣機，確是前所未用，其想像的「觸發
點」除教人驚魂未定外，還在於「洗」過程的密度：先是唱詩班的嘴
張開——電源接通，繼而牧師的嘴張開——水龍頭流通，接著布道詞
回蕩——水流旋轉，然後下漂白粉——靈魂受洗。最後再來一個假設
性提升：如果還有洗不乾淨的，便是那些排解不掉的焦慮與悔意。四
道想像「接力」，一環緊扣一環，在很短的跑道，密鑼緊鼓般很快跑
完全程。

想像跨度

眼睛圍在那裡／大驚小怪的說／那是沒有欄干的天井／近不得
／警笛由遠而近／由近而遠／原來那是廿世紀新聞的天窗／眼
睛遂都亮成星子／把那片天空照得／閃閃發光（《露背裝》）

想像跨度是指想像對象之間的距離，距離拉得越開，「空白」效果越
好。露背裝與超短裙一樣，是一種充滿性感的現代時髦服裝，對於服
裝的想像，或由於司空見慣的惰性，或由於長期類比的鈍化，很容易
陷入「近取譬」的圈子脫不出身，羅門要了個「超高空」飛行，機頭
猛然掉轉，忽然和屬性相距甚遠的天井聯接，造成一種大跨度、令人
暈眩的突兀，繼而再聯想已成「古董」，難得再見到的新聞報紙的「
開天窗」。連續突變轉換，且在沒有任何鋪墊積蓄暗示的前提下進行，這
種突發性的大跨度真夠刺激人的神經。在警笛與眼光的烘托陪襯下，
露背光的形象、質感，充滿活生生的韻味，同時亦留下大面積反諷和
空白效果。

羅門深諳想像的竅門，要盡可能甩開聯想的慣常軌道。畢竟，聯

想只是想像的初級階段，而衡量想像的高明高超，竊以爲就是上述那三把尺度，即表現在想像密度上擁有較高的頻率；表現在想像長度上擁有持續的騰越能力；而表現在想像跨度上則有足夠強韌緊繃的拉力張力。除此之外，羅門還注意將想像這一優勢與其它心理要素結合，共同構成想像合力：或滲透、或協調、或強化、或催化各種心理圖式，使它們接通「無理而妙」的邏輯線路，觸發出令人暈眩的弧光。羅門對這些心理要素所做的「發酵」工作，主要表現在：情感的想像化，感覺的想像化，和理念的想像化等。

情感的想像化

> 在藍得不能再藍的奧克立荷馬／天空藍在湖裡／湖藍在少女的眼睛中／少女的眼睛藍得可將海藍染藍／太陽選最藍的天空下來／游艇游到最藍的湖上去／旅行車把最藍的假期速寫在風景裡／風景一想到美　便到處拿湖來當鏡子（《藍色的奧克立荷馬》）

情感是一種不具形摸不著的體驗物，浪漫主義詩人如表達情感常常採取直接傾訴的直白方式，其特徵是用誇大的手法把情感極化（以致於到極點而造成濫情），現代主義詩人克服誇飾濫情的辦法之一是注意以想像的曲折邏輯來牽引情感，洩導情感，將赤裸的情感部分或全部地隱藏在想像和意象之中。面對奧克立荷馬，詩人充滿驚喜、依戀、眷顧，如遇故友如見知音的情感，他有意避開早期浪漫派直面對象，一對一正面逼近的歌咏，而是把心中美的情愫，寄託集中裝載在一個「藍」字上，且由藍展開無盡的想像。其想像邏輯的進程是這樣：天空藍，染藍少女眼睛，眼睛亦把大海染藍，太陽選擇最藍的天空（即湖）走下來，旅行車寫最藍的風景，風景拿最藍的湖當鏡子。「藍」的想像過程，演化變異過程，就是詩人清新活潑的情感心態的淋漓過程，水彩般一抹一抹給渲染出來，情感溶化在藍字裡面。依托想像的推進，既親切生動，又避免直露濫情。由此筆者聯想起詩歌創作中，

情感與想像的關係，兩者確乎「過從甚密」，有時是情感激發想像，有時是想像催生情感，很難分清究竟是誰先「點燃」了誰，其實分清誰先誰後並不重要，重要的是應該記住：情感的直接赤裸，過多過份不好，倒是應該充分借助想像的途徑，讓情感曲折隱蔽一些，附麗其中或「轉嫁」其身。通過想像的邏輯傳達詩人的情愫，總比從情感到情感的「直來直去」，顯然更富韻味情致。

感覺的想像化

> 那只鳥飛上去／把天空劃破了／交給送行的視線去縫／……天空藍得像一個魚池／那只鳥是拋出去的魚鈎／……那只鳥一叫／天空便露出那只大乳房／在衝動中那只鳥的雙翼／風流成那隻手／一路摸過去／圓山　富士山　舊金山／全都是乳房（《機場·鳥的記事》）

現代詩的美學目標之一是表現人的感覺世界，如果直寫感覺，往往是局部的零亂的碎片，只有通過想像的加工、整合，感覺上升為詩意詩美的閃光，才能獲得接收者的青睞。此詩充分體現詩人感覺的尖利和想像的超拔。飛機把天空「劃破」了，這一劃讓詩人感覺出是劃出一條「縫」，立體空間轉化為平面空間。詩人頃刻又躍出連鎖想像「交給送行的視線去縫」。無形的眼光變成有形的實物，視線的線且與針線的線「迭合」，在以虛為主的想像交接處，再利用假借的字文，真是機巧得可以！接著詩人感覺出天空藍得像魚池，而飛行軌道就是拋出的細細長長的魚鈎。是感覺牽引想像，想像引發感覺，還是感覺疊滙想像？兩者的有機結合，使詩意發出了奇異的光彩。再接下去，詩人想像飛機的雙翼如手，通過「手」的觸感，感覺出圓山、富士山、舊金山是「乳房」，把這種摸的觸感加以想像化，其效果是單純的感覺或單純的想像難以比擬的。

感覺的想像化在現代詩創作中已經占據越來越重要的位置了，因

爲現代詩人掌握世界最初出發點一般是先憑借感覺，而詩的感覺要求
其具有放大性、新鮮性、立體性。爲使詩的感覺蓬勃展開，又往往要
借助想像的推力。正是這種感覺的想像化使「無生命的變成有生命，
不具象的變成有形象，抽象的變得具體，模糊的變得清晰，色彩變成
聲音，音響轉化爲光線，流動的可以凝固，凝固的可以飛翔，短暫的
時光可以拉長，狹小的空間可以放大……」④總之，詩的成功，首先
取決於詩的「起點」──感覺，而感覺要避免粗糙羅列，最好再經想
像的催化加工，那麼原初的感覺很快就會上升爲詩意的閃光。

理念的想像化

> 時序逃不出四季的方城／雙目望不回千山萬水／花瓶也養不活
> 春天／……背燈而睡／鏡子背形象而望／於綠葉花朵與果子的
> 接力跑過後／誰也無力去抱太陽的橄欖球／猛衝歲月的凱旋門
> （《死亡之塔》）

一般來講，理念是枯燥乾癟的。通常詩人都力戒理念入詩，但有時，
理念象意念一樣，也能作爲入詩的一種方式。因爲詩的創作過程，不
全然是感性過程，在總體感性過程中少不了知性的暗中規導，少不了
「詩想」的左右，這就使得理念的介入有時在詩中難以完全避免，而
爲了使理念的枯燥生硬成分減弱到最低限度，對理念進行想像化則是
勢所必行的。換句話說，理念的入詩方式最好能經過想像化的中介轉
換。《死亡之塔》是寫死亡體驗。本質上，誰都無法眞正寫出死亡的
當然體驗，因爲誰都沒有眞正死過，因此死亡體驗只能是局部的，臨
界的，「淺層」的，總之帶有一定假定性，因而難免有理念先入爲主，或
理念意念的演繹成分。詩中的「時序」、「方城」、「生命」、「歲
月」，都是生命的有關理念，爲了沖淡緩解，詩人通過一連串意象和
想像：雙目與千山萬水，花瓶與春天，以及眼睛背燈而睡，鏡子背形
象而望等等，寫出死神來臨的宿命與無奈。倘若理念不經任何想像的

發酵，一味孤行堆積，那麼可想而知其閱讀效果，無異於啃榨乾的蘿蔔。羅門由於更有哲學，宇宙觀頭腦，他面臨著是如何更有效處理理念，他最喜歡也寫得較多的原型——門，是高度抽象、理念化的象徵物，蘊含多種含義，僅僅依恃理念自身的說教，門是無法被推開的。羅門充分發揮想像聯想的優勢，把理念的門充分開放在想像聯想之中，「鳥把天空的門推開了；泉水把山林的門推開了；河流把曠野的門推開了；海把天地的門推開了……到處是開門的聲音……」賦予門的理念以多樣色調、音響與意義。同樣，面對大都市文明病症，羅門通常都用概括性很強的意象，進行大面積的想像性「圍剿」：「摩天樓已圍成深淵／電梯已磨成峭壁／地下車已奔成急流／銀河已流成鑽石街／海在傾銷日已出生／眼睛已張開成荒野」顯露出深刻的智性。這就不用奇怪他如何那麼熱衷推舉想像與聯想，把它們比做「繁榮都市的交通網，交通網越精密與開闊，它的繁榮現象便也越壯觀。」④

　　不錯，羅門的想像之網是織得頗精密，且撒得頗爲開闊的，無論其想像的長度、密度、跨度，還是感覺的想像化，情感的想像化，在臺灣詩壇都屬一流水準。

【註　釋】

①④　蕭蕭《現代詩入門》第196頁，（台）故鄉出版社1982年版。
②③　拙著《現代詩創作探微》第67頁，海峽文藝出版社1991年版。

三、顛倒：常態秩序的倒置

　　羅門詭異的詩風和意象除了得益於他的靈視、想像，還有賴於另一招式：顛倒。他善於在時空、物我、因果諸方面採取顛覆性動作。頻頻瓦解常態世界固有的秩序，以全然逆反的方式歪曲事物之間的關聯，利用錯幻覺、聯覺、聯想調度常規語法，從而教日常的經驗世界

發生錯位，教準確的空間透視關係發生倒置。這是典型的羅氏顚倒句型：

　　克勞酸喝得你好累

　　咖啡把你冲入最疲憊的下午

　　　　　　　　　（《曠野》）

我試著將第二句意思變成其它句型可有：

1.主動陳述句型：下午疲憊，（所以）我冲咖啡。

2.被動描述句型：用咖啡冲出下午的疲憊。

3.判斷句型：是咖啡，調出下午的疲憊。

4.表態句型：下午的咖啡，很冲出疲憊。

5.有無句型：有疲憊，才有（冲出）下午的咖啡。

　　羅門的句法與上述不同和複雜是採用另一種被動加顚倒的句型。按日常經驗必須是你冲咖啡才能成立，結果變成咖啡冲你，主動者變爲受動者，此爲被動結構。再，把你冲入下午，你先成爲咖啡，再溶入下午，此爲時空關係顚倒扭曲也。由此思路還可以獲得多種演化，如：

　　鐵柵等不等於那隻豹的視線

　　那把箭能不能把曠野追回來

　　　　　　　　──《逃》

　　淚是星星

　　家鄉的星空

　　便亮到電視的螢光幕上

　　　　　來看他

　　　　　　──《望了三十多年》

將上述兩例壓縮便成「箭追曠野」，「星空看他」，顯然又是顚倒類型的範例。羅門正是在靈視的廣闊域界上，以超拔的想像，頻頻利用

錯位倒置手段，上演一批批令人乍舌的劇目。下面我們就主客體顛倒、客體之間顛倒，設身性、置換性、透視性顛倒做一點抽樣解釋。

主客體顛倒

　　我們從眼中拉出八條鋼繩

　　將落日埋下去

　　海才放心回家

　　　　　　　　　　——《海邊游》

以地球物理學解釋，太陽之所以成為落日，完全是由於地球公轉與自轉原因造成的。詩人裝假無視這一事實，而讓主體的眼睛錯幻似的伸出鋼纜，硬是把太陽給拖下海。要是嚴格依照科學原理寫落日，準確是準確了，卻無任何詩意可言。因為詩的旨意是造就一種非常規非常態，完全個人化的想像「境遇」，而這種特異新鮮的經驗體驗的獲得，不少要以顛覆主客體正常關係為代價。

　　他不走了

　　路反過來走他

　　城裡那尾好看的周末仍在走

　　　　　　　　　　——《車禍》

這也是羅門的典型句法。詩中的主人翁被撞死於路上，怎麼可能變成路來走他呢？從相對主義運動原理來看，未嘗不可。潮水般的人群，風馳電掣的車隊，組成都市洶湧的洪水交響樂，整條馬路即是一條奔騰不息的河流。一方是懸置不動的靜物，一方是高速運動的流體，相對動靜本身就隱伏了關係更變的可能。此時的死者轉換為靜止的路面，固定的路面因車流人流的動勢遂成急促的川流。這樣，無須什麼高超的想像，只需利用一點相對運動的錯覺。即利用流動的路面與靜止死者的參照，就完成「路反過來走他」的奇觀。還需指出的是，反過來走四個字，十分強烈地暗示著，大都市的車水馬龍的繁華是對個體生存

的蔑視與賤踏;動靜比照之間,都市的狂奔囂張與靜默的死者構成一種極爲冷漠的人際關係,其批判鋒芒就不用多說了。顯然這種顛倒手法,不僅僅是純技巧的,而有著深厚的現實背景作爲依托。

客體之間顛倒

> 明天,當第一扇百葉窗
> 將太陽拉成一把梯子
>
> ——《流浪人》

百葉窗和太陽都是詩人心中的客體。按理,當太陽照射窗戶,陽光該是主動者,百葉窗是受動者。陽光穿透打開的百葉窗,因葉片關係光線成格子狀(貌似梯子),詩人在這裡把主動者與受動者都調換了位置,讓百葉窗主動把陽光轉變成具有多層格子、貌似斜長梯子的形態,就此產生陽光變形的巧妙效果。而如果不做兩者之間的關係顛倒,按正常順序直寫成太陽把百葉窗拉成梯子,雖然亦還可行,但詩味肯定大打折扣,不如現在,更談不上打上羅氏特有的印記。

> 一顆星也在很遠很遠裡
> 帶著天空在走
>
> ——《流浪人》

星與天空也是詩人心目中的客體,星星在沒有參照物的條件下其實是靜止的,但由於有主體意識的介入(前一行詩是「他帶著隨身帶著那條動物,讓整條街只在他腳下走著」)由於有動物與他與街道一起走,故遠方的星星也受他(還有它們)的「感染」,接受順延下來「走」的邏輯的支配,也就帶整個天空跟著走了。就空間關係而言,星星僅是諾大時空中一分子,是怎麼也無法主宰天空,就動力學而言,星星啓動天空簡直是永動機問世,其高明就是利用「他」走的動勢與錯覺,利用主體性介入的「影子」力量,誘使星星走起來,隨之信手牽羊般讓天空也跟著走。正是這種「有理」的顛倒才產生如此詭譎的意象。

設身性顛倒

　　而當鞦韆升起時／一邊繩子斷了／整個藍天

　　斜入太陽的背面／旋轉不成溜冰場與芭蕾舞

　　台的遠方／便唱盤般磨在那枝斷針下

——《彈片‧TRON的斷腿》

主體詩人進入特定情景（場景），設身處地以對象的感覺、知覺、目力、視力觀照感受世界，對象就可能改變原來的秩序，發生異乎尋常的畸變。詩人在此詩設身處地「繩子斷了」，鞦韆傾斜失衡，詩人有意讓自己的目力保留在斜傾的鞦韆上，並隨「斜傾」轉動，則可見藍天斜插太陽，且還能插入太陽的背面！（太陽竟有背面，可嘆詩人空間透視力之高明）無論地上萬物如何傾倒歪斜，作為大氣層的藍天必然「風雨不動安如山」，但由於主體在特殊境遇中作設身處地的「依物觀物」「隨物觀物」，所以就有可能在剎那間突破萬物恒定的法則，做出某種離奇古怪的空間畸變表演。《車入自然》也有同等效果：

　　一只鳥側滑下來

　　天空便斜得站不住

　　將滿目的藍往海裡倒

不管鳥如何大鬧天宮，天空肯定還是「我自歸然不動」，山於詩人同物交通，設身處地進入物的視域，所以鳥側滑，天空也由運動的相對性產生傾斜。斜傾還不夠，詩人再作一次想像發酵，乾脆讓天空整個翻轉倒扣，讓「滿目的藍往海裡倒。」偌大的天空落入詩人倒置的魔術袋中，可以花樣百出，其嫻熟程度幾近隨心所欲。

置換性顛倒

　　車急馳／太陽在車窗敲敲／右車窗敲敲／敲得樹林東奔西跑／

　　敲得路回峰轉／要不是落霞已暗／輪子怎會轉來那輪月

——《車入自然》

太陽之所以能左右移動，忽而敲敲左窗忽而敲敲右窗，完全由於車子左拐右彎所致。詩人巧妙利用太陽頂替車子，即將車子置換給太陽「使用」，在這種借代慣性運動下（敲作爲推動「杠杆」）連靜止的樹林也跟著「東跑西奔」了。此詩與衆不同是多了一個中介──太陽，並將太陽置換車子。這樣，通過多一個層次的借代置換顛倒，詩思的運作，則平添了幾分複雜豐富的情趣。

　　那只鳥飛上飛下

　　天空是小弟弟手拍的皮球

　　忽東忽西忽南忽北

　　　　　　　　　　　　──《機場·鳥的記事》

此例的置換比上例複雜了一些，有兩個比喻要搞清楚：一是鳥暗喻飛機，二是天空比做皮球。由於飛機上下飛行，天空也因飛機晃動而晃動，但這裡添上一個比喻性中介──皮球（上一例中介太陽是非比喻性的）。天空是皮球，皮球在不熟練的孩子手中，控制不好而竄動，實際也暗示飛機飛行操作中的飄忽現象。其想像之妙是把原本不動的天空成功地轉換爲竄動的皮球，從而造成先暗喻（鳥→飛機），再經過中介性比喻置換（天空→皮球）最後達到顛倒（天空飄忽）的效果，其複雜韻味眞夠咀嚼的了。

透視性顛倒

　　繪畫上十分講究透視，即講究事物在空間中的大小、近造的正確關係，所以透視又稱「遠近法」，而羅門卻經常有意違背透視原則。

　　天空不穿衣服在雲上

　　海不穿衣服在風浪裡

　　　　　　　　　　　　──《逃》

將詩句簡化便成：天空在雲上；海在風浪裡。天空與雲，海與風浪的關係，是一種大與小的空間關係，只有大才能容納小，即只有天空才

能容納雲，海容納浪。詩人恰恰故意歪曲大小的準確關係，讓小的容納大的，這就造成空間透視顛倒的離奇效果，再看：

　　整座藍天坐在教堂的尖頂上

教堂及尖頂在物理常規世界中只能背靠藍天，以藍天為背景，這才符合遠近準確的空間關係。憑著地面某些參照物（如樹其它建築）的作用影響，詩人就把藍天「強行」安放在教堂上，表面上是兩個空間合成一個空間，實質上是羅門有意違背「遠近法」，扭曲透視，反倒造成詩的效果。

　　以上簡便分析，便可以看出羅門擁有自己的特技。他的靈視，想像力，詭譎的意象，以及近乎「隨心所欲」的錯位倒置手法，把現代詩推向更富於表現性的廣闊天地，他的持久不衰的才情，連續的爆發力和後勁，與洛夫、余光中堪稱臺灣詩壇上三大鼎足。

　　　（作者：詩人、評論家）

詩的 N 度空間

──看臺灣詩人羅門詩歌的雙重吸收

侯　洪

> 詩絕非是第一層面現實的複寫，而是將之透過聯想力，導入潛在的經驗世界，予以關照、交感與轉化爲內心第二層次的現實，使其獲得更爲富足的內涵，而存在於更爲完美且永恆的生命結構與形態之中，這也就是說，詩必須有超越現實的勢能而從有限進入無限。（羅門《詩眼看世界》）

中國當代詩歌的空間，雖然由於歷史的因素使然，但海峽兩岸的詩壇顯然是不因地域之故，猶如一枚銅幣的兩邊，已成爲不可分割的整體。

羅門這位現代著名詩人，正是當今臺灣詩壇的三巨柱之一（還有余光中、洛夫），他以其詩歌的創新精神和現代性，享有「現代詩的守護神」和「都市詩與戰爭主題的巨擘」的聲響，並且在大陸及香港地區以及世界各地的華人圈內具有廣泛影響。他的詩作還被譯成英、法、日、韓、南斯拉夫……多種語言文字出版。事實上，羅門的詩不僅步出了臺灣詩壇乃至整個中國詩壇，而且進入了世界詩壇，羅門詩歌世界的空間，不僅涵蓋了臺灣、大陸和香港，還波及韓國、菲律賓、美國等其它國家。於是，詩人羅門及其詩歌藝術創作，自然成爲了本文的研究對象。

從時間上看，中國當代詩歌的現代主義，在50、60年的臺灣最先

勃發，在大陸則是70年代末80年代初開始興起的。臺灣當代詩歌的現代主義至今已有40餘年的發展歷史，臺灣詩人對西方現代主義的吸收與揚棄，對中國傳統文化底蘊的繼承和發揚，他們在詩歌藝術中的實踐，其經驗與得失，是值得大陸詩人探討和借鑑的，同時也成爲中國當代詩歌發展不可或缺的一部分。於是，我們探尋羅門詩歌的空間，便具有積極的現實意義。

現在，就讓我們搭乘航船，在羅門的詩空中作番遨遊。讓我們選取四顆耀眼的星體（詩篇），來窺視羅門詩歌空間的不同維度和場域。

我們的方法是，把羅門的詩置於現代世界詩歌的空間宇宙中，以西方現代主義詩學與中國古典詩學爲座標，來考察羅門的詩體空間。下面就讓我們一道來探尋吧。

一、時間的空間化

我們的首航從《歲月的兩種樣子》一詩開頭，現代詩的一大特徵，是立體的而非平面的，是表現的而非模仿的。羅門以他詩人的「靈視」，把人在現實世界看似抽象的概念形象化、具象化。下面請看《歲月》（以下均用此簡稱）一詩，是怎樣來建構詩的藝術空間的。

　　一

　　天空來到你的額
　　群山來到你的眉
　　樹林來到你的髮
　　江河來到你的手腳
　　海來到你的眼睛
　　大地來到你的身體
　　日月來到你的心

你醒　日出
你睡　月出

在歡躍中　你是春
在狂熱中　你是夏
在深沉中　你是秋
在冷靜中　你是冬
在四季中　你是花

二

高樓來到你的額
招牌來到你的眉
電線來到你的髮
街道來到你的手腳
櫥窗來到你的眼睛
床來到你的身體
她來到你的心

你醒　她在
你睡　她也在

在歡躍中　她是你的春
在狂熱中　她是你的夏
在深沉中　她是你的秋
在冷靜中　她是你的冬
在四季中　她是你的花

從這首詩的標題和文字可以看出，它存在著多重複合對應結構。

現代詩學的顯著特徵，就是把語言放在首要地位，甚至可以說「詞語就是詩本身」。

首先，詩的文字形成的外在形式結構體現出：詩中運用「復複」技巧使詩行、詩節對稱並形成重複感，從而增強了視覺效果和音樂性。請看：

㈠**詩行的對稱**。⑴橫對，第一部分第一節，首尾名詞相對——客體（自然界的部分）「天空」對應於主體（人體部分）「額」，以下每行類推；第二部分第一節同理，則是客體（城市部分的空間位置）「高樓」對應於主體（人體部分）「額」，以下每行亦如此。⑵豎對，每行詩豎向首尾相對，客體部分豎著相加——「天、山、樹、河、海、大地、日月」，主體部分相加為——「額、眉、髮、手腳、眼睛、身體、心」。左端文字構成自然原野的空間整體，右端文字構成人體的空間整體。同理，第二部分第一節則是：「高樓、招牌、電線、街道、櫥窗、床」，對應於「額、眉、髮、手腳、眼睛、身體」。左端文字構成都市的空間整體，右端文字構成人體的空間整體。作為豎對還有接下來的「醒、睡」和第三節右端的「春、夏、秋、冬、花」。

㈡**詩節的對稱**。全詩共分兩部分，每部分十四行，每節又分別由7、2、5行組成，兩部分每節的分行數相等。這對稱性的兩大部分對應於「歲月」兩字，它們各表「歲月」的一種樣子，也體現出中國象形文字意與形的結合特徵；同時還顯現出詩與中國書法藝術及繪畫藝術的結合風格：兩大部分的第一節，宛如一個人頭的側面，從右看，由上到下形成的視覺弧線似人的額、眼、鼻、嘴及下巴的面部側影、而第三節的排列方式，詩節中縱向空白一字使詩節一分為二，好似人體的兩條腿，這樣，它支撐著第二節詩行，乍一看宛如略有變形的整個人體的側面。於是，當我們的視野進入這個文字圖像的側影，是否也可按「空白論」，通過以下的「詩眼」來填補和豐富「歲月」這個

抽象時間的空白：歲月（時間）的存在與變化，是通過人心去感受的，人眼去感知的，時間的存在就是物質的存在、人的存在、心的存在。

其次，詩的詞語組成了複合的意象結構。現代詩不同於浪漫主義詩歌，就在於詩人隱藏自我，避免直接說話，以文字形成的意象，暗示詩的主題。羅門在此詩中，用兩組對稱的意象構成了「歲月的樣子」。以想像和通感，化「歲月」這個抽象的時間概念為具象，使人看得見，摸得著，聞得到，聽得見。讓我們來看：

㈠詩人讓「歲月」（時間）這個意象，**經過兩度轉換，形成多維空間**。先是給「歲月」以空間實在感：歲月是「天空、大地、江河、日月、群山、樹林」，還是「高樓、街道、櫥窗、電線、招牌」；後是給「歲月」人體形象感：詩中「你」代表時間／歲月，它有「額、眉、眼、髮、手腳、身體」這一人體的外形。然後再通過富有動感的「來到」一詞，使它兩邊對稱的意象疊加，把時間概念擬人化或物化，使詩的平面變為立體，物與物相通，這樣就使有形的時間的「人」，去看有形的但又變化無窮與永恒的「天地、山水與日月」組成的時間，還有為了人的生存目的和需要而建造的「高樓、街道、櫥窗、招牌與電線」這樣的特定空間場所體現出的時間。

另外，詩人以外物的具象對人體部分的具象形成想像的張力，呼喚出人的潛在時間意象，這種以物觀物構成的實像對應於心象的圖式是：第一大部上半截──「天空」／「額」，以人的前庭對應於朗闊的天空，顯示出時間的廣度與透明性；「群山」／「眉」，以其共有的逶迤表現出時間的綿延；「樹林」／「髮」，它們都有相對細而多的特徵，顯示出時間的易逝而短促；「江河」／「手腳」，以其起伏狀、彎曲感體現出時間的律動感、起伏感或曲線性；「海」／「眼睛」，水就是它們自身，暗示出時間的深度及深不可測；「大地」／「身體」，身體充滿血液，大地有江河在上面流過，顯示了時間的有機性與流動

感；「日月」／「心」，心的跳動與日出月落現象同理，均顯示出時間交替的現象。於是，生成後的心象圖與原來的物象圖交映生輝：歲月落在我心中，我融進時間中。這不禁使我們想起王維的詩句「山色有無中」來。這般意象與中國傳統詩歌中所蘊含的「天人合一」、「物我通明」的境界何其相似。這是一幅自然界原始、古樸、無封無疆的廣袤的時間空間，它壯美、深沉，你能聽到日月的心跳，江河的濤聲，能眼觀千山萬水的色彩，多麼美好的悠悠田園型歲月時間的空間。此時的「我」被無限放大到自然時空的疆域，齊天高，似海深，像個無拘無束的自然人。

與之相對的第二大部上半截，則是一幅都市化的有疆有界的時間空間圖。人被束縛在這都市的時空裡，不是田園型的人占有時間，而是時間占有人：「高樓、電線、櫥窗、招牌、床」都來與你搶時間，都市變成了時間的空間，人的位置被擠了出去。你看：「高樓」／「額」，它們共同特徵都有可感的高度性，人上樓做事需要時間；「招牌」／「眉」，它們共有一定的橫向長度特徵，表現了一定時間的長度，寫字做招牌要花一些時間嘛；「電線」／「髮」，以兩者相似的細線狀，表現信息的聯通占有的時間；「街道」／「手腳」，兩者共有交叉性和延展性，人上街要花時間；「櫥窗」／「眼睛」，兩者都有框，人看櫥窗購物不花時間？「床」／「身體」，床是供人睡覺用的，人休息需要時間。這一節使人感到，作為主體的人被都市的時間霸占了，人是受時間管轄的社會化的人。實際上，時間就是生命的存在，人的存在。當時間的皺紋悄然爬上你的額頭，催生了你白髮，你才會恍然一悟，感到時光的流逝，歲月不饒人。可以看出，上述這兩幅歲月時間的空間圖迥然不同，對應於詩人的心象之中。

㈡**詩人讓感覺系統呼應與配合**。(1)明暗對應——「日出」／「月出」，即白晝的交替；(2)冷熱對應——「冬」／「夏」，即冷靜與狂

熱;「春」/「秋」,即歡悅與深沉;⑶動靜對應──「你醒」/「日出」,「你睡」/「月出」;⑷視覺轉換──「四季中」/「你(時間)是花」,時間變成了有香味的東西;⑸聽覺轉換──「電線來到你的髮」,電話線一根根牽到你家,你在與世界的聯繫中渡過了時光。這樣一來,歲月/時間通過我們的感覺與自然山川和人類都市社會密切聯繫了起來,時間形成了一個有機的可感的整體。

最後,從詩的視點形成主客體對應,看兩個世界的溝通、相融。第一節著重人與自然界的時間呼應,第二節著重人與都市世界的時間呼應。先看第一大部下半截:外部世界的自然界與人內心世界的變化相應──「春夏秋冬」,周而復始:「日出月出」,白晝時間交替出現,時間就這樣有規律地運動著,變化著;歲月有冷暖之感,黑白之感,萬物只有在時間的變化中才顯示出它的存在。「花」四季都有,花開花落雖有時限,但畢竟一年四季都有花在──春蘭、秋菊、冬梅。與這上面客體的存在相對,作為主體的人的時間在內心世界的心靈空間中,總是居於變化並充滿情感的色彩,也同現實世界的時季一樣,有如春日般歡樂的時光,多天一樣的寂寞時刻,還有酷似夏日的狂熱之時,亦有秋的沉思陣陣。

與之相對的第二大部下半截,則超越現實世界的季節,上升到心靈世界的季節,昭示出人類永恒的主題──愛情,它也有自己的「春夏秋冬」,使人有暖、熱、沉、寂的感受。詩人相信,在愛情的「四季」中,有永開不敗的花,這當然是他的最高理想追求。無獨有偶,在一個世紀前的法國詩人波德萊爾的眼中就有這樣的理想:「那兒,只有美和秩序,/只有豪華、寧靜、樂趣」(──《邀約》,引自《惡之花》)。當然這也只有在波氏的理想天空裡才有;也似馬拉美嚮往的天空──純粹的美的存在。但在此,羅門還是肯定了現實的客觀世界與人的主觀世界的存在與和諧的。

　　叙述在此，我們彷彿聽到了詩人羅門的聲音在回響：「將貝多芬的心房／先點火／然後把世界放在火上／射出去／那是一朵最美的形而上／馬拉美早就等在神秘的天空裡／以一個象徵的手勢／把它指引過去／一轉目　夢也追不上／它已飛越阿拉貢的故鄉／降落成一座月球」（——《哥倫比亞太空梭登月記》）。這一席話是羅門對自己詩歌創作的回顧與總結，它反映了詩人的創作所經歷的軌迹：從早期的浪漫主義情愫到中期的象徵主義作形而上急劇推進，再追上後期超現實主義的「夢」。羅門推崇馬拉美、阿拉貢是有他的緣由的，他們一個是法國象徵主義的旗手，另一個則是超現實主義的代表。我們知道，羅門的詩歌創作始於50年代中期，他入盟紀弦和覃子豪的藍星詩社，在臺灣這是一個具有現代精神意識和現代感的詩人團體，它主要受惠於法國的象徵主義。而象徵主義的祖師爺則是波德萊爾，馬拉美又繼承了波氏的衣鉢，隨後是瓦雷里緊跟其上，把法國象徵主義運動推向了高潮。

　　現在，我們回頭來看波氏的貢獻，他創造了一套嶄新的詩歌美學，反對浪漫主義直抒胸臆的再現手法，用物象來暗示內心的微妙世界，用象徵來組成意象，表現事物的內在聯繫，讓詞語自己說話。他的具有劃時代意義的《惡之花》，對後來象徵主義詩人及現代派詩人有重要的啓迪。其中的名詩《感應》便是無人不曉，它可以說是象徵主義的最早「宣言」。我們茲引錄如下：

> 自然是一座神殿，那裡有活的柱子。
>
> 不時發出一些含糊不清的語音；
> 行人經過該處，穿過象徵的森林，
> 森林露出親切的眼光對人注視。
>
> 彷彿遠遠傳來一些悠長的回音，

互相混成幽昧而深邃的統一體，

像黑夜又像光明一樣茫無邊際，

芳香、色彩、音響全在互相感應。

有些芳香新鮮得像兒童肌膚一樣，

柔和得像雙簧管，綠油油像牧場，

──另外一些，腐朽、豐富、得意揚揚，

具有一種無限物的擴展力量，

彷彿琥珀、麝香、安息香和乳香，

在歌唱著精神和感官的熱狂。（錢春綺譯）

　　從這首詩中，我們可以觀察到三大特徵：(1)詩中充滿著人和大自然的感應關係：物物互為感應，又與人的內心交感、契合，而達致物我合一的境界；(2)詩中引入「聯覺」，即讓聲、色、味互為轉換，使人的各種感覺打通，形成「通感」；(3)由感應和通感組合的意象形成一個神秘的自然界，詩人站在幕後默不做聲，讓它們自我表現。的確，此詩對後世的象徵主義詩人們有很大影響，就是至今仍餘音繚繞。

　　當我們回過頭，把此詩與上面羅門的《歲月》一詩兩相對照時，不難發現他們是同中有異，異中有同。先看「同」，羅門像波氏一樣，不讓「我」直接站到詩行中去，給讀者明白「講述」，而是僅僅抓住意象的組合，去營造其時間的空間大廈。羅門似乎看準了《感應》中萬物應和同時又與人的內心交感、契合的魅力（「自然界象徵的森林有回音……芬芳、色彩、音響在相互感應……具有一種擴展的力量：味的芳香與幼童的肌膚一樣鮮嫩，柔和猶如牧場蔥綠的色彩，」構成了視覺、聽覺、味覺和觸覺的相互轉換），讓他的《歲月》也形成「通感」，使時間與自然界對應，與人的內心世界感覺對應：現實世界的春夏秋冬有冷暖的變化，快樂與寂寞之感的時刻，人類愛情經歷也似

自然時季的變化，充盈於心靈的時空；另外，田園型的悠悠時間空間圖的無封無疆也對應於都市化的緊湊的時間空間圖的有疆有界。這樣自然原野的空間加上都市的空間，再與人間內心世界的空間呼應，便構成《歲月》的活生生的多重空間。

再看「異」，《歲月》中似乎並未洩露出《感應》中所滋生的那種神秘莫測和不可知的情調，它充滿自然原野的無限壯美與都市化的緊湊、瑣碎之強烈對比以及對時間永恆的認同。另外，《歲月》中所含有的繪畫藝術的「空白」效果則是《感應》中所沒有的。波氏主要還是繼承了法國19世紀以前的傳統詩體形式，只有到了詩人馬拉美那裡，引入繪畫「空白」藝術才突破了詩體的桎梏，創造出嶄新視覺藝術效果的詩作《骰子一擲》。然而，馬拉美卻是嚮往中國古典詩畫藝術的並受其影響，① 從而增大了他的象徵主義詩歌的美學效應，下面我們將欣賞到他的早期名詩《窗》並觀察它與羅門的力作《窗》的關聯。

二、空間的時間化與多維化

現在，讓我們把目光投向羅門的「窗」。「窗」這個意象可以說是羅門詩歌藝術的關鍵「詩眼」。詩人正是用這一「詩眼看世界」的。在他「窗」的意象世界裡，它是「大自然的畫框」，也是「飛在風景中的鳥」，它可「裝上遠距離廣角鏡頭」，也能「雕飾360度的內外空間」。詩人靠這藝術之窗，使人的「生存空間」與「思維空間」彼此連通。因而羅門先後寫了《窗》、《窗的世界》、《生之前窗通向死之後窗》、《先看為快》和《未完成的隨想曲》等作品，建構起了「窗」的意象大廈。讓我們來看《窗》一詩：

　　猛力一推　雙手如流
　　總是千山萬水

　　總是回不來的眼睛

　　遙望裡
　　你被望成千翼之鳥
　　棄天空而去　你已不在翅膀上

　　聆聽裡
　　你被聽成千孔之笛
　　音道深如望向往昔的凝目

　　猛力一推　竟被反鎖在走不出去
　　　　　　　　的透明裡

　　起首一行，從詩行排列看，「猛」字在三行之前領頭，體現了一是視覺的強調，二是意義的強調。詩人並未正面描寫「窗」的形狀，而是通過動詞短語「猛力一推」來渲染、勾勒出潛在的、封閉的、有形的窗框，把「我」與真實／現實隔開，同時也體現出詩人的心態：閉得慌，有現實的束縛之感；推窗之手的氣勢似如流的放閘之水，同時兼有眼波迅疾地馳向窗外的遠方。這樣一來形、聲並舉，並形成了拉緊下句的鏈條。接下來的「萬水千山」這個多重的大自然空間與狹窄的窗的空間形成明顯對比，這種二元對立思維結構始終貫穿著整首詩，它可以說是羅門詩歌創作的基本思維模式。前面的《歲月》一詩不也如此？接下來一句，詩人的眼光／思維就像脫韁的野馬奔出去，伸展開來，豈能乖乖地回來，聽從人的調遣。這好似電影的蒙太奇鏡頭，一個意象接著一個意象。

　　第二節，在上節的起點上，突出「望」（即想）的過程。如果說「推」表示了首節的動作，那麼「望」便形成了此節的行為。此刻有

形的窗被想像成「千翼之鳥」，飛了起來，不僅飛向天空好遠好遠，變得看不見，而且「棄天空而去　你已不在翅膀上」。並且（通過字面語義的轉換）還邁進了更進一層的超越：飛騰的思緒，不如說是人類的特徵，體現出向前的、上升的、超越的一面。衝破有限的自我，奔向無限的境界。

　　接下來的一節，是平行於上節的另一組畫面／鏡頭。由上節的視覺鏡頭，轉為此節的聽覺鏡頭。它突出「聽」（即思）的過程，這是一個空間化了的時間延續過程。「窗」（物）在此化為「千孔之笛」（物），由笛子的可視的管狀（硬性的、直線的）長度意象轉換為樂聲那看不見的音長意象（柔軟性的、曲線性的），繼而又變為拉長了的目光（線性的），即「凝目」的長視（長思）。這種往後的回視，把時間拉長，不僅表現了聽（即思）的時間行為過程，而且更具一種穿透力和厚度感，它要穿越歷史的時光隧道。上面這種經過三度轉換的意象〔窗（視覺）—笛（聽覺）—音道（聽覺）—凝目（視覺）〕生動地體現了空間時間化的特色，增大了詩的表現空間。

　　最末一節，與首節回應，如起首行一樣，也是通過詩行排列的位子和移行來引起讀者視覺的重視：「猛力一推」這一動詞短語回復全詩首句。「透明裡」一詞組通過移行而得以強調。此節既與首節形成某種對稱性重疊，又體現了某種遞進與對立。首節已「衝出去」——「回不來的眼睛」，到末節還是被反彈了回來，「走不出去」——「竟被反鎖在走不出去／的透明裡」。這種正反式二元對立的「辯證思維」模式再次呈現出羅門詩的特色。這裡，首末對應還表現出：詩人對現實的超越與突破，故而急欲跳出窗外，擺脫束縛，奔向自由而永恒的世界。從這一層意義講，存在著一種追求精神的、理想的世界，擺脫一切物欲如流的形而下世界的理念。不過，詩人似乎也意識到另一場域的「空」，即空空如也的「空」——「太極」、「道」這一中

國古代哲學所指的疆域。你縱有千般能耐也跳不出這空無世界，終要
被反鎖在「透明裡」的。這就如同孫悟空跳不出如來佛的掌心一樣，
這種「透明」也是一種看不見的無形的框。所以，羅門在另一首詩中
說「窗外是門／門外是鎖／山外是水／水外是天地茫茫」（──《未
完成的隨想曲》）。這種禪意不也體現在「窗闔目沉靜時／一口深山
裡的古井／附近有人在打坐」（──《窗的世界》）。另外，末尾一
句似還有一層意思，那個子虛烏有的世界才存在的「透明空間」，如
果去了，可能就再也回不到此生此世的「空間」了，這根「透明」線
是碰不得的。故而詩人想「先看爲快」──「窗外……尚未啓用的天
空／是一幅不沾筆墨的禪畫」，詩人試圖在「超越」與「存在」之間
找到一種平衡，而這正是詩人馬拉美的《窗》詩所沒有的。

　　馬拉美，這個法國象徵主義詩壇的旗手，師承波德萊爾，拓寬和
完善了象徵主義詩歌藝術，並影響到另一個象徵派後繼者瓦雷里和歐
美其它國家的詩人。而羅門受法國象徵主義的影響，推崇馬拉美，是
可從馬氏的詩歌作品中窺視出來的。

　　首先，我們有必要了解馬拉美的象徵主義詩觀：⑴關於純詩。「
純粹的作品，指詩人雄辯的消失，他把位置讓給了詞語；它們從彼此
的反射中吸收光，如同寶石上的火的痕迹，替換了舊的抒情詩的靈感
或詞語熱情的個人因素。」②這種藝術將在書裡置換交響樂的單位…
…用極富智力的詞來完成。顯然，這種藝術吸取著世界的對應，而我
們將找到最高的音樂。」③他還說「世界處在精神化的詞的排列中，
處在具有完美的暗示、引喻能力的形式中，處在對可視世界與不可見
世界之間具有永恒對應的信心中。」④⑵關於詩的本質。「直接說出
一個事物，便是放逐了從一首詩裡獲得的四分之三的樂趣……暗示事
物以創造幻覺。象徵的形成依賴於對神秘感的完美的控制……選擇一
種事物，然後通過一系列的破譯活動，從中提煉一種情緒。」⑤這說

明象徵主義「詩的意義與詩的形式結構爲一體，難解難分。」

於是，在被瓦雷里稱爲「以形式的完美和卓越，使人耳目一新的」馬拉美早期的二、三首名詩之一的《窗》中，我們看到了羅門《窗》詩的共鳴和不同的特色與情趣。

㈠從詩意上看，馬氏的《窗》，源於對現實的不滿，不願接受人的種種限制，渴望背棄人世間「庸俗」的現實，甘願揚棄塵世的自我而追求夢想的彼岸即美的理念世界。這便是被西方批評家稱爲「天使主義」的精神。請看：詩人「厭惡那些冷酷的靈魂」，他要「逃遁」、「超脫人生」，在「永恒」中化爲「純潔」的「天使」，他喊出「我欲再生，把美夢織成冠冕，帶到／未來的天堂，那裡的『美』怒放著花朵！」最後他要行動，衝破這層「玻璃」，「倏然而去／冒那在永恒中失足墜地的危險。」可見這種追求「天堂」美與無限的超越精神，也是羅門《窗》詩中的基本精神。不過，在對待現實與理想、物質與精神、人與自然的關係的二元對立中，西方人眼裡當然也包括馬拉美，都認爲它們是尖銳地對立的，非此即彼。而在中國古代哲人、詩人看來，則是「天地與我并生，萬物與我爲一」。正是在這點上，東西方的「窗」同中有異。另外，在羅門「透明」的超驗的「空」中不像馬氏「純粹」、「無限」的絕對理念，而更多的是道家的禪意。不過，羅門最終還是忘不了他關注的現實，他的代表作《麥堅利堡》和《觀海》就是最好的注釋。亦如法國象徵主義詩人瓦雷里把它的目光從超驗的象徵主義轉移到人事的象徵主義一樣，寫下了他那首不朽之作——《海濱墓園》。在此，還有一點值得一提，一個世紀前的馬拉美，富有開放的心靈，不僅善於吸收前輩詩人如波德萊爾的詩，還受惠於美國詩人愛倫·坡，同時也從中國道家思想和古典詩歌與繪畫中吸收養份，這已明明白白地體現在他的詩中，如《倦怠》和後期的傳世之作《牧神的午後》與《骰子一擲永遠取消不了偶然》。

㈡從詩境上看，馬氏重視詞語的創造來營造意象。詩人的視點先由醫院（即外在現實）移到太陽折射的窗上，然後是兩組並置對應（天上、地下）的畫面：一是眼朝外——「吞盡天上的蔚藍」，二是眼朝內——注視著「沐浴著霞光的地平線」，也即想像的河流——「緋紅而芳香的河面」；爾後再回到窗上「無限的金色」，由此又轉入幻化，這「玻璃窗變成了藝術，變成了神秘」，也就是他的「天堂」——「美」無限的存在；最後，詩人像「天使」，「鼓起無羽毛的翅膀倏然而去」，結束全詩。這樣全詩形成組組意象的對應：⑴視點的對應：天與地、「我」與天使、太陽與窗、人世間與天堂；⑵色的對應：白色與金色、蔚藍色、紅色、鵝黃色；⑶味覺轉移成視覺：「惡臭的乳香拖著帷幔平庸的白色——味變色；⑷以物觀物，視覺的轉移：遠處河上「征帆」點點，船在河上靜止不動——「征帆」的白色，遠看似「天鵝，睡在緋紅而芳香的河面」。於是聲、色、味的對應轉換，烘托、渲染、暗示著「窗」要展示的主題。這一象徵主義的基本創作原則是羅門加以吸收效仿的。在此意義上講，羅「窗」與馬「窗」是重疊一致的。

㈢從作品流露出的風格看，馬氏的《窗》呈現出沉鬱和細膩的抒情，詩行籠罩著一層沉鬱而神秘的薄妙，並充溢著冷暖對比的色調。而羅門的《窗》則顯出奔騰的氣勢，色彩明麗而多彩多姿，並有幾分的禪意而少神秘的氛圍，當然這兩扇「窗」都飄溢出超驗的氣味，兩位詩人都追求完美，不愧是理想主義的鬥士。

三、時空的交錯旋轉

從羅門的「窗」飛出，便進入了那片廣闊的「海」，這是本次航行的第三站。因為「海」是羅門的意象世界的底色，在羅門的詩歌中要是沒「海」，他的詩就淪為一塊干硬的石子，沒有空間，沒有色彩，更

不可能寫「閃耀的詩行／於海無邊的稿紙上。」難怪羅門飲譽世界最
著名的兩首代表作品都貼上了海的標籤──《觀海》和《麥堅利堡》，一
首正面謳歌大海，一首以海爲依托，通過海濱墓園──麥堅利堡──
把戰爭與和平、生與死、偉大與茫然的主題活生生地揭示了出來，因
爲它們始終是圍繞著人類存在的兩面。而其它涉及海的篇什則是彼彼
皆是，隨手拈來就有《海望》、《海鎮之戀》、《回首》、《夏威夷》、
《藍色的奧克立荷馬》等。限於篇幅，就讓我們先來看他們《觀海》
吧。

一、從詩的主題結構看全詩分爲三大部分：

第一部分，包括前三節，是對海的禮贊：大海的壯闊、充實、完
美、而「最美的是它的空寂」。

第二部分，包括下面三節。前兩節寫海本身的內在規律：1.如同
自然界的一切存在形式一樣，有其變化的規律；2.特徵是⑴循環、運
動、向前的；⑵深沉、統一、永恒與無限的。後一節寫海與人的對應
關係：外在的海的世界與內在的人的心靈世界是一樣的──⑴（海）
與自然萬物發生關係的現象，有和諧、災難與對抗；人間也存在著和
諧、災難與對抗；⑵海的品質就是理想的人的品格。

第三部分即最末一節與第一部分形成呼應與提升的構架：1.空寂
的深處是美的頂點；另一面幻化出人類的理想境界──開放、自由、
多元多向度；2.又回到自然界的物物相關：海天對應──統一、和諧，即
天地的不可分性；於是還可引出人類的境況──人與大自然的關係應
是密切與和諧的。 3.在哲人眼裡，海就是永恒，是人類永遠要去追求
的眞理。

二、從詩的意象營造看。作爲現代主義詩人的羅門，在處理被古
今中外的詩人們謳歌過千百次的「海」這一主題時，並未直接用陳述
性語言敘述海的景觀，也未像浪漫主義詩人一般直接抒發對海的情感，而

是採用象徵的手法，通過擬人，把物（海）人性化，使主客體不分，人與海與自然、現實與理想融爲一體，使詞語形成的意象占據想像的空間，調動起人的感覺系統來，讓隱喻、暗示、烘托出象徵的主題。

　　請看，詩人首先用動詞「飲」字，變作爲對象的海爲具有主體性的人「你」──「飲盡一條條江河」與「吞進一顆顆落日／吐出朵朵旭陽」；然後，是具有人的形體──「千里江河是你的手／握山頂的雪　林野的花而來」，這樣，海就像一個人一樣向我們走來，多麼生動的形象感。首起的這個意象就讓我們與海有一種親切感、熟悉感。

　　首句「飲盡一條條江河」，從空間邏輯上說，是海以大包小。「飲」一詞的吃進、吸收之意正與海的包容與吸納的特徵相吻合。這樣，自然又帶出海的壯闊特徵來，下面幾句即是：詩人巧用了「醉」字，人醉便失理性、放縱、說胡話，具有隨意性和破壞性。對應的海便是「滿天風浪」，浪拍海岸，它的泡沫撞在岩石上，似「繽紛的花瓣」；浪飛天空，高高的巨浪捲起就像鳥的翅膀在天空飛翔；浪的起伏聲的回蕩，連群山都聽得見──「群山能不心跳」。這裡視覺、聽覺交錯，就彷彿人親臨海邊。而「吞進……／吐出……」一句，則呈現出海天相交處的水平線凹凸起伏的場景，同時，在視覺上也有強烈的色彩變化之感。這還不夠，詩人讓視覺與觸覺掛鉤來擴展海的意象空間。從空中俯視海，它由無數條江河滙聚而成，譬如我們熟悉的長江、黃河，故「千里江河是你（大海）的手，」既有視覺感──江河入海流，又有觸覺的動感，你彷彿能摸到海之手，這不，江河「握山頂的雪而來」的一個「握」字，就把平面敘述江河發源於雪山，江河水從山下流過的句子，形象化、立體化了，使人就像眞的觸及、撫摩著了海的手。

　　如果說，上面是一幅充滿動感的立體畫面，下面則是以小對大（上面的巨幅畫）的靜態風景畫。這樣造成一種動與靜的對比及張力，而且通過以物觀物，化有形爲無形「最美最耐看的風景……是開在你

（海）額上／那朵永不凋的空寂。」呈現出海的另一面特徵——空茫渺遠，而且更主要從物象到心象，「物我通明」，落到了存在的本質處——空無。馬拉美的象徵主義不也說，世界的本質就是「虛無」嗎？當然此處的羅門，更多的是道家的禪空，不過馬拉美感興於道家，這不正說明了中西兩位詩人的共鳴處嗎？

　　接下來再看另一組寫海的意象。「你美麗的側身／已分不出是閃現的晨曦／還是斜過去的夕陽」，此句「側身」一詞，即海的水平線拉長了視點距離，分不清陽面和陰面。此處開始，實際上寫空間的時間化過程，於是「任日月問過來問過去／你那張浮在波光與烟雨中的臉／一直是刻不上字的鐘面」，仍然是「物」的人化，「日月問」即是白與晝的交替，時間的推移；而「波光」與「烟雨」則分別代表晴天和雨天，就是說時間不僅有白天與黑夜之分，還有生命歲月的晴天與雨天之分；「臉」，此處當然指海面，它又轉換成「鐘面」，以「刻不上字」標示了時間爬不上鐘面。這一組化簡為繁的描寫，實際上就是「時間的永恒與無限」的抽象概念的具象化。這樣，時空的交錯溶入了「海」字當中。

　　緊隨其下的意象，也體現出意象轉換與組合的特徵——化簡為繁。先以表現抽象的時空概念的詞「蒼茫」起句，並用「探視」一詞使之人物化——「蒼茫若能探視出一切的初貌」，「初貌」一詞便讓我們去追溯歷史，此句的時空厚度感一觸即生。所以「那純粹的擺動／那永不休止的澎湃／它便是鐘表的心／時空的心／也是你的心。」這樣，鐘面、海面、「心面」融為一體，物的時空與心靈的時空對應，「蒼茫」一詞的厚重感就更加鮮明突出——心空的蒼茫與時空的蒼茫讓你感受甚深。

　　此時，詩人並未就此打住，再次融入了主客體的「物我合一」：如果說上面的「蒼茫」是超驗的感受，此處的組合則更為具體——「

你收藏日月風雨江河的心／你填滿千萬座深淵的心／你被冰與火焚燒
藍透了的心／任霧色夜色一層層塗過來／任太陽將所有的油彩倒下來。」
客體「海」與自然萬物的聯繫和互為作用的結果，暗示了人世間的社
會現象和感受，詩人還引入繪畫的原理──海面、「心面」就像一塊
布，可以「塗抹」，「霧色夜色」即黑暗困惑的特徵，「太陽的油彩」指
太陽的光線，暗示光明的、暖色的東西。緊接著連接擬人化了的「海」─
─變不了的是「你那藍色的頑強／藍色的深沉／藍色的凝望，」此處
主客體意象重疊，海的品質就是人的品質，也可說是詩人自我的寫照。

　　還有一組意象也令人尋味。人「眼」對應於大海，「我」放大，
海縮小，海便成了「獨目」──這是時空的變形，暗示了距離遙遠，
時間久遠，視覺上，「海」便縮成一團；也可喻為久望而瞎了一只眼，最
後幻化成一池秋水的眼，它充盈著「鄉愁」；接著這「獨目」轉化為
「獨輪」，它要向前滾動，由靜的「目」到動的「輪」，喻示思緒滾
滾。隨後用並置的電影手法，疊合成海的意象：這裡幾個隱喻，「你
坐成山」喻浪高聳起，「你躺成原野」喻波平浪靜，「走動成江河」
喻海變小，或變成了支流，「你是醒是睡」喻海的咆哮或寂靜。這樣
就賦予了海擬人化的形象，恰似觀海者在與之對話，於是就有末句的
「只要那朵雲飄過來／你便飄得比永恒還遠。」此處生成兩個層面的
意思：一是海隨雲飄，一幅海天對應的畫面，這是實景；二是觀海者
思緒飛升（雲浮），人類的心海始終要流向永恒，人的精神追求是無
止境的。

　　㈢作品風格。詩人的筆觸流露出激越與沉緩、明朗與玄妙、壯麗
與清越相呼應的色彩，詩行間洋溢著濃郁的海的氣息，詩人雖未在作
品中露面，但讓讀者感到自己就是觀海者，在與海交談著話語。

　　不過，我們現在還是來傾聽一下詩人瓦雷里在海邊的訴說吧。

　　瓦雷里是法國象徵主義詩歌運動在本世紀上半葉的主將和殿軍。

法國象徵主義發展的線索是馬拉美承襲波德萊爾，瓦雷里又師承馬拉美，把象徵主義推到了輝煌的巔峰。而他的傳世之作《海濱墓園》則是詩人詩歌創作的頂點，也可以說是它的終點。此詩與詩人的老師馬拉美的名詩《骰子一擲》一樣，形象飽滿的海的意象，長留在後世讀者的印象裡，這裡面也許有你，有我，當然還有本文論述的對象——詩人羅門。

現在就讓我們先來領略一下此詩的主題結構。由詩的標題所示，此詩呈現出海、墓地與人的對應關係，詩人與海對話，與長眠地下的死者對話，構成兩大對稱的結構。不過全詩的首尾部分，都是大海的畫面占據了詩的整個空間。這也就形成一種首尾照應：〔首部〕（詩人）置身海濱墓地，遠眺海面，金光閃爍，白帆蕩漾，海的微動起伏產生出一種看似平靜的安詳，詩人面對海深思這份寧靜——「海啊永遠在重新開始！」此節海境與心境的合一洋溢著詩人對大海的禮贊。〔尾部〕（詩人）又回到海景的贊嘆，「一股新鮮氣息還了我靈魂」，海的「詭奇的形象」，「無邊的氣流」和「飛濺」的「波濤」與在陽光下白帆點點的海面，使詩人決心奔赴生活的海洋。

而全詩的中間部分，一由大自然的永恒而聯想到人生的短促和易變，二是寫萬物都為重生而死亡，摒棄不朽說，這樣形成了全詩的主題：世界萬物都處在不斷運動和變化之中，人也有生有死，但難以企及絕對的完美和生命的不朽。於是我們應肯定現時，投身生活，面向未來。

由此可見，瓦詩在主題結構上，海的意象首尾部分照應，與羅詩《觀海》是相似的。當然我們無從得知羅門是否觀賞過瓦氏的「海」，但從羅門開放的胸襟，站在東西方文化的高處，對法國乃至整個西方現代主義詩學的關注，涉足比較文學／文化的海灘，四度參加世界詩人大會等活動中，我們可以看出，他對西方現代主義乃至後現代主義是

有自己的獨到見解的。而《觀海》一詩中呈現出的人海宇宙息息相通，那種沉寂與深邃，那種超越時空的物我合一，心凝形釋，正是我們在瓦氏的這首詩作中所感悟到的。當然，羅「海」更偏向於空寂、蒼茫、永恒的一端，有較強的中國古代道家哲學的意蘊；瓦「海」則趨於玄秘、絕對、本體性的探討以及貫穿典籍的古希臘、羅馬遺風及基督教文化的色彩。這種同中有異，異中有同，體現了羅門借鑒、吸收和揚棄的詩歌創作特色。

下面，再比較意象的運用。瓦氏善於遺詞搭配，把海擬人化，使之有血有肉，富有情感變化。「這片平靜的房頂上有白鴿蕩漾／它透過松林和墳叢，悸動而閃亮。」⑥通過上下二行，暗示出「房頂」就是遠處的海面，「白鴿」即點點三角白帆，「平靜」二字把海的習性渲染了出來，它變成了有生命的東西。此景呈現出虛靜、恬淡而曠達，對應於有生命的人的靜觀默想，達到思與境諧，物我合一的境界。

接下來，「你這個為枝葉虛捕的海灣，／實際上吞噬著這些細瘦的鐵柵」一組，若用「遮掩」或「掩映」就比「虛捕」一詞損失了幾分色彩，因為「捕」含有抓住有生命的東西的意思，這樣「海」不就活了；同時「吞噬」一詞也是有生命的東西才有的功能，此句就字面意思而言，指鹹濕的空氣濁蝕著墓園的鐵柵，使它生了銹。這樣便引來了物的空間時間化——墳墓和海都存在很久了。

另一組——「忠實的大海依我的墳叢而安眠／出色的忠犬；把偶像崇拜者趕跑！」也採用了富有人性的詞彙：「忠實」是有生命的人和動物才有的性情，而「依」字和「安眠」也是人或動物才特有的行為，此句亦有空間時間化之意，還照應了上句「海灣……吞噬……鐵柵」，海與墳墓也是靜靜相伴很久了。「出色的忠犬」即「忠實的大海」，它們之間又形成一種生命力的照應，並且「把……趕跑」，也是生命體才具有的動作，此句指墳叢荒廢了許多，連教徒都很少光顧

了。

　　還有一組「……鹹味的魅力！／……跳回來一身是勁！」這實際上是一種「通感」，從視覺——味覺——觸覺，即海浪——鹹味——魄力，從而形成「跳回來一身是勁」的浪捲、浪奔的可視可感的氣韻。

　　再一組，這種動態的幅度再度增大，而且擴展開來：「……讃狂天槖的大海／斑斑的豹皮，絢麗的披肩上綻開／太陽的千百種，千百種詭奇形象／絕對的海蛇怪，爲你的藍肉所陶醉／還在衛著你鱗鱗閃光的白龍尾／攪起了表面像寂靜的一片喧嚷。」此處，與前面的海的靜態畫面形成強烈對比，大海露出了凶狠的本性，似豹獅在跳，龍在騰。「豹皮」指陽光下斑斕的閃光的岩石，一陣巨浪打來，無數耀眼的泡沫在岩石上泛起，就像「絢麗的披肩上綻開／太陽的千百種，千百種詭奇的形象。」「披肩」是供人用的，這自然又把海與人連在了一起；接著海又被視爲生命的東西——「藍肉」，此喻還有厚度感，同時它再度動物化——是「衛著鱗光的白龍尾」，這個海的巨浪，攪響了海的怒吼。

　　啓下的末組便是「用漫天的狂瀾打裂／這片……平靜的房頂」，此句回復到全詩首句與之呼應。突出了生命與運動的主體特徵。

　　由此，通過上面的兩相對照，我們發現這套象徵主義手法在羅門前面的《觀海》一詩中或得以借鑒和吸收。海「飲……醉……呑、吐……握……」；海的「側身」……；海的「臉」、海的「心」、海的「獨目」，海的「頑強」、「深沉」「凝望」；海的「鐘面」、「獨輪」；海能「坐、躺、走、醒、睡」。並且這種意象構成了作品間內在的聯繫，使之成爲一個有機的整體，作品的主題成功地得以呈現出來。於是當我們駛向這兩位詩人的「海」，那詩境的浮沉，音韻和色彩的波瀾護送我們徐徐前進，引導我們駛入了宇宙的深處，感到了與它的脈搏在一起跳動。

　　如果說，瓦「海」的象徵體系，不單有「海」的橫座標，還有對應於水平線上的太陽和大理石下的墳塋及魂靈的縱座標，形成了體大、繁複、時空交錯的意象世界的話，那麼，這類「縱座標」的魅力，也吸引我們靠近羅門的《麥堅利堡》一詩作番匆匆的逗留。請看，全詩只有五句，涉及「海」的意象，但它對表現主題的意義不可忽視，在結構形態上更接近《海濱墓園》，也就是說比《觀海》更瓦「海」化。

　　1句，「太陽已冷，星月已冷，太平洋的浪被炮火煮開　也都冷了」，此句呈現出空間時間化的感覺：以「冷」字爲焦點，「海」爲橫向，「太陽」、「星月」爲縱向，時空交錯，形成空寂、冷靜的氛圍，好一幅偌大的場景。

　　2句，「……名字運回故鄉，比入冬的海水還冷」，同是一個「冷」字，但此行把對冷的感覺強度聚爲一點，這是通過「名字」與「海水」兩個名詞組的對應而濃縮化了的。上句是「面」，此句便是「點」。

　　3句，（墓）「沉默給馬尼拉海灣看」，又把墓的靜默與海的冷空沉寂對應了起來。

　　4句，（墓）「……是浪花已塑成碑林的陸上太平洋」，作者巧妙地把墓前聳立的大片碑林與太平洋的浪花的意象嫁接起來，碑林的眾多與海的寬廣兩相對應，開著浪花的太平洋是喧騰的海。這也暗示了亡者的呼聲和憤怒，此處的動景與上面的靜景形成強烈對照。其間的張力直撼人心。

　　5句，「太平洋陰森的海底是沒有門的」。此句，視點又落到縱軸上，與第一組的視點對應，顯示出時間的縱深與厚度感。另外，「海底的門」潛對應於詩中「墓」底的「門」，但重疊不了，因爲「陷落」的「靈魂」進不了太平洋陰森海底的「門」睡覺，它感到「顫慄」、「茫然」，這就是形象地揭示了戰爭是人類社會的悲劇，表現了詩人

對戰爭的控訴。就人類存在的本質而言，這一悲劇呼喚著人的存在和尊嚴必須得到肯定。正是在此意義上，本詩超越了其他許多同類戰爭題材表現出的狹隘和即時即景性，具有人類存在的普遍意義。

當然，「海」在本詩的整個象徵體系中，只是其中的一部分，並非它的主體，但它卻與其它組織部分緊密結合成一個有機的整體（憾於篇幅所限，恕不一一詳述），無論戰爭也好，死亡也好，都是通過「海」的意象沖洗出來的，它成了表達本詩主題不可或缺的重要部分。

本次航程，由於將冒超載的危險，我們不得不作返航的準備。眼望羅門詩歌的 N 度空間，我們眼前掠過的《歲月》、《窗》、《觀海》以及《麥堅利堡》⑦和與之相對的《感應》、《窗》⑧、《海濱墓園》這七顆五光十色的明星，宛如空中的北斗星，爲我們標示了在世界詩歌的銀河系中，羅門詩歌空間的位置。從「時間的空間化」、「空間的時間化和多維化」，到「時空交錯旋轉」，這種既帶規律性，又變化萬端的運行軌迹中呈現出了羅門詩歌空間的藝術特色。

羅門的星空，中國的與西方的、傳統的與現代的融爲一體。它既是詩，又是詩的哲學。

羅門的星空，映現出時間、存在、生命、永恒、無限、空無、戰爭、死亡、愛情等古今中外的哲人和詩人們普遍關心的人類基本話題。

在這深層的文化結構層面，浸潤著東西方文化的沉澱：(1)從對美的追求、主體精神的至高無上性，清晰可辨出西方先哲柏拉圖和法國詩人馬拉美的影子，他們無愧是「理想國」的鬥士，精神家園的主人；(2)對人性的重視、德性的襃揚上，顯示出中國古代儒家學說與西方康德哲學和阿諾德、白壁德的新人本主義精神的結合產物；儒家那套「天人合一」的自然和諧說以及「載道」觀也深烙在羅門的意識裡，而道家的虛無與禪宗的空靈、超溢都通過中國古代山水詩人王維、陶淵明的詩浸潤於羅門的詩中；(3)詩人作品中的悲劇意識更多受惠於亞理斯

多德和尼采的學說；(4)對時間與存在的關注，則導源於道家思想和柏格森、海德格爾、薩特等人的直覺主義和存在主義；(5)二元對立的辯證模式始終是羅門思維構架的支柱。

在羅門的星空下，我們還看到，他對中國古代詩論、畫論和書法藝術的體認，他把中國古典詩歌的靈性和禪意，古代詩詞中煉字造「詩眼」的手法繼承和發揚了下來，並且把法國象徵主義、超現實主義和現代抽象繪畫藝術理論加以吸收和借鑒，使之有機地在他的詩歌中融爲了一體，而不是對那些現代主義藝術作簡單模仿和照搬。從而使他免爲西方文化藝術的「代理商」和中國古典詩歌的「書童」。在他眼裡，中西藝術的融合是爲了開拓和創新，於是羅門的詩歌，體現出既具詩的純粹的品質，又能把握時代精神，既是感性的，又是知性的現代詩的質素。

放眼羅門的星空，我們明顯地感到他在對中國古典詩歌和西方現代主義詩歌的雙重吸引中，表現出了強烈而又自覺的現代意識和「熔鑄」能力。此刻，我們還彷彿聽到了本世紀初葉中國現代新詩壇的回音，戴望舒的《雨港》，李金發的《里昂車中》，卞之琳的《斷章》，駕著「意象」的快船向我們奔來；彷彿又瞥見當年的諾貝爾文學獎得主，既是民族的，也是世界的愛爾蘭偉大詩人葉芝的詩歌星體所閃過的銀色軌迹，在那裡，傳統與現代，吸收與揚棄融進了他那不滅的星體中。羅門的現代詩歌，無疑是中西文化雙向交流和滙通的重鎮。

（作者：文學理論家、任教四川大學）

【註　釋】

① 參見葛雷：《馬拉美與中國詩》，（《外國文學研究》，1986年1月，頁87-93）。

②③④ 引自阿瑟‧西蒙斯：《象徵主義文學運動》，倫敦，英文版。

⑤　引自 W.K.維姆塞特、C.布魯克斯：《西洋文學批評史》。

⑥　詩句的譯文引自卞之琳先生的譯作，以下引句均同。

⑦　這四首詩均選自朱徽：《羅門詩精選百首賞析》，四川文藝出版社，1994年版。後兩首詩的全文請分別見頁225-229和頁109-110。

⑧　引自《19世紀法國文學選集》，法文版 Bordas，1978年，此詩全文請見頁532。

詩眼看世界

──中法詩壇的兩扇「窗」之意象淺析

侯　洪

　　臺灣現代著名詩人羅門，以其詩歌的創新精神和現代性。在臺灣享有「現代詩的守護神」和「都市詩與戰爭主題的巨擘」的聲響，並且在中國大陸及香港地區以及世界各地的華人圈內也具有廣泛的影響。毫不誇張地說，羅門的詩歌已受到當今中國詩壇的關切和注目。

　　羅門詩歌意象的空間詭奇而多彩，具有不同的維度和場域，而「窗」這個意象可以說是羅門詩歌藝術的關鍵「詩眼」。詩人正是用這一「詩眼看世界」的。

　　在詩人的意象世界裡，「窗」是「大自然的畫框」，也是「飛在風景中的鳥」，它可「裝上遠距離廣角鏡頭」，也能「雕飾360度的內外空間」。詩人正是靠這一藝術之窗，使人的「生存空間」與「思維空間」彼此連通。故而羅門先後寫下了《窗》、《窗的世界》、《生之前窗通向死之後窗》、《先看為快》和《未完成的隨想曲》等作品，建構起了「窗」的意象大廈。鑒於篇幅所限，我們權且「實地考察」一下這一大廈中的一扇「窗」吧。因為，《窗》一詩頗能展示羅門詩歌藝術的「門面」。現茲錄如下：

　　請看，此詩只有短短的四節，前三節每節為三行，末節為二行，全詩共十一行。首節，從詩行排列看，「猛」字居三行之首並凸出一字的位置，體現出視角和意義的雙重強調。在此，詩人並未正面描寫

窗之形狀，而是通過動詞短語「猛力一推」，來渲染、勾勒出潛在的、封閉的、有形的窗框把我與真實／現實隔開，同時也體現出詩人的心態：有受現實的束縛之感；而推窗之手的氣勢宛如滾滾的放閘之水，同時也秉有眼波迅疾地馳向窗外的遠方之意。這樣一來，形聲並舉，並形成了拉緊下句的鏈條。緊接著的一句總是「萬水千山」，這個多重的大自然空間與狹窄的窗形空間形成了鮮明的對比，這種二元對立的思維構架始終貫穿著整首詩，它可以說是羅門詩歌創作的基本思維模式。接下來的與之並列的第三句——「總是回不來的眼睛」，起到了一種對應與強調之意，詩人的眼光／思維就像脫韁的野馬奔騰出去，豈能乖乖地回來，聽人擺佈。這好似電影的蒙太奇鏡頭，形成了意象的併置與疊加。

　　第二節，在上節的起點上突出「望」（即想）的過程。如果說「推」表示了首節的動作，那麼「望」便強調了此節的行為。此刻有形的窗幻化成「千翼之鳥」，飛了起來，不僅飛向那遙遠的天空，變得看不見，而且「棄天空而去　你已不在翅膀上」並且（通過字面語義的轉換）還邁進了更進一層的超越的禪境：飛騰的思緒，不如說體現出人類的特徵——具有向前的、上升的、超越的一面，它要沖破有限的自我，奔向無限的境域。

　　第三節，是平行於上一節的另一組畫面／鏡頭。它由上節的視覺鏡頭，轉為此節的聽覺鏡頭。它突出「聽」（即思）的過程，這是一個空間化了的時間延續過程。「窗」（物）在此變為「千孔之笛」（物），由笛子的可視管狀（硬性的、直線的）長度意象轉換為樂聲那看不見的音長意象（柔軟性的、曲線性的），繼而又變為拉長了的目光（線性的），即「凝目」的長視（長思）。這種往後的回視，把時間拉長，不僅表現了聽（即思）的時間行為過程，而且更具一種穿透力和厚度感，它要穿越歷史的時光隧道。上面這種經過三度轉換的意

象、生動地體現了空間時間化的特色，增大了詩的表現空間。

　　最末一節，與首節回應。「猛力一推」這一動詞短語回復全詩首句，「透明裡」一詞組通過移行而得以強調。此節既與首節形成某種對稱性的重疊，又體現了某種遞進與對立。首節已「冲出去」——「回不來的眼睛」，到末節還是被反彈了回來，「走不出去」——「竟被反鎖在走不出去／的透明裡」。這種正反式二元對立的「辯證思維」模式再次呈現出羅門詩的特色。這裡，首尾對應還表現出：詩人對現實的不滿，故而急欲跳出窗外，擺脫束縛，奔向自由而永恒的世界。從這一層意義上講，詩行間存在著一種追求精神的、理想的世界，擺脫一切物欲如流的形而下世界的理念。不過，詩人似乎也意識到另一場域的「空」，即空空如也的「空」——「太極」、「道」這一中國古代哲學所指的疆域。你縱有千般能耐也跳不出這空無世界，終要被反鎖在「透明裡」的，這就如同孫悟空跳不出如來佛的掌心一樣，這種「透明」也是一種看不見的無形的框。所以，羅門在另一首詩中說「窗外是門／門外是鎖／山外是水／水外是天地茫茫」（——《未完成的隨想曲》）。這種禪意也體現在「窗闊目沉靜時　一口深山裡的古井／附近有人在打坐」（——《窗的世界》）。另外，末尾一句似還有一層意思，那個子虛烏有的世界才存在的「透明空間」，如果去了，可能就再也回不到此生此世的「空間」了，這根「透明」線是碰不得的。故而詩人想「先看為快」——「窗外……尚未啟用的天空／是一幅不沾筆墨的禪畫」，詩人試圖在「超越」與「存在」之間找到一種平衡。

　　無獨有偶，法國象徵主義詩壇大師馬拉美也對「窗」寄予了一份厚愛，從他所精心營造的名詩《窗》中，我們窺視到了東西方兩位詩人的心靈之窗及其「窗」之意象大廈的藝術特色。

　　從詩意上看，馬拉美的《窗》亦源於對現實的不滿，他不願接受人的種種限制，渴望背棄人間「庸俗」的現實，並甘願揚棄塵世的

自我而追求夢想的彼岸即美的理念世界，這便是被西方評論家稱之爲「天使主義」的精神。請看：詩人「厭惡那冷酷的靈魂」，他要「逃遁」，「超脫人生」，在永恆中化爲「純潔」的「天使」，他喊出「我欲再生，把美夢織成冠冕，帶到／未來的天堂，那裡的『美』怒放著花朵！」最後他要行動，冲破這層「玻璃」，「倏然而去／冒那在永恆中失足墜地的危險。」這種追求美與無限的超越精神，也正是羅門《窗》中的基本精神。不過在對待物質與精神、人與自然的二元關係上，西方人當然也包括馬拉美在內，都認爲它們是尖銳對立的，非此即彼。而在中國古代哲人、詩人看來，則是「天地與我并生，萬物與我爲一」。正是在這點上，東西方的「窗」同中有異。另外，在羅門「透明」的超驗的「空」中不像馬拉美「純粹」、「無限」的絕對理念，而更多的是道家的禪意。

　　從詩境上看，馬拉美重視詞語的創造來營造意象。詩人的視點先由醫院背景移到太陽折射的窗上，然後是兩組併置對應（天上・地下）的畫面，一是眼朝外──「吞盡天上的蔚藍」，二是眼朝內──注視著「沐浴著霞光的地平線」，也即想像的河流──「緋紅而芳香的河面」；爾後再回到窗上「無限的金色」，由此轉入幻化，這「玻璃窗變成了藝術，變成了神秘」，即他的「天堂」──「美」無限的存在；最後，詩人像「天使」，「鼓起無羽毛的翅膀倏然而去」，結束全詩。這樣全詩形成組組意象的對應：(1)視點的對應：天與地、「我」與天使、太陽與窗、人世間與天堂；(2)色的對應：白色與金色、蔚藍色、紅色、鵝黃色；(3)味覺轉移成視覺：「惡臭的乳香拖著帷幔平庸的白色──味變色；(4)以物觀物造成視覺的轉移聯通：遠處河上「征帆」點點，船在河上靜止不動──「征帆」的白色，遠看似「天鵝」，「睡在緋紅而芳香的河面」。於是，全詩中聲、色、味的對應轉換形成通感，烘托、渲染、暗示了「窗」要展示的主題。這一象徵主義的基本創作

原則被羅門融化進了他的「窗」中。就此而言，羅「窗」與馬「窗」的意象，頗具似曾相識燕歸來之感。

行筆至此，我們彷彿聽到了詩人羅門的聲音從他的「窗」中飄出：「將貝多芬的心房／先點火／然後把世界放在火山／射出去／那是一朵最美的形而上／馬拉美早就等在神秘的天空裡／以一個象徵的手勢／把它指引過去／一轉目　夢也追不上／它已飛越阿拉貢的故鄉／降落成一座月球。」這不正好就是詩人羅門對自己詩歌創作的回顧與總結嗎？

（作者：文學理論家，任教四川聯合大學）

「窗」

——羅門獨特的審美方式

崔寶衡

　　幾年前，為了編一部《羅門代表作》，我向羅門索要一份手迹，他給我寄來了短詩《窗》的手抄稿：

　　猛力一推　雙手如流
　　　總是千山萬水
　　　總是回不來的眼睛

　　遙望裡
　　你被望成千翼之鳥
　　棄天空而去　你已不在翅膀上
　　聆聽裡
　　你被聽成千孔之笛
　　音道深如望向往昔的凝目

　　猛力一推　竟被反鎖在走不出去
　　　　　　　　的透明裡

　　《窗》無疑是羅門一篇得意的上乘之作，關於它濃縮、深邃的意蘊和卓爾不群的藝術特色，論家已多有評說。我感興趣的是詩中獨特的審美方式。

在羅門的詩歌中，「窗」是一個經常出現的意象。「窗是大自然的畫框，也是飛在風景中的鳥。」「窗」是他觀察外部世界的一種方式，也是他穿透、超越外部世界的聯想力的一個依托。他從窗裡觀看窗外的世界，廣闊深遠，心曠神怡，然而反觀困守在窗裡的自身，又有一種狹窄侷促感。這是後現代都市人的生存困惑。羅門是典型的現代都市詩人，他長期生活在被高樓大廈切割成的方方塊塊的「市井」裡：「眼睛從車裡／方形的窗／看出去／立即被高樓一排排　方形的窗／看回來／眼睛從屋裡　方形的窗／看出去／立即被公寓一排排方形的窗／看回來。」在詩人心目中，高度物質化的現代都市，蛻變成了沒有靈魂、沒有生氣、沒有人性的「方形的存在」。人的生存受到了嚴重的擠壓，變得越來越渺小：「窗開／牆堵過來　樓高／人矮下去。」人的一生，彷彿是一條從「生之前窗通向死亡後窗」的「很短」、「很直」的「虛線」。這是很悲哀的。作為一個具有人類良知與靈性的詩人，應當憑藉著高超的心力、智力，衝破物質的牢籠，像飛鳥、像游雲、像輕風一樣，在海闊天空中自由翱翔。羅門對現代都市生活的深切感受和對藝術境界的無限追求，使「窗」成了他的詩歌創作中無法割捨的一個情結。

羅門自稱是從浪漫主義走向象徵與超現實主義的詩人。面對日益異化的現代都市，面對日益惡化的生存環境，他沒有被物欲與情欲的洪流所淹沒，沒有為物質文明彈唱淺薄的讚歌；也沒有「被勢利的現實擊敗」，沒有頹唐與失望的吟嘆。他為自己建築了一間充滿著光與美的奇妙「燈屋」，像「守塔人」一樣堅守著人格與藝術的操守。他甘願「寫詩窮一輩子」，堅信「詩與藝術能將人類與一切提升到『美』的顛峰世界。」他把整個生命獻給了詩，對詩懷有宗教般的虔誠與執著。他背負著沉重的十字架，不屈不撓地高揚現代人文精神，為都市人打撈失落的靈魂，重塑被扭曲的人性，幫助人們回到純粹生命的領地。同

那些追名逐利、滿身散發著霉腐味的侏儒文人相比較，羅門的清高、執著與安貧樂道是十分可貴的。正是基於崇高的生活信念與藝術信念，羅門選擇了「窗」作為他獨特的審美方式，他從窗裡觀看窗外的世界，身在窗內，心在窗外，既看清了窗外世界的本質，又同窗外世界保持著一定的距離，我稱之為審美距離。借用羅門喜歡的兩句古詩：「不識廬山眞面目，只緣身在此山中」，只有「採菊東籬下」，才能「悠然見南山」。沉溺於都市生活的現代浪漫派詩人，不可能揭示都市文明的本質，只有同都市生活保持一定的距離，才能辨清人生的眞締，羅門的超現實主義或許可作如是理解。

羅門筆下的都市景觀非常刺目：撩人的迷你裙、露背裝，撒野的摩托車，淫蕩的夜總會，填充腸胃的飯館餐廳，冲洗靈魂的教堂，塞車的大街，冷漠的車禍，暗淡街燈下的搶劫與強暴，風騷的BB女郎，出賣色相的女秘書，無家可歸的流浪漢，落魄異鄉的老兵，坐在巷口賣花盆的老人，等等。這些不雅甚至醜態的意象全都通過「窗」的觀看與折射，轉化成審美對象攝入詩中，羅門既沒有對它們進行政治的、道德的直接批判，也沒有用庸俗低級的趣味加以欣賞，而是以一種居高臨下、超然物外的姿態，在人性的觀照中揭示其反文明、反文化、反人道的本質。這很容易使人聯想起波德萊爾的《惡之花》與艾略特的《荒原》。一般說來，現代都市詩人遠沒有古典田園詩人那麼幸運，他所面對的不是山青水秀、詩趣盎然的田園風光，而是喧囂的街道、骯髒的樓宇和渾渾噩噩的行屍走肉。要從這些醜惡的現象中尋覓到詩意，把它們轉化為審美對象，詩人就不能不對他所描寫的對象保持一定的審美距離。換句話說，詩人要通過他的「詩心」把醜的外在之物轉化成美的內在之物，這才成其為詩。羅門是十分精通這一重要的美學原則的，他的《咖啡廳》就是明證：

　　一排燈

　　　　排好一排眼睛
　　一排杯子
　　　　排好一排嘴
　　一排椅子
　　　　排好一排肩膀
　　一排裙子
　　　　排好一排腿
　　一排胸罩
　　　　排好一排乳房

　　一排眼睛
　　　　排好一排月色
　　一排嘴
　　　　排好一排泉音
　　一排肩膀
　　　　排好一排斷橋
　　一排腿
　　　　排好一排急流
　　一排乳房
　　　　排好一排浪
　　　　　　　夜
　　　　　　便動起來

　　這首詩不僅以其整齊的結構、工巧的對仗和重疊的音韻，給人以
視覺與聽覺的美感，更重要的是，詩人採用了「意象併置」的藝術手
法，把一系列經過精心選擇的意象并列成三個不同的層次，從而營造
出一種意象美。詩人從咖啡廳中「看」到的不只是一排燈、杯子、椅

子、裙子、胸罩，也不只是一排眼睛、嘴、肩膀、腿、乳房，而且還「看」到了一排月色、泉音、斷橋、急流、浪。用羅門自己的話說，這是一個「對象→潛在意象→美感意象」的轉化、遞進過程。在這過程中審美距離起著決定性作用。如果詩人不是透過「窗」來觀看咖啡廳，不同他所描寫的對象保持一定距離，眼睛只是盯住裙子、胸罩、大腿、乳房之類的描寫對象或潛在意象，沒有「看」到與之相對應的美感意象，整首詩的美感就不可能呈現出來，也不可能產生那種在輕鬆調侃中宣洩著深沉褻瀆的藝術效果。

羅門獨特的審美方式自他的詩學理論有著密切的聯繫。他一再強調：「詩不是第一層面現實的複寫，而是將之透過聯想力導入內心潛在的經驗世界予以觀照、交感與轉化，成為內心的第二層次的現實之景象（即意象），因而獲得存在的更為富足的內涵與更具有美感的形態。」優秀的詩人不能滿足於再現存在世界的「第一自然」與「第二自然」，而要「創造人類存在的第三自然」。為此，他十分推崇「靈視」的功用。所謂「靈視」是相對於「目視」的「敏銳的第二視力」，即心靈的「觀察力、體認力、感受力、轉化力與昇華力」。目視所看到的只是事物的表象，屬於形而下的範疇，靈視則能洞穿事物的表象，「看」到事物的本質，具有形而上的意義。一個詩人唯有超越目視、掌握靈視，才能夠深刻揭示出「第二層次的現實」，才能夠「創造人類存在的第三自然」。對於羅門來說，從窗裡觀看窗外的世界，既是目視，但更主要的是靈視。「窗」獨特的審美方式，是他沿著「由『觀察』至『體驗』至『感受』至『轉化』至『昇華』這條心路」，完成詩歌創作的全過程。從這個意義上說，這條「心路」的長度正是詩人與他所觀察的外部世界所保持的審美距離。羅門在談及他的短詩《傘》的創作經驗時，曾把這首詩的意象劃分成四個相互關聯、緊緊相扣的「實視空間」：

他靠著公寓的窗口看雨中的傘／走成一個個／孤獨的世界（現實的）

想起一大群人每天從人潮滾滾的／公車與地下道裏住自己躲回家／把門關上（記憶的）

忽然間公寓裡所有的住屋／全都往雨裡跑直喊自己／也是傘（超現實的）

他愕然站住把自己緊緊握成傘把／而只有天空是傘雨在傘裡落／傘外無雨（禪悟的）

從總體上看，整首詩都是通過靈視創作出來的。詩人「靠著公寓的窗口看雨中的傘」，一下子就把雨中的行人「看」成了「一個個孤獨的世界」，這當中就包含了由「觀察」至「體驗」的過程，決非單純目視到的客觀的現實。而接下來的記憶的、超現實的、禪悟的「實視空間」，則是由「感受」至「轉化」至「昇華」的過程，是把外內之物經由內心潛在的經驗世界幻化成更高層次的意象的過程。當詩人把整個天空都「看」（悟）成一把傘，藉以表達現代都市人強烈的孤獨感、侷促感的時候，詩人與他所描寫的客觀現實中的傘之間的審美距離，也就不言而喻了。

羅門有一首名為《斷骨記》的詩，寫得很別致。詩人把他跌倒骨折、求醫動手術的過程與感受記錄下來，當作一種「藝術的形態」來欣賞，頗具「黑色幽默」的情調：

我站上四張疊高的椅子

忽然一張斷了一邊腳

將我與世界摸不著方向的

　　　　摔下來

　　　伏在地上

發覺自己也是斷了一邊的

椅子

四張倒塌的椅子
加上我那一張
不就成了一件活的
椅子解構藝術

在現實生活中，作爲實踐主體的「我」與周圍世界及客觀對象的關係是貼近的、具有功利性質的實用關係，如果要把它轉化爲藝術的欣賞與審美關係，詩人就必須以博大的胸懷、超脫的態度，站在個人利害得失之外去描寫周圍世界與客觀對象，使其被美感地反映到作品中。具體地說，「我」跌倒骨折、求醫治療，經受了皮肉之苦與精神、物質的損失，詩人只有疏離它、淡化它、超脫它，以局外人的心態去反映它，才能使其成爲「一件活的椅子解構藝術」，使自我變成「一件藝術作品」。這仍然是個審美距離的問題。詩人透過「窗」的審美方式來觀看作爲描寫對象的「我」，使「我」轉化成「他者」，進而轉化爲美感意象。如果詩人無法擺脫自身的束縛，無法與「我」拉開距離，這種轉化就不可能實現。

面對紛繁複雜的社會生活，詩人一般可以採取兩種態度：一種是貼近它，用火一樣熾熱的激情去擁抱它；另一種是疏離它，用冷靜的眼光審視它。從審美方式來說，這好比觀賞米羅的現代繪畫，貼近看，可以看清畫家的筆法，站遠看，可以看到繪畫的精神。羅門屬於後一種詩人，他對米羅的繪畫作過精闢的解讀，他對現代生活這一光怪陸離的畫卷的解讀同樣是十分精闢的，他從中看到、讀到不少常人看不到、讀不懂的東西。在《隱形的椅子》中，他看到了全人類都在找的那張椅子、那張一直吊在空中的隱形椅子、那象徵著人的精神家園的椅子：「落葉是被風坐去的那張椅子／流水是被荒野坐去的那張椅子／鳥與雲是放在天空裡／較遠的那張椅子／十字架與銅像是放在天空裡／更

遠的那張椅子／較近的那張椅子／是你的影子／他的影子／我的影子／大家的影子。在《長在「後現代」背後的一顆黑痣》中，他看到了後現代社會的背後長出了一顆毒瘤般的黑痣，人類已失卻了昔日的崇高，變得越來越下流與鄙俗：「反正上流下流一起流／溝水海水都是水／清不出來的／都進入陰溝／走不出來的／都擠進黃燈／將東南西北在方向盤裡／炒成一盤雜碎。」在《板門店・38度線》中，他看到了戰爭給人類留下的傷疤，看到了戰爭所造成的山河破碎、國家分裂的殘酷悲劇：「一把刀／從鳥的兩翅之間通過／天空裂開兩邊／十八面彩色旗／貼成一排膠布／這個疤該不該算到上帝的臉上去。」在《流浪人》中，他看到了失去家園、無所依傍的流浪人的孤獨與茫然：「他用燈栓自己的影子在咖啡桌的旁邊／那是他隨身帶的一條動物／把酒喝成故鄉的月色／空酒瓶望成一座荒島／他帶著隨身帶的那條動物／朝自己的鞋聲走去。」從這些詩中不難看出，羅門的確具有異於常人的傑出非凡的洞察力。他善於從平凡瑣碎的日常生活中發現、捕捉詩的意象，調動全部心力、智力去開掘、營造詩的意象，然後通過令人驚嘆的「意象語」去表現詩的意象，這是羅門的詩歌具有恒久的藝術生命力的一個重要原因。

　　人在窗內，心在窗外，從窗裡觀看窗外的世界，「在窗與天空與眼睛共同製作的遼闊裡」，展示生命的畫卷，這就是羅門詩歌創作的真諦。

　　　　　　　（作者：南開大學中文系教授，文學理論家）

宣諭與靈視

——羅門詩歌藝術片論

姜　濤

詩歌是在語言同世界遭逢之際發生的，詩人通過語詞割占重構了外部世界，而詩性主體與其言說對象、詩歌語言與其意義指涉間的相互關聯便決定了具體寫作的不同取向，揭示這種內在關聯並闡釋其間的豐富張力也就成爲詩歌批評的主旨之一。

作爲臺灣現代詩壇的一員主將，詩人羅門以其令人驚嘆的語言才華使得漢語詩歌寫作在現代都市語境中獲得了新的活力，顯示出「挫萬物於筆端」的闊大的藝術空間。在他自己的詩學闡釋中，這一點曾被形象地描述爲：詩歌「必須在整個開放的透明世界，以『螺旋型』三百六十度的轉動，進行環視的掃描，使背後的盲點在旋轉中消失。」然而，這種對開放的、全方位的、消除盲點的藝術空間的渴望能否實現，卻值得商榷。任何一種藝術都是客體在意識中的重構活動，正如波蘭美學家羅曼・英伽登所言：「從一開始，藝術作品被認定是藝術家創作活動的純粹意向性產品。」而創作起始時的「意向性結構」便在先設定了作品的意義範圍及觀物視角，全方位、無盲點的整體把握或許只是藝術的一種理想狀態。相反，藝術家的獨特個性往往又是其拘囿所在，在對存在的彰顯之時恰恰也是對其他可能性的遮蔽之時，在不斷追蹤生命眞相的目光之中或許會隱藏著其不可避免的盲點。

因此，本文嘗試從意圖取向和觀物視角兩個方面，分析羅門詩歌

寫作及詩學理論中聲音配置的關係及其「靈視」概念，從而勾勒出其獨特的藝術空間，及在此空間中一些無形中被抑制、忽略的部分。

一、三種聲音的配置

　　西方現代大詩人艾略特曾談及詩歌中三種聲音的存在：「第一種聲音是詩人對自己說話的聲音，……第二種聲音是詩人對聽眾說話的聲音，……第三種聲音則是詩人試圖創造出一個隱於詩行裡說話的戲劇人物時發出的聲音。」在每一首詩中，從私下冥想到宏大的史詩，這三種聲音始終是雜揉在一起的，構成了詩行內部的緊張衝突或和諧共鳴。作爲內心獨白、宣諭朗誦和戲劇性台詞，三種聲音從不同角度分配了詩歌的對象、意義疆域，並共同溶滙成詩歌內部的「合聲」。然而其中必有所側重，其中某一種聲音會高亢起來，以致淹沒了其他的聲音而構成詩歌的主調。

　　「現代感」是羅門的一項基本創作觀，除卻其包含的美學規定外，其主旨是在面對現代文明侵入內心世界造成的人類精神破碎的困境，提供一條審美的解放之路。他所關注的物質陰影下泛起的人欲以及生命的困惑、價值的空場。「由於現代人的內在活動世界，普遍地受現代生存『處境』的影響所引起。同時這影響是迫切的、強烈的與不可逃避的。」而詩歌，作爲一門心靈的藝術，正是「拓展與建立內心與精神文明的輝煌世界，以解救人類內心與精神生活的貧窮與低落，並提升人的生存境界。」這種先在的意圖設定使得羅門的詩歌有一種強烈的介入意識和人類整體命運的擔當感。無論是處理戰爭、死亡、文明等宏大主題，還是精心描摹都市生存的浮世繪，他總是不斷地將語言携帶至某種精神的超越性面前，認爲語言不是雜耍術或生存的鏡像，而且「世界上最美的人群社會與國家，最後仍是由詩與藝術而非機器造的。」這樣，羅門總是有「話」要說，而且滔滔不絕。透過外在物象

他可以默想人類存在的情境（《窗》、《傘》）；在都市大廈及街衢間他會抨擊物質對人性的敗壞（《都市之死》、《都市，你往哪裡去》）；而面對大自然的寬廣與燦爛他又會沉思文明與自然的衝突對峙（《曠野》、《大峽谷奏鳴曲》）。這些詩作大多是朝向外部的、噴薄而出的、無形中向讀者展示著羅門高蹈的靈魂和放大的詩性主體。詩人向著讀者，向著人類社會整體說話的聲音占了主導地位。「他在扮演一個角色，他通過一個面具」（艾略特）說出眞相，這個面具或角色即是現代生存情境中一個追求精神語義的宣諭者。

這種典型的宣諭式口吻是基本上朝向外部的：讀者、社會場景、自然存在或某些人類共同性主題。因此羅門追蹤的生命顯然是自己所體認的「人」。與這種面向公衆的聲音相比，詩性自我的內心低語與傾訴，對個人記憶、深層經驗的反省探索的內向性聲音在羅門的詩行中是較弱的。這在某種程度上說明了他的詩歌具有一種展現性和挑戰性，較少了一種經驗的私有性，而後者在里爾克對青年詩人的教導中常常被予以強調：「你要在自身內挖掘一個深的答覆。」

上述這種特點可以通過羅門詩歌中的人稱分析得以印證。在羅門早期詩作中，「我」的聲音作爲青春激情的主語是十分鮮明的：「在無光的冬夜，我這裡通明溫馨，刻刻等你，我已熟悉你來時踏響我心的樓梯之音，如造訪的馬車的蹄聲，擊亮我深居的幽靜的庭園。」（《海鎭之戀》）而隨著詩人智性主體的逐漸確立，這種「浪漫情思外射的紅色火焰向內收斂，而冷凝與轉化成穩定與較深的藍色火焰。」這種變化同時也表現在人稱上：在《第九日的底流》中，「你」的聲音開始變得強勁：「你是馳車　我是路／我是路　你是被追住不放的故鄉。」此時，詩性自我開始尋找一個言說的對象，詩行間凸現的第二人稱使得詩人由獨白轉向與他人對話。在西方現代主義詩歌中也總有一個幽靈般的「你」出現，這在波德萊爾、艾略特等人的詩作中經

常浮現。但是這個「你」，與其說是一個對話者，毋寧說是詩人主體「我」的又一種投射而已，因此交談仍是自言自語，話題仍屬個人的、隱私的內在世界。而在羅門這裡，「你」卻總是有確定所指，是一個主體之外的另一個「他者」，而交談的話題也總是公開的，外向性的。隨著詩藝的日臻成熟，「你」已在羅門的作品中慢慢取得了優勢：在《死亡之塔》中，上帝、朋友、死亡分別進入了「你」的多重所指中；在《曠野》中，「你」又被意旨爲寧靜完美的自然實體；在《都市　你要到哪裡去》中，「你」又是被文明和高樓打扮得入時的都市。更具有典型意味的是，在爲羅門贏得巨大聲譽的《麥堅利堡》中，出現了兩個美國士兵的具體姓名：「史密斯」和「威廉斯」。然而這兩個名字的個別性其實暗示了某種命運的普遍性，「史密斯　威廉斯　煙花節光榮伸不出手來接你們回家／你們的名字運回故鄉……／在死亡的喧噪裡　你們的無救　上帝的手呢」人稱是單數的，但卻又複合爲集體的。以上這些詩作中另一個主體或某種對象的設定使得羅門的聲音中有一種，非情感直露和非個人獨白的傾向。顯然，「第一種聲音」被「第二種聲音」淹沒了。

　　至於第三種聲音，戲劇的聲音，是詩人讓詩中的不同角色、人物各自發言，並獨立從其身上提取詩意，從而不同聲部間的相互錯雜併置便構成了戲劇性衝突和內部張力，不是詩人的宣諭而是一個眞實的場景被呈現出來了。不斷對諸種衝突進行調節便使內部的爭辯矛盾推進至多重經驗的深層，這應和了現代主義詩學中悖論語言、反諷、多重曲喻等文本經營策略。然而，這種修辭方式不僅僅是文本層面的技巧拓展，更是詩人體驗世界的「在世」方式。弗里德里克、杰姆遜曾談到在當下後現代語境中，知識分子主體自我與現實生活間曾一度存在的「批評距離」已消解了，「我」已經被淹沒、粉碎於人群之中，從而寫作便是「把陷入眾多複雜關係中的主體織入語言之中」（朱麗

葉、克莉思蒂娃）。在羅門的詩作中，這個「批評距離」非但沒有消解反而採取理性的保持。在其後期的一大部分詩作中，「我」與「你」的人稱設置已被打破，出現了一種「無人稱」的情境，視象、人物或場景分別作為其自身而顯現出來：例如在《麥當勞午餐時間》中三個人物：青年人、中年人和老年人分別出場，各自言說同一場景中的不同經驗。但是，這種不動聲色，主體泯滅的寫作是否導致詩歌內部的戲劇性效果呢？諸種聲音是否彼此衝突形成了內在張力了呢？並不確定。這三個人物並不是在喃喃低語，只是羅門精巧地轉換了三個角度，清晰地描述了三種不同代的人在都市生活的現場感知。在另外一些作品中，羅門主動突破了文本界限採用「多元組合的立體空間構架觀念」，將跨時空、跨國界、跨文化的片段性素材成功地構架成完整的詩歌空間：在這裡惠特曼的篷車與柳宗元的孤舟擦身而過，道路與河流、人群與花葉的意象重重疊疊，都市與田園彼此角力。但是這種在前景多層展開的構建方式並沒有使諸種因素彼此否定、強化、拆解和爭辯，而是在一種堅定的確信的語調中，將它們合法地併置、拼接並指向一處確定的中心所指。因此，在羅門的戲劇性聲音裡仍聽得出第二種聲音的存在。在強烈凸現的「批評距離」上，羅門表現出了他的價值立場，他呼喚從世界的混亂中誕生出新的意義與統一：「以確實的通視力與統合力，於潛在中使世界再度無形中通往新的一元性。」

　　通過以上分析，我們可以看出在羅門的詩歌中，價值立場的強大向心力與明確意圖取向使得三種聲音的配置顯示出如下結構：第二種聲音明顯地高亢起來，並且淹沒或深入了其他兩種聲音。這種結構使得其詩句被一種無形的中心所指所統攝，並指向某個覺知的主題，語言開闊、深厚、不斷擴張；然而有異於麥克白斯或哈姆雷特式的特有的內心自我剖析與靈魂顫慄，也不採取現代主義寫作中意義焦點多重性所造成的文本多面的振盪，從而沒有形成對生命本身的幽暗、錯雜

和一種深淵般的黑暗底蘊的深度隱喻。而生命的意義焦點、朝向人群的宣諭式聲音，決定了羅門的詩歌與西方現代主義詩歌判然有別。這一點既是他獨特的個性所在，在某種意義上也可能是他的缺陷所在。進一步的探討無疑將會引發我們對於傳統人文主義土壤上生長起來的中國現代主義詩歌進行更深入的反省。

二、靈視中的盲點

　　靈視，作為一個基本的詩學概念，奠基了羅門整個詩學框架和詩歌寫作的展開，詩人工作的重心永遠是偏向於「如何使人類由外在有限的目視進入內在無限的靈視世界。」詩與藝術絕不是「第一層面現實」——第一自然（田園）與第二自然（都市）的現實複寫，而是通過聯想力導入內在經驗世界，經由觀察、感知、體認、轉化、昇華為「第二層面的現實」，也就是存在於內心無限的「第三自然」之中。這種觀物方式一端為具有「靈視」能力的詩眼，另一端為自然實存（第一、第二自然），而藝術品正是這二者之間展開的一種再造活動的產物，是心靈與世界間神秘關聯的外化。由此，詩人的眼睛正如一套極其複雜的光學系統，其中包括透鏡、棱鏡、凹鏡、凸鏡的精妙組合，從而外部的天空、曠野、飛鳥和都市等視象就會被凝聚轉化為詩人心靈鏡面上的獨特心象。從視象到心象，從第一、第二自然到第三自然，羅門的視角雖然根植於某種內在的視力，卻總是經由觀照後的外向型的、開放的、不斷轉化客體世界的存在，並且完全基於內外視覺的想像力。

　　羅門在詩論中曾對此反覆加以探討，他直接談論視覺藝術與詩歌的關聯性，以畢加索、布朗庫斯、蒙特里安等視覺藝術大師的作品為佐證，尋求兩種藝術間的相通之處，聲稱：「能使無形的『意』，變成有形的『象』，詩人便也因此被看做是以文字來繪畫的藝術家。」

正是這種視角，才使羅門如此迷戀視覺意象的捕捉經營，其「靈視」的意義也就在於調動詩人的主體創造性，採用許多視覺藝術的表現方式，如「普普」中的拼貼、多元重疊的技法、電影蒙太奇手段、達利的超現實主義組合以及舞台、布景、鐳射燈光等多元媒體表現。這種外向型視角在與內在相互動中便可繁複瑰奇詩的視覺意象空間。同時，在羅門詩歌與詩學中，「眼睛」、「看」、「鏡子」、「窗口」等詞滙的反複迭現，也都說明了羅門對內外視境中想像力的偏愛。作為第一自然的物像（浮雲、鳥、河流、曠野）與作為第二自然的物象（交通燈、大廈、咖啡、汽車）構成了其基本的詩歌語滙，也如其自己所言：「對於一個向內心探索與開拓人類完美存在境界的詩人與藝術家來說，所有實存的只是創作的起點。」

　　然而在這個起點上稍加辨析，就會發現，對外部視象的深入關注在某種程度上是深化詩意象的功能。田園和都市引導詩人進入新的內在經驗世界，羅門強調「第三自然」便是詩人內在生命的呈現，借助同心象相互動的具體物象出場。詩人作為個體存在，其極為私有的經驗積澱、強烈的生命體知構成了現代主義詩歌極為重要的一維，內在性視角決定了從里爾克、保羅、策蘭一直到美國自白派詩人那種直指人心的力量。在羅門這裡，這種內在性似乎移轉為外向性視角的背景或視覺意象拼貼的「操作間」，而其本身也應同第一、第二類自然一樣強烈地籲求著被注視、凝視乃至透視，也同樣應成為語言照亮的對象並作為質料進入「第三自然中」的創作場。如果說在羅門早期詩作中內心經驗的陳述還占有一定的比重的話，那麼隨著風格的成熟穩定，這種視角被當作一種浪漫主義的直陳被貶抑了。羅門似乎對於內在性總是抱著一種不斷的探索與探險的態度：「當『內在』進行著一連串的沒有邊際的逃奔、追索與流浪之後，心靈難免要在不可抑制的困惑中，自然地想望著一個有拉環、有把柄與有依靠的具體世界，以便將流動不

定的自我與一切帶住與穩固住。」

　　羅門詩歌通過不同視象的并列、轉化，詩歌也得以向前發展，因此閱讀羅門的感受就如同隻身穿越一條琳瑯滿目的畫廊。按照龐德的定義：「意象」不是一種圖像式重現，而是「一種在瞬間呈現的理智與感情的複雜經驗」是一種「各種根本不同的觀念的聯合。」它除了激發視覺想像力之外，還會調動更多的想像力資源。因而，單純依靠視象的組接，對具象世界的過度追求是否會使意象的堆積消耗了自身的無窮意義資源，是否會形成寫作技法的單調與褊狹呢？試比較羅門的《曠野》與艾略特的《荒原》兩詩（二者都是對人類現代生存現實的一次整體性觀照），可以發覺：前者完全依靠視覺意象，層層羅列出曠野與都市的對峙的具體畫面與造型，這種密集的舖陳方式雖沒有激活詩行內多維空間的形成，語脈是一維的、分析性的、單純的，意義焦點也是唯一的，但多元疊架的整體是具有思想的多面反射與投射的。如下列詩句：「是河便自己去流／是湖便自己停下來／是風景便自己去明麗／是晝夜便自己去明暗／時間不在鐘表裡／天空不在鳥籠中」（有關曠野的主題展開的段落）以及「床濃縮了你全部的空闊／餐具占據了你所有的動作／當排水溝與垃圾車在低處走／腦袋與廣告汽球在高處飄。」而對於後者——《荒原》來說，多種語體、視角、經驗處置方式的嫻熟混用，獨白、旁白的穿插，以及文本在傳統與當下間的巧妙挪移使得多種想像力（視覺、聽覺、智性等等）共同被激活，從而凸顯出隱晦廣博、複雜多樣的生命情境。由此可見，單純依靠內外的視覺意象的組接會造成對其他文本策略的忽視，這或許是羅門的心物交流，形成新的「意象型」寫作方案導致的一種表現。

　　羅門的詩歌寫作的另一可能：從視象到心象的轉化，出於靈視的要求，必須以某種新穎化的、令人驚異的悖謬性技法才得以達成。但當某種技法反覆出現在文本細部，會使其失去原初的解活特性，而淪

入一種程式化的複制性操作。這種技法之一就是羅門詩歌中動詞謂語的極爲發達，通過動詞的變形可以造成不同視象間的聯合與跳轉。例如，爲了使視象在拼貼時獲得新奇的動感和張力，其間起連接作用的謂語動詞就會被突出出來，其中動詞「拉」，在羅門的詩中出現的次數就很多：「接著是鳥被遠方佔去／然後是一縷烟拉住遠方。」（《天空》），一個「拉」字，境界全出。而再看下列詩句：「……那條茫茫的天地線／牽著天　拉著地／在走」（《誰能買下那條天地線》）、「那條望鄉的水平線／拉著你回去」（《都市　你要到哪裡去》）、「殘廢的曠野／拉住了瞎了的天空」（《板門店・38度線》）……經過不斷的使用，「拉」字句雖不能帶來最初的閱讀興奮，但卻將一切拉得準確與著力。再如動詞謂語還可以完成視象間的變形轉化，形成羅門詩中特有的「變形記」效果：「滿廳的頭／飄空成節日的氣球」，一個超現實主義的轉換依靠動詞謂語「飄」而實現，而這種技法也同樣遍布了羅門的詩句：「遙望裡／你被望成千翼之鳥」（《窗》）、「遊客無論是浪……／是雲……／都將被天空與大海／夾成那塊不能再大的三明治」（《不能再大的三明治》）、「……一扇百葉窗／將太陽拉成一把梯子」（《流浪人》）。這種動詞的巧妙粘連而形成的視象變形充滿了遊戲性，但也可能導致寫作技巧的雷同。

我們應該看到，羅門「靈視」中的所見，在創作中或許間接地促成了其個性風格的生成。

從以上兩個方面對羅門詩歌的片段論述並非相互疏離的，而是在內部深深勾聯著，相互印證的。明確的意圖取向所塑造的宣諭式聲音與外向性視角之間互動生成的關係還有待再深入探討，而這兩種傾向都在不同程度上造成了某種內在聲音、應防止內在視力的失卻及其他一些藝術可能性的遺落。本文旨在對此進行大致描述，但瑕不掩瑜，並不構成對羅門詩歌的價值評判。因爲對一個批評者來說，他不僅要

正視詩人的全貌，還要有勇氣將目光投向其背後，揭示出詩人自身視野中無法呈現的部分，發現其「盲點」，而這或許也正是批評的使命所在。

（作者：大陸清華大學中文系博士班研究生從事文學批評）

羅門：反諷框架下的生存意識

高秀芹

　　羅門是一個非常自覺的詩人，他有意識地寫詩，也有意識地總結和闡釋自己的詩。他的詩和詩論構成兩種不可替代的文本，他以厚重的現代詩與詩論奠定了在當代詩壇無可爭議的位置。

　　他的詩多觸及現代都市生活及人的生存境況，抒情簡約而節制，更多的是一種生命的沉思、智慧及對生存的諸多關懷，超越浪漫主義，抵達現代主義，直逼生命本體。他的詩歌語言純粹潔淨，擺脫了繁雜的意象，而進入了純粹的詩歌世界。關於羅門，大家已經說得許多了。在本文中，我試圖從反諷的美學範疇來探討羅門詩歌，著重探討在反諷框架中呈現的現代生存意識。

　　反諷（Irony）來自希臘戲劇的一個固定角色，「佯裝無知者」，假裝無知，說一些傻話，最後證明是正確的，很多時候反諷僅僅作為一種語言策略，言在此而意在彼，取得出人意料的效果。我以為羅門非常成功地運用了反諷，在他的詩中，反諷已超越了最基本最簡單的修辭功能，而成為一種態度與觀念，成為思維的內核和具體運用方式。

　　真正的反諷「始自對整個世界命運的沉思」。①羅門始終關注著人類的命運與現實，關注著現代人的生存狀況，他思考著戰爭、死亡、生命、城市，他試圖用詩歌創造一個不同於第一自然與第二自然的第三自然。他說：「詩使所有的生命獲得本質的美好的存在與最高的境界。」他說：「詩在昇華與超越的精神作業中，一直與人類的良知、良能、人道、高度的智慧以及真理與永恒的感覺連在一起……」②羅門是一

個眞正意義上的現代詩人，他用本眞的生命直逼赤裸裸的現實，他有決心自食的勇氣與透徹的自省精神。

哈康‧薛瓦利埃認爲：「每一種反諷的基本特徵都是事實與表象之間形成對照」③，當兩種矛盾或互不相容的事物併置在一起自然而然形成了反諷。羅門非常習慣運用這種反諷，他習慣破壞常態的事實，扭曲慣常的表象，在事實與表象之間形成一種反諷性張力，最大限度地凸現他的命題。請看羅門的《都市‧方形的存在》：天空溺死在方形的市井裡／山水枯死在方形的鋁窗外／眼睛怎麼辦呢／眼睛從車裡／方形的窗／看出去／立即被高樓一排排／方形的窗／看回來……窗在羅門的詩中是個重要的意象，它已超越，單純的意象層次，而成爲一種象徵，一種文化符號和載體，那便是城市及代表城市的一系列價值範疇。方形的窗代表的是規範，沒有個性、沒有血，沒有感情，是個死氣沉沉的存在。「方形」溺死了天空，「方形」枯死了山水，眼睛從方形的窗看出去，卻又被看回來。開始和結束是相同的起點，是毫無意義的重複過程，矛盾的兩極在一種近乎無奈的喜劇效果中釋放出意義。這首詩的後幾節重複了同樣的過程，把同義的反諷密集化，也進一步強化了反諷效果。

他的另一首詩《車禍》：「他走著／雙手翻找著天空……他不走了　路反過來走他／他不走了　城裡那尾好看的周末仍在走／他不走了　高架廣告牌／將整座天空停在那裡。」他走著，卻沒有主動性，他不走了，客體反過來徹底壓倒他，主體性的喪失，個體生命的被異化，顛倒的秩序裡隱含著非合理性與非實在之間的衝突。他的另一首詩《看時間一個人在跑》：地球在太空裡跑，火車在地球裡跑，我們在火車上看風景跑，跑著跑著卻發生了方向性的逆轉：風景看我們跑，火車看地球跑，地球看太陽跑，最後是：「太空便停下來／看時間一個人在跑。」地球跑，火車跑，這是生存的常態。可是，這種常態在羅

門詩中卻瓦解了、顛倒了，最後時間成為一個沒有任何載體的存在。對時間的追問，如同對生命的追問一樣，永遠像個謎。羅門追問時間卻放在一個反諷的思維框架裡，使時間獲得了超驗性的意義。我們存在於時間裡，我們也不存在於時間裡，沒有「我們」的時間和沒有「時間」的我們會是一種什麼狀態呢？

　　為什麼羅門詩中大規模地運用反諷當作典型的策略呢？我想布魯克斯在回答現代詩為什麼運用反諷當作特殊的典型的策略是一樣的：「共同承認的象徵系統粉碎了；對於普遍性，大家都有懷疑；」另外，「廣告術和大量生產的藝術，廣播、電影、低級小說使語言本身失血了，腐敗了。現代詩人負有使一個疲沓的、枯竭的語言復活的任務，使它再能有力地、準確地表達意義。」④

　　如果說羅門那些都市短詩更多地從修辭的角度來進行反諷策略，從語言本身固有的意義來巧妙安排來實現。那麼，他那些承載了生命體驗與生存體驗的詩已超越了修辭層面，而達到整體性、全面性、形而上的反諷。正如法國批評家喬治·帕朗特所說：「反諷的形而上原則……存在於我們天性所含的矛盾裡，也存在於宇宙或上帝所含的矛盾裡。反諷態度暗示，在事物裡存在著一種基本矛盾，也就是說，從我們的理性的角度來看，存在著一種基本的、難以避免的荒謬。」⑤

　　荒謬感是二十世紀現代派普遍的感覺，羅門也體悟到這種情緒，關於現代人生存的情緒。請看他的短詩《傘》：他看著雨中的傘走成一個個孤獨的世界，公寓裡的住屋也成為傘，隔絕孤寂、落寞，個體與世界的關係竟是那麼冷。他愕然站住／把自己緊緊握成傘把／而只有天空是傘／雨在傘裡落／傘外無雨。「他」成為「傘把」卻無法阻擋風雨，事實與表象產生了破裂與矛盾，雨在傘裡落，傘外卻沒有雨，更是個體對生命存在的一種深刻的感知。世界荒謬就如同傘，無所適從的悖論使你無可選擇，人每每處於一種二難困境裡，就像《等待戈多》，

戈多卻在等待之外。生命無時不被一種無處不在的荒誕感所纏繞、所包裹、所淹沒,世界本來沒有意義,意義只是人賦予或想像的,可是,意義的價值存在卻坍塌在人們對它的質詢與懷疑中,羅門的許多詩裡,都蘊含著這種對世界與生存認識的荒謬感,尤其是現代都市對人的異化與擠壓,使人喪失了對自身最基本指認的認同與肯定,羅門面對這一切生存的悖論,在深深的沉思與拷問著。

羅門著名的長詩《麥堅利堡》更是在巨大的反諷框架下對人的生命悲劇發出的極終性的追問,它超越了表面上對戰爭本身的追問,超越了一般意義的人道與正義,超越了簡單的是與非、真理與謬誤、道德與倫理,而把人帶入一個顫慄性的生命拷問中。詩人在題記中寫道:「超過偉大的/是人類對偉大已感到茫然。」情境或價值的相互併置形成反諷,偉大和對偉大的茫然這二者的悖論將人帶入一個反諷的情境裡,詩人面對的是七萬個死去的生命:戰爭坐在此哭誰/它的笑聲曾使七萬個靈魂陷落在比睡眠還深的地帶……你們的名字運回故鄉比入冬的海水還冷/在死亡的喧噪裡 你們的無救 上帝的手呢/血已把偉大的紀念沖洗了出來/戰爭都哭了 偉大它為什麼不笑/死亡輕而易舉就把生命否定了,上帝的手又能怎麼樣呢?在死/生、哭/笑、戰爭/偉大等相互否定又相互支撐的二元對立中,反諷的生存內蘊流露了出來:

> 麥堅利堡 鳥都不叫了 樹葉也怕動
> 凡是聲音都會使這裡的靜默受擊出血
> 空間與空間絕緣 時間逃離鐘錶
> 這裡比灰暗的天地線還少說話 永恒無聲
> 美麗的無音房 死者的花園 活人的風景區
> 而史密斯 威廉斯 你們是不來也不去了
> 靜止如取下擺心的錶面 看不清歲月的臉

　　　在日光的夜裡　　星滅的晚上

百年孤獨的麥堅利堡，百年孤獨的死魂靈，死去的永遠的死去了，面對活生生的生命　戰爭和不朽都應該黯然失色。羅門認爲：「生命最大的回聲，是碰上死亡才響的。」在《麥堅利堡》裏當詩人面對這一片碑石，他的靈魂受到極度的震顫與壓迫，他對戰爭／生命、偉大／死亡等生存的本質命題提出質詢。他自己說：「透過人類高度的智慧與深入的良知，我們確實感到戰爭已是構成人類生存困境中，較重大的一個困境，因爲它處在『血』與『偉大』的對視中，它的副產品是冷漠且恐怖的死亡。」⑥詩人處於一種焦灼的茫然中，用生命和鮮血去體味戰爭，得到的是靈魂痛苦的顫慄，用道義與正義去審視戰爭，得到的是靜穆的良知與沉思，不同的價值趨向構成了詩人的「茫然」，「茫然」本身也是一個堅實強大的價值之體，它能自覺地引導人們在覺醒中抓住生存之根源，去面對永恒的人性與人道，而且對人類遭受的苦難，產生無限同情與博愛的精神，即使是爲自由與正義而戰爭，也必須以這種深遠的人道精神做基礎。面對這種生存的悖論，羅門沒有流入許多現代作家的虛無與幻滅，在反諷中徹底否定人的主體精神與歷史指向；而他是把承受苦難作爲生命的一種責任，在反諷的框架下探討著生存的悲劇性命題。

　　反諷的審美效果是崇高與荒唐，輕鬆與嚴肅，美與醜，表面與深層之間相互支撐的緊張關係，使我們既感到痛苦，又感到滑稽和荒謬。羅門的許多詩，都建構在反諷的構架裡，讀羅門的詩，我們感受不到輕鬆愉悅，感受不到細緻優美，而是一種沉甸甸的感覺，一種緊張的顫動感，他壓迫你，撕碎你，讓你和他一起去重新面對這個世界，和他一起去沉思存在著的生命本體，激活被外物異化了的感覺，以徹底的理性審視自我。從這個意義上說，羅門是現代社會的審判者和提升者。

　　　　（作者：北京大學中文系博士班研究生從事文學批評）

【參考注釋】

① D.C.朱克《論反諷》第28頁，昆侖出版社1992年2月第1版。

② 《羅門論文集》第3、4頁，中國社會科學出版社1995年4月第1版。

③ 轉引 D.C米克《論反諷》第43頁。

④ 克林思・布魯克斯《反諷———一種彷構原則》見《新批評文集》第345-346頁，中國社會科學出版社1988年4月第1版。

⑤ 轉引 D.C米克《論反諷》第99頁。

⑥ 《羅門長詩選》第41頁。

論羅門的風景詩

張曉平

　　羅門以都市詩馳名文壇，被譽爲「城市詩國的發言人」。①因而羅門的風景詩很少爲人注目，但它是羅門詩歌創作的一部分，它和都市詩相互映照、相互滲透，共同構成詩人追蹤生命本眞、追蹤美的藝術世界。

　　羅門把現實生存世界分作第一自然（田園）和第二自然（都市）。作爲現代都市人，羅門更關注都市文明的進程，關注現代生命的生存境遇和心靈時空，可從本質上來說，羅門仍喜歡大自然。他認爲大自然裡含有更多的和諧、自由和永恆的美，而都市文明更多地爲淫邪、罪惡、物欲和緊張所刧促，人性遭受著扭曲和破壞，他甚至認爲人類（主要是在精神上）應回歸到大自然寧靜的懷抱。在羅門的筆下，大自然不僅是雄奇的、壯美的，而且是神秘的、永恒的，它繫戀著人類的家園情結和不絕的文化鄉愁。因而，羅門的風景詩充溢著自由精神和永恒美的追求，閃亮著理想的輝光。

　　羅門的風景詩即以第一自然——「日月星辰、江河大海、森林曠野、風雨雲霧、花樹鳥獸以及春夏秋冬等交錯成的田園與山水型的大自然景象」②爲觀照對象而創作的詩篇。除了《雲》《野馬》等幾篇言志詩外，基本上都是咏物詩，它們都以追蹤生命、追蹤美爲旨向，構建人類精神花園。

　　羅門的風景詩和都市詩一樣都給人以強力的美，詩人以強烈的主體情緒、充沛磅礴的氣勢和執著熱切的探求，顯現著自己的藝術個性，正

如詩人兼評論家陳慧樺教授所評:「讀羅門的詩,常常會被他繽紛的意象,以及那種深沉的披蓋力量所懾罩住……,他的詩,是一種龐沛的震撼人的力量,時時在為『美』工作,是一種新的形而上詩」。③

其次,羅門的風景詩顯現著當代藝術美。羅門對詩歌藝術的當代性追求自覺而強烈,從當代人生活境狀、情緒心態與精神意識的多向性感知到詩語言的新性能探索,從中國傳統詩歌藝術的汲取到西方現代藝術的借鑒,無不表現出羅門開放的胸襟和卓爾不凡的原創力。和中國傳統的風景詩相比,羅門的風景詩詩質深密醇厚,具有浮雕般的立體感,可以說,傳統的風景詩是具體化、單面化和抒情化的,而羅門的風景詩是印象化、內轉化、多面化和寫意化的,本文就此作一粗淺的探討。

一、印象化

傳統風景詩是具體化的,描寫實在完整的風景,營造渾融的意境,至多在感覺上用些誇張,如李白的詩「望廬山瀑布」:「日照香爐生紫烟,遙看瀑布掛前川,飛流直下三千尺,疑是銀河落九天。」而羅門的詩是印象化的,首先表現在他用印象來帶串景物,請看《光　穿著黑色的睡衣》:

> 紫羅蘭色的圓燈罩下　　　　光流著
> 藍玉的圓空下　　　　　　　光流著
> 邱吉爾的圓禮帽下　　　　　光流著
> 唯有少女們旋動的花圓裙下
> 　那塊春日獵場　　　　　　光是跳著的
> 而在圓形的墳蓋下　連作為天堂支柱的牧師
> 　也終日抱怨光穿著黑色的睡衣

詩人以「圓」為印象展開聯想,展開現實、歷史、青春和死亡的追蹤,從

光的流轉到光的跳躍到光睡著，感覺飛動，從實到虛，由虛到永恒，從而給讀者以強烈的視感衝擊力並留下鮮明深刻的印象。

印象化其次表現在景物的非寫實性上，例如：

> 樹是被太陽從老遠老遠射來的
>
> 　　　一枝標槍
>
> 　　著地而立
>
> 　竟是一支高出仰望的旗杆
>
> 鳥將天空飛成一面壯麗的旗
>
> 　　　　隨風飄盪　　（「樹‧鳥二重唱」）

作者用卓越的想像連用三個比喻，把「樹、鳥、太陽、天空」構成「一面壯麗的旗隨風飄揚」，「天空」因「鳥」而飛動，「樹」因「太陽」而飛動，而這都是作者感覺化的印象，景物已非寫實，而是印象化的了，在印象化的過程中，作者通常以敏銳而輕靈的感覺來驅動。如「清華圓藍色的組曲」第一組：「眼睛劃著滿天的藍／劃過雲海／便繫住山色／劃過樹影／便泊入蟬聲／劃過柳亭／便飄入荷香／劃過落霞／便跳上李白的醉舟／去劃星／劃月」。作者在內心深處追蹤那過往的記憶。「眼睛」是心靈的眼，可以飛天入海，可以觀「樹影」、「柳亭」，也可以追「蟬聲」、覓「荷香」，甚至可以「跳上李白的醉舟」「劃星」「劃月」，隨著「眼睛」的移動，作者的意識流動著，作者的情緒流動著……呈現出複雜的美的交感世界。

另外，畫面的迭映、剪輯拼貼也是羅門詩常見的手法。《曠野》把自然的曠野、城市的曠野、精神的曠野和歷史的曠野剪輯起來，讓各種感覺，相同的和相似的迭映起來，形成立體的、全面的、多方位的觀照和深沉的反思。

> 風裡有各種旗的投影
>
> 雨裡有各種流彈的投影

河裡有各種血的投影

湖裡有各種傷口的投影

山峰有各種墳的投影

樹林有各種鐵線網的投影

峭壁有各種圍牆的投影

高樓與山同坐

街道與河同流

烟塵與雲同飄

鬧市與海同盪

……

總之，現代詩已不再滿足對客觀物象世界的鏡面似的反映，而是把一切客體物象納入自己的靈視天地，以情緒和感覺來驅動，讓物象飛動起來，成爲心象，成爲羅門所謂的藝術家的「第三自然」。

二、多面化

傳統寫景是選擇一個視角來表現，「換景」也是用「移步」來完成，景物、畫面轉接清晰、明確。羅門則認爲「詩與藝術在無限超越的 N 度空間裡追蹤美」。④中國古代詩學講究「靜觀」，「悄然動容，思接千載」，「精鶩八極，心游萬仞」，⑤而強調的是想像和參悟；古代繪畫可用「散點透視」，但考慮的是布局的均衡和境界的營設，因此，依然是單面化的，現代藝術緣於主體意識和自我意識的增強而追求藝術主體化、立體化的透視。我們看羅門的《海》，這遠遠不是海的摹寫，甚至已不是具體的海，詩的一、二節展現海的「幽遠」、「空闊」和「寂靜」，「用整座天空去碰也碰不出聲來」，這是海的「靜」的一面。第三節，詩人讓海「動」起來：

整個寂靜在那一握裡

　　　伸開來　江河便沿掌紋而流
　　　　　　滿目都是水聲
　　山連著山走來　走來你的形體
　　翅膀疊著翅膀飛去　飛成你的遙遠

大海的壯闊、飛動借以「山」和「翅膀」兩個暗喻得以明晰生動的展現。「走來」和「飛去」是視線的重疊，也是感覺的交應，切入「江河」沿掌紋而流，融入「滿目都是水聲」，構成簡括的四維度空間。後面再寫「天空」和「千帆」又是兩重角度的觀照。最後「想起種星」「種月」等，把大海當作一塊神秘的「土地」，而收穫的是「那片藍色的墳園」，這是更爲內在的心靈觀照，正是在多方位的立體觀照中，物象和詩人的感覺才得以立體的展現，「大海」的生命才顯得那樣富有層次，富有深度和廣度。

「山」「河」「曠野」「大峽谷奏鳴曲」等等都是如此，詩人把實體和虛象、動態和靜狀、本體和喻體、感覺和象徵、近觀和遠眺，俯察和仰視、溯源和追蹤等等「幾度空間」統攝燭照，牽著敏感的神經飛動，展示生命的卑微與宏闊、紊亂與秩序、膚淺與深沈，展示美的絢麗與永恆。羅門在「觀海」一詩的注裡說：「一個現代作家除了追逐外在的動變，更應感知那穿越到『動變』中去的莫名的恆定力，是來自宇宙與大自然整體生命的穩定的結構與本然的基型之中。唯有如此才能使創作的智慧產生一種含有信仰性的較深遠的嚮往與感動」。⑥這是羅門經營詩的技巧，也是他追求的詩的緯度，正因如此，羅門的詩要比一般詩人的詩顯得壯闊、深邃。

三、寫意化

　　顯爲突出的是，羅門的寫景詩透出詩性直覺的創造，深深地浸潤著無邊的理性。它總是在追蹤著，因追蹤而有了方向，也因方向的多

變而呈現出詭奇的色彩。羅門是位悟性很高的詩人，也是一位理知性強烈的詩人。他的詩的性情、奇妙的想像和聯想、生命的直覺力以及對藝術的認定和執著揉成一幅幅絢爛的風景，揉成一片琅琅浩浩的詩聲。

傳統的風景詩偏向於抒情，即使在「理性」很強的宋代，言「理」的風景詩也是寫實的，借喻性的。如理學大師朱熹的「觀書有感」：「半畝方塘一鑒開，天光雲影共徘徊。問渠哪得清如許？爲有源頭活水來」。不過是借「池塘」喻「書」，說解他的「理學」心境和悟解的道理。晉代陶潛的詩句「悠然見南山」，雖見開闊、飄逸，但依然走不出肉眼的視界。

寫意化具有雙重含義，它一方面是指表現技法上的「寫意」，即採用非寫實手法，不爲肉眼的視界左右，不求客觀的眞實，只求感覺的顯現和心靈的眞實，印象化即是它突出的特徵，前文已有論及。另一方面，寫意表現在蘊涵上呈現爲感覺的掠影和理念的提升。羅門的詩是以感覺驅動物象，在物象的飛動裡顯現自己的獨特的感覺，和現代其他詩人相比，羅門的感覺獨特而強烈，感覺運動遒勁有力，趨向著生命內在本質的恆定。

羅門曾提出「螺旋型架構」理論，並把它作爲詩人、藝術家創作的永恆基型。他說這是「詩人、藝術家透過『觀察』→『體認』→『感受』→『轉化』→『昇華』等思考程序，所形成的人類智慧創作向前連續發展的『螺旋型』世界，一方面在『時間』上，可將『過去』、『現在』與『未來』相關聯地整體存在於『前進中的永恆時刻』，使創作中的『時間感』源遠流長生生不息；一方面在『空間』裡，『螺旋型』是『空間』上下走動左右回轉的螺旋梯，它有不斷向上突破的尖端，掌握美的顛峰世界，它也有無數變化衍生的厚實圓底，潛藏無限的美的奧秘。」⑦這是羅門夫子自道的創作理念模式，也是他創作經

驗的概括，在風景詩裡，這個模式表現得尤爲明顯。且不說風景詩內在層次推進的結構張力和驅動模式，只說說羅門對這個指向永恆的「螺旋塔」尖的自覺追求。

1.原型意象的大量運用

羅門風景詩境界闊大、氣勢充沛、渾宏有力，這與他選用宏大而恆常的原型意象分不開「大海」「高山」「長河」「天空」「森林」「峽谷」「太陽」「月亮」等等，積澱著歷史、積澱著生命的本眞和永恆，和蓉子的「蓮花」「露珠」意象相比，顯見粗獷、壯潤、奔放，更見大自然博大豐富的魅力。

2.時空的拓展和延伸

傳統的風景詩多是物理時空的展開，而羅門的風景詩不僅在「過去─現在─未來」的時間鏈上展開，更多的在心理時空裡展開，他以N度靈視在感覺的回旋提升中「刺入世界無限的高度與深度。」⑧

以《日月的行蹤》爲例：

第一節，詩人寂然凝視，「踩滿地喧囂於腳下／獨坐高樓看雲山」，於是「天、地、雲、山與你」渾然一體，這是現實的起點。

第二節，由「鳥把路飛過來」，「雙目」送過去轉入內心的視聽：「寧靜中　你是聲音的心／回聲裡　你是遠方的心」，由實入虛。

第三節，「江河經過你的血／心中那條萬古的長城／已冲出鐵欄干／進入天地線／完成那面最美的水平」這是內心想像的時空、歷史的時空。接著詩人用三行詩「讓風景一層層往上蓋／從窗蓋到鳥／從鳥蓋出天外」在復沓句法的運用中形成一股巨大的「衝力」指向「天外」，進入靜靜的永動的恆定。

羅門詩的結構豐富多姿，但總的形構是「螺旋塔」。現實是它穩重的根基，飽滿的想像力和感覺力是驅動的馬達，永恆是它的指向。

羅門的風景詩和中國古典風景詩有著不同的藝術風貌和美學追求，

但我們也會感覺出羅門對傳統詩歌藝術的汲取，如虛實之辯、動靜之辯的美學觀，像「大漠孤烟直，長河落日圓」（王維詩句）的渾融蒼茫的境界，像「黃河之水天上來」（李白詩句）的浩大氣勢和強烈的歷史意識，更為突出的是「天人合一」的自然觀和「回歸自然」的意識。羅門吸納東西方藝術營養於己身，以自己的個性和對詩歌語言的獨特的運作方式自成一家。他在都市文化裡尋覓著自然，尋覓著美和永恆，同時，他又在自然裡觀照都市人生。他以滿腔的人文情懷開拓著詩國疆土，孜孜矻矻地為人類構築「精神之塔」，他以曠野般的遼闊，追蹤著生命，守望著美，令人感動。

　　藝術家總是在「模式」的製作和突破中探求著藝術。因為擁有自己的「模式」，藝術家走向成熟，也將因為自己「模式」的突破，藝術家走向新的境界。藝術永遠不會只有一個「模式」，我們期待著羅門新的突進。

（作者：詩評家、學者）

【附　註】

① 　陳煌《城市詩園的發言人——讀羅門詩選》《羅門論》中國社會科學出版社，1995年4月，第191頁。

② 　《羅門自選集》，台北黎明文化事業股份有限公司，1965年版，第5頁。

③ 　陸慧樺《論羅門的技巧》《藍星年刊》，1971年。

④ 　羅門《我的詩藝觀》。

⑤ 　劉勰《文心雕龍》。

⑥ 　《羅門長詩選》，中國社會科學出版社，1995年4月，第118頁。

⑦ 　《羅門論文集》，中國社會科學出版社，1995年4月，第98頁。

⑧ 　《羅門論文集》，中國社會科學出版社，1995年4月，第106頁。

意象組合蒙太奇

──論羅門詩歌意象組合的藝術

杜麗秋　許　燕

　　詩與藝術是共通的。特別是現代詩，由於漠視音韻而強調意象，這就與視覺藝術結下了不解之緣。羅門在其詩論中，曾多次談到詩歌與繪畫、雕塑、電影的關係，認為詩歌與各種視覺藝術在意象的組合、錯位、變形等手法的運用上，是有共通之處的。他說過：「由於詩人在詩中透過語言文字，能使無形的『意』，變成有形的『象』，詩人便也因此被看做是以文字來繪畫的藝術家。」（羅門：《詩與視覺藝術創作世界的關聯性》）

　　詩歌意象，是傳統詩歌與現代詩歌共同擁有的構成意境的基本元素，不同的是傳統詩歌的意象組合方式有明晰的線索，而現代詩歌由於強調要「從目視的有限的外在現象世界，進入靈視的無限的內在心象世界」（羅門語），因而其意象組合方式便不似傳統詩歌那樣具有明晰性和直觀性，而更多地以跳躍和抽象的形式來體現。為了實現從目視的三維空間向靈視的多維空間的穿越，現代詩人借鑒了許多其他藝術形式的手法，其中就包括電影藝術的蒙太奇手法。羅門在《打開我創作世界的五扇門》一文中說：「『意象』的取鏡，同電影藝術鏡頭的運用，多少有某些近似的地方，如蒙太奇所強調的『對照法』、『平行法』、『同時並進法』、『多元性發展法』……與我在下面從創作經驗中所體認的種種取鏡法，是有某些共同性的」。

　　蒙太奇是電影藝術的一種重要手段，指許多不同的鏡頭通過一定

的構想進行剪輯和組接，使之產生連貫、呼應、懸念、對比、暗示、聯想等作用，從而完成整部電影的藝術構思。詩歌借鑒蒙太奇手法，組接的不是具象的鏡頭，而是抽象的意象，但其達到的效果卻是相同的。

一部電影，如果一個個鏡頭只按時間順序進行舖陳時，必然會令人覺得拖沓，冗長，從而產生厭煩的感覺，但是，當這些鏡頭按一定的美學原則重新組合之後，立刻會產生令人激動的藝術效果。詩歌也同樣，意象的堆砌和平舖直敘的羅列，會使詩歌顯得平庸，而當同樣的意象用新的方法重新進行組合時，便會使詩歌煥發出新的光彩。

羅門的詩歌，意象繁複，色彩繽紛。尤其值得注意的是，他把蒙太奇手法運用於詩歌意象組合，使詩歌顯得更加詭譎雄奇，搖曳多姿。根據不同的內容，他採用了不同的蒙太奇手法：

併置蒙太奇。在電影蒙太奇中，併置也叫積累式，是把一系列性質相同或相近的鏡頭連接在一起，造成視覺形象的積累效果，產生強調作用。在詩中，併置是把一組相同或相近的詩歌意象連接在一起，造成詩境的遞進效果，以產生情感內蘊上的和聲效應。如《咖啡廳》：

　　一排燈
　　　排好一排眼睛
　　一排杯子
　　　排好一排嘴
　　一排椅子
　　　排好一排肩膀
　　一排裙子
　　　排好一排腿
　　一排胸罩
　　　排好一排乳房

一排眼睛
　　排好一排月色
一排嘴
　　排好一排泉音
一排肩膀
　　排好一排斷橋
一排腿
　　排好一排急流
一排乳房
　　排好一排浪
　　　　　　夜
　　　　便動起來

　　詩中單數行的「燈」、「杯子」、「椅子」、「裙子」、「胸罩」，
是咖啡廳中常見的事物，這一系列意象連接在一起，便形成了整個咖
啡廳的景觀。偶數行中的「眼睛」、「嘴」、「肩膀」、「腿」、「
乳房」，是與單數行相對應的意象，表現的是人的欲望。第二節中偶
數行的「月色」、「泉音」、「斷橋」、「急流」、「浪」，是「眼
睛」、「嘴」、「肩膀」、「腿」、「乳房」的隱喻，強化第一節的
意象，起強調的作用。整首詩沒有一句屬於詩人的主觀評價，但通過
一連串意象的排列組合，層層遞進，卻形象地表現了都市裡物欲橫流
的夜生活景象。在這些意象的組合中，當然也隱藏著詩人的主觀評價。

　　對比蒙太奇，也即羅門所稱的「對照法」，是通過鏡頭之間在內
容上和形式上的強烈對比，產生相互強調、相互衝突的作用以表達作
者的某種寓意或強化所表現的內容、情緒、觀念。詩歌的意象對比則
是把語義上、情感上互相對立的意象組合而成為具有強烈對立統一效
果的複合體，在矛盾對立的表層意象組合中體現的，是兩種相對的情

感或意念在深層意義上碰撞、衝擊、交叉乃至融合而產生的情感張力，是在矛盾情境中尋求更深刻的真。打開羅門詩集，意象的對比幾乎隨處可見。請看《戰爭縮影》：

　　槍口開出一朵朵勝利

　　　　一朵朵光榮

　　　　一朵朵不朽

　　炮口開出一朵朵苦難

　　　　一朵朵鄉愁

　　　　一朵朵死亡

　　戰爭造就英雄，於是「勝利」、「光榮」、「不朽」的桂冠便戴在英雄的頭上；但是，戰爭也帶來災難，於是「苦難」、「鄉愁」、「死亡」便落在每一個普通老百姓的頭上。詩人通過兩組意象的強烈對比，表現了戰爭所造成的人類生存的困境。

　　再看長詩《2比2·20比20》中的一些片段：

　　鳥聲與泉音

　　　　叫森林越睡越沉

　　流行歌與槍聲

　　　　叫都市翻來覆去

　　自然界的天籟與都市噪音的對比，表達了對大自然的嚮往和對都市的厭惡。

　　牧笛是一條河

　　　　流出乳般的晨光　酒般的晚霞

　　槍管也是一條河

　　　　流出白色的淚　紅色的血

戰爭與和平的對比，表達了對和平的渴望。

敘述蒙太奇。按情節發展的時間流程、邏輯順序、因果關係來分切組合鏡頭、場面和段落，稱為敘述蒙太奇。詩歌借鑒這種手法，是使作品的意象運動採取縱深順移推進式的趨向，詩境空間層面的拓展與意象運動時間流程的推移同步並進，表現出一種意象層次結構分明、情緒變化豐富、節奏感強烈且帶有較強敘事性的特徵，給人以一氣貫通、流轉通暢的美感。如《小提琴的四根弦》：「童時　你的眼睛似蔚藍的天空／長大後　你的眼睛如一座花園／到了中年　你的眼睛似海洋多風浪／晚年來時　你的眼睛成了寂寞的家／沉寂如深夜落幕後的劇場」。通過眼睛的變化，把童年、青年、中年和晚年的人生四步曲按時間順序一一展示，流暢自然。

轉折蒙太奇。電影的轉折蒙太奇是根據劇情的需要，打破情節發展的時間順序，造成敘述上的起伏和變化。詩歌意象的轉折更為豐富，可不按常規邏輯順序、時空順序、而是按照作者的創作意圖進行組接，以造成新奇跌宕多姿的藝術效果。下面以《麥堅利堡》的一些片段為例：

　　戰爭坐在此哭誰

　　它的笑聲　曾使七萬個靈魂陷落在比

　　　　　　睡眠還深的地帶

詩一開始把戰爭擬人化，從戰爭的哭轉向戰爭的笑，從此時此地轉向對過去的記憶，從而引入了對詩的悲劇性主題的抒發。

　　麥堅利堡　鳥都不叫了　樹葉也怕動

　　凡是聲音都會使這裡的靜默受擊出血

　　空間與空間絕緣　時間逃離鐘錶

　　這裡比灰暗的天地線還少說話　永恆無聲

　　美麗的無音房　死者的花園　活人的風景區

　　　神來過　敬仰來過　汽車與都市也來過

　　　而史密斯　威廉斯　你們是不來也不去了

　　　靜止如取下擺心的錶面　看不清歲月的臉

　　　在日光的夜裡　星滅的晚上

　　從靜的意象到動的意象再回到靜的意象，從死者的花園到活人的風景區再回到死者的花園，從沒有時空觀念的永恒到擾攘的人間再回到永恒，意象的轉折交錯，凸現了由戰爭的偉大感與死亡痛苦的悲劇性兩種衝突力量所迫視出來的茫然之境。

　　發散與聚合蒙太奇。發散式即羅門所言「多元性發展法」，是指以一個主導意象為基點，由內向外裂變出一系列意象，最後推出一個意象複合體。例如《曠野》的第二節，由中心意象「當第一根椿打下來／世界便順著你的裂痕／在紊亂的方向裡逃」，發散而形成一組平行的意象：「風裡有各種旗的投影／雨裡有各種流彈的投影／河裡有各種血的投影／湖裡有各種傷口的投影／山峰有各種墳的投影／樹林有各種鐵線網的投影／峭壁有各種圍牆的投影／鳥帶著天空　逃向水平線／人帶著護照　逃往邊界／你帶著烟雲　回到原來。」這一節的最後，又把在曠野上演出的各種戰亂的場景，回歸到對和平的祈求：「讓所有的槍與箭　埋在血堆裡／長成各種盆景／美在歷史的台階上／你把四季的風景　送入上帝的花園」。

　　聚合式即羅門所稱的「向中心迫進鏡頭」，例如《眼睛的收容所》：

　　　跟紅綠燈接力跑的眼睛

　　　跟公文來回跑的眼睛

　　　跟新聞到處跑的眼睛

　　　跟股市行情追著跑的眼睛

　　　跟菜單腸胃齊跑的眼睛

　　　跟婦人乳峰上下跑的眼睛

跟刀槍與血路逃跑的眼睛

跟禱告往天堂直跑的眼睛

無論是近視遠視與老花

是戴眼鏡不戴眼鏡

跑了一整天

都一個個累倒在

電視機的收容所裡

詩以各種各樣的眼睛的意象，逐次迫入最後的中心指向，聚斂於電視機這一核心意象，畫出了一道都市風景線。

羅門在詩歌創作中運用意象組合的蒙太奇手法，使他的詩歌呈現別具一格的風采。他通過對詩歌意象的取鏡，對意象碎片加以選擇和取捨，選取並保留主要的、本質的部分，省略刪去繁瑣、多餘的部分，可以突出重點，強調具有特徵的富有表現力的細節，使內容表現主次分明，繁簡得體，隱顯適度，達到高度的概括和集中。運用蒙太奇手法對詩歌意象進行剪裁、組接和加工，可使詩的內涵和意境更加豐富多變，使之具有更強烈的藝術感染力。

羅門在寫詩之初就已具有的敏銳的思想，加上身為男性本身有知性重於感性的特點，使之在性靈之上又更具理智。臺灣現代社會特殊的人文背景使他有機會接受現代西方思想的影響，曾為飛行員的他又很自然地對現代科技給以密切關注，並以開拓性的精神溶入詩歌創作，正符合了現代詩對新奇創造性的要求，給人們看世界又提供了一個新的詩歌視角。

羅門運用蒙太奇手法所進行的創作實踐，他所撰寫的有關詩與視覺藝術的關聯性的理論探索，無疑為詩歌創作開拓了更廣潤的藝術空間。

（作者：文學批評家、任教汕頭大學）

詩特質的深切體認

──羅門詩論的啓示

金聲　麗玲

　　什麼是詩？詩的特質究竟是什麼？這是有詩以來詩論者們思索和探討過千百年而至今未有圓滿答案的疑難問題。詩人們本身也常感嘆在創作時似乎知道詩的特性，心裡明白該怎樣去寫，但要從理論上道明什麼是詩卻往往無能爲力。許多詩論家對這司芬克斯之迷不得不望而卻步。也有一些不畏艱險的詩論家，對此提出了一系列見解，儘管衆說紛紜，莫衷一是，但畢竟在一步步逼近詩的本質。著名臺灣詩人羅門先生，更是從自身的創作實踐切入，以人的生命靈魂悟詩，以詩的生命靈魂去論詩，他的洋洋數十萬言之詩作和詩論，凝聚了他幾十年藝術生命的睿智和卓見，其中十分引人注目的是他對詩之特質獨到而深刻的體悟和認識，對我們深入把握詩的特性有著深刻的啓示。

一、心靈感悟的藝術

　　古往今來，中外多數詩論者在論述詩歌時，總會涉及到情感問題，認爲：

　　　　詩者，……情動於衷而形於言。（《詩大序》）

　　　　詩者，持也，持人之情性。（劉勰《文心雕龍》）

　　　　詩者，吟咏情性也。（嚴羽《滄浪詩話》）

　　　　詩者，根情，苗言，華聲，實義。（白居易《與元九書》）

　　夫詩者，本發其喜怒哀樂之情，如使人讀之無所感動，非詩也。
　　（劉祁《歸潛志》）

像這樣的論述在中國關於詩歌的典籍中比比皆是。外國詩論中似乎也大都持這種觀點。比如別林斯基就說：

　　情感（著重號原有）是詩的天性中一個主要的活動因素；沒有情感就沒有詩人，也沒有詩。①

說得十分絕對，沒有質疑的餘地。英國湖畔派著名詩人華滋華斯也說：「一切好詩都是強烈感情的自然流露。」②強調的是《好詩》，那普通詩呢？言下之意就是一般感情的流露。也就說，感情的有無是衡量是否是詩的重要標準。

　　中國新詩壇上，許多學者更是將抒情視作詩歌的專利。郭沫若說：「詩的本職專在抒情。抒情的文字便不採詩形，也不失其為詩。」③艾青說：「人們喜歡讀詩，最重要的是想從詩裡獲得感情上的啟發或幫助。當一首詩缺少感情的時候，人們就開始對詩失去了信任。」④郭小川也說：「『詩主要是抒情的』，這話我信服。……抒情性和音樂性，大概是詩的兩大特點。」⑤千百年來，「詩主抒情」幾乎成了異口同聲的定論，一般教科書、辭典解說「詩」的時候基本上都突出強調情感在詩中的本質地位。

　　然而，事實上存在著許多並不抒情的優秀詩歌，有的詩人甚至有意淡化或避免情感。陶淵明、王維、顧城、北島都有淡化情感的名作，所謂情感，「是人對客觀事物的一種態度」⑥即「對外界刺激肯定或否定的心理反應。」不少詩歌恰恰隱蔽作者的態度，不做肯定或否定的結論，只是抒寫某種心理體驗、某種思考，未必都明晰是還是非。有經驗的詩人還告誡人們「感情正烈的時候，不宜做詩，否則鋒芒太露能將『詩美』殺掉」（魯迅語）。況且，詩體本身分為抒情詩、哲理詩、敘事詩、詠物詩等，只有抒情詩是主抒情的，其他詩未必要以情

取勝,而就是抒情詩關鍵還在於怎樣抒情,也不是只要有眞情就有詩。兒童啼哭、潑婦罵街有眞情在,未必是詩,在散文家筆下眞情可以寫成抒情散文。都是抒情,卻有啼哭、詩歌、散文之別,可見詩歌不同於其他的特質關鍵不在有無情感,認爲「詩是一種主情或表情的文學樣式」⑦的觀點,顯然是有偏頗的。

對此,羅門的見解比較機智,在他洋洋數十萬言的詩論中,很少用「情感」或「抒情」的字眼,他並不是排斥情感,而是深知情感只是人的心理活動的一個部分,哪怕是主要部分,而並非全部。他反覆強調的是一種對生活的心靈體驗和生命感,認爲「詩不是第一層面現實的複寫,而是將之透過聯想力導入潛在的經驗世界予以觀照、交感與轉化;成爲內心第二層次的現實之『景象』(即意象),因而獲得存在的更爲富足的內涵與更具美感的形態。」⑧他清醒地意識到詩性存在於人的內心,客觀生活只有通過「觀察」「導入潛在豐富的經驗世界」再體認「感受」產生「轉化」,直至「昇華」,才能把握住詩性───一種主體獨到的審美體驗。它可能伴隨著情感活動,但絕不盡其然。它或是一種情緒,或是一種美感,或是一種朦朧的體味等等,總之是心靈感悟的結果。楊匡漢先生在他的新著《詩學心裁》中也有相似的見解:「詩思不是起源於具象,而是出於一種智性的感悟」,「馬克思關於直覺是人的『精神感覺』的表述,把敏銳的感受和智性的理解融爲一體去考察,對於我們把詩感視爲一種審美的透視力和內在提升力,仍然不失深刻的現實意義。」⑨兩位詩學論者的見解不謀而合,都特別強調心靈悟性對詩思的決定意義。羅門還專門提出了「第三自然螺旋型架構」的創作理念,⑩在創作實踐中也積極追求對心靈世界的挖掘,因而他被譽爲「心靈大學的校長」。

在《詩的追蹤》一文中羅門舉了一個例子來辨別詩與非詩,頗有見地。他設想當一個人躺在臨江的屋中,靜靜地聽著窗外的江濤聲,

即興寫下：「我躺在高高的枕頭上，聽窗外江水流動的聲音。」認為這只是一種客觀事實的記錄，沒有轉化成內心世界的體驗，語言冗長，平面直叙，只能是散文。而另一人寫作：「高枕聽江聲。」語言概括，突出聽覺，顯示出人的神態，向詩靠攏了，但還只是外觀平面的，缺乏眞正的詩思。而在杜甫筆下，則寫作：「高枕遠江聲」，一字之差，卻表現出詩人獨特的內心體驗，普通生活情景，在詩人心中喚起了多種感受的交融，由聽覺喚起以往的生活經驗聯想，引發主體與江聲遠近的體會和判斷，這是一種感官聯覺體驗，也是一種主動注意的心理活動，或許傳達企圖排斥江聲煩擾的意緒，「別有一番滋味在心頭」，或許心隨江流飛向遠方的故鄉，或許企求甚至正陶醉於一種寧靜閑逸的境界……讓人得到很多很多。這已不是客觀實況的描叙，已轉化成某種內心感悟和狀態，正如黑格爾所說：「表現的不是事物的實在面貌，而是事物的實際情況時主體心情的影響，即內心的經歷和對所觀照的內心活動感想，這樣就使內心生活的內容和活動成爲可以描述的對象。」⑪因此，就很容易激發讀者想像，從中領悟些什麼，「語言便進入三度空間，以三個活動景面架構起詩思活動的主體空間，而獲得詩的境界。」⑫這說明：任何屬於表層的物象，只有當它同某種獨特的審視和領悟融合而成爲審美體驗時，才會具有詩性價值，「而一旦謀取對現實的神游式的超越，體味到宇宙時空無限和化物成人的境界，主客體相親相近且勃發強烈的生命意識，就走向了詩性的王國。」⑬

　　詩評家呂進先生也涉及過這一問題，他把文學分爲兩大類，一類是外視點文學，一類是內視點文學。這與羅門提出的「目視」與「靈視」的見解殊途同歸，也就是說，肉眼視覺所見重在事物的外在形態，由這一角度反映生活，強調外在觀感的特徵，以叙述世界爲主，所形成的文字即是散文、小說等非詩文學，而用心目視覺體察生活，實質上就是透過目視進入心靈，用內在的心感去感悟生活，重在內心體驗所

形成的文字就是詩的。如果說散文探索「外宇宙」，詩就是探索「內宇宙」。詩的眞味就是詩人的審美體驗，一種難以言出的內視體驗，所謂「只可意會，不可言傳」。詩人「以心擊物」（王昌齡語），使「物皆著我之色彩」（王國維），物被詩人進行了心靈化加工，於是，物因心變，變得似而不似，不似而似。詩中之物，是心靈太陽重新照亮之物；詩中世界，是心靈太陽重新照亮的世界。朱光潛說：「詩並無深文奧義，它只是在人生世相中見出某一點特別新鮮有趣而把它描繪出來。……詩人的本領就在見出常人之所不能見。」⑭這裡的「見出」只能用心靈內視去感悟，嚴羽說得好「禪道惟在妙悟，詩道亦在妙悟。」所謂悟，就是主體心靈對世界的獨特領會和體驗，誰能提取獨到的體驗，誰就能把握住詩性。

　　或許有人會發現上面所舉「高枕聽江聲」是唐人張說的詩句，千百年來似乎沒有人質疑過這是詩。這樣的句子的確在中國詩壇上不少見，但並不能因爲其數量多就認爲是詩的本質體現。正因爲這種類型的作品充斥詩壇，所以導致了人們對詩的某種誤識──只重外在形態而忽略了內在本質。其實這種作品只能看作準詩，它有詩的形式特徵，但卻停留在平面層次，只是形而下的東西，缺乏心靈感悟性，所以算不上眞詩或純詩。這樣的作品在新詩壇上更爲普遍，羅門尖銳地指出：「目前抒事詩的大大鼓吹，詩人又大多困在『外在浮動性的』現在都市生活中，定不下心來，便難免缺乏在心境與藝術上所必須的內省與轉型作用，於是使大量現代詩於不知不覺中向散文世界逃奔自由；其語言的工作能，便也大多陷在疏懶與平淡的氣氛中，淪落與受困在張說『高枕聽江聲』的平面直抒狀況中；而達不到杜甫『高枕遠江聲』的語言的豐盈境域。」這從反面說明了詩性本質的價值。

二、超然想像的藝術

　　如果說對世界的心靈感悟是詩性基因的話，那麼想像則是生活詩化的催化劑。感悟的過程往往就是想像的過程，詩思訴諸筆端時更要依賴於想像。羅門認爲詩人將自然世界在內心靈視中的轉化，主要依靠的是想像力，他甚至把轉化力同想像力等同看待，認爲「想像力是使思想能看見肉目所看不見的景象之力量，也就是創作者能超出象外去看世界的力量——也就是穿越且連接住內在無限看見的力量。」「如果不切實從生命與時空進行深入探索的過程中，獲得眞實的體認與擁有強大的想像世界，他便不可能在創作中發探出任何偉大可靠的『轉化能力』，當然也不能有什麼眞正偉大的作品產生。」⑮他還用了一組很形象的比喻：詩是具有想像翅膀能飛入立體空間的「飛機」；散文則是在語言亮麗的高速公路上急馳的「跑天下」，好像要飛起來，其實語言的輪子仍貼在路面上；而小說則是載滿現實事件的「十輪大卡車」，既不能像「跑天下」那樣瀟洒的奔跑，更不能像飛機飛在空中。

　　作爲心靈感悟的藝術，詩不同於側重現實客觀性的散文和小說，它要超越萬物的客觀屬性，「擺脫散文性現實情況，憑主體的獨立想像去創造出一種內心情感和思想的詩性的世界。」⑯通過想像使生活好像重新投胎一樣，獲得另一種形態和性質。它失去了生活原型的一部分性狀，而獲得了心理特徵。有時不但形態變了，而且性質也變了，正如吳喬所說，米變成了酒，形與質都發生了改變。馬雅可夫斯基可以用太陽做他的單眼鏡；艾略特用咖啡匙量走的是他的生命；艾青把巴黎變成一個患了歇斯底里症的美妓女；而艾呂雅說它像新下的雞蛋一樣新鮮。在李瑛筆下，歷史可以打著綁腿走進北京，在公劉聽來，天壇回音壁所傳出的只能是愛國主義的呼喚。對戰士的刺刀，僅僅看到耀眼的光芒可能是非詩的，富有想像力的詩人可以說那裡閃耀著戰士的忠誠和智慧；崢嶸的山巒是仇恨的烈火燒成的怒容；明淨的西湖是月宮裡失落的明鏡……這一切都要靠想像來完成。

從心理學角度看，想像是以大腦皮層暫時神經聯繫和以往興奮痕迹在當前新刺激下重新聯結、復蘇，以及貯存信息的重新組合爲生理機制的，雖然它最初需以事物之間的聯繫爲基礎，但它又拘於現實，往往可以超越現實生活中事物間的必然邏輯聯繫，「精鶩八極，心游萬仞」。一切文學藝術都離不開想像，而詩歌的想像比其他文學的想距離現實更遠一點，就像羅門所說的它是在大氣中飛行的「飛機」，起於現實，將落實於現實，但又遠離現實。詩人的大腦皮層感覺神經原更加敏感，更加活躍，稍受觸動，就可能引發多種相關甚至不太相關的神經原的興奮，在大腦中會幻化出豐富多彩的意識和景象，可謂萬馬行空，縱橫馳騁。所以詩人從不求嚴密的邏輯性，反而常常追求騰挪跳躍，新奇獨特，見人未見，想人未想。詩人的思維絕不能停留在事物的表面和眼前的情景，而必須由此想彼，由外及內，想像越豐富越新奇，就越能顯出詩性。

無數事實也證明，只有借助想像，才能於平常中發現奇崛，在別人看來普通的東西中悟出詩味。西班牙詩人沙爾迦說過：「一首詩的永恒價值在於想像的素質及相互間的一致。」⑰羅門詩所以成功一半取決於他的想像力。在他的作品中，奇譎怪拔的想像範例隨手可拈：雨中的公寓忽然間變成了傘，又變成了傘把，支撐起傘的天空，「雨在傘裡落／傘外無雨。」（《傘》）在夏威夷觀景，少女化成了曲線在浪中躍動，陽光的弦線，能被眼光彈響（《夏威夷》）從她的媚眼中伸出來兩把刀子，捅向左右心房，便長出兩棵相思樹（《隱形椅子》）就是人們最習以爲常的茶葉在詩人眼中，沉在杯底的竟「醒成彈片」，沉不下去的，「竟是滴血的秋海棠」，從而映射出戰爭導致人民背井離鄉、有家難歸的痛苦（《茶意》）……各種事物，經詩人的想像催化點撥，馬上就迸發出詩性的火花，正如他自己所說：「詩與一切事物能發生良好的交通，完全是依靠聯想力與想像力。所以詩人必須培養

自己有優越與遼闊的想像力，方能使詩在活動中，發探出同一切往來的無限良好的交通。」⑱

德國詩人布萊克有句名言：「想像，神的視力。」⑲在想像的視域中，一切都富有了詩的靈性。因而別林斯基說：「在詩中想像是主要活動力量，創作過程只有通過想像才能完成。」艾青也說：「沒有想像就沒有詩，詩人最重要的才能就是運用想像。」

三、語言韻味化的藝術

感悟和想像可以說是詩之內核，屬主觀構思之範疇。一個創作主體縱然多麼富於感悟和想像，終於還只是心理活動，具備了詩性火石，未必就能放射出詩的光彩。英國詩人奧登說得好：「詩的最終規則之本質，乃是被喚起的情境與言語系統之間進行有辯證意味的鬥爭的結果。」⑳語言是詩意外化的符號和手段，主體詩意只有靠詩的語言才能得到傳達，所謂「始於意格，成於句字」，否則，呈現在讀者面前的就不會是詩，而只能是優美詩意的蹩足表現。比如若把「關關雎鳩，在河之洲；窈窕淑女，君子好逑」這一千古名詩寫成「漂亮的好小姐呀，是少爺的好一對兒」，那絕對沒有人承認它是詩了，「到無論什麼副刊去投稿試試罷，十分之九是要被編輯者塞進字紙簍去的。」㉑所以，英國詩人柯勒律治提出過一個著名公式：

散文＝安排得最好的語詞；

詩　＝安排得最好最好的語詞。

也就是說，詩比一般文體更講究語詞的安排和表現形式。

羅門對詩語言的品質提出了五個「質點」要求，其中特別強調的是兩點：一是通過「空間掃描」與「立體表現」「建立起多向的、多層面的立體美感空間」，從而「產生更富足的內涵力，而排除其平面性與淺薄感。」二是詩語要呈露律動美，使語言在活動中獲得優美的

音韻與音樂的節奏感，排除呆板與僵硬的現象。」㉒我認爲這抓住了詩語的要害。從語言學角度看，詩歌實際上是一種複合的符號體系，它要在不同程度上把線性語言陳述打碎，突破敘述語言固有法則，建立一套獨特的符號體系，才能有效地傳達詩思。楊春時在《藝術符號與解釋》中指出：「普通語言符號基本上是組合關係，適於認識陳述，這就要求變語言符號的組合語法爲聚類語法。……聚類關係即隱喻法則，它是符號的內部關聯。詩歌的內部關聯是韻律，韻律和節奏把孤立化的詞、句連成一體。」這裡也涉及到詩歌語言的兩點特質，即隱喻法則和韻律關係。前者著眼於詞句本義和涵義的關係，後者著眼於語詞的音素與詞本義的關係。由於詩是主觀的內心體驗，注重內悟語詞可能容納的涵義，而忽略普通語言的承續邏輯，所以表面上語詞顯得較散，而要靠韻律把它們組合起來。也只有使每個詞句有在形式上獨立存在的可能，才能給讀者借助想像發揮的自由，從而激發讀者的感知，體悟形而上的詩意，感受到審美韻味。因此說，詩的韻味一方面來自詩人比興法則的成功運用，另一方面來自詩語的韻律節奏。

　　比興法則就是詩思形象化、形象心靈化的法則，即用意象組合間接呈示的方式，借此言彼，托物寄意。遠在《詩經》時代就創立了這一法則，它使我國詩歌從一開始就上了軌道，至今仍有很強的生命力。無論是古代還是現代，無論是大陸還是海外，誰善用比興，誰就能張詩性，在詩壇上取得成功。也許有人以爲這已是過時的傳統理論，喜歡用一些時髦的新概念來評論新詩，諸如意象、象徵、暗示、超現實、蒙太奇等等，其實萬變不離其宗，它們都不過是比興法則的不同表現形態，如同烟花爆竹，可以五花八門，千姿百態，但都離不了引爆火藥這一基本法則。越是本質的東西，往往越簡單，生命力也越強，存在的歷史也就越長。羅門強調的詩的第一個質點，實質上常常要賴於比興才能建立起多層面的立體空間，產生更富足的內涵力。眞正的詩

性語言應是有興發功能的，能「狀難寫之景如在眼前，言不盡之意盡在言外」，啓人聯想，發人深思，回味無窮。

關於詩的韻律節奏，羅門有一個絕妙的比喻：「音樂性是詩語言的呼吸，呼吸不順暢，將使詩生命趨於氣喘、沮滯甚至癱瘓與僵化。可見音樂性在詩中，等於是海中起伏的波浪，天空中飄動的雲彩，原野上流動的河流。」㉓這一論述基於他對詩的生命觀，他認爲「所有的詩都必須永遠使感人的生命原力與動力，滲透入作品存在的眞實時空及其使用的媒體、形式與方法之中，……偉大的詩與藝術，確是一個不朽的生命體。」㉔既然詩是人內在生命的呈示，那麼，它的存在形態就自然與人的生命密切相關。

日本學者林健志和宗像信生在運用電子計算機終端輸入一種大腸桿菌的遺傳密碼時，給每個碱基字母標定音符，按其碱基序列譜成了旋律，打奏出來竟是一首樂曲。美、英等科學家也做過大量實驗，證明「人類的繁衍可能就是類似音樂發展的一條長河，或者說人的本身是包含了無數信息的一首凝固的樂曲。」㉕這說明，音樂韻律是人生命的一部分，因此，作爲生命呈現的藝術，詩理應是有節奏有韻律的。

詩的韻律也許不一定非體現在平仄押韻上，而可以是一種情緒的消漲、起伏、反復，或字句相對整齊，輕重音有規律的交錯，使之自然符合生命的律動，咏吟起來順暢，有節奏感。

四、高度凝煉的藝術

羅門在論述詩歌語言品質時，還專門從兩方面對其提出了精純性的要求，他說：「第二個『質點』是雕塑大師加克美蒂作品中所表現的『壓縮、凝聚與冷斂美』，使語言在活動中獲得可靠的強度與質感，排除語言虛弱與鬆懈的現象。」「第三個『質點』是雕塑大師布朗庫斯在作品中透過抽象過程所提升的『單純美』，使語言在活動中呈現明

澈的精純感與水晶般的潔度，像玉中之璞。排除語言的複雜與平庸性。」
㉖這一論述抓住了詩的又一本質特徵，差不多是詩論者們的共識。意
大利作家薄加丘說：「『詩』這個詞導源於一個很古的希臘詞poetes，它
的意義是拉丁語中所謂的精緻的講話。」㉗中國明代文學家蘇伯衡也
說：「言之精者之謂文，詩又文之精者也。」英美現代詩人艾米·洛
威爾等六人聯合提出的著名的「意象派六大信條」中也明確指出：「
我們大多數人確信，凝煉是詩的根本要素。」㉘還是清人吳喬《圍爐
詩話》中講得最為形象生動：

> 意喻之米飯與酒所同出，文喻之炊而為飯，詩喻之釀而為酒。
> 文之措詞，必副乎意，猶飯之不變米形，啖之則飽也，詩之措
> 詞，不必副乎意，猶酒之變盡米形，飲之則醉也。㉙

用散文與詩進行比較鑒別其個性特徵是十分明智的。這一比喻最能說
明詩歌語言的精純凝煉性，值得注意的是這裡沒有用高濃度的米湯比
喻，而是用「酒」，這就是說，詩的精純提煉，不是簡單的形態的改
變，而有質的變化。眾所周知，從生活到藝術都需要概括提煉，就如
同從米到飯到酒都需要加工，但加工的方式和目標大不相同。一般說
來，散文寫實的成分占優勢，而詩中想像的成分占優勢，詩像寫意畫
那樣要求省略細部，散文則像工筆畫那樣刻意追求細部的精確，有了
精確的細部，散文才有豐滿的血肉。相反，詩卻要求省略細緻的個體
特徵，而注重事物的類的特徵，以生活的類型特徵構成詩的意象，淡
化對生活描摹的寫實性，而強化詩的感悟性，詩人追求的不是用精雕
細刻在讀者心中描繪出一幅精美的圖畫，而是用高度概括的勾勒喚起
讀者對生活的想像和體驗。所以詩的結構和意象常常是跳躍的，省略
許多聯繫細節；有的變形，與生活真實相距很遠，有的化實為虛，遺
貌取神，突出主觀感受，等等。
語言的凝煉與否是個多與少的辯證統一關係，用字少而含蘊豐富就是

精煉的，而字詞少含意也少只能是簡單平庸。維戈茨基認爲藝術語言大體可分爲三個層次：表層是句法、詞彙，它包括詞的音節、音位；中層是意義和概念，即語句要表述的思想；深層是需求、興趣、情緒、意向，即語言表達的動機。詩語要求表層簡潔明晰，富於節奏感和韻律感；中層要獨特言人未言，想人未想；深層要含而不露，啓人深思，興味無窮。這樣才是眞正精緻的詩語。

（作者：文學評論家、學者）

【附　註】

① 《別林斯基論文學》，14頁。

② 《抒情歌謠集》序言，見《十九世紀英國詩人論詩》，第6頁。

③ 見《論詩三札》引自《沫若文集》，第10卷第211頁。

④ 《詩論》，第88頁。

⑤ 郭小川《談詩》。

⑥ 伍棠棣等《心理學》，155頁。

⑦ 李元洛《詩美學》，78頁。

⑧⑮㉒㉓㉔㉖ 《羅門論文集》，社科1995年版，11頁、204頁、24頁、12頁、77頁、24頁。

⑨⑫⑬ 楊匡漢《詩學心裁》，陝西人民教育出版社95年版，304頁、40頁、142頁、71頁。

⑩ 羅門有一篇專論《「第三自然螺旋架構」的創作理念》，見於《羅門論文集》，95頁。認爲第一自然指大自然景象，第二自然指城市生活，第三自然指藝術家之心靈佳境。

⑪⑯ 黑格爾《美學》第三卷下，第88頁、第206頁。

⑭ 《朱光潛全集》，第三卷第349頁。

⑰ 轉引自《羅門論》，第280頁。

⑱ 轉引自蕭蕭《現代詩入門》，第196頁。

⑲　轉引自姚一葦《藝術的奧秘》，第23頁。

⑳　轉引自呂進《中國現代詩學》，第168頁。

㉑　見魯迅《門外文談》。

㉕　見《奧秘》，1991年第12期。

㉗　見薄加丘《異教諸神譜系》，第十四章第七節《詩的定義》。

㉘　轉引自楊匡漢《詩學心裁》，第138頁。

㉙　《歷代詩話選注》，第264頁。

喚醒美的一切

——談羅門的詩藝觀

劉秋得

　　一位成功的詩人，在長期的詩歌創作中，往往也形成了自己對於詩歌的獨特見解。飲譽臺灣現代詩壇的羅門，便是一位這樣的詩人。他不僅僅寫出了許多膾炙人口的詩作，而且探索出一系列富含著眞知灼見的詩論。羅門的詩歌理論是極其豐富多彩的，而關於「第三自然」與「現代感」的論述，可以說是最爲著力的，因爲在羅門看來，這是他兩項最基本的創作觀。

　　羅門認爲，詩人工作的重心，就在於「如何使人類由外在有限的目視世界，進入內在無限的靈視世界。」①而這個「內在無限的靈視世界」，便是羅門所強調的「第三自然」。詩歌，確實是屬於心靈的學問，它雖與其他文學體裁一樣反映生活，但它更多的是對人的內在生命的映射。詩人的高明之處，正在於能夠超越與現實生活息息相關的「第一自然」（田園）與「第二自然（都市）」，而臻至靈視所探索的、內在的無限的「第三自然」，以此營造人類內心輝煌的精神世界。

　　詩歌是對人類情感與經驗富於生命力的敏感觀照。詩人們並沒有長久地逼留在對生活經驗的一般觀察這一個層面上，並不滿足於一味地模寫客觀與再現自然，而是力求以境層的創構去獲得一種瞬間的永恒感，由此而達到審美與精神上的愉悅。羅門對於詩歌境層的創構與

追尋，由對於宇宙物象的情感反映，到對於生命情調的活躍表現，再上升到對於人格本體的高遠寄托，合成了使外在宇宙與內在心靈同時淨化的美妙境界。這樣，人與作為外在的生態環境的第一、第二自然才具有親密而又和諧的關係，而存在於內在生命的第三自然，也才能取得理性的滲透與積澱。由此可見，羅門這種「第三自然」的詩藝觀，很大程度上是對中國「參天地，贊化育」這個天人合一的傳統觀念的吸收、改進與創新。

羅門的這種「第三自然」詩歌理論，充分強調了詩歌藝術對人的情感世界所具有的巨大的陶冶與淨化功能，但他沒有因此而貶低了作為人類生存基礎的第一、第二自然的作用，而羅門的這種「第三自然」的創作觀，正是把物質文明的生產作為自己理論建構的基礎。柏拉圖說，詩人用詩去寫一座橋，倒不如用手去造一座橋，來得有意義與價值，因而他決意要把詩人趕出他的理想國。誠然，人類生活在一個充滿物質的空間，衣食住行自然是列居首位的。然而，柏拉圖這位聰慧的哲人竟也沒有想到，用手去造橋固然重要，但用詩去寫橋也有其自身的意義和價值。羅門認為，「詩人更重要的工作，是圖在人類衣、吃、住、行打好的『肉體基礎』上，拓展與建立內心與精神文明的輝煌世界，以解救人類內心與精神生活的貧困與低落，並提升人的生存境界。」②羅門在詩歌創作中，正是把建造「第三自然」當做自己的首要責任。而羅門又是如何去從事這一神聖的使命呢？用他自己的話說，那就是以「詩眼看世界」！在他看來，「詩眼」的高超之處，在於它能把肉眼、腦眼與心眼融合提升，使之成為「一種具高純度、高見度的超越的視力，而清晰地看到生命與一切存在於永恒與完美中不被扭曲的基型。」③就是說，「詩眼」可以穿越一切，照見一切的真相。羅門不僅用敏銳的「詩眼」去審視這紛繁複雜的人生，而且能用他那靈巧的詩筆去構塑一個燦爛的「第三自然」。

　　羅門一貫把詩歌當做探尋人類內心活動的最佳線索，因爲在他看來，唯有詩與藝術，才能深入到人類內在生命的核心，才能將人類內在生命最美麗的樂章傳送出來，才能爲人類內心創建與營造一個美感的空間。可以說，羅門總是把詩與美聯繫在一起的；而羅門走上詩壇，也正是緣於對美的追蹤——蓉子賦予他的甜蜜的愛情，貝多芬那優美動人的樂章，使他獲得無窮無盡的創作靈感。所以，羅門反覆強調，詩人的主要作業，便在於「進入事物與生命的深處，將『美』喚醒。」④不難發現，詩歌成了羅門追尋美的最佳途徑，也成了羅門堅強的生命支柱！

　　羅門對於「美」的執著追求是顯而易見的，但他卻沒有被美的光環所迷惑；而對於現實生活中的陰暗面，他也具有深刻的認識。作爲生活在現代都市的詩人，羅門一方面感受到現代文明的巨大威力，但另一方面，對於現代大工業生產帶來的種種負面影響，他也是極爲關注的。隨著現代物質文明的日益發展，人類一方面毫無止境地追求物欲的滿足，越發變得勢利與自私；另一方面，人類在精神生活上卻逐漸陷入空虛與貧乏的深淵。爲了挽救人類日趨嚴重的精神危機，詩人的職責也變得愈加重要與神聖！羅門更是把詩歌當做人類自救的良方，所以他說：「如果沒有詩與藝術，人類的內在世界，雖不至於瘂盲，也會失去最美的看見與聽見。」⑤由於詩歌能爲人類創造美好的內在空間，是人類美的內在世界的一股卓越的昇華力量，因而詩歌成了淨化人類心靈的重要工具，羅門甚至把世界上最美的人群社會與國家，認爲是詩與藝術而非只靠機器造的。羅門的這種看法，也許存在著值得探討的地方，但我們從中卻不難看出，他對於詩歌的社會功能，確實是做了充分的肯定。這也許正是羅門一如繼往地致力於探索「第三自然」這一詩歌理論的主要原因了。

　　詩歌既然具有如此巨大的社會功能與美學意義，因而決非凡夫俗

子所能勝任！作爲人類心靈探索者與淨化者的詩人，應該具備什麼樣
的天質與涵養呢？這也是羅門一向樂於思考的問題。在羅門看來，一
個眞正的詩人，他必須具有良知良能與強烈的是非感，必須一以貫之
保持良好的品性與純摯正直的澄明心境，而不應讓現實中的庸俗、勢
利、貪婪等敗壞風氣滲入。如果一個人的品性被種種不良的風氣所玷
污，那麼他勢必失去對事物進行細心觀察與深入透視的能見度，甚至
被種種功利目的與庸俗行爲所控制與困擾，因而完全喪失了創作的意
欲與衝動，更無法將自身的精神與思想提升到一個完美的境界，這個
人也就無法戴上「詩人」這頂桂冠了！

　　羅門既是這樣去界定一個詩人，也是這樣要求著自己的。他把自
己步入詩壇，歸功於蓉子的愛情與貝多芬的樂章，這當然是一種謙虛
之辭。雖然，蓉子的熱情激勵與醇濃愛意，無疑引發出他的潛在靈感；而
貝多芬這一位羅門眼中的「心靈老管家」，⑥也以其動人樂章陶冶了
他的性情。然而，羅門之所以能夠在現代詩壇上取得如此卓著的建樹，則
是與他優秀的品性息息相關，羅門是一個珍視性靈的詩才，自從與詩
神結緣之後，他便鍥而不捨地致力於對美的追蹤，致力於對人類心靈
的探索與挖掘，被稱爲「心靈大學的校長」。爲了「以全生命的熱力
去追索詩與藝術」，⑦羅門竟然放棄了待遇優厚的工作而提前退休，
這種對於詩歌的執著與專一，不是一般人所能做到的。正是這種執著
的藝術追求，不爲物欲所囿、甘於淡泊，在他的心湖中蕩漾著直率與
純眞，這才是羅門摘取詩冠的厚實資本。

　　詩歌創作是緣於對美的追蹤，不斷地創造與建構人類內在至美的
空間，將人類的精神與思想提升到完美的境界，這是羅門向來的詩歌
主張與藝術追求，我們在上文已作了較爲詳細的分析。但是，當我們
抱著一種尋找詩美的心態去解讀羅門的詩歌作品時，開始時難免有一
種不盡如人意的感覺。因爲在羅門的詩作中，戰爭、死亡等陰森恐怖

的題材占據著很大的比重。那麼，是不是羅門的詩藝觀與他自己的創作實踐存在著悖離的欠缺呢？回答當然是否定的。其實，羅門所提及的「美」，並不是我們常常所說的好看或漂亮，而是把它提升到美學的理論高度，賦予了深厚的思想內涵。我們很有必要看看羅門自己關於「美」的闡述：「在我看來，快樂、希望與美好理想的人生景象，固然是「美」的，但痛苦、孤獨、絕望與悲劇的人生景象，在藝術的轉化與昇華作用中，也都是『美』的存在。」⑧在這裡，我們必須著重注意一下「轉化」與「昇華」這一組概念的含義，這就涉及到羅門對於悲劇的美學探討了。羅門把詩人與藝術家在創作時心靈活動的全部過程，歸納成為如下的程式：觀察→體認→感受→轉化→昇華。也就是說，詩歌的素材雖然來源於對生活的觀察與體認，但並不是對生活的簡單再現，而是透過聯想力，將素材導入豐富的潛在的經驗世界，予以悉心的觀照與交感，並通過藝術的轉化與昇華，使之成為詩人內心中更高層次的現實，獲得更為豐富的內涵。這樣，詩人在詩歌中表現出來的悲劇因素，便具有了豐富的審美意義，使人在悲劇氛圍裡，蟄伏已久的情感得以驚醒與感奮，緊接著又得到了淋漓盡致的宣洩。亞里斯多德早就指出，悲劇的美學功能，便在於「引起憐憫和恐懼來使感情得到陶冶。」⑨也就是說，現實生活中悲劇的人生景象，經過藝術的轉化與昇華，也可以成為「美」的存在。由此可見，羅門關於美的思考，正是對古代西方悲劇理論進行著辯證的揚棄；而他在創作實踐中抒寫了戰爭、死亡等富有悲劇意味的題材（如《麥堅利堡》等），目的正在於通過藝術的轉化與昇華，使之成為一種「美」的存在。羅門正是憑借自己這種高超的藝術功力，駕馭著他那支蘸滿濃情的詩筆，為人類拓展無限美好的內在空間，建構著絢爛多彩的「第三自然」。羅門因此而確立了自己在臺灣現代詩壇上的地位，成了一位超重量級的現代派詩人。對於「現代主義」一詞，羅門曾經作出獨特的論述：

> 在我的詩歌創作中，從不強調超現實主義，但我卻重視超現實
> 精神的緣發表現；我也不強調「現代主義」，即使有人贊說我
> 是「現代主義」急先鋒的詩人，我也不敢認同，但我卻非常重
> 視具前衛性與新創性精神的現代思想──它新的思考方法、新
> 的觀物態度與新的審美角度，確有助於人類的創造與進步。⑩

　　我們之所以不厭其煩地引述了羅門這一段關於「現代主義」論述，
目的在於更好地闡明他的見解所具有的獨創性。羅門的確是一個務實
穩重而又敢於向西方文化問津的詩人，他對於現代西方的詩歌理論總
是具有敏銳的觸覺與深入的探討。例如在創作實踐中，對於詩歌裡體
現的「現代感」他總是特別著迷與提倡，甚至將它比喻爲詩人創作生
命中不可或缺的新鮮空氣。

　　在高度發達的現代物質文明中，工業化大生產與尖端科技的廣泛
運用，使人類社會生活瞬息萬變。現代藝術的第一眞義，正在於捕捉
這種變幻莫測的現代生活，描述現代人在等待與守望中所產生的那份
焦慮與急迫的心態。羅門要求詩人必須具有「現代感」，用詩歌去反
映千變萬化的新事物，唯有這樣，現代詩歌才具有新的美感經驗和生
生不息的生命力，字裡行間才能漾溢著濃郁的時代氣息。當然，羅門
對於現代感的器重與推崇，更主要的理由，是因爲它能給詩人的創作
帶來三種旺盛的生命動力，那就是前衛性、創新性和震撼性。

　　「現代感」所含有的前衛性，使詩人在創作中能夠站在時代的前
沿，去感受未來的氣息，預見一切新的動向，使詩人成爲名副其實的
先覺先知者，爲未來社會創造著嶄新的美感空間與形態秩序；而「現
代感」所具有的創新性，則是使詩人具有長久不衰的創作力，在詩歌
創作中能夠進行自我的突破與超越；至於「現代感」裡所包含的震撼
性，主要是由於它能不斷地刺激詩人的創作生命，因而使作品的形態
與內涵力，永遠具有獨特與新異的面貌，給讀者的心靈帶來新異的喜

動與滿足。正因為「現代感」能給詩人的創作帶來三種如此巨大的生命動力，羅門才把它與「第三自然」的詩藝觀相提並論，當做他兩項最基本的創作觀。在現實社會裡，最能體現「現代感」的生態空間，當然是現代的大都市了。因此，在羅門的詩歌作品中，都市生活題材占有很大的比重。他正是對都市的各種病態作了描繪與批判，並運用他那巨大的藝術功力，使之得到轉化和昇華，以此來營造人類賴以生存的「第三自然」，構建人類內在「美」的空間。由於羅門如此致力於對都市題材的發掘，他終於贏得了眾口一辭的好評，並被稱為「中國詩壇寫都市詩（與戰爭詩）的巨擘」「中國最具代表性的都市詩人」、「都市詩國的發言人」與「都市詩的宗師」等，可見羅門在都市詩歌領域中所具有的巨大影響的地位。

　　羅門無論在詩歌創作還是在理論建設上，都表現出奮進激越的前衛精神，他總能以敏銳的「詩眼」，去審視詩壇上的最新動向。但羅門往往又沒有隨波逐流，沒有被浮躁喧嘩的時尚大潮所淹沒；相反，對於任何一種新的詩歌現象，他都能予以冷靜的思考，並根據自己幾十年來的創作經驗，對它作出富有創見性的闡釋。他正是站在自己所創建的「第三自然」這一觀察台上，去審視所謂的「後現代主義」，並大膽地提出自己帶著批判性的觀點。他指出：「如果將『後現代主義』改成『後現代情況』，我比較能接受。」因為在羅門看來，這一現象只是現代主義在階段性上的發展，是現代人生存空間被「速度」、「物質化」、「行動化」全部占領而發出的呼救訊號。它指示著人類已存在於失去深度與崇高點以及對歷史遺忘的狀況之中。儘管如此，羅門並沒有失去營造人類內在美好空間（即「第三自然」）的信心。在他看來，「後現代情況」只不過是人類發展過程中在某一階段出現的特有現象，而非永久的真理。正因為透過現象而窺見了本質，所以羅門一直沒有迷失在這種「後現代情況」之中，而是**繼續營造他的理想**，探

索和建立一個具有「美」的深度並不斷向頂端爬升的創作世界。在他的這個世界中，具有「現實」與「永恆」的雙重實在性，並永遠存在於人與萬物生命的永恆構架之中。由此可見，生活在「後現代情況」裡的羅門，不僅沒有被物欲與速度所淹沒，而且一直保持著清醒的頭腦，對各種現代詩歌理論的要義──其中好的予以提昇，負面的便予以揚棄，並提出了自己富有創建性的詩歌主張。

羅門生活在高度現代化的大都市裡，感受著現代文明的律動，他寫著現代詩，探索著現代詩歌理論。然而，我們還是不應忘記，羅門青少年時代所接受的正是傳統的中國文化教育，所以他對於傳統的中國詩，也是具有興趣的。他不僅在創作實踐中繼承著中國古代詩歌的血脈，把中國傳統詩歌藝術中所重視的「意境」看作現代詩歌創作的五大支柱之一，而且承認自己所強調的人本精神與心靈世界，以及他一直苦心營造的「第三自然」理論，都與中國傳統文化及中國古代詩歌的靈運空間有關係。其實，羅門正是站在中西方文化的邊緣線上，一方面以博大與開放的胸懷去接受現代文明的挑戰，有機地吸納著西方藝術思潮；另一方面，他既回望著中國的傳統文化，卻又沒有對它抱死不放，而是繼承著傳統文化的精華，並使它與西方現代文化不斷交融。這樣，羅門在創作實踐中，不斷建立著一個既吸收了中國傳統文化、又具有現代前衛性和創新性的詩歌世界。

羅門作為現代詩壇的著名詩人，他不僅寫出了大量膾炙人口的詩歌作品，而且建立了自己博大淵深的詩歌理論體系，他這種藝術的執著追求精神，是令人欽佩的！

　　　　　（作者：文學評論家）

【註　釋】

①② 羅門：《我兩項最基本的創作觀》，見《詩眼看世界》第2頁。
③ 羅門：《詩眼看世界》第25頁。

④　羅門：《「追蹤美！」詩眼中的視覺藝術世界》，見《詩眼看世界》第63頁。

⑤　羅門：《詩的追蹤》，見《詩眼看世界》第116頁。

⑥　羅門：《羅門訪問記》，見《羅門自選集》第241頁。

⑦　陳慧華：《時空的回聲》（專訪），見《詩眼看世界》第147、156頁。

⑧　羅門：《詩與藝術美的轉化與造型能力》，見《詩眼看世界》第52頁。

⑨　亞里斯多德：《詩學》第19頁，人民文學出版社，1962年版。

⑩⑪　羅門：《從我詩的「第三自然」螺旋型架構看後現代情況》，《詩眼看世界》第37—38頁。

羅門：患有嚴重心病的
時代之童話詩人

黎浙芹

> 鑽在巴士上的小學生們只管說笑
> 聲音如一群鳥
> 繞著在旁沉默如樹的成年人亂飛
> 一個童話世界與一個患嚴重心病的年代
> 不相干的坐在巴士上
> ──羅門：《美的 V 型》

　　一、社科版羅門與蓉子作品選集及其評論封面設計和創意：《羅門短詩集》封面蒙娜麗莎神秘微笑的一只眼睛被另外一只相似的現代化的眼睛所替代；《羅門論文集》封面是穿透濃密的樹林的太陽光與位於中心的一只點燃的蠟燭。蠟燭是人創造之光，與上帝之陽光相互媲美。羅門本人的詩其實也正是這兩個封面所暗示的；溝通古典與現代心靈的光。這套叢書還有一個很不起眼的地方：沒有特意標明它的「台港」或「海外」之類的出處，顯現編者很自然地將羅門夫婦作為中國當代文學的當然與純粹作家。這是很不錯的。

　　二、在已經有了眾多的關於羅門詩歌的評論和羅門自己的自評以及詩觀的論述之後，似乎沒有必要再參與評論羅門這樣的「智力競賽」了。我只是有一個感想：羅門有這樣耀眼的成功的光環，如果不是「上帝」特別的恩惠，那麼，就是羅門的詩歌藝術已經在某種程度上「取代」

了「上帝」的某些必要的日常生活的宣諭。羅門創造了一個詩歌的童話世界，用以抗衡經過兩次大戰和現代都市化、商業化的洗劫之後的患有嚴重心病的現實世界，如羅門自己所說：「詩是神之目，『上帝』的筆名」。「詩人已被認明是生命的另一個造物主。」羅門通過創造詩歌這個「第三自然」，將困頓於第一自然（大自然）和第二自然（都市）的人們的眼睛從他們的眼前引開：

「作官與做生意的，只能使人類在陶淵明的東籬下，採到更多的『菊花』，但看不見東籬外更無限的『南山』，而詩能夠。如果沒有詩，我們只能看見柳宗元獨釣寒江魚（給魚老闆看），而看不見柳宗元獨釣寒江雪──釣的是整個宇宙荒寒的孤寂感（給哲學家看）。」（羅門詩話）有了這一番說明，像這樣一首都市詩的意義就十分明顯了：「天空溺死在方形的市井裡／山水枯死在方形的鋁窗外／眼睛怎麼辦呢　眼睛從車裡／方形的窗／看出去／立即被高樓一排排／方形的窗／看回來　眼睛從屋裡／方形的窗／看出去／立即又被公寓一排排／方形的窗／看回來　眼睛看不出去／窗又一個個瞎在／方形的牆上／便只好在餐桌上／在麻將桌上／找方形的窗／找來找去　最後／全部從電視機／方形的窗裡／逃走」（《都市・方形的存在》）另外一首《眼睛的收容所》也很有意思：「跟紅綠燈接力跑的眼睛／跟公文來回跑的眼睛／跟新聞到處跑的眼睛／跟股市行情追著跑的眼睛／跟菜單腸胃齊跑的眼睛／跟婦人乳峰上下跑的眼睛／跟刀槍與血路逃跑的眼睛／跟禱告往天堂直跑的眼睛／無論是近視與老花／是戴眼鏡不戴眼鏡／跑了一整天／都一個個累倒在／電視機的收容所裡」

三、羅門《永恒在都市是什麼樣子》（1991年8月）有一句是：「傳教的牧師說／禮拜堂有一個窗口／可看到天堂／他們卻堅持在床上／找另一個洞口／看永恒」，對都市人的動物化進行了嘲弄。──羅門對「看」，以及「通道」──例如「門」「窗」之類的興趣與他

試圖超越肉體這個「封閉的建築」尋找「永恆」的夢想是一致的。關於「門」「窗」以及「觀看」的「眼睛」的意象，是羅門詩歌最常出現的。譬如《門的聯想》（「花朵把春天的門推開／……鳥把天空的門推開／……天地的門被海推開／海自己卻出不去……門外的　進不來／門內的　出不去／陳子昂急著讀他的詩　前不見古人……王維也忍不住讀他的詩　江流天地外／山色有無中……在那片茫茫中，門還是一直打不開　等到天昏地暗　日落星沉　穿黑衣紅衣聖袍的牧師與神父　方及時趕來　要大家將雙掌像兩扇門（又是門）在胸前闔上　然後叫一聲阿門（又是門）　天堂的門與所有的門　便都打開了」。這首詩後來加了這樣幾句：「在一陣陣停不下來的開門聲中／我雖想把所有的門／都羅過來的羅門／但仍一直怕怕那手中抓住／鎖與鑰匙的所（鎖）羅門」《羅門長詩集》第197頁。這是與他當初在《創世紀》詩刊發表不同的地方。）《生之前窗通向死之後窗》《窗》、《窗的世界》《寂》《茫》《天空》《傘》《都市·方形的存在》等。「門」是通向一個外在的世界的通道。可以有時間之門、空間之門，它們敞開之後，便將原本可能是封閉的世界向人們展開了；這世界是生命，宇宙，人性，它是寬闊的，豐富的，神秘的，美的……；而他的「窗」則是由一個封閉體向外瞭望的窗口。

　　四、羅門的意義：「我認為『現代』雖是因科學力量帶來極度的物質文明，使人類生存環境引起劇變，所形成的一種特殊時空觀念；但我對『現代』更深入的看法是它的積極意義，並不只是使人們驚異地注視一架起重機奇蹟般地將一幢摩天樓升到半空裡去，而更重要的，是人類銳敏的心靈，對下一秒鐘焦灼的守望與期待。」（《對「現代」兩字的判視》，《羅門論文集》第54頁）

　　羅門說：「如果神與上帝真的有一天請長假或退休了，那麼在人類可感知的心靈之天堂裡，除了詩人與藝術家，誰適宜來看管這塊美

麗可愛的地方呢？」「如果世界上確有上帝的存在，則你要到他那裡去，除了順胸前劃十字架的路上走；最好是從貝多芬的聽道，米開朗基羅的視道，以及杜甫、李白與莎士比亞的心道走去，這樣上帝會更高興，因爲你一路替他帶來實在好聽好看的風景。」（《羅門論文集・我的詩觀與創作歷程（代序》），第2頁，社科出版社1995年4月初版）羅門把詩人看成堪與上帝比擬的人間之神，這樣的看法，與柏拉圖的想法正好相反。下面這段話，我看可以看作解開羅門的世界的鑰匙：「寫詩這件事，對我不只是存在第一層面的『興趣』問題，而是對存在深層價值與意義的追認，形成我以生命來全面地投入與專注的問題。誠然，詩已成爲我透過肉體的封閉結構，向內打開的一個無限地展現的透明的生命建築。人的生命，在我看來，已是一首活的詩；人從搖籃到墳墓的整個過程，是詩的過程；人整個存在與活動的空間，是詩的活動空間；人整個活動的形態，也是詩的活動形態。」（同上，第3頁）這幾句話，證明了我的一個感覺：即羅門的世界是一個敞開著各種各樣的大門的世界，「門」與「窗」是羅門詩歌十分重要的意象。

「我的語言是我的生命通過『現代』的時空位置，對人存在於『都市』與『大自然』兩大生存空間所遭遇到的『生死』、『戰爭』、『自我』、『性』與『永恒』等重大生命主題予以對話與沉思默想，所發出一己的獨特的聲音；同時也更企求這聲音必須與人類原本的生命相呼應。」（同上，第16頁）

許多評論家都容易注意到羅門詩裡那些十分明顯的主題，譬如「都市」、「戰爭」、「死亡」等等，卻忽視了構成羅門的全部世界具有重要意義的羅門的潛在意識。我以爲，這個潛在的意識就是羅門對與「門」與「窗」的迷戀；與此有關的是，是羅門的「眼睛」。當然，這一切都是由羅門的詩歌語言來構成的。在眾多關於羅門的評論，我看，年輕的詩人和評論家林燿德的羅門論大概是最接近羅門的世界的。我想，羅

門詩應該是由如下幾個部分構成的：一、顯世界，諸如都市、戰爭、死亡等等主題層面的，都屬於這個世界；在這個世界裡，評論家可以大展鴻圖，按照羅門詩歌所提供的各種主題進行各種智力競賽，完成各自的詮釋羅門以及詮釋世界的任務；二、隱世界，例如羅門內在的焦慮，對於門和窗的特殊的困擾和情感等，都屬於這一世界；這個世界因為是隱的，因此，羅門可以完全否認它的存在，詮釋起來，也就更會冒些風險，它所能提供的往往是評論者自己的「主體」的世界；三、技巧的世界，羅門有自己特殊的構造意象的方法，這是羅門以其獨特的視野、想像力創造了各式各樣的詩的「門窗」，從而最終達到「門羅天下」的基本策略。

（作者：文學評論家）

悲劇與救拯

——評《第九日的底流》

張艾弓

　　詩人羅門的《第九日的底流》是一首關於藝術——救拯、時空——悲劇、死亡——悲劇的長詩，它的發表距今已三十六年。在這三十六年後的今天，大家對藝術的地位和價值仍是搖擺不定；儘管人類的觸角都伸到了星際空間，可是時空對人類的鎖閉依然故我；死亡也同樣在展示著它恐怖與親和的兩副面孔。人類未得成功地逃離時空的圍困和死亡的陰影。《第九日的底流》卻成功了：詩與藝術那面神聖的大旗，三十六年來始終飄蕩在最高處，衝出時空的層層合圍和死亡的威逼而呈現在這三十六年後的視野中，依舊動人、憾人、感人。

　　自然，《第九日的底流》這種擺脫時空和死亡的追擊的成功是悲劇性的，同其內裡所發出的悲劇之呼告、苦痛之哀號一樣。在詩中，那微妙、矛盾的情緒與形而上的意念融滙成一股不斷演進的詩情：由明朗、樂觀、自得到生的空茫與混亂，再到個人性的苦痛、掙扎和絕望，直到飄向死亡那陰暗而迷離的天地線，一束靈光的綻現……一波三折、起伏跌宕。可見在那一列列詩行下面不知深藏著多少思想的珍寶！這裡所要做的也只能是一次發掘而已，因為你自己也並未跳出這個漩渦、這支底流，反過來說，對《第九日的底流》的挖掘同時也是對自己的一次「打撈」。

　　《第九日的底流》展示了非凡的跨度：從古典到現代，從類到個

體，從生到死。不同的視角就可以發現不同的線索，爲了方便起見，本文擬打下四樁界碑：螺旋塔；鐘錶；鏡房；死亡。從以上這四個主題意象爲結點來繪出一幅關於「第九日的底流」的流程。

一、螺旋塔

螺旋塔是羅門詩歌中的原型意象，是羅門詩學理論——「第三自然螺旋型構架」的具體呈現。「第三自然」起自於「第一自然」（指山川田園一類的生態自然）和「第二自然」（指以都市爲代表的人造自然）並超越二者的藝術存在方式和運思方式，是通過對「第一自然」和「第二自然」在內心中的不斷盤桓、超升而構建形成螺旋塔。故螺旋塔即「第三自然」，即藝術。雖然《第九日的底流》發表於羅門「第三自然螺旋型構架」理論成形之先，但詩中「螺旋塔」的意蘊已與後來的這個理論相暗合，這點林燿德先生在其遺著《羅門論》中《360層疊空間》一文已給予溯源式的論證。

螺旋塔象徵著藝術，在本詩中又有了具體的指向，即象徵貝多芬（Beethoven）的《第九交響樂》。貝多芬的音樂既是古典精神的最高峰，又是古典精神的終結，同黑格爾（Georg Wilbelm Fridrich Hegel）的哲學一樣有著承前啓後的地位。而貝多芬將席勒（Johannven Schiller）的《歡樂頌》作爲合唱納入《第九交響樂》中則更把整個人類精神、力量推到登峰造極的地步，以全人類的意志力和激情向著命運、向著一切人類悲劇撞擊，傳達出不屈的抗爭精神，顯示著人類對自我力量的自信與樂觀。至今，每逢國際性大型活動，《歡樂頌》這一主題曲總要被奏響、被頌唱。

除了這種顫慄性的美，還有什麼能到永恆那裏去。（引文）

《第九交響樂》在詩中被唱響，唱出了一個充滿光明與快樂的完美世界：那裡有「迴旋的春日」，有「一林一林的泉聲」，還有「笑」。

隨著唱片在唱機裡旋轉。

　　鑽石針劃出螺旋塔／所有的建築物都自目中離去／螺旋塔昇成
　　天空的支柱（第一節）

螺旋塔在不斷地旋升中凸現在詩人的視野裡，超越人類在生活的世界
和精神的原野上建起的一切建築物，而升成天空的支柱——詩人終極
的價值信仰。詩人賦予這座螺旋塔以最純粹、最美的意象：

　　高遠以無限的藍引領／渾圓與單純忙於美的造型（第一節）

以及「靜」、「透明」和「暖」。詩人躺在螺旋塔那春日「三月的晴
空」下踏實、快樂、沉醉而安靜：

　　你是馳車／我是路／我是路／你是被路追住不放的遠方

　　日子笑如拉卡／我便在你聲音的感光片上／成為那種可見廻響
　　（序曲）

　　醉入那深沉／我便睡成底流（第一節）

乘上這支「第九日的底流」，踏上了藝術天國的朝聖之路，詩人真的
要往永恒那裡去了！詩人在表白這份對貝多芬音樂讚美詩般的感恩心
情時，選用的是單稱人稱代詞「我」，在「我」與「你」的頻繁出現
中顯示出一種親密無間的關係，而將第三者排除。顯然，第三者——
「他者」（other）的缺失，與貝多芬音樂作為古典人類精神之集大
成者的身份不相匹配，尤其對《第九交響樂》而言，它所讚頌的是作
為全稱人稱代詞的「我們」——人類，是「我們」的溶合、「我們」
的偉大力量和「我們」至高無上的尊嚴。詩人將這個「我們」打開個
缺口而單單倒出了個「我」，剩下的便成為「他者」而隱去，這在暗
示著：「我們」——人類的整體已經異化，詩人的一只腳躠進現代，
另一只腳卻還停留在古典。詩人的情思此刻已含蘊著存在的抗性，雖
然詩章的調子還得明朗、和暖。

　　不祥之兆同時籠罩在螺旋塔上空。貝多芬一生在同各式各樣的命

運——身份上的、生理上的——作鬥爭，對抗命運的歧視、限制和不公，他因而要通過音樂來召喚一種偉大的精神力量對抗一切苦難與阻力，企盼建造起眞正賜福於人類的天國。

> 來吧，我們要建造一座城和一座塔，塔頂通天，爲要傳揚我們的名，免得我們分散在全體上。（《舊約全書‧創世紀11.4》）

這座塔是屬於「我們」的塔，能夠將「我們」的力量召集在一起，打通我們自己的天國之路，要它成爲「天空的支柱」，而把其他一切假托的、詿瞞的神或上帝統統清除。螺旋塔即是這樣一座巴別塔（Tower of Babel），羅門在後來的論文中曾經給予表述：

> 我們站在「第三自然螺旋型」架構上，可以説：「詩人與藝術家創造了人類心靈的另一個令人嚮往的永恆世界，同上帝永恆的天國，門當户對」。（《「第三自然螺旋架」的創作理念》，見《羅門論文集》頁143，文史哲出版社1995年四月版）

這種想法確是夠感人的，《歡樂頌》一奏起，不分膚色、種族、國籍、貧富的人們會感動得將淚水流在一塊兒的，儘管戰爭還在進行，種族歧視還在繼續、剝削和壓榨依然如故。悲劇照舊是悲劇，徹頭徹尾，巴別塔尚未造成，上帝之指那麼輕輕一拈，人類就離散了。而巴別在希伯萊文中正是離散之意。

悲劇即將啓幕，讓我們接下來看——

二、鐘　錶

> 而在你音色輝映的塔國裏／純淨的時間仍被鐘錶的雙手捏住（第一節）

還在詩中那最爲光明的詩節裡，不祥的預兆已如閃電般向純美無比的螺旋塔擊來，鐘錶——時間伸出人類難以抗衡的雙手。時空也是羅門詩及詩論圍繞的主題之一，尤其是現代異化的時空受到了羅門的格外

關注，因爲

> 人到底不是神，人畢竟是不堪受時空一擊的軟弱之物。（《現
> 代人的悲劇精神與現代詩人》，見《羅門論文集》頁49。）

而鐘錶全然是時空在現代的代理、化身。

在貝多芬時代，古典時空觀以康德（Immanuel Kant）爲代表。康德認爲時間與空間概念源自於人的先天認識能力，屬於人的感性直觀認識形式，肇始於人，如空間就是產生於人與世界的距離感應，即是自我與外界間的那道裂口，顯示出自我先在的優越性。康德的時空是人類自我自由穿行的時空，而現代的時空對於人來說則是徹底地異化。現代心理學的先驅者——帕格森（Henri Bargson）把時間分爲兩類：一是能夠感悟到生命在其中流淌的時間，可以跨越歷史和現在而無止境地延伸下去，具有永恆性的意義；另一是人爲通過儀器計量的時間，有著機械的可循環性，是斷裂的也是乏味的。在現代，其悲劇就表現在計量的時間不斷地侵吞、蠶食生命的時間。鐘錶尖利的指針把渾然一體的生命流程割劃得一條一條來組裝成人的囚籠。

> 眼睛被蒼茫射傷／日子仍廻轉成鐘的圓臉（第三節）

一方面是「鐘的圓臉」把人們圍在此在、當下和有限的高牆裡羈押起來，一方面是生命被遺棄在愈來愈遙無可及的遠方「蒼茫」處。現代人逃不脫「鐘錶的雙手」所壘起的囚室，也爬不出「鐘的圓臉」滙成的漩渦，靈魂被上緊了發條，再也回不到生命的寧靜和舒展。而空間則是作爲擠兌生命的幫兇出現，協同計量的時間作案，爲鐘錶的統治擴張地盤。現代的人類實是無處可逃。

> 身體湧進禮拜日去換上一件淨衣／爲了以後六天再會弄髒它（
> 第二節）

鐘錶揮舞著人類牲畜般的驅趕，一切依照鐘錶的日期、時刻爲標準，人們的生活日益程式化、平板化，生命的意義，生活的旨趣全給鐘錶

沒收。

　　面對著鐘錶的飛揚跋扈，人類要如何抵禦呢？人類是否還有足夠的積存來抵消鐘錶的不斷侵擾？

　　　　林園仍用枝葉描繪著季節／在暗冬／聖誕紅是舉向天國的火把
　　　　／人們在一張小卡片上將好的神話保存／那輛遭雪夜追擊的獵
　　　　車／終於碰碎鎮上的燈光／遇見安息日（第三節）

漆黑、寒冷的冬夜，一支「舉向天國的火把」、「一張小的卡片」，將天國之途照徹，把人類的神話延續下去。在「聖誕紅」的日子，人類或許能把自己的聲音傳到上帝那裡去。這輛「遭雪夜追擊的獵車」，終於在無路可走的絕途看到鎮上的燈光，遇見安息日。在二十世紀即將終結的現在，回頭審視一下這個世紀，那將是怎樣的一個境況啊！人類的苦難層層淤積，自古迄今的兩次世界大戰都擠在這個相對人類歷史而言僅是短暫的百年間，人類陷入了其最深重的絕望之中。而且，據統計世界現所貯存的核子武器可以將人類及地球毀滅上百次，這些人類自己造出來毀滅自己的核子怪物仍靜靜地躺在武庫裡，不曾瞑目。羅門這於三十六年前的詩篇至今仍讓人顫慄不已。

　　人類的貧困、可憐之態已顯而易見，人類可資救助的資源已貧乏，人類神話只需一張象徵性的小卡片便可記滿、在神話破滅的世紀，人們四散而去，帶著重創和絕望，詛咒神話的蒙騙。共同的神話、共同的信仰、共同的上帝已逐漸消亡，人類轉入更深一輪的悲劇──空茫、焦慮──之中。

　　　　在昨天與明日的兩扇門向兩邊拉開之際／空闊裏，沒有手臂不
　　　　急於種種觸及／現在仍以它插花似的姿容去更換人們的激賞／
　　　　而不斷的失落也加高了死亡之屋（第四節）

拋離了神話，人類沒了歷史；拋離了信仰，人類也將失去未來。人類被遺棄在過去與未來之間空蕩蕩的門檻上，在一無所有的「空闊裏」

想抓住某個支撐物，可又能抓撈住什麼呢？沒了過去和未來。

許多焦慮的頭低垂在時間的斷柱上（第七節）

現代的時間殘缺不全，人們哪裡也去不了，徒自焦慮。伏在那「時間的斷柱上」，只餘下了「現在」，也就只好在「現在」頭上做文章，靠著實利的衝動，拿出媚俗的勁頭，活在有一切可就是沒有自我的畸形生存狀態中，苦熬生命。

對於悲劇，詩人靠著敏銳的知覺和預感往往先行一步。當人類向著空茫、絕望處墜落、趨滑時，詩人寄寓在藝術的螺旋塔裡安穩而自得。上個世紀末，現代的悲劇初露臉目，王爾德（Oscar Wilde）便吹響「為藝術而藝術」的號角，迅速地將現代詩人與藝術家納召到這藝術的神殿下，確立新的宗教，即藝術。藝術本身即是終極的存在，終極的信仰。在本詩中，詩人也是從對藝術的宗教般膜拜起始的，螺旋塔即是藝術的聖殿。可是在詩中藝術的宗教化卻有一個顯明的演化趨勢：人類的悲劇愈沉痛，藝術宗教化的氛圍便愈濃烈。全詩是由引文、「序曲」和九個十四行的詩節構成，在第一至第四這四節詩中，形成了螺旋塔與鐘錶雙方意象上的對抗，以二者所占據的詩行作為計量單位，具體如下：螺旋塔——鐘錶／13——1（第一節）／12——2（第二節）／7——7（第三節）／4——10（第四節）。明顯鐘錶的勢在不斷地強（1→2→7→10），而螺旋塔力量卻在不斷地穿越抗衡（13→12→7→4），實表明詩的悲劇濃度在持續地升高。再從詩的具體意象上看，藝術的拯救在不斷向宗教的拯救靠近，即螺旋塔意象逐漸在同宗教意象重合。

螺旋塔昇成天空的支柱（第一節）

而在你第九號莊穆的圓廳內／一切結構似光的模式／鐘的模式（第二節）

在你形如教堂的第九號裏（第三節）

> 你的聲音在第九日是聖瑪麗亞的眼睛（第四節）

「天空的支柱」是已將螺旋塔──藝術置於獨一無二、至高無上的地位，而「光的模式／鐘的模式」則只有在宗教中會產生此靈異的感受，與宗教在漸趨靠攏。及第三節，「教堂」二字便給明點出來，到第四節藝術達到了宗教的精髓處──「聖瑪麗亞的眼睛」。一切都在暗示詩人不斷傾向宗教的心境；藝術只有向宗教靠攏才有可能施得救拯，這點與黑格爾的哲學取得吻合。

三、鏡 房

　　現代人類悲劇已不再是於一種外力的脅迫與敵視下所暴露出的族類力量的衰弱，或趨於共同的毀滅的危險，相反，人類的力量異常地強大，憑依著工業技術文明把自然牢牢地踩在腳下。如果說人類的悲劇仍是外力驅遣的結果的話，人類力量還會有可能重新凝結起來去與敵對的外力相抗衡的。可是現代的悲劇悲就悲在人類的集合力量與精神已鬆散、崩潰，危機與苦難不再由全體人類來擔負，而是由一個個個體來承擔，現代悲劇其根本就是個體的悲劇。

> 人是一隻迷失於荒林中的瘦鳥／沒有綠色來確認那是一棵樹／
> 困於迷離的鏡房（第五節）

潰不成軍的人類只剩下一個個「迷失於荒林中」的孤獨的個體，沒有指向、信仰來給人以「確認」，而失足於自己為自己掏掘的深井──「鏡房」之中。鏡房是羅門詩及詩論的原型意象與主題，是對心靈與靈魂的喻稱，此處的「鏡房」即是此意。鏡房的出現喻示著現代悲劇的發生地不再是原始部落的祭祀台、不再是浮屍遍野的戰場，也不再是一灘灘殷紅的血淚，而就是鏡房：

> 終日受光與暗絞刑／身體急轉／像浪聲在旋風中／片刻正對／
> 便如在太陽反射的急潮上碑立／於靜與動的兩葉封殼之間／人

是被釘在時間之書裏的死蝴蝶／禁黑暗的激流與整冬的蒼白於
體內／使鏡房成為光的墳地／色的死牢（第五節）

在靈魂中，「光與暗」、「靜與動」、「黑暗的激流與整冬的蒼白」
塑成一面有裂紋的鏡，砌成一座由靈魂風乾的「碑」，壘就一堵悲劇
性的「牆」。

數千年來，人類用盡心血，想對付這道悲劇性的「牆」，企圖
從其相對立的兩個存在面，找出絕對優勢的一面，去壓倒另一
面，可是都白費心機了。因為世界上那裡有單面的「牆」，我
們仍能想見它那被壓住的那一面，除非它被擊碎了（人類全死
了）。這就是「牆」存在的定態與宿命的悲劇性，它必須背負
起存在的兩面，「人」也一樣。（《悲劇性的牆》，見《羅門論文
集》頁249）

人類被圈進這面「牆」中，一面是生，一面是死。牆的兩面經過現代
人靈魂的「鏡面」又折射出無數對的二元糾纏，個體的痛苦便起自於
此雙重對立間的撕扯。時空的壓迫、生死的分裂：生與死；自我與本
我；自我與世界。對於時空的擠壓，企圖尋找整合一體的人類力量來
對抗已是不可能。個體的有限力量是如何也支撐不起的，鏡房終被壓
變了形、擠裂了口。靈魂——鏡房，受著兩相反力量的脅迫，就像吊
在「絞刑」架上，就像被「釘」入埋葬自我的「墳地」、羈押自我的
「死牢」，成為一只失去氣息和活力的「死蝴蝶」。此刻，靈魂的苦
痛之深實是無以言表。

一種刀尖也達不到的劇痛常起自不見血的損傷（第七節）

「刀尖也達不到」且「不見血」的創傷是難於療治和撫摩的內傷，是
靈魂深處的傷。

輒陷於悲劇中的個體伸出求救的雙手，發出哀痛的呼告。《第九
日的底流》究其根本也就是一種深沈的呼告，呼告拯救自我。在人類

都同聲哀哭的巨響中，哪裡還有救拯自外而入將手遞上？上帝、人類的自信及其整合的力量俱已軟弱、散去，獨把人人受挫的個體留在地上，怎麼可能獲救？

> 此刻／你必須逃離那些交錯的投影／去賣掉整個工作的上午與
> 下午／然後把頭埋在餐盤裡去認出你的神（第五節）

人們不願再思考、也不願再等待。因不堪忍受時空的虐待，個體們思謀著「逃離」，把折磨自己的時間全部「賣掉」，用一種強加的機械式的肉體折磨來擺脫靈魂對自我的盤查和拷問、以及鏡房裡光線交錯下的絞殺。把鏡房的入口堵得死死，不讓一絲光線游入而引來「交錯的投影」，其實就是自虐；以一種有意施加的痛苦來躲避和遮蓋來自鏡房深處的痛苦。二十世紀正是一個自虐的世紀，也因此是一個遺忘的世紀，而這個以後現代冠名的世紀末則更像一巨型海濱娛樂場，全體人類都擠在裡面洗浴記憶，在圖像、音響、塞滿文字的紙張和各式各樣商品消費品的海洋裡，大家都願意穿得很少，讓欲望盡情展露和發洩，不再害羞，無所顧忌，一同狂歡。自虐與狂歡成為現代人麻痺悲劇性痛感的兩條極端途徑。

狂歡有兩種：一種是個體的，通過個人的放縱與墮落把本能的聲音調到最高檔，壓過鏡房的呼聲；另一是集體的狂歡，個體把全部自我無償地上繳給一個集體的幻念，陶醉於其中，而把自我的審視和靈視、責任和使命拋得遠遠。集體的狂歡是最古老的一種人類借以消散悲劇的途徑，接近於宗教活動，個體與集體消融一體而在個體中產生一種分有得集體性偉力的幻覺，從而戰勝恐懼。但是，狂歡往往沒有好結果，是變形的逃避。

> 而在那一剎間的廻響裏／另一隻手已觸及永恆的前額（第五節）

個體的放縱對自我的逃避永遠有一個極限，作為自我局限的另一端是永恆與崇高，它們一同形成鏡面的左右鑲邊，而自我便於此兩極間來

回地趨動。現代的混亂把此在的放縱與靈魂的永恒性追求二者之間的距離拉扯得越來越大，但此在和永恒、墮落和崇高屬相對概念，需彼此依賴、相互印證。所以說，放縱的個體根本不可能把審視的鏡房甩掉，在當下此在的不期然中會在街上、酒館裡或工作間中撞上永恒。大概陀思妥耶夫斯基（Fyodor Mikhal Lovich Dostoevsky）就是在賭場的牌桌旁才急切地渴望永恒、渴望上帝那張拯救的手掌，然後由上帝將他領回到藝術，贖回永恒。對於集體性的狂歡，尼采（Friedrich Nietzhe）早在《悲劇的誕生》一書中就指出它是人類富於悲劇性的行動。六十年代中期興起的全球性反叛運動是距離我們最近的一次人類性的狂歡，可給我們留下的是什麼呢？微弱的影迹和一片廢墟，那個時代具有代表性的文化戰將及近八十年代都一個一個地去了，因為人類的八十年代不再厚待他們，把他們遺忘、丟棄，或瘋掉（指阿爾都塞 Luis Althusser）、或患上狂歡的後遺症——愛滋病（指富柯Michel Foucault）、或死於車禍（指羅蘭·巴特 Roland Bathes）。八十年代是又有了新的狂歡節，如果說六十年代是打破禁忌的文化的狂歡的話，由七十年代末至今的這場後現代的狂歡就是沉迷於消費與影像的欲望的狂歡，人們被消費欲望和傳媒的聲像所鼓動著，同時也被控制著。這將是一場怎樣的悲劇呵！是人被機器在耍？

　　詩人此時也進入了沉思，把「我」消融在濃重的現代悲劇氛圍之中，他再也沒有先前對人類的悲劇時的那種自得與自信了。當靈魂——鏡房轉成悲劇的現場之後，悲劇的濃度和苦味便益發沉重起來。在詩行的第五節，螺旋塔的救拯意象同鏡房的悲劇意象的比重轉為1：12，與第一節的比例恰好翻了個個兒，螺旋塔化作「另一隻手」，只能在那「一刹間」突然鑽出來，藝術亮出一道光。詩人由站立在一旁觀看轉而跳進了鏡房的悲劇之中，與悲劇融在了一起。進入鏡房——靈魂的深處，便觸摸到了現代悲劇最最敏感的神經。

　　現代的悲劇是個體的悲劇，現代的救拯實質上就是自救。企圖帶著救世主的面孔把全人類從悲劇深淵的邊緣拉回來，只能是空想。冠在人類名號下的博愛、自由、和平在現代的辭典裡似已成冷僻的字眼，喪失了它們在古典時代的那種偉大的歸化力量。如何救贖？詩人回轉至自身，去和鏡房裡的那個敵手對視、較量。

四、死　亡

　　《第九日的底流》在不斷向下沉潛著，在一個節奏愈來愈快、鐘錶的雙手不斷地擴張地盤的世界上，充滿著躁動和不安。如何回歸寧靜、讓生命在寧靜潔白的幕上顯出清晰的影來，成爲詩面臨的最大問題。寧靜是本詩一直潛伏著的主調，滲透於全詩每個詩節中。在螺旋塔意象階段，藝術的螺旋塔之所以吸引著詩人將其緊緊地擁著，也就是因爲它的寧靜。

> 在那無邊地靜進去的顫動裏／只有這種嘶喊是不發聲的／
> 啞不作聲地似雪景閃動在冬日的流光裏（第一節）
> 陽光穿過格子窗響起和音
> 寧靜是一種聽得見的廻音（第二節）

最極致的靜，就是一切發聲、鼓眡的都好像止歇了，它們的聲響被忽略，而本來啞默的瞬間活躍起來，跳動著、發出與心臟同步的聲響，將生命的弦撥動。隨著人類與個體的悲劇日益加深，藝術的絲弦被深重的悲劇繃拉得幾近失去彈性，寧靜愈來愈稀少了，嘈雜中難以傾聽到生命的樂響。詩人只好無奈地一步一步地邁向寧靜的最終極庫存地──死亡。

　　羅門在其論文《悲劇性的牆》中指出：在生與死中，人不可能依照意願去獨占一方而把厭惡的另一方捨去，就像一面牆的兩面，得之俱得。牆的悲劇性圍堵引來悲劇性的對抗，人類可通過生生不息的繁

衍而永生下去，但同樣也適用於個體，從某個意義上講：個體雖沒有生的自由，卻有死的自由。人類是以頑強的再生能力來抗擊「悲劇性的牆」，個體則是以自絕來向悲劇示威，一個從生、一個從死來兩面地向著「牆」──悲劇夾擊。文學中的第一個存在主義者基里洛夫（Kirilov，陀思妥耶夫斯基小說《群魔》中人物）就是爲了測驗自我意志自由的極限而把自己殺掉，把死的自由從上帝手中奪回來。卡繆（Albert Cumus）認爲最高深、最逼人的問題就是自殺。「牆」的圍困、時空的逼迫是人類永恒的生存境況。在遙遠的年代，死亡──時空的終結點──的巨閘是由上帝擔負著，馬丁‧路德（Luther Martin）說過：「死被耶穌之死殺死了」，於是，死亡的恐懼在宗教的庇護下被征服。可在現代，「上帝死了」，人類成爲失去看護的孤兒，死亡的巨閘重重地摔落下來，使本來就促狹的人類生存時空更爲擠迫，人們以掩耳盜鈴的姿態紛紛「逃離」隱在時空背後的死亡的捕殺，可這又如何能呢？

　　死亡是人類一切意義與價值最終極參照系，於此臨界點，生命、時空乃至「終極追尋」方能顯影。時空則是織成死亡的材料，人們從時空裡讀到了有限和無限、此在和永恒。古典的理性主義者是樂觀的，因爲他們從死亡的背後搜索到「牆」的另一面：無限與永恒。死亡生出時空，而死亡便是時間的中斷。對於一個人而言，依照死亡作爲計量工具，這種時間的中斷只能有一次，然後就永劫而不復。可是鐘錶──人類發明的更美觀、更精確的時間計量工具──則把一個人的時間肢解得七零八落，甭說人的一生中有多少個中斷了，一天的中斷就頗夠人消磨的了。在那凌亂的時間碎片裡，人難於拼出一個完整的自我，不得不活在當下的每一時每一刻，平添煩躁和不安。時間本是「牆」那光明的一面，同時是死亡對峙的壕塹，如今卻暴露出獨裁者的面目，人製造的東西轉而控制人，異化的時間就是人異化的元凶。

死亡作爲人的活動之終極參照系，於它靜默的湖面上也投射出生命輕盈的身姿。所以，羅門喊出：

> 生命最大的廻聲，是碰上死亡才響的。（《內在世界的燈柱》，
> 見《時空的回聲》頁2，大德出版社1986年5月版）

生命的第一對應就是死亡，如果人是不死的，也就不會生出生命這個概念了。當異化的時空把人往絕路上驅趕的時候，死亡的「無時間性」（timelessness，維特根斯坦Wittgenstein.L.語）能某種程度上抵消異化時空的脅迫。死亡同生命這一層上的親緣關係使二者携起手來共同對付異化的時空，由此，死亡開始綻現出它魅人的美。

> 鏡前的死亡貌似默想的田園
>
> 竟是一可觸及的溫婉之體
>
> 那種神秘常似光線首次穿過盲睛／遠景以建築的靜姿而立／以
> 初遇的眼波流注／以不斷的迷住去使一顆心陷入永久的追隨（
> 第六節）

死亡顯出了它的親切，它攝人的美使漆黑一團的生命顯影，它激起生命感應，如「光線首次穿過盲睛」、「初遇的眼波流注」般光鮮。但這種死亡是有距離的，詩人注視死亡的時候還待在螺旋塔中，處在「航程」的第九日，因而這是一種對死亡的審美，而非死亡本身。對死亡的審美是二十世紀的產物，人們通過詩與藝術的表象將最險惡、最危險的東西陳列爲可面對的第三者，使那噬咬靈魂的惡魔成形之後在面對面的「觀賞」中把其消除、解決。現代藝術沿著醜與惡的路向越走越遠，出現了死亡詩篇（如狄蘭·托馬斯 Dylan Thomas作品）、死亡繪畫（如薩爾瓦多·達利 Solvador Dali 蒙克 Edvard Munch 1863-1944作品）、死亡音樂（最極端如搖滾樂中的「死亡金屬」Death Metal），它們製造出震驚和恐怖的藝術幻象來消解不斷由外界湧至的震撼靈魂深處的裂變。

　　以死亡的手段和意象來回擊正把人拽向絕望和死亡境地的敵手，其所遵從的無疑是「以暴制暴」的原則，依照殘暴對手的遊戲規則來對付敵手。二十世紀的藝術以擺脫理性的控制，以及理性在現時代強大的化身——工業技術文明的統制而出現的，可是在抵禦過程中卻把工具理性精神、達爾文進化觀於不知不覺中吸收入其藝術行為中，使現代藝術競賽般瘋狂地推出所謂新主義、新流派、新技法，以至藝術成為追求風尚、時髦的工具。藝術就是極端，藝術就是遊戲，其結果，藝術漸趨遠離了人本身，難以承負起「人本質力量的對象化」（馬克思 Karl Marx 經典論述）這一定義，僅僅是種戲耍、膚淺的遊戲。經歷二十世紀現代藝術興起、高峰和衰落全過程的歐洲最後一位現代藝術大師、年屆九十高齡的巴爾蒂斯（Barthus）在他1995年的《致北京書》中這樣諄諄告誡中國藝術家：

> 我懇求我的中國朋友們，不要受現代西方的影響，而此地只是一片極度可怕的混亂！
>
> 請你們惠顧我的哀曲，因為這是一個力圖走出20世紀大亂的人所創作的作品。（見《世界美術》雜誌1995年2月，北京發行）

多麼誠懇的忠告！據此可以說躺在螺旋塔裡的死亡不是真的死亡，而是一種警示的死亡。只要還有最後的看護，就不會經歷到死亡，因為死亡是在無可依傍的暗夜裡才會從絕望中鑽出來。

　　詩人是不會待在與死亡達成的暫時妥協中的，詩人的使命就是探險，他讓我們看到了真的絕望、真的死亡：

> 喜動似遊步無意踢醒古蹟裏的飛雀／那些影射透過鏡面方被驚視／在湖裏撈塔姿／在光中捕日影／滑過藍色的音波／那條河背離水聲而去／收割季前後／希望與果物同是一支火柴燃熄的過程（第七節）

「喜動」是藏在被看護的懷抱裏蠢蠢欲動的希望，但希望卻是如「湖

裏撈搭」、光中捕影一般空渺、無望，漸漸地「燃熄」。希望死亡而
絕望衍生。

> 一個病患者的雙手分別去抓藥物與棺木／一個囚犯目送另一個
>
> 囚犯釋放出去（第七節）

一切都在靜悄悄地發生，死亡躺在「棺木」中等候著「病患者」，或
去接迎被時空的磨難「釋放」出來的「囚犯」。還是何等地慘痛！面
對這顆星球上寄居著的數十億計的「病患者」和「囚犯」，詩人進入
了任誰也看護不住的真正悲劇狀態。而此刻的螺旋塔僅是一聲對希望
之死的冷漠宣告，同時也是對自己「最後」的宣告。在希望死亡的同
時，還有一種狀態或行為也在死亡：

> 禁一個狩獵季在冬霧打濕的窗內／讓一種走動在鋸齒間探出血
>
> 的屬性／讓一條河看到自己流不出的樣子／歲月深處腸胃仍走
>
> 成那條路／走成那從未更變過的方向（第八節）

「狩獵季」移入「窗內」，鏡房──靈魂的自我搏鬥開始，詩人意圖
箝制那種環繞在鏡房周圍的悲劇蔓延，要讓分裂的靈魂擠出血來，要
把分裂的靈魂憋死在房中，意在自救的行為化為了自虐。但悲劇是任
何力量都無法阻擋的，沿著「那從未更變過的方向」，「仍走成那條
路」。自此，抗爭也死亡了，人陷入了徹底的絕望。是任什麼也無法
將自己從悲劇中搭救出來了。

> 爬塔人已逐漸感到頂點倒置的涼意（第八節）
>
> 下樓之後／那扇門便等著你出去（第八節）

這幢塔無法給予處在渴盼、期待之中的人以拯救，在人宿命地淪入悲
劇中時，卻有「頂點倒置的涼意」，撈不到一點神聖的救護。「下樓
之後」，「那扇門便等著你出去」，一切便是如此地冷漠和不可救！

> 悲劇把企圖征服它的人們置於死地，而後生──

五、結尾，並開始

　　生存悲劇所以發生的悲劇感是一種進入到生命與人類精神深處的感受，是人類與個體存在悲劇性最真實的映照。它是一種健康的情緒，以保持住人類的清醒。可是當悲劇感走向它的極端——絕望時，便具有了毀滅性和自殺性的意味。絕望是一種危險的病態，陷入其黑洞，一切美善、價值、意義都將給吞噬乾淨，人因此而走向非人和癲狂。美狄亞（Medea，古希臘著名悲劇人物）屠戮親子，阿爾都塞（Althusser，1918-1990）弒妻、以及顧城的悲劇等即是明證，他們明顯地拾取了反人性的、殘暴的悲劇解決方式。

　　現代的生存悲劇應如何解決？羅門先生在致筆者的一封信中，談及此詩，曾說：

> 詩中「爬塔人」的「塔」是指現實世界中，人所爬的塔，同詩
> 開頭所指的第三自然螺旋型的「塔」是不同的。人在現實世界
> 中爬「塔」的悲劇性，只能放在被詩與藝術昇華與超越的內心
> 第三自然螺旋型之「塔」中，方能激化與昇華出生命存在的「
> 美」的感知與悟知……（於1996年10月22日）

這是點撥迷津的一封信，讓我看到兩座「塔」的存在及其分別：一是現實的「塔」，另一是第三自然螺旋型之「塔」，即藝術之「塔」。前者現實的「塔」是用欲求、願望與目的依照因果邏輯的程序堆起的，由欲求堆起再由欲求扒去，重起，如此循環往復而沒有一以貫之的精神，若按叔本華（Arthur Schopenhauer）的說法即是在欲求和實現間永無止境的搖擺與重複，它是人類無望的悲劇性的根源。而第三自然螺旋型之「塔」雖是自現實始，但絕不停留於現實。

> 透過聯想力，導入內心潛在的經驗世界，予以交感、提昇與轉
> 化為內心的第二層面的現實，使其獲得更富足的內涵，而存在

於更龐大且完美與永恆的生命結構與形態之中，也就是存在於
內心無限的「第三自然」之中。（《「第三自然螺旋架」的創作理
念》，見《羅門論文集》頁116）

這座藝術之「塔」通過無盡的超越、旋升、盤桓而成，沒有終極，也
沒有既定的指向，其中貫徹的邏輯就是超越。羅門先生自繪的圖示更
足以說明此點。

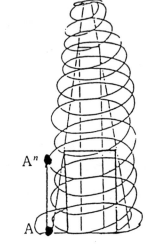

從現實原型的 A 到 A^n，不斷地乘方，其冪不斷地積加直至 N——一
個沒有確指的無限的代號，已表明了第三自然螺旋型之「塔」的存在
方式、形態和演進邏輯，是正好臻致羅門心目中的「前進中的永恒」
的生命途徑。

　　現實的「塔」在與現代生存悲劇的對抗中有一個終極，在終極處，
悲劇非但未被消磨掉反而以更為凌厲的姿態跳於人前，這不能不使現
實爬塔人於其「登峰造極」處發出無物以傍、無神以護的絕望與哀痛。而
第三自然螺旋型之「塔」——詩與藝術之「塔」則能將悲劇統化入一
種不斷對其超越的永恒狀態中。也就是說詩與藝術是一個對抗悲劇的
恒在與潔淨的聖地。以爬現實之「塔」的姿態去爬藝術之「塔」是與

第三自然螺旋型構架的存在方式、邏輯和精神是有很大的差距的。現實人對現實之「塔」的爬行是外在化的，它需要一種可見、可觸的兌現，宗教便是利用了現實人急切渴望得到兌現的心態給予未來──遙遙無期的天國之存在──的許諾，從而延遲、鈍化悲劇感。藝術卻是充分內在化、個人化的，因爲只有藝術才能傾聽和表達生命的內在樂響，藝術因與生命的聯盟而取得了生命跨越時空的無限性和永恒性，同時生命也因著藝術得到被表達、被傳示的欣悅和感動。

　　作爲生存之中最深處、最具威力、至眞至純的人的生命，悲劇性往往是最先於其之上得到呈現，生命因之更進深沉和眞實，進入「本眞」狀態。也可以說，藝術與悲劇同時在生命中紮下了根，並內化到生命的存在狀態中，將存在著的詩意（任何有形之藝術）化成詩意地存在（活動意義上的生命存在方式）。在詩中，詩人即爲我們明示了這內化的行程：

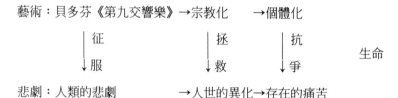

藝術與悲劇由外在的敵對狀態，經過第三階段個體「鏡房」那裡的衝突，兩敗俱傷，達到融合，藝術、生命、悲劇獲得一體化，藝術的拯救模式也從而轉化爲藝術地、詩化地生存方式。化靜爲動、化外爲內，詩人徹底地回復到一種深在的生命狀態上。

　　　我的鳥／終日被無聲的浪浮雕

　　　在明媚的無風季／航程睡在捲髮似的摺帆裏

　　　在那面鏡中／再看不見一城喧鬧／一市燈影（第九節）

「無聲」、「無風」，也「看不到一城喧鬧」、「一市燈影」，就連

「航程」也「睡」下了，顯得那麼地靜寂、安然。這一切都是知天安命通觀與達觀的結果，詩人應承了自身的那份悲劇性，坦然地擔負起來。

> 當晚霞的流光／流不回午前的東方／我的眼睛便昏暗在最後的
> 橫木上／聽車音走近／車音去遠／車音去遠（第九節）

在時空的層層阻力中，詩人曉悟了生命存在的悲劇性，其生命與詩在悲劇的抑制下趨於沉凝和成熟，化爲自足自在的底流，從而透悟生命。

一種東西在死去的時候，另一種東西卻在活過來。詩中被死死追逐的、要求現實現世兌現的希望已經遠離，但是，在另一個維度上，希望又復活了：機心死而靈心活。當機心在不斷地碰壁受盡創傷之後，一個詩的更爲空曠、博大的空前開始展現。

> 以沒有語文的原始深情與山的默想（第九節）

世界沒了理性的分割與功利的褊狹，物恢復了它的本象，將那種「沒有語文的原始」的眞實敞露在詩人與藝術家的靈視（Poetic Vision）前，撞擊出「沒有語文的原始的深情」來，返歸到一種「前概念性」空間中來，這一切正是至純至美的詩與藝術所渴求的。此時，詩人所追尋的正同致力於思與詩融合的哲學家海德格爾（Matin Heidegger）不謀而合。後期海德格爾就是在探索如何使物從傳統理性主義的桎梏下解放出來，恢復物象的本眞。再跨越遙遠的時空，於

> 驅萬里車在無路的路上（第九節）

這旅途中，詩人還將碰見「無爲而爲之」的莊周，一同向著「絕聖棄智」的原本回歸。因悲劇而沉鬱下來的生命會重新啓開和綻放在藝術中，而藝術則將因此獲得廣博的空間和視野，悲劇也將消融，散失在生命中，然後在詩與藝術中生長出美的根系。

就此意義上來說，《第九日的底流》是詩人隨著音樂這天啓之音旋入詩與藝術之途，踩著悲劇那堅實的基石向最美、最神聖的無限終

極推進，趨向那凝結著生命血力、精神的第三自然螺旋型之「塔」——藝術之「塔」。只有在悲劇之中才能把悲劇遺忘，只有在救贖中才能被拯救，藝術能看見上帝對人世悲劇的擔負和承諾，至於現實的那種悲劇與救拯的相對抵消，因為麻痺與延遲、躲避與對抗都無法將悲劇化解。悲劇與救拯永不可放在一個緯度上言說，只要有人存在，二者就誰也消磨不掉誰。悲劇在時空中延展，救拯也在每時每刻通過人類與個體不屈的姿態贖回著，你難道聽不見在悲劇層層抑壓下「第九日底流」那厚實而蒼勁的回聲嗎？

　　悲劇仍在繼續，並將繼續下去。我們看到我們的周圍出賣時間的人越來越多，而且他們似已不再有痛苦和被逼無奈的感覺。一個時代在模制一個時代的人，處於後現代的今天，詩人與藝術家更應該站出來拒絕置身於被投入制模中的一群。他們的任務就是目擊、記錄，「於神性之夜走遍大地」（荷爾德林 Friedrich Holdelin詩），給予人們以警示，就像已在悲劇的夜空中穿行三十六年的《第九日的底流》所做的一樣。

　　　　（作者：廈門大學研究生，從事文學批評）

　　　　　　注：文內引詩均出自《羅門詩選》洪範書店版

羅門的短詩十二個字讀後

──〈天地線是宇宙最後的一根弦〉

楊雨河

引述：中國之外土宗教者，總是在傳教中說出自命不凡的道理；中國之內域宗教者，總是在傳教中說出尊師重道不能欺師滅祖。中華文化廣被而不霸強，是以稱聖稱賢全以道貫古今之哲意，德配天地之修行。就以象棋言之，藝高之極是和。也就是「雙勝」而已。自幼我不慕仕途，最愛偶來松樹下高枕石頭眠的自在生活，不喜倚馬千言，上馬草露布那種威武雄勇，生不逢辰，戎馬軍旅，在四十多年前與鄉兄詩人周夢蝶、牛鶴亭（臥龍生）、高岱、趙明堂（出國）均在一個軍裡，他們都長我，位階高我，我是一個小「青年兵」而已。他們都有很好的學問與文學修為，迺我雖然書書子弟，我愛周子學說，給宇宙算命，與天地卜卦！軍中三年，長官輒輒指我不務正業。不該「窮理於事務始生之處，」無聊的「研幾欲心意初動之時」。所以文學獎類參與我自覺不是文才，而奇才哲人，走玄的人物，當然很難遇到。偏偏於三十年前，去臺北訪晤詩人鄉兄周夢蝶，在他擺書攤地方，周兄向一位濃眉大眼清秀敏捷的人介紹我是楊雨河，也是寫詩的。他說他是羅門，搞著眼睛朝向書攤弓著腰，翻閱書冊，之後對我倆告別，匆匆客氣又迫迫地招呼著去之。像是趕機乘車作秀，我問何以如此快速詩人乎？周夢蝶兄說：「他一向就是那個樣子。」對他第一次印象，覺得很率性很真，和管管、沙牧一樣。到了民國七十二年我已解甲，在

臺東任職記者，文教採訪第二次相晤羅門，他到東部應邀青年救國團中國青年寫作協會講詩，很感謝他特別將「時空的回聲」詩論贈送我。我看了一遍，極爲震撼；他是我底同思想的族類。我不走文藝道，我是尋找人生哲學的道路者。他的詩論對我很多影響與開悟！由於居地差距少緣。

　　相隔十多年，近年來有些時間，常常到臺北，所以能與很多詩友相晤聊天是一大快樂，今（八六）年三月一日中華文化復興委員會一年一度邀請「藝文界」人士聯誼，羅門與蓉子伉儷詩人在會場相逢，這次羅門詩人以他最短的一首詩──「天地線是宇宙最後的一根弦」，要我仔細看看，並特別的說：「一定合乎理念之思，一定大而無外，妙而無內，我非常肯定雨河兄之書法獨特之格，是大自然的，不是人俗的。」之後，當天我下榻「英雄館」由鄉兄劉將軍遐運兄也是書法同道，他最近非常志於詩，我和劉將軍當晚相同觀點佩其才思，我就在當天晚上抵邸，寫出隨看隨記的感想，離北返東，把羅門詩人的詩，讀之再三，又翻閱他過去的詩作，我才決定對他的詩：「天地線是宇宙最後的一根弦」，不揣淺見，聊表一點敬忱：可能拍不上龍馬，呎碼總有一點見首見尾的踪影吧！是以前言，於一九九七年春三月五日臺東市易可樓。用信的方式抒思出對詩的舉手！

〈天地線是宇宙最後的一根弦〉

　　羅門詩人！韓兄：你這首最短的一首詩，不是一般寫詩的人可以悟出體會到的。要有天人合一的修爲，充滿宇宙的大思，純聖無凡。所悉：娑婆塵間，人總是後知後覺的多、寫詩的人都也一樣，只有韓兄羅門詩人您是先知自覺的出現。詩人中的詩人創詩觀裡的詩觀。

　　詩人龐德說：詩人能寫出一個超然獨特空前的意象在當時的時空裡，最值得興欣的事。更值得詩慰而創出詩的新高。過去，臺灣地區

詩壇出現有幾位詩傑人物，在詩的文學上如紀弦、覃子豪、鍾鼎文，我們在四十年代到五十年代，都尊稱詩壇三老。可是他們對於宇宙所寫的詩，我從未讀到過，而創世紀鐵三角詩人：張默、瘂弦、莫洛夫、詩壇四十年來，對於宇宙探討的詩也未看到發表。對於其他詩刊園地「笠」、「秋水」、「葡萄園」、「海鷗」等作品，也是稱孤道寡。只有「藍星」詩社的詩人羅門兄，十之七八的詩作，長詩、短詩，都不忘宇宙！羅門詩人，詩思玄哲，爲當今詩壇稱得上宇宙詩人。並不爲過！

羅門詩人，韓兄：您在前言中，特別指出說：天地線是宇宙最後的一根弦。他是您最短但後設「附語」最長，我大概數了數最少也有五千字左右。這詩首最短的詩都顯示了詩人特有的才華，附語全是採取「詩」、「散文」、「評論」、「哲思」等文藝屬性所混合成的一篇文章，採取後現代「文類解構」的觀念來看，正如詩人的理念哲思至美的地景藝術（LAND ART）作品。

羅門詩人竟把您的宇宙觀用詩思的理念文學，意象地抽象象徵日月進出形容出是天地線，也是宇宙留下最後回聲的一根弦，想像力的詩觀超人生化入宇宙，怎不令人猶龍之嘆的神玄呢……。

如果，近十多年來，不曾參研周易，無法體悟到詩人的哲思，超出人生的理念觀化入宇宙大而無外，小而無內的無無玄觀。

我曾憶思到中外哲人對宇宙的認知，都有其自己的深度廣度和理念的意象度。

中國──庖羲氏世紀，紀元前四千年時期，庖羲認爲宇宙組成是八個因素，就是易經上的八卦。

現在羅門詩人靈感突破了「玄黃」，他以視覺象感意度，地理上抽象意象形象認定句是：

「天地線是宇宙最後的一根弦。」對宇宙觀有了立體落實感的畫

面。

　　外國——撇開神話，我們以「希臘」哲學的始祖泰利斯，以爲水爲宇宙萬事萬物構成的畫質。他設定一切事物由水而生。安納西美尼斯、認謂是空氣。赫拉克利搭斯認謂是火產生。畢達哥拉斯認謂數是宇宙原理。洛西布斯與德謀克利特斯是原子構成宇宙。恩柏多克利斯，認謂宇宙有水、火、空氣、地的種爲萬物之根。故印度佛教以「地、水、火、風」爲宇宙的四大因素萬物與之俱來，故理念思想要成佛必要「四大皆空」。也是他們的宇宙認知。

　　中國人文中，周代的哲人如老子李伯陽，他的道德經中指出：宇宙就是道。怎麼說呢，道德經首篇記載：

　　「道！本無道，強名曰道。有名，天地之始，無名萬物之母。」老子形容宇宙天地，就是道。這與詩人羅門最短的詩共有十二個字，如同地支：附言五千字，堪與古哲異曲同工相映之永恒的至眞至善至美。

　　　　（作者：詩人、書法家）

　　　　　　　　　　　（一九九七、三、五，於臺東市易可樓）

,

蓉子論

蓉子自然詩美學探究

潘麗珠

一、前　言

　　長期閱讀蓉子的詩歌作品，深感她的「自然詩」與她的宗教生命、人文關懷息息相關，與她對美的追求、美的堅持也密不可分。蓉子從來不隨波逐流，她的〈維納麗沙〉寫著：「維納麗沙／你不是一株喧嘩的樹／不需用彩帶裝飾自己／你靜靜地走著／讓浮動的眼神將你遺落／因你不需在炫耀和烘托裡完成／你完成自己於無邊的寂靜之中。」自述了她面對世俗趨勢與時代潮流的態度。她的確是溫婉寧靜的，但溫婉寧靜中有靜水深流的動力、堅持不懈的韌性，就像大自然中恒定的光，雖遇黑夜，星在天際；又像暖陽，祥光照耀時，不忘提供綠蔭供人休憩。她的「自然詩」充滿光的意象，色彩繽紛，音聲泠泠，活潑而沉潛，顯現了她的性靈之美，一種活力飛動卻深沉靜照的生命情調，塑造出與自然同一的精神氣韻、與宗教同德的藝術境界。本文嘗試由外緣的探討，討論蓉子其人、「自然詩」的義界、「美學批評法」的意義，再進入內涵的深究，析論蓉子「自然詩」的意象美、色彩美、節奏美及境界美。以下，分別探究之。

二、外緣的探討

　　所謂「外緣」，和「文本」（Text）的關係遠而和作者的關係近，所關心的課題包括：㈠「蓉子」其人；㈡「自然詩」的義界；㈢「美學

批評法」釋義。

　　㈠關於「蓉子」

　　蓉子，本名王蓉芷，西元一九二八年生於江蘇。她出身於基督教家庭，父親是一位扶助貧病的牧師，母親是一位教師。她在江陰和上海讀過中學，並曾肄業於一家農學院；後來她做過小學教師，教堂風琴手。來臺灣後，於一九五五年四月十四日與羅門結婚，共同攜手營造燈屋之美。

　　臺灣女詩人中，以她的詩歌作品最豐富，詩齡綿長超過四十年。她天性對詩充滿嚮往與愛，年紀很輕的時候，非常喜歡冰心女士滿富哲理和晶瑩情感的詩集《春水》和《繁星》，「慢慢地自己也禁不住手癢起來，因為往往心裡有很多感觸，催迫著自己，不吐不快。」①一九五一年，〈為什麼向我索取形象〉第一次公開發表在《新詩週刊》第四期，對蓉子來說這是莫大的鼓舞，受到葛賢寧、鍾鼎文、覃子豪、紀弦等前輩詩人的肯定，詩壇從此有了一朵「開的最久的菊花」。②四十多年來，蓉子出版了《青鳥集》、《七月的南方》、《蓉子詩抄》、《童話城》、《日月集》、《維納麗沙組曲》、《橫笛與豎琴的晌午》、《天堂鳥》、《蓉子自選集》、《雪是我的童年》、《這一站不到神話》等詩集，並獲獎多次，不愧是現代詩壇中「永遠的青鳥」。

　　關於蓉子與其詩作，詩評家們有眾多的評論。鍾玲說：

　　　　在題材上，她最突出的成就在以下兩方面：㈠她的詩塑造了中
　　　　國現代婦女的新形象，㈡她表現了充滿生命力的大自然及豐盈
　　　　的人生觀。③

張漢良認同《七十年代詩選》所言，他引用說：

　　　　在現代新審美觀與新的觀物態度的影響下，她逐漸更換了自我
　　　　的坐姿，逐漸遠離了《青鳥》時期那單純雋永與可愛的抒情世
　　　　界，也像其他的現代詩人，強調深入的思考與知性，向內把握

住事物的真實性，追求精神活動的交感作用，使作品在現代藝術的新領域裡塑造交錯繁美與帶有奧秘性的意象，獲致其更純的深度與密度。④

高歌（即高信疆）說：

　　而宗教詩的活潑旋律和音樂氣息，更是一直流動在蓉子的創作精神之中。……這種自然的景色，教堂的鐘聲，風琴的雅樂，彩色玻璃的光澤，信仰的虔誠與肅穆……也就一一開啓了她在美感生活裡的聽覺和視覺層面。⑤

唐玲玲說：

　　蓉子的詩洋溢著一種新鮮的活動，想像豐富，詩味濃郁，節奏感強。在她的詩中，透過詩的語言傳達心靈的顫動，憶舊的餘弦，音樂美是她詩的語言特徵。⑥

蓉子自己在提到比較喜歡和滿意的作品時也說：

　　它們是從我靈魂深處投射出來的，也是一個有理想的孤困的生命在向完美作無盡掙扎的過程，感受是較爲深刻的……人生本來就是一場不斷蛻變與掙扎的過程。⑦

歸納這些說法，除了肯定蓉子的詩歌藝術性（鍾玲提到她在題材方面的成就，張漢良論及她的詩歌意象，高歌和唐玲玲指出她詩作的音樂性），多少也觸及她的詩歌美的成因（她的觀察、她的信仰、她的執著），尤其她的自然詩，許多的詩評家都會提及⑧，事實上這也是她長期耕耘的一個現代詩主題，而她自己也親口對筆者表達寫作自然詩時的歡喜（一九九七年二月下旬的訪談），這便構成本論文極好的研究課題。

　　㈡「自然詩」義界

　　何謂「自然詩」？誠然作品的分類是一項艱難的工作，卻也是本文下節「內涵的研究」之根基，必須正視。蓉子的自然意識幾乎是無

詩不在的，這與她的宗教信仰、人生態度以及美的追求有關，儘管如此，我們還是爲了論文質的精緻的因素，在認可主題學（Stoffgeschichte）的前提下，嘗試界定「自然詩」的名義。本文所謂的「自然詩」是指：以描繪大自然爲主的詩，特別是歌詠山水物種的作品。以此定義考索蓉子的詩歌作品，她的「自然詩」應該包括以下諸作：

0.一朵青蓮

1.晨的戀歌

2.石榴

3.色蕾們都醒了

4.三月

5.夏（之一）

6.夏，在雨中

7.藝術家

8.非詩的禮讚

9.回歸田園

10.蟲的世界

11.水流花放

12.那些山、水、雲、樹

13.綠色大地森林之歌

14.櫻花薄霧外的山水盛宴

15.金山、金山

16.到南方澳去

17.眾樹歌唱

18.山和海都在期待

19.湖上、湖上

20.海語

21.從海上歸來

22.海無遺蹟

23.在風中，在山裡

24.你有你的時間

25.夏荷秋蓮

26.最後的春天

27.伸入沙漠黃昏的路

28.維納麗沙組曲（之十一--登）

29.七月的南方

30.阿里山有鳥鳴

31.花姿組曲

32.夏天組詩

33.秋詩六題

34.一條河

35.十月

36.墾丁公園

37.駿馬

38.水仙費詞

39.遠上寒山石徑斜

40.旭海草原

有些作品題目看起來像「自然詩」，但細讀內容，其實不是，例如〈看你名字的繁卉〉，實際是一首情詩；〈寒暑易節〉，實際是一首說理詩；〈變易的〉，也是一首哲理詩；〈夢裡的四月〉，是關於婚姻決定的自白；〈雪是我的童年〉，是一首關係記憶的詩；〈維尼斯波光〉、〈奔騰和凝固—寫尼加拉瀑布的兩種風貌〉、〈沃拉村〉、〈黑海上的晨曦〉、〈孔雀扇〉、〈遊園〉等，實際都是著重在刻畫遊覽心情

或體悟的旅遊詩;諸如此類,便不在本文的討論之列。

㈢「美學批評法」釋義

蓉子的詩適合用美學批評法予以評析。潘亞暾說「蓉子是一位愛美、渴望美、追求美的詩人,她善於發現美並揭示美的奧秘」⑨,這是筆者以美學批評法探究蓉子詩作的重要原因。況且,「自然」與「美」之間的關係,在西方美學系統裡,原就密不可分。⑩至於中國人對於「美」字的概念,除了初始與「味覺、視覺、觸覺、心覺」有關的審美意識之外,還含攝「美與善同義」的要求(《說文解字》:「美,羊大。羊在六畜主給膳也。美與善同意。」);中國文人素來對於「美」的品味,無論是自然的或藝術的,往往體認成一種精神的超越,總是以宇宙生命的情趣表現為基點,美必須具有「善」意才是真美!於是就藝術的創作言,作品是作者美好心靈與性格的呈現,傳統所謂「骨力」、「勁拔」、「秀媚」、「氣韻」、「格調」等等,其實都是歷來藝術家心靈映射後的評斷,這種心靈映射,朱光潛稱之為「宇宙的人情化」⑪,宗白華則說是「藉以窺見自我的最深心靈反映」⑫,朱、宗二說,都直指作者心靈「善」意的流露。換言之,作家的創作意圖與理念為何?便成了中國人評斷作品良窳的重要憑據之一。⑬

蓉子的詩歌創作理念,適合運用美學批評法加以評析,「美學批評法」是:以美學作理論基礎的批評方法⑭,蓉子曾自述「詩觀」:

> 我對詩人卑以自牧的看法是:詩人不應該自視甚高地把「詩人」當成什麼了不起的「行業」,詩人必須做成「人」……充分具有「人間性」的人,然後才能做「詩人」。……詩人應當顯赫的是他們的作品而非行動。⑮

我們由此可以理解蓉子對詩歌志業的真誠!加上她的宗教情懷、典雅的氣質、對自然的深情,在在構築了蓉子詩歌王國的「善」與「美」。

以下,即進入本文的重心,以詩作分析來探究蓉子自然詩的內涵。

三、內涵的深究

所謂「內涵」，是從原典、文本出發。本節擬從「光影意象美」、「繽紛色彩美」、「音聲節奏美」、「性靈境界美」等方面嘗試剔抉蓉子自然詩的神髓，楬櫫詩人對自然的鍾情與關懷所表現的審美旨趣。

㈠蓉子自然詩中的光影意象美

詩人的情思與外界的物象相交、作用，通過一番審思或聯想作用（心中的審思、聯想是美感醞釀的重要過程），使作品成為有意境的景象再現，謂之「意象」⑯。作品的意象如何呈現？黃永武說：「透過文字，利用視覺意象或其他感官意象的傳達，將完美的意境與物象清晰地重現出來，讓讀者如同親見親受一般。」⑰陳義芝認為具有自由感染力的「一種景象示現在眾人眼前，不待教、不待學，眾人即可依據自己的生活經驗、心靈感覺，得到不同等級的情意撞擊，意念從而激湧，作者與讀者情志即有了共鳴」⑱，筆者肯定：「詩的意象是已注入詩人理念的形象。」⑲

蓉子自然詩中，光影意象的經營，是極為精彩而有特色的。她就像印象派畫家一樣，輕喚陽光探視詩境，在詩作裡塑造了一種溫暖祥和的氛圍。這樣的氛圍，反映了詩人內心的坦蕩，顯現雍容開朗的氣象。讓我們來讀幾首詩的段落：

> 啊！如果它願意，它會展開
> 會緩緩推開那芬郁的蕊
> 那翠金的扇面
> 面對陽光爛漫的紅豔　　　　　（〈包蕾們都醒了〉的第四小節）

> 眾花耀眼　從綠開始
> ——這大地主宰給予世人最初的衣履

當星果藤爬上冷直的電桿
一片淡美的陽光便停留其上　　（〈綠色大地森林之歌〉第一段第
三節）

到南方澳去
看陽光的金羽翱翔在碧波上
有活潑的銀鱗深藏在水中央……（〈到南方澳去〉第一小節）

希望的藍睛亮起了
珍珠色澤的夢
連續的弧線劃過船弦
海原正盛飾明滅的曇花。

陽光在海岸　　洗淨沮喪的低氣壓
　化爲玫瑰重重的流蘇……　　　（〈從海上歸來〉三、四節）

「陽光爛漫」、「淡美的陽光」、「看陽光的金羽翱翔」、「陽光在
海岸」，詩人對陽光的呼喚，使得詩中的畫意明淨起來，誠然一片清
朗，令人讀來，不自覺地感到鮮喜而充滿希望！固然大自然中欠缺不
了陽光，但並不是每位寫自然詩的作者都會對陽光情有獨鍾，願意讓
自己的詩境明和安祥，唯有蓉子，「光」就像她的宗教信仰，透露出
欣欣然的堅定的情感。這「光」的意象在蓉子的「自然詩」中佔有極
大的分量，幾乎隨處可得，最具代表性的應屬〈七月的南方〉：

從此向南……
從都市灰冷建築的陰暗
繞過鳥聲悠長的迴廊
南方喚我！

以一種澄澈的音響
以華美無比的金陽
以青青的豐澤和
它多彩情的名字
……

讓陽光鋪路 推開這雲濃霧重
讓陽光為我鋪橙紅金黃的羊毛毯直到南方
我便去追蹤、追蹤他暖暖的足跡
去探詢靈魂成熟的豐盈!
……

小樹盡如花嫁時的衣飾
繁柯因不勝美的負荷而低垂
啊!一片彩色的投影一種無比的光豔以及
隱藏在叢綠深處的歡美

看踴躍葉子的海
光輝金陽的海
對於棲留在灰黯中的心是無比的歡悅
對於習慣於冷漠單調的眼睛乃彩色的盛宴

蓉子對陽光的歌詠，熾熱超乎南方的七月，眞的是一種對光明的執著！除
了上列「金陽」、「讓陽光鋪路」、「無比的光豔」、「光輝金陽的
海」之外，〈七月的南方〉還有「一季節的光影彩虹」、「到光豔的
南方去」、「鳥在光波中划泳」、「樹在光波中凝定」、「溢自陽光
的金杯」、「陽光用七弦金琴演奏」、「演奏於綠色發光的草原」，
這些明亮溫暖的詩句，像是對神的仰望，充滿了讚誦！因此，蓉子詩
中的「光」，常常是以一種柔和、慈藹的姿態出現在詩中畫境裡，不

會灼燙讀者；一旦陽光太豔，蓉子一定加上蔭影調合，或者讓星光現身，我們試看「常綠的橡膠、橄欖和棕櫚垂下簾影／爲你遮蔽環島公路的烈日豔陽」（〈山和海都在期待〉）、「當夏的火燄熊熊地燃著／靈魂的沃土被擱置著／讓我們急速躲進林蔭／於樹的蔥翠年華／遠離玫瑰、玫瑰灼人的火光」（〈湖上、湖上〉），「笑聲嘩啦啦地成千波萬浪／飽風的帆孕整個海歸來／使落日潛泳成次日的晨曦／使夜晚有營火的繁花開放／更升起和星光比美」（〈金山、金山〉）、「明滅的燈花在林中／釀一壺斑爛的星光在湖上／讓我們划開晚風　划盡暮色……」（〈湖上、湖上〉）、「星光依然照耀在明天／在古典的山崗／當你海航」（〈海無遺跡〉）……爲數衆多的例子，告訴我們：蓉子的詩筆就像印象派畫家的彩筆，洋溢在詩情裡面的和煦陽光，是坦白率眞的自然美學的心靈投射，與蓉子本人給予人們的印象一樣，坦誠、和藹而且雍容，甚至熱切中有寧靜。

㈡蓉子自然詩中的繽紛色彩美

大自然的生機顯現在哪裡？四季的遞邅、日月的輪替，朝暉夕陰、花紅柳綠，大自然的生機與顏色有極密切的關係，活潑的顏色表徵充沛的生命力。在蓉子的「自然詩」中，她就像一位色彩的魔術師，揮灑著繽紛的華彩，讓詩中畫意淋漓鮮麗，洋洋入人眼目，牽動無限意趣。然而，在讀她生氣蓬勃的詩作之前，先看具有「前進中的永恆」[20]味道的名篇〈一朵青蓮〉：

> 紫色向晚　向夕陽的長窗
>
> 儘管荷蓋上承滿了水珠　但你從不哭泣
>
> 仍舊有翁鬱的青翠　仍舊有妍婉的紅燄
>
> 從澹澹的寒波　擎起

「紫色」、「青翠」、「紅燄」再加上「夕陽」、「寒波」，顏色神奇地渲染了青蓮的不俗；本來「紫、青、紅」是鮮艷耀眼的，但因有

了「夕陽」的柔化和「寒波」的水氣，鮮艷耀眼就變得繽紛而不刺目，透露出來的，是作者活潑卻不凌人的生命氣韻，可以「靜觀天宇」，卻「不事喧嚷」，宛如詩人自述。這般的生命氣韻，也可在〈回歸田園〉一詩中感受到：

> 傍湖水的明鏡
> 幾棟紅磚屋半掩在樹叢
> 蘆葦搖曳著它風裡的白頭
> 紅花默默傳香
> 就讓我把住處安頓在此吧
>
>
> 藍天白雲
> 田疇和翠嶺
> 加上近邊的竹筏茅棚
> 它們的影子都在水中交融

「紅磚屋」、「蘆葦白」、「紅花」、「藍天」、「白雲」、「翠嶺」，色彩的布置鮮明而純樸，由於水中「影子」的加入，一切顯得更加柔和！我們接下來看蓉子色彩繽紛、生氣蓬勃的「自然詩」：

> 十二月青楓換上深紅或橙紅色衣裝
> 欲與那冬陽爭輝　這刻山區沉寂
> 要等冬雨斂息　紅楠啓開春的序幕
> 華八仙如粉蝶拍翅　杜鵑花再度
> 大紅特紅　便是人們所熟悉的花季　　（〈櫻花薄霧外的山水盛宴〉）
>
>
> 金黃湧向海岸
> 蔥翠升起山崗
> 滿盈的藍滴下

海將天拉成了它的另一半
那兒便爲永豔的陽光塑成一座青春的島 （〈金山、金山〉）

到南方澳去
那漁船兒蝟集的港
那紅色的黃色的綠色的漁舟啊
小巧的腰身　小小的樓
小小的希望　小小的歡笑。 （〈到南方澳去〉）

到處是引蔓的繁縷　喧噪的地丁
紫色桃色的矢車菊
燃燒的薔薇
傾陽的向日葵　金紅鵝黃的美人蕉
而夏正在榴火的豔陽中行進
在鳳凰木熊熊的火燄中燃燒

到光豔的南方去
看顏色們朗笑著　繁英將美呈現
爲淺紅的桃金娘　深紅的太陽花
似軟鐲的牽牛黃　丁香紫　石竹白
綠微紫色的風信子　七彩的剪絨
而百合灑繞層層輕紗
牡丹擁無數華貴意象
一片冶豔繁華 （〈七月的南方〉）

你看見白晝和夜在天空邊交接的偉象

　　沿著整個海岸垂落鮮紅茜金的桌巾

　　……黃昏是被命定了的監交人

　　於是　　他用整瓶墨汁

　　把殘留的絳紅與金黃一古腦塗沒

　　我遂拉上窗帘沉入椅座中的睡鄉　　（〈藝術家〉）

以上這些詩句，無論是青楓、深紅或橙紅色衣裝、紅楠、粉蝶、大紅杜鵑、金黃海岸、蔥翠山崗、藍滴、紅色的黃色的綠色的漁舟、紫色桃色的矢車菊、金紅鵝黃的美人蕉、淺紅的桃金娘、深紅的太陽花、牽牛黃、丁香紫、石竹白、綠微紫色的風信子……莫不色彩繽紛，啟動我們視覺上美的感受；而且這些色彩的明度泰半都很大，光線的反射系數高，讓我們感覺蓉子對大自然輝煌的素描，詩的畫境裡面流露著躍躍欲動的生氣，反映了詩人活潑、快暢、光潔的氣質。又因為蓉子「自然詩」中最常使用的顏色字是「綠」[21]，依照色彩心理學的分析，綠色系予人的感覺是：清新、安靜、涼快、舒適、愉快和大自然，象徵的意義是：春天、希望、新生、和平、公平、健全和滿足等，[22]所以詩人的活潑、快暢、光潔之中，融合了穩定的安靜與平和，充分照應了她的宗教生命情景。

㈢蓉子自然詩中的音聲節奏美

　　中國的文字由於形、音、義三者不分離，先天上具有音韻優美的條件，因此若能注意詩歌的音聲節奏，藉以烘托意象，激動情感，則可觸發讀者多方面的聯想，獲致豐富的情趣，感受詩歌的聲情之美。《文心雕龍・聲律》說：「聲畫妍蚩，寄在吟詠，吟詠滋味，流於字句。」清人沈德潛《說詩晬語》也談到：「詩以聲為用者也，其微妙在抑揚抗墜之間，讀者靜氣按節，密詠恬吟，覺前人聲中難寫、響外別傳之妙，一齊俱出。」雖然說的是古典詩歌，但對於現代詩依然有借鑑之效。關於這一點，現代詩人如余光中、楊牧多有所述，已不待

辯。㉓蓉子詩中的「音聲節奏」之美,特別值得注意的是:若有安排而實近自然的「押韻」以及如歌的「語言節奏」。先看「押韻」部分,讓我們來讀下列詩句:

　　　不知道黃鶯何事收斂起牠的歌聲,

　　　　　晨星何時退隱⋯⋯

　　　你輕捷的腳步爲何不繫帶銅鈴?

　　　　　好將我早早從沉睡中喚醒!

　　　　　讓朝風吹去我濃濃的睡意,

　　　　　　　用我生命的玉杯,

　　　　　祝飲盡早晨的甜美。　　　(〈晨的戀歌〉)

詩人紀弦曾經對〈晨的戀歌〉讚不絕口㉔,音聲瀏利動聽、節奏優美輕靈應是重要原因。何以音聲動聽?第一段「聲」、「鈴」、「醒」押韻(「隱」字也很相近),第二段「杯」、「美」韻腳相協,讀來不僅順口,而且容易記憶;在長短不同的詩句裡,有韻腳的協調以增加詩作的美聽,更添詩歌作品的玲瓏性。而這樣的玲瓏性恰與甜美的詩意相得益彰!蓉子「自然詩」中的押韻情形,實在令人忍不住擊節稱賞,試再看以下詩例:

　　　仰首插壁的雲天

　　　在剪紙飛翔的燕子口

　　　啊,曾經爲它們而歌

　　　驚嘆那兒的神秀　　(〈非詩的禮讚〉第二節)

　　　如此茂密的夏的翠枝

　　　一天天迅速的伸長　　我多麼渴望晴朗

　　　但每一次雨打紗窗　　我心發出預知的回響

就感知青青的繁茂又添加　（〈夏，在雨中〉）

濃紅的火燄似玫瑰
燃燒在陸上
讓我們划湖去　去掬冷冽的波光　（〈湖上、湖上〉）

夜語在二月的深海
珊瑚在海底屏息
松風在岸邊假寐
你聽見他們的對話
是戰爭？還是玫瑰！　（〈海語〉）

輕快流暢的綠意似水
豐澤著枝枝豔紅的蓮蕊
邁出了盛鬐丰容的美
渲染了節慶般的夏天　（〈夏荷秋蓮〉）

這些詩句，參差錯落的字音因為押韻關係，有了韻腳的諧和作用，更顯得琳瑯悅耳。本來押韻是一種有意的安排，奇妙的是，蓉子寫來仿若自如而不經意，因此不會覺得工巧過度而矯揉造作。關鍵在於：蓉子的押韻毫不板滯，她不會固定的在詩的哪裡出現韻腳，而是隨著情感需要、情緒流動而設。如此隨和的押韻方式，和她隨和而有堅持的個性若合符節。

　　再看如歌的「語言節奏」部分。先以〈在風中，在山裡〉為例：
　　你是我凝注的一枝消息
　　你卻有無數花影　在塞上
　　令春回步

　　每一寸都遙遠　每一秒都遼闊

　　而且有很多欄柵……

　　那頻頻躍過高欄的當不顛仆

　　方寸似水

　　波輪像月　圈圈擴漾

　　只有堅硬的岸崖使明燦卻步

這是前三段，每一段的最後一字是韻腳，所以讀來頗有音韻複杳迴盪之感。但除此之外，詩句長短、字數奇偶的布置，合乎了「口吻調利」的自然要求，加以「你」字開頭的類疊和「每一……都」句型的重複，以及「方寸以水」「波輪像月」的對句，如歌的韻味就洋洋乎字裡行間了。再讀一讀〈駿馬〉二、三段：

　　一聲嘶吼　盡收原野美景於眼前

　　你迅疾的蹄音　是躍動的風雲

　　越過墻籬　穀場　山崗　原野

　　花朵們便一路欣然地展放過去……

駿馬輕蹄疾奔的英姿，在詩人運用短語所造成的迅捷節奏感下，益顯煥發！而短語之後緊跟一個長句，奔程之遠不言可喻。詩人之所以能夠塑造「如歌的語言旋律」，與文意精鍊卻不太文、文句緊密卻不太黏大有關係，她巧妙運用句法複疊、詩句字數奇偶相生及適時加入連接詞的技巧，使詩的節奏如流水行雲。看：「於是泉溪汨汨從山流出／昂揚清淺且蜿蜒／繞山繞樹繞著那原野與峰谷／綿密曲折而又逸興遄飛／躍升爲雲，降落爲水／成爲無限輪迴的滋澤／那豐美繁茂舒暢而愉快的存在。」（〈那些山、水、雲、樹〉第三段）「暴雨沁涼／夏如盛唐花苑瞬將凋寂／讓我們划湖去　划湖去／聽浪濯輕沙，驅盡

了今夏。」（〈湖上、湖上〉）「從海上歸來／看彤雲　波羽／銀魚
海鷗／都拍擊我的歡悅。」（〈從海上歸來〉）「整個架構是瘦：
瘦瘦的葉面／瘦瘦的枝　啊！全綠／唯額際那一抹微紅是眞」（〈花
姿組曲…夏日異端〉）「陰氣漸重／露凝且白／風，觸膚涼的絲綢樣
／月，高掛在藍寶石的天上／親情在不可企及的遠方／啊！秋天是全
無雜質的水晶構成／就像眞摯的淚水一般無顏色。」（〈秋詩六題…
白露〉）這些節奏靈動的詩句，眞是令人忍不住要歌唱起來！蓉子曾
經提到音樂的旋律對她詩作的影響：

> 有時候，爲了表達某一心緒的動蕩，我心中會首先響起一種應
> 和的旋律，由這旋律發展下來就成了詩。有時就因爲一首詩的
> 音樂性找不到了，我就停止了它的創作。我的詩必須要有我的
> 感覺和旋律。㉕

蓉子的感覺是音樂的感覺，而這音樂的感覺來自於她生命中無可移異
的宗教影響，高信疆（高歌）就說：「宗教詩的活潑旋律和音樂氣息，更
是一直流動在蓉子的創作精神之中。」㉖確實，我們看到蓉子的生命
與詩作融合，於是響在蓉子「自然詩」裡的音聲節奏，有宗教情懷般
的韻與美。

㈣蓉子自然詩中的性靈境界美

古來對於「境界」一詞的含意，大抵可以歸納爲廣義和狹義二解。
廣義的「境界」蘊含很廣，不僅指學問上的修養，也包含品德上的修
養；不僅表現思想、才識，也表現人的行爲與談吐；不僅是心胸、氣
度的具現，也是人格的表徵。狹義的「境界」，則是就文學作品的批
評而言。本文所謂的「境界」意義函容上述兩層，指：詩人藉著詩作
傳達對生命意義的沉思，或者呈現其人獨特、深入的看法時，其性靈
讓讀者產生思想或心靈上的淨化作用。前面曾經提及：蓉子的自然意
識幾乎是無詩不在的。爲什麼？因自然中的光影、色澤、音聲，在在

是蓉子的興趣所在；自然與人的關係，是蓉子的人文終極關懷。讀她
的「自然詩」，領略詩人的性靈之美，也等於閱讀她的境界。我們看
以下這些詩句：

> 當我們走過煙雲
>
> 才知道山水無垠，
>
> 當我們踏響山河之美
>
> 自己也成為其中美麗的一點。　　（〈非詩的禮讚〉）

既然第二行後面加上標點，第一行和第三行不知道為什麼不加？不過，這
並不妨礙詩意之美！就詩意而言，詩人透露的是走過千山萬水、洞燭
人與自然終將冥合的智慧，同時，對於這樣的體悟，詩人充滿歡悅。
讀這樣的詩句，令人不禁想到古人「目既往還，心亦如納」之後，那
撫愛萬物、與萬物合一的精神氣韻。再看：

> 我在夏的樹頭獨坐
>
> 高高的翹起我的腿　亦
>
> 南面王一個　　　　　（〈蟲的世界─蚱蜢的畫像〉）

詼諧而俏皮的詩意！一隻蚱蜢也是一個南面王。我們看見詩人「萬物
皆有自我具足」的體會，這般的體會在〈遠上寒山石徑斜〉的詩句中
亦得見：

> 紅檜、扁柏、臺灣杉森森地列著
>
> 沉靜地等待有緣的知音去訪
>
> 而每一株挺立的樹　各自擁有
>
> 屬於自身的一方藍天　一塊泥土
>
> 卻又相互牽攜　在林地盤根錯節
>
> 譜成大森林聚落和諧、雄渾的樂章

「各自擁有屬於自身的一方藍天」，正是這樣的體會，讓蓉子四十多
年來，無論文藝的浪潮如何，她始終堅定自己的坐姿、走自己的創作

之路吧？如此的體會萬物的自我具足，蓉子以融入自然爲喜、爲習，因而也讓她有了一股穩定的力量，顯現的詩歌意境，便能導引讀者進入一片寧靜，而且在寧靜中感受生命的動力。黃偉宗在〈穿越傳統與現代的文化與藝術〉一文中說：「就意境的創造而言，她的詩確是偏於靜的……她似乎較重於追求超越現實的意境，即穿越動態而進入（或包含）的靜境。」㉗這種被稱爲「祈禱的境界」㉘，往往由蓉子的詩歌流露出的訴諸生命的哲思與靈性的祥光所鑄成，試看：

　　杉林彩繪
　　雲的白髮緩緩地掠過樹梢　　念及過程
　　眾樹歌唱　　　　　　　　　（〈眾樹歌唱〉）

　　星光依然照在明天
　　在古典的山崗
　　當你海航　　　　　　　　　（〈海無遺跡〉）

　　花綻花落
　　都是煙雲過眼　　一如
　　你的前輩；偶然
　　回首　　看不遠處
　　一叢小小花蕊　　正準備
　　另一場更盛大的演出哩！（〈你有你的時間〉）

　　櫻花凋落於楚楚的瞬息
　　鳥在有限的空間飛鳴　　唯松柏傲立
　　一切聲音都在林間寂默　　形成那不能觸知的奧秘（〈阿里山有鳥鳴〉）

蓉子詩的靈魂在她的「自然詩」裡，呼應著大自然湧動著的生生不息
與和諧有機，誠如高歌所言，她「這種對自然無限神往和癡情，匯入
她以往強烈的宗教意識，再融和了如今日益高漲的、對於存在實況的
全心感受，遂建築了她個人那座獨特豐美的『由聖經、自然與存在觀
造成的三角塔』。」㉔筆者以爲，蓉子〈秋詩六題〉的第六章〈霜降〉，
恰足以引來作爲本節「蓉子自然詩中性靈境界美」的結束：

霜寒露重

秋更蕭索了　對於

不慣於虛飾繁華的人　最宜於此時

返璞歸眞

秋原是隱逸者的國土

而從古銅色秋的明鏡裡

是這樣反映靈魂的深……

四、結語

　　詩人辛鬱曾說：「蓉子在當代詩壇，是一個嚴謹從事創作而且從
不停頓的詩人，同時，她所建立起的創作世界，也不受一般時尚的影
響。她的詩雖乏雄渾的氣勢，卻有濃厚的氣氛，這一氣氛，是由於她
能善於控制語言，並善於造設意象所獲致的。」㉚以此說來檢驗蓉子
的「自然詩」，亦可中的。

　　蓉子的「自然詩」是以她宗教情懷般的對美、對自然的信仰，投
注了個人長期的心力在光影意象、繽紛色彩、音聲節奏的營造上。可
以說，蓉子對自然的理念灌注於自然詩的「象、色、聲」，也可以反
過來說，自然詩中的意象美、色彩美、節奏美成就了蓉子的詩藝境界！詩
壇上盛讚蓉子是「永遠的青鳥」，筆者以爲：正好點出了她的恆久性
（永遠）、與自然融合的情懷（鳥）以及深具生命力（青）。美學家

宗白華〈中國藝術意境之誕生〉文中說：「靜穆的觀照和飛耀的生命構成藝術底兩元。」㉛衡之於蓉子及其自然詩，蓉子實深得藝術之奧義！

（作者：潘麗珠，文學評論家，臺灣師範大學教授）

【附　註】

① 　引自〈我的詩路歷程〉，見中國社會科學出版社出版、蓉子著《蓉子詩選》，頁1。

② 　余光中先生語。見〈女詩人—蓉子〉，收錄於中國社會科學出版社出版《蓉子論》，頁5。

③ 　引自〈都市女性與大地之母—論蓉子的詩歌〉，同註②，頁6。

④ 　引自《蓉子論》頁44。

⑤ 　引自〈千曲無聲—蓉子〉，同註④，頁92。

⑥ 　引自〈蓉子詩歌的藝術風格〉，同註②，頁186。

⑦ 　同註①，頁6。

⑧ 　除了鍾玲、高歌、唐玲玲外，潘亞暾、黃偉宗、劉國全、衣凡等也論及。

⑨ 　引自〈求眞、從善、揚美〉一文，同註②，頁120。

⑩ 　希臘哲人亞里斯多德即認爲美是模自然而得。

⑪ 　詳閱朱光潛《談美》第三章。

⑫ 　見宗白華著、元山書局出版《美從何處尋》，頁65。

⑬ 　詳細的討論可參考拙著《盛唐王孟詩派美學研究》第一章第四節的討論，臺灣師大國文研究所民國七十六年碩士論文。

⑭ 　可參考蔡芳定著、楊昌年指導的《中國文學批評史上之美學批評法》，臺灣師大國文研究所民國七十四年碩士論文。

⑮ 　同註①，頁12。

⑯ 　詳參筆者八十四年三月於《中國學術年刊》第十六期發表之〈從「女低音狂想曲」談現代詩的意象經營〉論意象部分。

⑰　詳參黃永武著，巨流圖書公司出版《中國詩學設計篇—談意象的浮現》。

⑱　引自陳義芝著，幼獅文化公司出版《不盡長江滾滾來》，頁7。

⑲　同註⑱。

⑳　羅門語，見羅門著〈我的詩觀與創作歷程〉，收錄於文史哲出版社印行《之羅門創作大系》。

㉑　如果加上「翠」、「青」、「碧」等詞語，爲數更多。

㉒　詳參鄒富悅著，華聯出版社出版之《色彩的研究》，頁39。

㉓　參見余光中〈詩的樂與語言〉一文和楊牧《一首詩的完成》書中有關格律部分的討論。

㉔　同註④，頁91引。

㉕　同上註，頁92引。

㉖　同註⑤。

㉗　同註④，頁210。

㉘　蓉子曾自述自己的小部分詩篇能到達「祈禱的境界」，她是引神父布勒蒙所說「相同於寂靜而玄秘的沉思的境界，寂靜而玄秘的沉思乃是祈禱之最高姿式」而有所指義。同註㉗。

㉙　可參衣凡著〈由聖經、自然與存在觀造成的三角塔〉一文。同註⑤，頁239。

㉚　引自辛鬱著〈自我的塑造〉一文，見註④，頁86。

㉛　見洪範書店出版《美學的散步》，頁12。

讀蓉子詩所想到的

鄭　敏

在這很難讀到令人怡情養性的詩的時代，遇到蓉子的詩，讀後令人精神爲之一爽。美，不管在什麼時代，畢竟還是人們心靈的需要。美當然有各種形式，就像在20世紀的音樂世界，除了現代派的音樂之外，巴哈、莫札特、貝多芬也仍然是人們崇敬熱愛的。相比之下，在漢語新詩當代創作中，古典型的新詩似乎比不上巴洛克音樂在今日音樂界的地位。人們，尤其是一些評論家和青年詩人，有一種追逐現代與後現代主義的詩型的心態，而對詩語、詩情、詩境，擁有古典美的當代詩則認爲不是現代典型，而不予重視。這種詩歌美學的偏食，是缺少多元審美素養的表現。將重視時尚說成重視「現代精神」，其誤差的不良後果就是詩歌得不到豐碩多姿的發展，就像一個偏食的青少年得不到健康的成長。中國新詩只有70多年的歷史，比起西方的詩歌要年輕幼小得多。然而我們卻自誕生的那一天就拒絕中華詩歌的母乳，而改飲西方19世紀、20世紀的詩歌之乳，增加外來營養原是好事，不幸的是對自己母乳的營養一無了解，反以爲有毒、有害，這種追求西方營養，蔑視母乳的更根本的營養，造成今日中國新詩，特別是始終唾棄母乳的大陸新詩，由於營養單調而發育不全，體質單薄，缺乏深厚的文化底蘊。這種畸形在第一、第二代甚至第三代新詩中尚不顯著，由於這幾代詩人自幼即在中西文化傳統教育中成長，不管他們自己如何考慮，這種文化功底必然潛入他們的詩作。胡適、朱自清、魯迅、周作人、馮至、卞之琳無一不是自願或不自願地將他們的詩作建立在

中西文化傳統所賦予他們的文化基石上。但在世紀的下半，各代詩人的教育屢遭干擾、打亂、間斷，使他們無法對中、西文化傳統有系統的認識和鑑賞，離文化傳統愈遠他們的詩作自然也就愈單薄、單調，成為時尚中的牆頭草，並無自己的根基。反之他們之間耳濡目染地養成反傳統（不論中西）的偏激心態。其實這幾代知識份子，尤其是人文科學的知識份子，本已無傳統訓練與學識可言，卻偏偏要以造反的心態對待任何傳統，一但有機會進行較自由的創作，就以平地起高樓的心態想各立山頭，自命為時代的最前沿的先鋒詩人，殊不知無傳統的創新是不存在的。沒有巴哈、莫札特的基礎那裏來偉大的貝多芬？最了不起的創新者往往是最天才的繼承者，不幸大陸多年的反傳統意識深深侵入青年詩人的靈魂，使他們之中不少人將自己的詩才濫用在盲目的追逐西方先鋒的表象上，而對西方現代、後現代主義深處的認識論，宇宙觀的變革及其與先鋒的美學關係並無所知，其結果只造成標新立異、一知半解地創造了一些偽後現代作品，一味追求凌亂、扭斷語言的脖子，以神經質和無意義的繁瑣贅述表現他所認為的後現代、超現實審美觀。他們的這種粗糙的「後現代」作品既無西方後現代主義所要表達的深刻的西方世界的精神狀態，又不能作為一個漢語詩人對漢語新詩的發展起一些真正的推動和創新。

當我合上「蓉子詩選」時，我多麼希望在大陸的詩歌創作中多一些蓉子的樸實、虔誠，以己詩奉詩藝的品質。不追逐時尚，順著自己的詩才質地，以樸實真摯的詩格來發展自己的詩之天賦。這種謙虛、真誠的詩人品質是任何一位詩人能找到真正的自己的詩之人格的先決條件。喧囂浮躁，急於求成，追逐時尚，爭當「先鋒」，或不尊重語言，只將詩和詩語看成自己洩憤的工具，甚至以充塞詩作以「語言的垃圾」為創新的招牌，經心褻瀆語言，以顯示自己對生命的絕望。現實確實時時有垃圾的污染，然而以詩歌語言增加精神環境的污染，並

命之爲「詩」，實爲怪論，不幸這種怪論卻曾爲不少評論家所接受，並認爲是當代漢詩的後現代主義。當這種混濁之氣使有才華的青年詩人迷失了眞正的自己時，蓉子的詩顯露出遠離商業與後工業時期的喧囂浮華，眞誠地埋首於開發自然賦予她的詩才的寶藏。她的才華因此能充份的流露、橫溢於她的詩行中；這裏、那裏時時給讀者意外的驚喜。她寫詩的虔誠好像在完成自然分給她的精神耕耘的職責，不緩不急地向世界展示性靈之美。不是爲了驚動世界，也不是爲了博得彩聲。

當代漢語正承受著來自多方的干擾、污染與擠壓。一是來自多年意識形態灌輸所形成的套話，一派官腔，內容空洞令人生厭；另一是來自拙劣的翻譯語型，以彎彎繞爲深奧；另一派是混身沾滿脂粉氣的廣告流行歌曲、片頭歌的濫美濫情的庸俗。在這幾種污染之下漢語詩歌應當如何找到一種有漢語自身優點而又能承受複雜的現代意識的詩歌語言？讀蓉子的詩在這方面我得到一些體會。蓉子的詩語和她的女性心地及靈活的思維十分貼近，幾乎無間。我想語言的泉湧和詩思的伸展在她可能幾乎是同步的。語言這來自文化無意識的地下泉眼的流溢，帶來詩人的心靈的每一閃波光，使我們在閱讀中時時驚嘆自然賦予人類的美和智慧。在這到處都遇到語言交通阻塞的今天，蓉子的詩以其新穎、清麗如山風的詩歌語言給我以極大的閱讀愉悅。她的詩可讀性很強，而又有很深邃的內涵。用字飽滿、穿透而不誇張；色彩鮮亮，喚起視覺的形、色之感，而不造作。漢語的優美韻味及高度的活力被自然地吸收到現代詩語中。漢語的視覺美與活力，聽覺的音樂性如何能回到當代詩作中，棲居其中，如在古典詩詞中那樣，是我們在21世紀必須面對的一個重要課題，捨此當代漢語詩無法比美於世界名作。在詩語的音樂性方面蓉子的詩是有可借鑑性的。譬如她的詩行很少格律性。但在那長長短短，稀稀濃濃的詩行中卻有一種類似古典詞的節奏感，很好地配合了感情的起伏，思緒的頓錯，形成一種音樂的

完整性。第一眼，我很擔心這樣的詩行會不會流於荒散。但在讀後我體會到詩人所追求的音樂的錯落有致，與情感的委婉、突出、待發的各種節奏的配合。這使得這些類似不規則的詩行獲得由內在音樂結構所給它的整體凝聚，因而並沒有流於煥散，反而有內在的整體結構。我近年常想多寫格律白話詩，因為我發現當一個詩人能駕御格律時，形式的要求非但不會束縛他，反而會形成對思維、聯想、記憶的一種刺激和啓發，因而將詩思引向初始所沒有料到的深遠，這種內容與形式間神奇的交談給我極大的創作快樂。但如果駕御不當，則往往留下斧痕，傷害了語言的彈性。因此無論是格律詩還是自由詩其難處都在最終能否獲得整體的凝聚完整。自由詩以不規則為主而內中含蓄隱在的規則之美，格律詩以規則為主，但卻又有那溢出外形規則的不規則之美，那是生命動力的無限和不受約束。蓉子的自由詩在這方面，由於有內在節奏賦予的完整美，是成功的。

　　中國新詩由於其創作思想走了一些彎路，在美學上並沒有深入地探討過，加上長期脫離世界的實際，在封閉的狀態中生存，並不知己也不知彼，更重要的是對自己的漢語的特點和詩歌傳統漠不關心，以致進展遲緩，近年雖然有的創作嘗試走出單一，追求多樣化，但終因美學、詩學沒有根基，而失之雜亂。詩歌創作既得不到學府的關注，也不受刊物出版界的重視，因此只是生存在夾縫中，在21世紀，中國這個歷史上有過唐宋詩詞高峯的詩歌之國確實需要集聚海內外漢詩創作界的智慧將當代中國新詩向前推進一步。

　　　　（作者：鄭敏，詩人、理論家、北京師範大學外語系英美文學教授）

青蓮之美

——詩人蓉子散論

沈　奇

一

在一個無論是藝術還是人生，都空前虛妄浮躁的時代裡，閱讀和談論詩人蓉子，頗具別有意味的價值。作爲人的蓉子，她本身就是一首詩的存在；作爲詩的蓉子，則足以成爲我們審度一位詩人之詩歌精神的、可資參照的標準。誠然，作爲詩人，最終只應是以其作品來接受歷史的確認的，但我們似乎願意更多些看到，那些無論是作爲詩的存在還是作爲詩人的存在，都無愧於我們的敬意和愛心的詩人藝術家，以彌補人與詩的背離所留下的許多缺憾。

蓉子，生活中的蓉子，寫作中的蓉子，近半個世紀裡，她在我們中間，持平常心，作平常人，寫不平常的詩，作我們平和、寧靜的「隔鄰的謬斯」，散佈愛意和聖潔。「你不是一棵喧嘩的樹」，「你完成自己於無邊的寂靜之中」（〈維納麗沙組曲〉·1967年）——人與詩交融爲一的一股清流，沉沉穩穩地流淌於整個臺灣現代詩的進程之中，最終，成爲一則詩的童話、一部詩的聖樂、一朵「開得最久的菊花」（余光中語）、一隻「永遠的青鳥」（向明等語）、「一座華美的永恆」（莊秀美語）、「一朵不凋的青蓮」（蕭蕭語）——

有一種低低的迴響也成過往　仰瞻

只有沉寒的星光　照亮天邊
有一朵青蓮　在水之田
在星月之下獨自思吟。

可觀賞的是本體
可傳誦的是芬美　一朵青蓮
有一種月色的朦朧　有一種星沉荷池的古典
越過這兒那兒的潮濕和泥濘而如此馨美！

幽思遼闊　面紗面紗
陌生而不能相望
影中有形　水中有影
一朵靜觀天宇而不事喧嚷的蓮。

紫色向晚　向夕陽的長窗
盡管荷蓋上承滿了水珠　但你從不哭泣
仍舊有翁鬱的青翠　仍舊有妍婉的紅燄
從澹澹的寒波　擎起

　　這是蓉子的代表作〈一朵青蓮〉，是置於整個中國新詩之精品佳作寶庫中，都不失其光彩的經典之作。同時，在研讀完蓉子的大部分詩作後，我更願將這首詩看作蓉子詩歌精神和詩歌美學的、一種以詩的形式所做的自我詮釋，足以引導我們去更好地認識與理解蓉子詩歌的靈魂樣態和語言質地，亦即可稱之為「青蓮之美」的意義價值和藝術價值。

二

　　詩是詩人靈魂的顯像。這種顯像，在一部分詩人那裡，其主要的成分，是經由後天的借鑑、汲取與磨煉，所凝聚生發的詩之思之言說，其中無論是思的經緯還是言說的方式，都可考察到極大的互文性，亦即是他者之思之言說的投影或再造，缺少來自自身生命的本源性質地。在另一部分即真正優秀的、所謂「天才式」的詩人那裡，這種顯像則呈現為一種德全神盈而自然生發的氣象，有內源性的生命之光朗照其詩路和心路歷程，其思與言與道三者圓融貫通，成為和諧醇厚、專純自足的小宇宙，且多趨於一種聖潔寧靜的澄明的境界。

　　以此看蓉子，顯然屬於後者，屬於她自己詩中所追塑的「一朵靜觀天宇而不事喧嚷的蓮」，以固有的「蓊鬱的青翠」和「妍婉的紅燄」，「從澹澹的寒波　擎起」——這實在是詩人主體人格和精神品相之最恰切、最美好的寫照！西方哲人曾將人生境界分為社會人、審美人、宗教人三層，其實還應加上「自然人」這一層。我說的「自然人」，不是混沌未開的原初自然，而是打通社會／審美／宗教三界而後大化，重返本真自我而通達無礙的天然之境。詩是詩人寫的，詩之境界的大、小、純、雜，自與詩人的精神質地息息相關。讀詩亦如閱人，最終感念於深心的，還是其氣質而非作派。同樣，這氣質、這境界，也因人而分為後天修成和先天生成，其根性所在起著決定性的作用。由此我們方可理解，何以連尼采這樣張揚「超人意志」的詩哲，也會認為藝術乃「寧靜的豐收」，並指出：「——天生的貴族是不大勤奮的；他們的成果在寧靜的秋夜出現並從樹上墜落，無須焦急的渴望，催促，除舊布新。……在『製作的』人之上，還有一個更高的種族。」①蓉子自是屬於這「更高的種族」的詩人。在她幾乎所有的詩作的背後，我們都可以或深或淺地感受到她那種從容、達觀、溫婉、澄明的高貴氣息，使我們為之深深感動。精明的批評家還會更進一步地發現到，凡蓉子的成功之作，皆是與其心性最為契合的語境下的詩性言說，而

當這種言說偏離其本色心性，則常會出現夾生和乾癟，語詞之下，不再有鮮活的氣蘊流動激蕩。就此而言，我們也可以說蓉子是一位有局限性的詩人，難以拓殖更大的精神堂廡。確實，相比較於許多大詩人來說，蓉子的寫作更爲突出地表達了自我內心的需要，成爲對自己詩性生命之旅的一種表述和紀念，除此之外，沒有更多的奢望和野心。然而作爲詩歌美學的考察，我們首先要判定的是作品形神之間的均衡、集中與和諧。其次才是所謂境界／堂廡之大小。「詩的目的乃是在喚起人生最高的一致與和諧」（瓦雷里語）而這，正是蓉子詩歌世界最爲本質、最爲可取之處。應該說，命運將眞正純粹的寫作賦予了蓉子，使她得以在詩的創造之中更創造了詩的人生；或者說，使本屬詩性的人生，得以完全眞純自然的詩的表現──我想，我們讀蓉子，讀蓉子詩的世界，最爲讓我們感念於深心的，大概正在於此。恰如詩人自道：「淘取金粒，不是爲著指環，是爲了它珍貴的光輝」②。也誠如評論家周伯乃所言：「現代工業所造就的詩人，大都已喪失了原始的那種自然流露的嫻靜，而蓉子卻是唯一能守住那分嫻靜的詩人」③。

　　「秋意本天成」（〈薄紫色的秋天〉1980年），有「青蓮」之根，方有「青蓮」之質，且守著這分「天成」，「用古典的面影坐於現代」（〈夢的荒原〉）「在修補和破碎之間」（〈紅塵〉1961年）「注視著光明的中心，一片寂靜」（T・S・艾略特詩句）「縱閃光燈與盛會曾經以煊耀／明亮了你的眼睛／而你卻愛站在風走過的地方／懷疑那霧裡的榮華」（〈榮華〉）──這便是蓉子式的「青蓮」，青蓮般的蓉子，是貫通了社會／審美／宗教三界而大化自然的詩性／神性生命本體：「一傘在握　開闔自如／闔則爲竿爲杖／開則爲花爲亭／亭中藏一個寧靜的我」（〈傘〉1976年）這樣的境界看似不大，卻已深藏人生的眞諦且抵達詩美的本質，所謂「淡然無極而衆美從之」，（莊子語）不是刻意尋覓的什麼境界，而是於淡泊超然之中，「去探詢靈

魂成熟的豐盈」（〈七月的南方〉1960年）呈現一派無奇的絢爛。在一個一切都已被作弊、被污染的時代裡，走進蓉子，走進蓉子式的「傘」下、「青蓮」下，以及她「七月的南方」和「薄紫色的秋天」裡，我們常有一種走進「植滿了聖潔的綠蔭」（改借用周伯乃先生語）的精神故土的感覺，給我們煩膩倦怠的生命裡注入新鮮的氧和夢之光，並在詩人「暖而不灼」的精神的「陽光」裡，「緩緩地滲出生命內裡的歡悅」（〈薄紫色的秋天〉）——這便是「青蓮之美」的意義價值之所在。我想，無論是東方，還是西方，是現代，還是後現代，這樣的一種價值、一種境界，都是我們永遠會為之迷戀而難以捨棄的。

三

對蓉子「青蓮之美」的意義價值，亦即通過她的詩歌世界所給與我們的精神享受。應該說，無論是普泛的讀者，還是眾多的評論者，都有較為一致的認同。對蓉子「青蓮之美」的藝術價值，亦即通過她的詩歌創作，為現代漢詩之藝術發展所做出的貢獻，恐怕就是仁者見仁，智者見智了。

這裡需要首先提示的是，評價一位在詩歌史上有一定地位和影響的成名詩人，與評價一個一般性的詩作者，其標準是不同的。對成名詩人，我們必須用上述意義價值和藝術價值這兩把尺子來同時衡量，即不僅要看其作品對拓展時代的精神空間有著怎樣的功用，同時還應考察，通過其創作為推動時代詩歌藝術的發展，有著怎樣的開啟和拓殖。所謂「高標獨樹」、「開一代風氣之先」而影響及後來，即在於此。新詩八十年，整體看去，畢竟還是處於拓荒和探索時期，著重力於載道，弱於對藝術形式的完善的收攝。因此，我們特別看重那些為新詩藝術的發展有所作為的詩人，並以此為不可或缺的價值尺度，去要求所有優秀而重要的詩歌藝術家。

　　作爲臺灣詩壇之「長青樹」，歷經近半個世紀的創作，最終未能成爲重量級的大詩人，蓉子的局限性，恐正在於其藝術價值的相對遜弱。我這裡用了「相對」一詞，是指在最高層面上而言，未能取得雙向度並重的成就。也只有建立在這樣的認知基礎之上，或許方能眞正準確地把握「青蓮之美」所已達到的藝術境地，從而更爲完整、科學地評價這位爲我們所敬重的詩人。

　　這就又要回到上文所提出的，作爲詩歌美學的考察，首先要判定的是作品形神之間的均衡、集中與和諧，這是基本的尺度。抵達這一尺度，在自己的創作中收攝、凝定直到完善了此前藝術發展所開闢的路向，且生發出新的光彩，這已是足以成爲一位優秀詩人的標誌了。蓉子的創作路向，其底背是承接浪漫主義的，同時雜揉有現代主義的視點和新古典的韻緻，儘管詩思廣被博及，但總體上還是縈迴於情感世界的主觀抒情。這是一種局限，但從藝術考察的角度而言，「說什麼」並不重要，關鍵要看是「如何在說」看「說法」與「說什麼」是否達到了高度和諧。我一直認爲，短短不足八十年的中國新詩，其實無論哪一種「主義」都需要繼續發揚光大，重新創化與再造。尤其是浪漫主義，我們似乎從未眞正能抵達西方浪漫主義的眞境，也早已拋掉了中國古典詩歌中浪漫的神髓，多見於假腔假式的追摹和演練，精神的虛妄症和語言的焦糊狀成爲僞浪漫主義詩歌難以消解的痼疾。正是在這一點上，我發現了蓉子詩歌的藝術特質，我是說，我在蓉子式的浪漫主義詩風中，終於聽到了一種可稱之爲「純正的抒情」的聲音，一種質樸無華而又悠然神會的音樂化了的情感世界。在這個不事誇飾、清明溫煦的世界裡，生命化爲一片大和諧，具有內源性之光的「青蓮」精神，得以最好的發揮，情與景、意與象融洽無間，渾然一體，一種氣蘊貫通的形式飽滿狀態，如滿載甘液盈盈欲裂的葡萄般晶瑩鮮活，令人沉醉！

　　縱觀蓉子的代表作品，大體可概分爲兩類。一類如〈青鳥‧1950年〉、〈寂寞的歌‧1952年〉、〈七月的南方‧1960年〉、〈維納麗沙組曲‧1966～1967年〉及大部份精美短詩等，多屬情感的自然流洩，不抑不驅，不事塑砌，唯以眞純的情感美、婉約的情緒美、流暢的音韻美和清明鮮活的人生感悟，和諧共鳴，感染讀者。這類作品，得益於情感，也常受限於情感，雖整體構架上也有恰切的組織，肌理分明，但詩思的展開，一般都囿於線性的直抒舖敘，如歌如賦，難得有更多新奇的意象生發。然而，即使在這一類宣敍性、咏嘆式的創作路向中，我們也可見到詩人蓉子的創化能力。至少，經由她的作品，那種情感與語詞的夸飾遺風和不可遏止的所指欲望，得到了較徹底的清除，而恢復與再造了這一脈詩風的清明純正之傳統。這一點，仍得益於詩人純淨如藍天，如清泉、如聖潔的自然一般的心性，所謂「歸根曰靜」（老子語）「適性爲美」；以蓉子的心境，方生此蓉子的抒情語境，在一片很難再造新意的路向中，拓殖出不凡的氣象，而成爲「永遠的青鳥」。

　　另一類，便是以〈一朵青蓮‧1968年〉、〈我的妝鏡是一隻弓背的貓〉、〈傘‧1976年〉、〈白色的睡‧1960年〉、〈薄紫色的秋天‧1980年〉、〈我們的城不再飛花〉等爲代表的經典之作。這類作品，在蓉子的創作總量中，所占比例不大，卻代表著詩人的最高藝術成就，可以說，一位詩人一生中能有此數首，已足以立身入史的了。詩人的詩思，在這類創作中得到了很好的控制和獨到的深入，情感、理性與信仰三者調和爲一，理趣與情韻並重，著力於意象的營造，主體深隱洞明，有如月光溶於荷塘，撲朔迷離中有思的流光閃迴浸漫。在這裡，語言不再是單一的情感與音韻的載體，而成了自足自明的「詩想者」，有了更多的延展性，更多的想像空間，恰如詩人的詩句所形容的「它深淵的藍眼睛有貓的多變的瞳」（〈水上詩展〉1961年）。由

此可見，詩人蓉子不僅是一位本色寫作的典範，也同樣是一位創造意象的高手。雖然這種創造，未能構成大的群落，卻也如星子般閃耀於創作的長河之中，令人過目難忘，獨具魅力。尤其需要指出的是，在這一類創作中，蓉子依然持有自己的本源質素，並未陷入唯意象是問的流俗，是以每有落筆，則必見奇觀，雖氣象不同，其內在的氣蘊，和那一種貫穿始終的和諧純正的聲音，卻是從未扭曲而保持一致的。

　　和諧與純正，是蓉子詩歌藝術最主要也是其最成功的特質所在。依然是那首著名的〈一朵青蓮〉的詩作中，蓉子用自己的詩句，對這一藝術特質作了精美的註釋：「有一種月色的朦朧　有一種星沉荷池的古典／越過這兒那兒的潮濕和泥濘而如此馨美！」這是典型的蓉子式的語境，也是典型的蓉子式的心境；語境與心境的和諧共生，方使抒情成為不含雜質、水晶般純淨的抒情，而「浪漫」一詞，也便不再成為遠離我們生存現實的虛妄之矯飾。從這樣的語境中，我們更看到，這是一位忠實於本真生命的感知，遠觀幽思，不願大聲高腔地對世界發言的詩人。心中有自己的廟堂，靈魂有自己的方向，在眾音齊鳴（思想的與藝術的）的時代裡，恪守自己的感悟，自己和自己辯論，並將這感悟親切地傾訴於世，為理解而非教誨。我們看到，詩人即或是進入對客觀現實之批判性的詩思，也寫得沉穩內在：「我常在無夢的夜原上寂坐／看夜的都市　像／一枚碩大無朋的水鑽扣花／正陳列在委託行的玻璃櫥窗裡／高價待估」（〈我們的城不再飛花〉）語詞之間更多的是一種哀惋沉鬱的孤高之氣，卻有「星沉荷池」般的底蘊，久久滲浸於我們的感受之中。

　　這樣一種語境，使我常不由地想到蓉子曾作過教堂風琴手這一早年的經歷，實在可看作對這位詩人之藝術品質的一個頗為有趣的「隱喻」。單純而不失豐富，悠揚而不失堅卓，音色純正，音韻和諧，在整個臺灣現代詩的交響中，有如一架豎琴，佔有不可或缺的一席重要

位置。

四

> 這是失去預言的日子
> 在憂鬱藍的蒼穹下
> 我們採摘不到一束金黃
> 很多很淡的顏色湧昇
> 很多虛白、很多灰雲　很多迷離
> 很多季節和收割闊離
> ——〈白色的睡·1960年〉

　　這是詩人蓉子對我們所處時代所作的詩性的指認，正是在這一指認中，詩人確認了她存在的意義。

　　「青蓮之美」是以現代意識追懷「古典」的美。這裡的「古典」不是什麼意欲追認的生存方式，而是經由對人類諸如眞、善、美等永恆價值的重新確認，來質疑「現代」的缺失；以「青蓮之美」去映襯存在的「泥濘」和「潮濕」，以至善之愛至純淨的情感之光去朗照生存的「虛白」和「迷離」——這是蓉子詩歌之精神內在與藝術特色的本質所在。至此，在我的評論中，似乎一直未提及蓉子作爲一個女性詩人存在的價值，而這正是我最後想指出的這位詩人的又一特性：在蓉子的詩歌世界中，儘管處處可見女性的柔美和細膩的韻緻，但皆已爲一種上昇爲母性以至人類共性的光暈所籠罩；即消解了傳統的「閨怨」等遺脈，又沒有故意加強了的所謂「女性意識」的凸顯。她甚至也很少去寫什麼狹義的「鄉愁」，而完全沉浸於她所建構的，超越性別、超越族類、超越時空的「情感教堂」中，播散「青蓮之美」的樂章。她使我們更深地認識到，浪漫是永遠的誘惑，而人生需要激情，需要美的照耀和情感的依托。世紀交替，回首來處，穿過無數嘈雜、無數「虛白」、無數雜色的「湧昇」，我們越發親切地感受到，來自

詩人蓉子那充滿聖潔的愛心和美意的「情感教堂」之低迴的「琴聲」，是怎樣契合著我們靈魂的期待，填補著我們精神的困乏。從清晨到薄暮，從出發的時日到收穫的季節，蓉子堅守在她的「情感教堂」裡，不為紛亂的潮流所動，用一雙優美的手、一顆博愛的心，為我們在「失去預言的日子」裡，「在憂鬱藍的蒼穹下」，採摘「一束金黃」，一束純正和諧的詩性／神性生命之美的輝光，以照亮我們生存的灰暗。是的，在世紀的交響中，我們尤其傾心於那些黃鐘大呂般的思之詩、史之詩，那些骨重神寒的詩性言說，以支撐我們生命的重負。同時，我們也難以割捨那「情感教堂」的一方淨土、一片清音，以滋養我們乾涸的靈魂，復生愛心和美意。「紫色向晚　向夕陽的長窗」，蓉子的「青蓮」正成為世紀的「仰瞻」──或許，在後現代之後，在眾聲喧嘩之後，在現代漢詩更新的出發中，蓉子式的「青蓮之美」將重新為人們所認知，以其常在常新的「蓊鬱」和「妍婉」，不斷穿越歲月的「澹澹寒波」，「擎起」於詩的田園，去喚取更多的詩性生命的搏動和輝映──

> 歲月逝去　唯我留步
>
> 我纖長的手指不為誰而彈奏
>
> …………
>
> 因我是端淑的神（〈夢的荒原〉）

（作者：沈奇，詩人、評論家）

【注　釋】

① 尼采，〈出自藝術家和作家的靈魂〉，轉引自沈奇編選《西方詩論精華》。廣州花城出版社一九九一年版第47～48頁。

② 蓉子語，轉引自蕭蕭編《永遠的青鳥》。臺灣文史哲出版社一九九五年版第24頁。

③ 周伯乃，〈淺論蓉子的詩〉，轉引自蕭蕭編《永遠的青鳥》。臺灣文史哲出版社一九九五年版第24頁。

蓉子詩歌的文本互涉

——關於一組「傘詩」的解讀

侯　洪

　　這組以「傘」爲創作題材的精煉短小的四首篇什，收錄於蓉子第八本詩集《天堂鳥》中，分別名爲〈傘〉、〈雖說傘是一庭花樹〉、〈傘的變奏〉和〈傘之逸〉。雖說它們都被看作是「咏物詩」，但卻從不同的「視點」或角度，呈現出蓉子詩歌藝術獨特的話語方式。由於這組作品的文本關涉蓉子詩歌的整個文本結構和話語方式，於是，通過對這四個相互獨立的詩歌文本的「解碼」，我們便可進入蓉子詩歌藝術世界的「語境」，窺視其文本意義的深層結構的內涵。

　　下面且將我們的目光投向蓉子的「傘」吧，讓我們一道進入這方傘之藝術的天地。我們先著眼於詩人的話語表達方式這一層面。

第一首：以詩造傘

　　在第一首題爲《傘》的篇什中，詩人的「視點」是先分後合，她充分調動語言能指的作用，通過詞語的碰撞在詩中形成張力和意象的疊加，營造出具有豐滿藝術形象的容體——傘，爾後，通過「我」的介入，將「喻體」轉爲「本體」，從而由暗示到烘托出一個實在的「自我」的可感的藝術形象。

　　現在，且讓我們注目於這一意象營造的藝術過程：詩人把傘的張開過程同鳥和蝙蝠的運動形態給人留下的印象黏連在一起，它們的共同點都是形狀如圓；然後再把視角放大並注重詞語色彩的視覺效果，

敞開來這傘如朵朵「紅色的朝暾」或一抹抹「黑色的晚雲」，這在視覺上就有了延展開來的距離感和空間感；在色彩上，紅黑兩色再配上宛若「一頂荷蓋」的綠色，其傘的世界的色彩是何等豐富，並且又再進一層，它們變成了「載花的樹」，意象在形狀和色彩上就更加厚實，同時也給人增加了嗅覺感的聯想──傘變成了一冠芳香四溢的樹。「而且能夠行走」一句，又使意象具備生命感和動態美，於是，這傘在我們的心象中不僅能飛、能飄，還能行走，聞起來還有味道。然而，詩人並未就此停筆，在意象的疊加基礎上又轉向聽覺的功能開發，這傘還頂出了「單純兒歌的透明音符」來，詩人把滴滴雨珠同傘的圓形拼合了起來，它的透明與聲響又同純淨的樂聲相關聯，此刻，傘的視覺、聽覺、嗅覺形象已備。最後，再把傘同人們在日常生活中使用和觀賞的行為經驗聯繫起來──「闔則為竿為杖，開則為花為亭」，這就使其意象的觸覺更加明顯，從而具備了全面的真實感和信任感。至此，經過詩人精心營造的傘在我們面前，大有歷歷在目之感。

　　然而，倘若此詩就此封筆，其藝術價值就不足為奇了，充其量不過是一次「藝術的遊戲」而已。詩末關鍵一句，主體「我」的介入──「亭中藏一個寧靜的我」，在全詩詞語所撐起的藝術空間中所彰顯的結構對比的張力，才使得全詩的美學意義得以生成。您看，首節的「圓」，次節的「荷蓋」，三節的「音符」……小小的世界，再到末節「寧靜的我」，以小，以靜和自在的心境同另一級的能飛、能飄、能走能跳的動態詞語構成的傘的意象，形成文本結構的動靜差異對比，從而釋放出文本的美學意蘊。在此，喻體「傘」的意象同本體「我」的形象合而為一，傳達出象徵的功能特徵的指歸──「我」即「傘」。這種主客體的物我相融，通過意象的暗示、烘托、疊加和轉換來渲染主題的形象：一個心中充滿理想和快意的女孩與守住一個自在而寧靜的「我」的品位的女孩的複合形象便躍然紙上。在此，主題的意旨突

出了詩人的美學追求和女性意識的獨立品格，它包涵了莊重與尊嚴的操守，同時透露出東方古典沈靜美的底蘊。這也可以說是詩人所追求的一種人生境界———一種儒家的道德風範與基督教虔誠的心靈表白。由此觀之，這一文本的話語表達方式，呈現出浪漫主義氣質的基調和象徵主義藝術的特質相結合的傾向，而它又同我們現代詩的「新月派」詩歌以及法國象徵主義詩歌流派存在著一定的淵源關係。

　　讀到此，由上面「傘」之「綠色荷蓋」的意象和它所喚起的美感經驗，我不由得聯想到詩人的另一詩歌文本的意象所軸射出的美感效應和美學品位的魅力，那就是被廣為傳誦的詩人的名篇〈一朵青蓮〉。其實，那一朵青蓮，不也是詩人蓉子人格的自我寫照嗎？於是，我們從談論其詩的話語方式轉入其文本的「交互性」上，試圖由此見出蓉子詩歌文本在深層結構上的「同構」現象。

　　您看，那「一朵靜觀天宇而不事喧嚷的蓮」，「在水之田」，映現出「一種月色的朦朧」，一種「星沉荷池的古典」，越過「潮濕和泥濘而如此馨美」！「儘管荷蓋上承滿了水珠，但你從不哭泣」，因有「妍婉的紅燄」，「從澹澹的寒波，擎起」。

　　此詩的意象，主客體完全合一，象徵的意味更濃。由青蓮而蓉子，我們讀出了：「潮濕與泥濘」顯示出詩人欣羨出污泥而不染的高潔品質；「靜觀」與「喧嚷」所形成的對比，標明詩人讚賞那種不與世紛爭，保持中國傳統文人的道德操守的情懷，緣此，才有這番古典美的芳香感人；而後的「承滿水珠」，「從不哭泣」，分明道出詩人所唶嘆的青蓮的堅韌品格；最後，「紅燄」對「澹澹的寒波」，讓人感到一種充滿生命活力的勃勃生機與一種澹泊雋永的境界，形成一股對比強烈的合力，體現出沉靜、厚重的中國古典美的意蘊和越脫，忘我的人生境界美的韻味。這一點，也正好同詩人的另一首小詩〈千曲無聲〉的意旨所暗合。照詩人自己的話說，她最欣賞「千曲無聲」的情致。其

實這無聲的「靜」，不正是古人云「靜故了群動，空故納萬境」的美學蘊義所在嗎？

　　從上面兩個文本的互涉，我們看到，盡管它們的寫作年代前後相差近十年時間，但詩人創作中以一貫之的主線，始終潛藏在不同時段的文本之中，那就是對藝術美的追求和對人生境界美的期許。

第二首：以傘喻詩

　　如果說，上面那首「傘」詩的話語表達方式是「以詩造傘」的話（以詩歌特有的語言表達藝術和詩人豐厚的人生閱歷即美感經驗，通過詞語的生成轉換的魔力而形成傘的主題意象和美學意蘊），那麼，這首「傘」之詩，就是「以傘喻詩」了。詩人不再以努力營造意象為能事，而是讓其敘述焦點即「視點」呈現出「同體而義分」，也就是說，借助對傘的抒情敘述方式，用詩的形式表達其美學觀和對美的觀念的理性思考。在此，實際上是詩人對藝術美的一次「內心獨白」。

　　誠如該詩的標題所示——「雖說傘是一庭花樹」，它意味著詩人的「言說」，不再是簡單的表層上的咏物了，她要借傘「這一庭花樹」來「裝修」，「打扮」藝術或者詩歌本身。換句話說，在這一詩歌文本中，存在著兩套話語系統的語碼；其一是描繪客體「傘」本身的形態和功能以及其美感價值；其二是透過詩人這一主體的抒情獨白，來轉述其對美之理念的觀照和對詩的詮釋。

　　下面，只要我們把「傘」字調換成「美」的理念或「詩」的抽象概念，便可「破譯」出這一文本的「密碼」來，「美」是「匠心獨具的美好結構」，「張力和均衡」就形成了它的「功能」特徵，並且「美」還是一個有機的「整體」（「為圓的整體」），「美」的觀照具有「輻射」之作用（「美的輻射」），它的表現就是美感經驗的呈現即一種「滿月般令人的激賞」。

　　同理，我們還可讀出這「以傘喻詩」的言路：第一節，「詩」要

有足夠的諸多元素才能呈現出「美」來——「傘是…開放在充足的雨水和陽光中／…匠心獨具的美好結構」。

第二節，「張力和均衡」就形成了「詩」的「美好結構」的特徵，它體現在「詩」的「形態和功能」上——「每一把傘都有其基型／當傘骨與傘骨把臂相扣／沿著弧形的路徑／一齊向中心密集　形成張力和均衡／撐開了傘的形態和功能。

第三節，「詩」以「整體」爲美，這種美感是通過審美觀照的「輻射」作用產生的，因而它引起人們如觀賞空中的「明月」般的效果：面對皓月當空，激起的這番美感，自然是純淨的，並且觀賞的主體始終意識到一種距離感的存在。——「爲圓的整體　美的輻射／……閃漾著金片或銀線的光／滿月般令人激賞」！

通過對這一文本的解讀，我們已清楚詩人是怎樣用詩的形式來「轉述」自己的創作經驗和對「詩」的詮釋。不過，我們還可從詩人在此文本之前寫就並出版的另一組聞名的詩作《維納麗沙組曲》（1969年）的文本來給予反觀。

這組「維」詩是由12首相互完整獨立的小詩組織，正如詩人所言，這12首小詩就像12扇門，它形成一組完整的結構，那就是通過其有「張力和均衡」的12首小詩，展現了女主角維納麗沙追求靜美和超越，達至自我完美的「蓬萊仙境」——自然而純樸的宇宙世界——的過程。其實，這何嘗不是詩人自身內心的眞實投影，它的整體美就是通過一個有理想的孤困的生命向完美作不懈努力的掙扎過程中展現出來。「維納麗沙之美的形象定位，不需在炫耀和烘托裡完成／——你完成自己於無邊的寂靜之中。」由此，我們所獲致的美感「輻射」，也正和了《一朵青蓮》所透露出的那種「星沉荷池」的古典美的高潔、幽靜與莊重的意蘊和超脫忘我的人生境界美的韻味。這不也同前一首「傘詩」文本的深層結構形成「共振」嗎？

　　如此看來，上面這個「以傘喻詩」的文本寫作，是詩人對《維納麗沙組曲》以及其它名篇的創作經驗的總結或提升，我們可以把它視之爲蓉子詩歌文本的「知性」抒情敘述方式的表現，它凸現出蓉子詩歌藝術的理趣成分。

第三首：以傘說詩

　　第三首有關「傘」之詩，其觀點的表達方式則屬「零點敘述」，即它具有「敘事敘述」的基調，是詩人在講「故事」，這「故事」本身就是一個「寓言」、「詩人」被喻爲傘的「魔術師」，進而引入傘的本體思考，傘的「製作」過程實際上就是「詩」的創造本身。於是，在此文本中，「傘」與「詩」重疊，「魔術師」與「詩人」重疊，「傘」的「原敘述」實際上就是「詩」何以爲藝術的自我呈現。

　　請聽詩人蓉子的「述說」。「傘的魔術師　正如傘／圓通自舞　變化莫測　無中生有」。此節中，若把「魔術師」換誠「詩人」，「傘」換成「詩」文本的詩意就出來了：詩人就像魔術師，詩的創作中表現了「圓通自舞、變化莫測、無中生有」的才華。這裏，蓉子的「言說」進入了探討詩歌創作本質核心的層面。「無中生有」可謂詩與非詩的分界線，古希臘詩學理論宗師柏拉圖把模仿看成是形而下的東西，他看重的是「靈感」即一種「迷狂狀態」的創作，於是後人們把想像的「虛構性」特質，當作藝術與非藝術的標尺。詩只能是藝術的眞實，而非現象的眞實。在開篇，蓉子就借魔術師的角色，呈現了她的詩創作觀。

　　接下來一節，實則是說，詩是通過詩人之手（製作）而成爲藝術之花的——「經他雙手」，「傘……的綢布後面……各色鮮花一朵又一朵開放」。

　　爲何如此呢？此節詩人從幕後站出來，打斷了她的呈現（描述）。接著她以以下兩個基本點來回答這一提問：一是要「脫胎換骨」。換

句話說，詩忌模仿和俗套；進一步說，古希臘詩學的另一宗師亞里士多德所推崇的「模仿說」，就是「再現與創造」，因為它比普通的現實更高，在他看來，歷史家與詩人的區別就在於一是敘述已發生的事，一是提供可能發生的事，因而詩比歷史更富有哲學意味。緣此，詩之藝術當然就不是簡單地照搬現實。二是要「合成多彩的傘面」。也就是說，作詩要有不同的視角和表現的維度，詩是立體的而非平面的。

最後，蓉子又呈現道，「他（傘的魔術師）處理手中的材料，像無所不能的神／每一柄傘的出現都帶來驚喜」。這不就道出了詩之藝術的尊貴嗎？在「酒神精神」的作用，詩就從熾熱的情感中一瀉而出，帶來一份驚喜的魅力。另一方面，如同「魔術師處理手中的材料」一樣，詩人筆下擺弄的作為語音材料的詞語，在此，傘的製作的「述說」就回到了關於詩的製作的本題上來。在古希臘語中，「詩」即「製造」之意，於是，詩的創造的「魔法」就從這一文本中誕生。

解讀至此，我不由得想起詩人蓉子的另一首自白式的作品文本〈詩〉，對比觀照之，也有類似的話語敘述方式，在此信手拈來幾句以示觀瞻：（她說）創作的過程如同「一顆種籽從泥土出生的路徑與變化」所包涵的經歷；創作的艱辛是「永不中止的跋涉」，其成功的魅力就在「向您展示，無邊的視域與諸多的光影」。以上關於「傘詩」的第二、第三文本及〈詩〉的文本，清晰地表明了詩人蓉子通過詩的形式表達自己的詩觀和對藝術美的不懈追求的努力。可以說，蓉子的這兩把「傘」是「知性」的「傘」、「唯美」的「傘」，是詩人對詩國的宣言和對詩歌藝術經驗的認真探討和思索。

第四首：以傘論事

在組詩中的最末一首《傘之逸》的短詩中，詩人從對「自我」的審美觀照和對詩的樣式的美學思考中跳將出來，把對「小我」與「藝術美」的關注擴展到了「大我」與「社會生活」的現實美的層面上來。倘

若上一首的話語方式是「以傘說詩」的話，這首尾詩便是「以傘論事」即詩人的一種轉述，它具有描寫和敘事敘述的成分。此詩的「文本意義」遠大於其能指的話語意義。當然，這一「文本意義」是對詩人蓉子的整個詩歌文本的延伸與擴大，它織成了蓉子文學世界的「多彩傘面」。

且看，（傘）「落在長街　頓成陌路／落在隔牆　花落誰家？」詩人筆底這把傘充滿了世態的炎涼。接下來，「落在一個小販的攤子上」，「一朵驚喜的花」，「我」「羨慕這對小夫妻有說有笑」，「那拉板車的老人和他老伴恩恩愛愛廝守」，這把傘他們「共撐在風雨中」。詩中描繪的情景呈現出人情的冷暖，反襯出現實生活中的真善美。在此，詩人以傘為寄托，以傘喻人生，使這組以傘為題材的詩歌的「現實文本」與「藝術文本」的維度與場域得以擴展與延伸，從而豐富了詩人詩歌世界表達的內涵。由此，這首關注現實與人生的小詩，在蓉子詩歌文本的整體結構中就不應是可有可無的了。

不容忽視的一點，是這一詩歌文本的出現標誌著詩人的創作視野的擴大和作品題材的豐富多樣性，它顯示出詩人自身的藝術整合與調適能力的增強，儘管蓉子詩歌創作的大起大落的傾向並不十分凹凸，但她的這種調適從70年代開始逐漸明顯，到80年代中期終於出版了關注宇宙和人類命運的貼近時代生活的詩集《這一站不到神話》。從此文本到前述這一詩集的彼文本，清楚不過地展示了詩人創作逐步地由浪漫→省思→走向現實與時代生活貼近的變化軌跡，她的創作走向，顯示出不是通往「神話」，而是貼近更為真實的人生，表現出與「現實生活的親和力」。緣此，解讀了這一文本，我們就更能體會詩人那本內容更為宏大與豐贍的《這一站不到神話》的詩集的意蘊。

結語：傘詩以文本互涉

通過對上述四首「傘詩」的解讀，似乎可以這樣說，「傘詩」的「互文性」關涉其「藝術的文本」與「現實的文本」兩個層面，前者

表現爲詩人對詩歌藝術美的不懈追求和努力，後者反映了詩人對人生境界美的一種操守和期許，而這兩者又統一體現在詩人的人文關懷的終極情結上，它表現了詩人對後工業文明社會工具理性主義的抗議與拒斥，這恐怕也是我們解讀「傘詩」文本的一把鑰匙。

此外，文本互涉，又必然與詩人話語表達方式的運作不可分割，在此層面上我們欣喜地發現，蓉子的詩歌創作，完美地融合了中國古典詩歌創作的精華（意境的熔鑄，對凝煉的語言和音樂的和諧美的追求等）和現代「新月派」詩歌及法國象徵主義詩歌藝術的質素（重意象的營造，富有浪漫的情調，口語入詩等），並且包容了抒情與敘事的兩種基本的詩歌敘述方式，又富於變化，運用嫻熟。

最後，當我們的眼簾隨同蓉子詩歌文本的帷幕而一道降下時，我不由得聯想到，女性詩歌，只有當她女性的眼中有了世界，有了宇宙和人文關懷，才可能眞正有女性的自我。我彷彿感到，蓉子的「傘詩」的文本此刻已幻化成一把把「悟性」的傘、「知性」的傘和充滿人文關懷的傘，在我們精神生活的原野上，撐開了一道亮麗的風景線。

蓉子女士的「傘詩」，宛若擎起於現代中國女性詩海中的「紅色的朝暾」，放飛於現代中國詩歌的藍天白雲間的一隻永遠的「青鳥」。

（作者：候洪，文學理論家、現執教於四川聯合大學）

蓉子：在飛翔與降落之間

高秀芹

　　蓉子是臺灣詩壇第一位女詩人，她的意義，「更在於她數十年毫無間斷而且高潮迭起的創作生涯已帶給我們一種典範」。①這位祖母輩的明星詩人從1951年發表第一首詩直到現在，都在用生命與體驗孜孜不倦地探索著最能表現生命形式的詩，而且這種探索還將繼續下去。

　　蓉子的詩風，脫盡了浪漫主義詩風的無端感傷與夸飾豪情，極度的從容抑制了語言或感情的放縱，從而呈現出一定的節制與潔淨，如一棵刪去繁枝的樹，在月光下靜靜地立著。在這株不好喧鬧的樹上最早飛起了一只青鳥，銜著單純的信仰，唯美的追求，在和諧的世界裡自由自在的飛翔。飛著飛著，她觸到了雲層和暗礁，她眼前不再是霞光一片，她降落了下來沉思地觀照著這個世界。

　　蓉子的詩歌變化過程是與蓉子對人生、世界的認識與變化分不開的，她的詩歌創作過程是與生命同構的過程。在每一次飛翔的過程中，蓉子與世界的關係或親或疏，或近或遠，或明或暗的體認方式與距離感，都會使她的詩風或飛翔或降落，或明朗樸素或沉靜達觀。她的每一次美麗的飛翔與苦難的降落裡，都深藏著女性的全部生存與體驗的密碼，本文就試圖指述蓉子飛翔與降落的心理情感和律動軌跡，以及其中潛藏的女性意識。

飛翔：超越現實苦難的自由形式

　　蓉子的第一本詩集是《青鳥集》，這似乎是一個大膽的宣言：年青的詩神飛翔了。在當時單一性別的臺灣詩壇，青鳥的飛翔牽動了一

片喝彩。余光中先生後來說：「至於鍾鼎文先生欣賞的〈爲什麼要向我索取形象〉和〈青鳥〉，紀弦先生所稱道的〈晨的戀歌〉等等，都是臺灣詩壇最早的好詩」。②

飛翔是生命的一次飛騰，是自由自在的生命姿態的暗喻性表現方式，它超越了現實的層面，直達遙遠的理想與希冀，現實從而幻化爲一片朦朧的背景。在這個意義上，飛翔與浪漫主義精神深刻地暗合了，可是，誘引蓉子飛翔的卻是唯美唯靈的精神響往。

蓉子歌唱早晨、三月、山水雲樹，歌唱細雨與純夢，歌唱橫笛與豎琴的晌午，歌唱生命裡的所有美麗與期待。在〈晨的戀歌〉裡她說：不知道夜鶯何事收斂起她的歌聲／晨星何時退隱——／你輕捷的腳步爲何不繫帶銅鈴／好將我早早從沉睡中喚醒／／啊，你輕捷的腳步爲何不繫帶銅鈴／直等我自己從沉睡中醒來／晨光已掃盡山嶺……蓉子眼睛裡的早晨，神秘、美麗而短暫，如何其芳輕吟的預言中的年輕的神，悄悄地走來，又悄悄地走去。在她詩裡，「三月是未嫁的小女／一群素約小腰身的雨／偶然——從屏風後偷窺這世界／竟／怦然心許……」朦朧的生命意識，新鮮的自然人格化湧動飛揚在她的詩中。她純然流動的藝術世界裡，是一些飛翔的山、水、雲、樹，是一些靈動飄悠的夢、雨、海、風，她把她的內心情感投射到大自然中引起情感激揚淨化的事物上，主體和客體建立了一種相親相契的和諧對應關係。請看《那些山、水、雲、樹》：

　　那些山、水、雲、樹

　　每以永恆的殊貌或行或止

　　特別是樹

　　總是無限寧靜地立著

　　時以風的翅膀激揚起它們的翅膀

　　觸及了一種飛翔——

　　以無數對張開的渴望

> 它們一齊向山舉目
> ──燃熠在南方眾樹中的鳳凰木
> 向山舉目，意欲飛去
> 飛往山林絕處，因爲只有山的沉穩
> 無限含蘊與峻高以及
> 其上果木濃實的垂陰
> 那片深蒼的蔥翠緊緊吸你引你
>
> 於是泉溪汩汩從山流出
> 昂揚清淺且蜿蜒
> 繞山繞樹繞著那原野與峰谷
> 綿密曲折而又逸興湍飛
> 躍升爲雲，降落爲水
> 成爲無限輪回的滋澤
> 那豐美繁茂舒暢而愉快的存在

這首詩裡知性與感性水乳交融，情感與客體相合相契，詩人企圖在靜與動，變化與永恆，有限與無限的交替變化中尋找一種深刻的關係。樹是靜的，風卻激揚起它們的翅膀，從而「觸及了一種飛翔」，樹的渴望是飛翔到山裡，山裡的泉也在做著生命的飛翔，「躍升爲雲，降落爲水」，雲和水是兩種不同的生命表達方式，躍升與降落「無限輪回」，成爲「豐美繁茂」的「存在」。

「大自然是心靈平靜和諧的隱喻，在亞洲文學中依然是令人喜愛的主題」。③蓉子的每一次飛翔差不多都在和諧的自然世界裡完成。自然在蓉子那裡成爲可以寄住的精神家園，那些山、水、雲、樹、那些影、船、湖、海，那些花、草、蟲、魚，構成了一個獨特的生存空間。飛翔的詩對於蓉子是一種想像性滿足，她企圖用語言重塑一片恍

惚迷離的世界，她自由滑動的聲音超越了現實的醜陋，平庸與浮躁，想像世界的詩情畫意彌補了不完滿的現實。

蓉子的飛翔有一個發展變化的過程。她最初鼓翅的青鳥期，有著不諳世事的天真與率直，完全忘我的無意爲之，是心靈感應後的得意忘言，如〈晨的戀歌〉、〈笑〉、〈青鳥〉、〈白色的睡〉等詩，沖淡平和，寧靜玲瓏，樸素純淨，唯主體與外在世界混然的認同與和諧，才有這樣的情感體驗與審美世界。而六十年代以後的詩，由於外在世界對她的擠壓與沖擊，她單純的審美體驗開始變得渾厚起來。飛翔對降落後的蓉子來說是一種姿態，她有意選擇這種方式保持自我個性的完美與生命體驗的豐展，是她自然觀與現實發生碰撞後的重新皈依，從而成爲她抗拒物化的方式，如蓉子在《綠色大森林之歌》裡用綠色、青春的語言，星果藤、爬牆虎、牽牛花等勃勃生命來「軟化了都市，軟化了都市的硬心腸」，在《雪是我的童年》裡她感到「那沉重和悲苦如此壓抑著我底成長」、「生存是更大的漩渦」，她的另一半是「狂野的喧鬧」，孤寂、孤獨、荒涼，自我與世界的分裂造成的感情裂變，只有在木香流雲般的回憶裡才能得到修復，她說：「我有萬種荒寒／唯這一箭豐美／——雪是我的妹妹、我的鄉愁」。回憶成爲詩人唯一的救援，是此岸向彼岸划動的唯一一隻小船，那邊有母親，有豐美的雪和我底童年。

自然在蓉子的眼裡不僅僅是純然的存在，而成爲她生命的暗碼與象徵。在蓉子精神飛翔的律動中，她的感情自然化，她的生命意識宇宙化。因此，在蓉子的藝術世界裡，一方面自然成爲她對抗物化的世界的一個依憑和策略，另一方面自然還構成一個自足自適的和諧世界。蓉子的這種情感表達方式和自然觀與羅門截然不同，羅門從不借助於自然，或構建一個超越現實層面的理想與美的存在，他批判工業文明的都市物欲，看取的是那一份赤裸裸的醜與眞，是在反諷的張力下產生

的變態來擠壓常態。他一針見血地指責：「都市你一身都是病／氣喘在克勞酸裡／癱瘓在電梯裡／痙攣在電療院裡」。他在〈車禍〉裡感到的卻是失常的自我與迷失的主體：「他不走了　路反過來走他／他不走了　城裡那尾好看的周末仍在走……」蓉子與現實的距離比羅門遠得多，她寧肯構造一片詞彩華美的理想世界，來繞過「都市灰冷建築物的陰暗」。在〈七月的南方〉這首長詩裡她聽到了遠方七月低低的呼喚，「以一種澄澈的音響／以華美無比的金陽／以青青的豐澤和／它多彩情的名字」。夢裡的南方晴朗而濕潤，豐盈而繁華，每一種顏色都絢爛繽紛到極致，意象繁複到極致，生命的詩意在遙遠的南方，詩人要去「探詢靈魂成熟的豐盈」，在〈林芙之願〉裡她也渴望自己能逃離喧鬧歸依自然，她感到「原屬於林，原屬於湖／原屬於紫色苜蓿田的生命在呼喚」。在氣質情感上蓉子與自然、鄉野更相近，而羅門與都市、喧鬧更相近。蓉子對此是有過反省的：「他是一個擁抱現代都市文明的人，廿世紀的都市生活是他創作的靈感──他寫批判今日都市生活現象的詩。我的靈泉卻在永恆的大自然，在鄉野質樸的人性」。④所以，大自然成為她飛翔的原始動力和終極歸宿，而她的降落卻是她回歸現實的重新思索與對生命的深刻把握。

降落：重歸現實苦難的深刻體認

飛翔是離開大地，降落則是回到大地，回到現實的苦難中，直面人生、現實與生命，看取一份樸樸實實的真，投入詩人的良知與悲憫。降落是飛翔過程中與現實碰撞後的滑落，是重重的沉思擠壓下的反省與質疑。飛翔是美的，降落是沉重的。

蓉子第一次降落是在50年代末期，也就是與羅門結婚後親嘗了生活的真味之後，她感到「對一位主婦來說：家是極為瑣碎而又現實的生活空間。每天除了要上班，又必須親操井臼」。「在日常生活裡，詩人和常人並無兩樣，同樣地要為生活打拚，經歷痛苦、失望和希望」。

⑤經歷過飛翔而又降落的蓉子面對著打碎的現實夢境，重新整合破碎的經驗世界，以新的體認方式重新直面現實人生。從橫縱兩個方面展開詩的表現空間與思維向度，橫的方面拓寬現實生活的容量與密度，縱的方面拓深感覺的深度與知性的強度，這一次降落是蓉子詩風的一次新的飛躍。

她的詩中開始出現碎鏡、亂夢，開始出現非和諧的情緒表達，在〈碎鏡〉裡她發出了質疑：「誰知我們能登陸明天——／明天與明天是叢生在我們航線上的／一些不知名的島群∥哦！從碎裂的寧靜裡：／有多少散光的投影？有多少煩瑣的分屍！／有多少海在城內、溺斃了顏色和形象！」這裡展示的是一個非和諧的世界，不再屬於美，不再屬於古典，不再屬於飛翔的雲、山、樹、海，支離破碎的感覺無法整合成一個完整的世界，她感到「日子是跛腳的」，詩人對生活的完整性和完美性發生了質詢。在〈紅塵〉裡她感到「我底日子在微雨中哭泣」，「一切被推入虛空」。在〈冷雨、冷雨〉裡她感到：「你綠色的小傘／不能為我撐開一日晴朗」。在〈心每〉裡她感到：「時間縱然是一樹厚密的葉子／也會因不停地凋零而稀薄／——你底生意便這樣地萎謝了……這世界充滿了嘲弄」，「夏」在蓉子的藝術世界裡是殘酷與衰落的象徵，「夏」剝落了他心中的美好，「夏」否定或打斷了她的夢。在這些詩中，詩人的自我與現實發生了分裂，自我對現實的逼視產生了強烈的幻滅感與虛無感，這些感覺極少出現在蓉子的藝術世界裡，許多時候，她都用理想沖淡這些苦悶，用浪漫的情致建構一個唯靈與美的藝術世界。

在蓉子詩歌的降落點上，她古典的情懷，浪漫的精神和現代的感受與表達整合在一起。既有生命的厚重，又有凝重的沉思，哀愁、荒涼、孤寂等情感開始進入到她的詩中，打破了她曾經一度固守的單純與唯美，她小心翼翼地把握住了另一種表達生命存在的方式與思路，

她試圖在生與死、美麗與醜陋、勃動與衰退的張力與平衡中把握生命，這使她一方面超越了生存的平面化與理想化，另一方面又使她不至於完全沉溺於虛空與衰敗，使她更易於把握生命的本真存在。在〈奇跡〉裡她說：「這兒有密林的幽謐　有黑夜／有密密的葉遮蔽了赤裸的樹枝　而且／有星光　上帝的眾燈齊亮」。可是，這個和諧幽靜的世界卻被冷風　被衰敗所打破，秋風、秋雨使一片片葉子死亡凋零，冷風颳起塵埃，夢被「阻抑」，上帝的燈有時也被「密雲遮蔽」，可是，在這個變幻莫測、冷暖無定的世界裡卻有一宗奇跡：

　　　　日光下有一宗奇跡　有一宗奇跡

　　　　一棵小松樹孤獨地成長　抵抗七倍於它的風雨

　　　　一叢珊瑚艷紅於洶湧的海水裡

　　　　一面旗燦美地飄揚在沉重似鉛的憂勞之上

　　　　就這樣從涸竭的砂丘不斷地掙扎著豐腴與完美

　　　　就無人認知你的本體！

頑強的生命與成長的奇跡，生命的奇跡，生命的嘆息，也是生命的禮讚，生命在死亡裡成長，死與生是那麼遠，又是那麼近，深刻的思想沉潛在形象之中，蓉子的知性表達方式與羅門完全不同，羅門更靠的是一種智慧，一種對語境的深刻把握，在語言本身與外部世界的張力中表達出來，而蓉子更源於一種本質的經驗，這種經驗在她的飛翔和降落的過程中滋生，經歷成熟。

　　從50年代末蓉子完成了第一次飛翔和第一次降落之後，蓉子的詩歌便沿著這兩種不同的運動韻律振動，有的時候飛翔，有的時候降落。很難說她在那個時期裡呈飛翔趨勢，在那個時期裡呈降落趨勢，飛翔與降落可能在同一個時間裡同時展開。一個值得注意的現象是：近幾年蓉子詩作呈現大規模的降落趨勢，如果說前些時期蓉子的降落裡還有著飛翔的振動與嚮往，那麼《這一站不到神話》有著一種絕決的姿態：「

顯示出了與從前作品的不同風貌。它們表現了我前所未有的與現實生活的親和力，培養了我對周遭事物的關懷、關愛和憐憫，而且用最爲樸素的手法將之表現出來。」⑥這個時期蓉子表現了生命的成熟與節制，她從容而達觀，她所有的生命體驗在舒卷自如中徐徐展開，不蔓不枝、不慍不火，我想，只有那些經歷過苦難，而又心胸開闊的人才有這一份睿智與悲憫。〈紫葡萄之死〉這首短詩裡詩人從我們平常司空見慣的經驗裡感受到人類命運的不可捉摸，「一串紫葡萄」，「拆散」、「洗淨」，一顆顆送入口中，便流失了形跡，她感到「人類之逐一消逝——／於未知之時　突然間／被一隻無形的手指攫住／結束了或長或短的一生」。蓉子降落到大地上，以樸素的眼睛看取生存的一切層面，純然而坦率，她的詩與人在成熟的層面上達到了一致。

女性意識：在飛翔與降落裡

西方馬克思主義批評家弗雷德里克·詹姆森認爲：第三世界的文本在講述關於一個人的故事裡包含了對整個集體本身的經驗的艱難敘述。⑦我想，在所有女性的文本裡，女作家個體的經驗裡也包含了整個性別本身的艱難敘述。所以，對任何一個女作家的作品，我們都應該把它放在男性強勢話語的語境裡，分析其女性意識的表露與隱藏，分析其滲透在文本裡女性的艱難敘述。

樹是許多女詩人宣布平等的意象載體，大陸女詩人舒婷宣布要化作一棵木棉，以樹的形象和戀人併肩站在一起。而蓉子則說自己是「一棵獨立的樹，不是藤蘿」，「不是一株喧嘩的樹，不需用彩帶裝飾自己」。可以看出，蓉子的女性意識還處於托麗·莫依所說的第一階段：婦女要求平等地進入象徵秩序。而沒有進入第二階段和第三階段：擯棄男性的象徵秩序和反對男性氣質和女性氣質的形而上學的二分法。⑧蓉子自覺地認同古有的既定的象徵秩序，如她筆下的那朵「青蓮」，古典靜美，朦朧沉靜，姿態從容而不夸飾，「影中有形，水

中有影／一朵靜觀天宇而不事喧嚷的蓮」。她是青蓮，青蓮成爲她的
自我寫照，古典的意象竟完滿地承載了她的情緒與渴求。從蓮開始，
蓉子一直在塑造著自我形象，在〈我的妝鏡是一隻弓背的貓〉裡「鏡」與
「我」，主體與蓉子發生了共振與疑問，鏡子看「我」，還是「我」
看鏡子？客體反過來觀照主體，鏡子裡的形象眞還是「我」的形象眞？蓉
子開始深刻地思考自我與自我形象，《維納麗沙組曲》便是這些思考
的集中表達與形象再現，維納麗沙孤傲自信，超凡脫俗，超越一切「
炫耀」與「烘托」，「在過往與未來間緩緩形成自己」《維納麗沙的
世界》是：

　　他們眺望你的世界

　　只聽見夏雨傾瀉的回響

　　…………

　　且無人知那寂寞的高度　獨自的深度

　　以及河流永不出海的困憊

　　維納麗沙　你就是這樣的單騎走向

　　通過崎嶇　通過自己　通過大寂寞………

蓉子說：「我詩中的維納麗沙……生活在一個擾擾喧囂的年代，在不
停地跋涉充滿風沙的長途，但不忘自我塑造。這是一組自我世界的描
繪，自我靈魂的畫像，一組孤獨堅定的徐徐跫音……」在寂靜中完成
自我的維納麗沙，完成了蓉子對整個自我與藝術的思考，也最終成爲
蓉子的自我形象，這是一個完全獨立的生命個體，她在孤獨中絕決地
塑造自己，超越與完成，忍耐與堅毅使她坦坦蕩蕩地面對這個世界。

　　一個值得注意的現象是蓉子的詩中很少愛情詩，一個比較早地流
露出女性平等意識的女詩人，一個憧憬著愛與美的詩人，卻很少地直
接寫愛情，許多人驚異於這種現象，如鍾玲、如丁善雄。蓉子後來解
釋說：「除了兩人世界，還有更多的事需關懷」。我想，這不能完全

解釋，在蓉子的藝術世界裡，自然占了絕大多數篇幅，這一種現象特別像冰心，冰心寫自然、母愛、童心，卻很少談及愛情與自我對兩性的理解。在她們的藝術世界裡，自然成為隱秘的象徵，蓉子在把自己的生命意識自然化的過程中，潛在地透露出她與現實世界的深刻關係。郁達夫認為冰心「寫異性愛的文字不多，寫自己的兩性間的苦悶的地方獨少的原因，一半原是因為中國傳統的思想在那裡束縛她，但一半也因為她思想純潔，把她的愛宇宙化神秘化了的緣故」。⑨用這句話解釋蓉子的創作也有很大的啓發意義。

　　蓉子詩歌裡的女性意識並不特別突出，時常有斷裂破碎、不明晰、不完整的現象，就如一塊冰山，有時完全浮出海面，有時只露出那麼一點點，有時則完全隱藏在海底。德爾·史班德認為女人沒有時間寫作，她說：「女人至今會感到她們必須偷空寫作，她們仍對忽視了她們的「職責」感到負咎。⑩有意思的是，蓉子對此也有過深刻的覺悟：「我想一位身兼作家的家庭主婦，如果不稍警惕，她們的才智和已有的成就，很輕易就會埋葬在每天無止無盡的家事繁瑣中……」⑪女人在寫作中面臨著雙層的壓力與困境，既要和男人共同面對客觀世界，又要獨自面對男性性別的擠壓，她感到，「你綠色的小傘／不能為我撐開一日晴朗。於是，她一直在尋找一個屬於自己的空間，一個自足自適的生存世界，她更為自己撐開一日晴朗：

一柄頂天
頂著艷陽　頂著雨
頂著單純兒歌的透明音符
自在自適的小小世界

一傘在握　開闔自如
闔則為竿為杖　開則為花為亭

　　亭中藏一個寧靜的我

她的企求並不高，一把小傘也盡夠了，能爲她遮擋去一切風雨，她藏在裡面，藏起她所有的秘密，她始終在尋找一個安全而自由的個體空間，我想，作爲一個女詩人的蓉子，心中必定藏著現實衝擊的痛風楚雨，可是，她的詩都是那麼和諧美麗，即使偶而有短暫的斷裂與破碎，也很快被彌漫而來的柔情溫愛所覆蓋，這是一個有趣的現象。記得在95年11月北京大學舉辦的羅門蓉子創作世界討論會上，有人問蓉子總是寫著這麼美麗的詩句，是不是生活裡總是充滿詩情畫意？蓉子說：我是悲觀的，羅門是樂觀的，我也不知道爲什麼，我寫詩的時候，不知不覺中總是濾去生活的困難，不知不覺地呈現出愛和美。因此，詩歌是蓉子從現實世界通向理想世界的橋梁，她用山、水、雲、樹建構起的藝術世界最終成爲她苦難精神的避難所，矜持的蓉子自始至終都在遵循著男性世界的規範，小心翼翼地完成了自己。

　　　　（作者：北京大學中文系博士研究生，從事文藝批評）

【註　釋】

① 林耀德〈詩的信仰〉見《蓉子論》第50頁中國社會科學出版社95年4月第1版。

② 余光中〈女詩人──蓉子〉見《蓉子論》第1頁。

③ 〈全球展望：關於文學現狀與未來的國際爭論〉，見《信使》1995年第7期第42頁。

④ 蓉子〈好的另一半〉見《蓉子散文》第40頁。

⑤ 《〈蓉子詩選〉序言》中國社會科學出版社。

⑥ 同上註。

⑦ 弗雷德里克‧詹姆森〈處於跨國資本主義時代中的第三世界文學〉，見張京媛主編《新歷史主義與文學批評》第251頁，北京大學出版社95版。

⑧　參閱托麗‧莫依《性／本文政治》，第12頁。

⑨　郁達夫《〈中國新文學大系‧散文二集〉導言》。

⑩　《男人造語言》第220頁。

⑪　同註④。

論蓉子詩歌中的生命哲思

譚五昌

　　或許是出於從童年時代就培養起來的宗教信念，或許是出於詩人天生的敏感心靈，蓉子對於生命本體持有一種近乎本能的執著關注精神，並在此基礎上融入自己開闊而深沉的理性思考。體現在其具體的詩歌作品中，則是一種充分審美意義上的生命哲思。蓉子在其詩歌創作中所展開的生命哲思是多角度、多層次的，而且貫穿了她四十多年的創作歷程。關於這一點，蓉子本人有著清醒的意識與自覺的追求，她在最近由臺灣文史哲出版社為其推出的詩作精選集《千曲之聲》的自序中有一段極其精彩而深刻的論述：「……詩是『生』的詮釋，是一種對生命的體認。生命就像一條河水，不停地流過時間的河道，於是在一路流過的，那冷暖自知的河水的感受，河岸兩旁不住變動的景色，還有那高處的天光雲影……這些都被吸納成為你經驗的內容，轉化成你寫作的材料……」。這段言論完全可以看作蓉子對於表現生命主題創作歷程的一種詩意化表達的理論總結。事實上，早在六十年代，蓉子在這一方面就具有充分的理論自覺了。她曾在其詩集《蓉子詩抄》（1965年出版）的扉頁上特意寫下自己的一段銘言：「詩與藝術使生命產生耐度，在時間裡不朽。」由此可見生命作為藝術反映與表現的對象對於蓉子創作動機與創作目的所具有的重要意義，同時也顯示出蓉子一以貫之的創作追求。

　　《青鳥集》（1953年出版）可以看作蓉子展開生命哲思的初期階段。當時詩人正值青春韶華，涉世未深，年輕人特有的奮發進取的願

望與精神自然也體現在那時節的蓉子身上，加之蓉子自幼所受的基督教博愛思想的教育與影響，無疑又使蓉子對於人生乃至社會現實抱有樂觀的態度與美好的幻想。這一時期蓉子詩歌中關於生命的哲思帶著健康、積極的傾向，作品情調雖染有不可避免的東方少女式的淡淡哀愁，但總體思想精神卻是昂揚向上的。正如詩集標題所喻示的那樣，集中絕大多數作品都體現為一種對於生命理想執著追尋的主導意向。她的成名作〈青鳥〉一詩借用「青鳥」這一極富文化內涵的象徵意象表達了人類對於生命最高價值──幸福的永恆追求。〈三光〉一詩則分別運用「嬰兒甜睡的酒窩」、「初戀女深深的眸子」、「老人淨潔的白髮」三類色調明麗的意象表達出青年女詩人對於真、善、美（生命理想境界）的執著追尋與熱情謳歌，成為這本詩集中關於生命哲思的主導性主題。在此主導性主題的輝照下，青年女詩人展開了對於生命全方位式的審美觀照與理性凝思。她在〈生命〉一詩中這樣寫道：「生命如手搖紡紗車的輪子，／不停地旋轉於日子的輪軸，／有朝這輪子不再旋轉，／人們將丈量你織就的布幅。」極短的篇幅包含了豐富的內涵，其警策深刻充分顯示了年輕詩人對於生命的慧悟。在〈小舟〉一詩中，她如此禮讚生命：「劃破茫茫大海的，／不是白晝的太陽，／不是夜晚的星星，／也不是日夜吹著的風。／／劃破茫茫大海的，／是一只生命的小舟⋯⋯」。在青年蓉子的心目中，生命是宇宙中最高的價值存在，這種對於生命的認識超越了淺顯的層次，顯示出高度的思想睿智。在其他一系列詩作中，她或是表現了對於生命理想的追尋（〈為尋找一顆星〉、〈覓尋〉），或是傳達出對於完美生命形式的渴望（〈休說〉），或是袒露其對於獨立、正直、美好人格執著追求的摯誠情懷（〈樹〉、〈我寧願擁抱大理石的柱石〉、〈菊〉），或是宣揚了拼搏進取的人生哲學（〈楫〉、〈不願〉）等等。集子裡所收的詩作大多篇幅短小，形式工整，節奏輕柔，韻律和諧，氣氛寧馨，然

而內涵豐富，充滿哲理色彩，明顯見出印度詩哲泰戈爾及國內前輩女詩人冰心對她的創作影響。比如她的小詩〈笑〉是這樣寫的：「最美的是／最真。啊！／你聰明的，／爲什麼編織你的笑？／笑是自然開放的小紅花，／一經編織──／便揉皺了！」其句式，其語調，甚至其題旨，都帶有冰心的色彩。另外，她在這一時期還寫有一組無標題小詩，但未收進《青鳥集》中（後收入她的詩集《天堂鳥》），也明顯見出對於泰戈爾的模仿痕跡，茲舉其中一首：「所有樹木都站定在自己腳跟上／人啊，爲什麼要匍匐呢？」這一點已爲不少評論者所指出，蓉子本人也坦率地承認自己所受的影響。當然在具體創作過程中，蓉子已經加入了自己的創造成分，顯示出自己的藝術個性，與機械的模仿與照搬決不可同日而語。對照之下，我們可以明瞭蓉子在這一時期的詩歌創作充滿哲理色彩的藝術淵源，悟解到蓉子的這本處女詩集之所以能在當時的臺灣詩壇產生熱烈反響，其根本原因即在於詩集中作品抒情的高度哲理化，而決不只是一般意義上的少女抒懷。

　　《七月的南方》（1961年出版）和《蓉子詩抄》（1965年出版）時期可以看作蓉子在創作中展開生命哲思的第二個階段。與《青鳥集》時期相比，蓉子不再是一隻快樂、單純、情趣古典的青鳥了，而變成了一個逐漸感受到生命苦悶的現代化都市女性。從《青鳥集》到第二本詩集《七月的南方》出版，蓉子歷經了將近三年的沉默時期。這期間雖說由於當時臺灣現代詩運動高漲使審美情趣傾向於古典的蓉子一時難以適應，未能及時調整自己的步伐，成爲她歌喉沉默的一個重要原因，然而從其生命狀態著眼，她創作心境的長期缺失也是一個不容忽視的因素。都市環境的喧囂、擁擠、混亂、骯髒，都市人性的墮落、卑劣、醜惡，都與蓉子渴望自由、寧靜、溫馨的生命理想相違逆，兩者之間產生了尖銳的矛盾與衝突。都市的生存環境日益擠壓著蓉子敏感的心靈，污染著蓉子純潔的精神空間，使蓉子對於現實與存在日漸

滋生著困惑、恐慌與失望的情緒，生之苦悶愈益強烈。此種情狀使蓉子筆端下的生命再沒有《青鳥集》時期那樣悅目、亮麗的色彩，而籠上了一層抑鬱的灰色。她克制著自己的情緒、審視與剖析自己的生命狀態，苦苦探索著生存的意義，具有某種濃郁的存在主義哲學意味。在〈白色的睡〉（收入詩集《七月的南方》）一詩中，女詩人以靈魂沉睡於紫色花蕊的幻覺式意象，顯示出遭受現實無情衝擊之下詩人個體生命的脆弱不堪，恰如詩中所說的那樣：「很多影子　很多萎謝　很多喧嚷／我柔和的心難以承當。」在〈亂夢〉一詩中，她則以孤立在曠野裡的橋、擱淺的小舟、無窗的小屋、頭髮的陰影、蒼白的雨、沼澤地的泥濘、深潭等一系列情調灰暗的意象揭示出生命遭受困厄的境況，展現了自我破碎的種種情態。在同一集子裡以《水上詩展》為題的一個組詩中（由〈眼睛〉、〈清柔的眸影〉、〈混濁的眼神〉、〈冷漠的睛光〉等四首詩構成），詩人通過關於眼睛意象的細致描繪，冷峻地剖析了幾種不同的生命型態，揭示了各種生命狀態存在的缺憾與不足，顯示了詩人對於生存狀態的深刻體察與理性把握能力。《蓉子詩抄》承續了《七月的南方》中生命困頓的主題，並且在程度上有所深化：〈在水上──悼夢露〉、〈夢的荒原〉、短詩〈一種存在〉等作品都以冷色調的筆觸狀寫了精神困厄、迷惘的生存境況。其中〈我的妝鏡是一隻弓背的貓〉堪稱翹楚之作。該詩以交錯豐繁的意象，將詩人豐富的人生經驗投射到妝鏡身上，展現出自我萎縮的各種情狀，揭示出靈魂遭受禁錮的窘困境況。整首詩外在形式的工整及語調的表面淡漠與作者內心的震蕩不安形成巨大反差與情感張力，更為有力地凸顯了作品的思想主旨。此一時期蓉子審視、抒寫生命的詩篇大多情調低沉，具有悲劇性質，作品的現代色彩比較濃郁，生命理想與外界環境的衝突與對峙，使蓉子的詩篇發出失去和諧的嘈雜之音。

　　七十年代的詩歌創作可以視作蓉子表達生命思考的第三個階段。

這一時期她先後出版了《橫笛與豎琴的晌午》（1974年）、《天堂鳥》（1977年）、《蓉子自選集》（1978年）等詩集。這一時期蓉子的心態已由具現代性的緊張內在衝擊回復到古典式的和平與安寧，與第二階段相比呈現一種較大的落差。必須指出的是，這之間她經過了一個過渡階段，那就是六十年代末的《維納麗沙組曲》（1969年出版）時期。這本詩集中仍充滿了騷動不寧的聲音。《維納麗沙組曲》描寫了一個現代都市女性在險惡環境中塑造自我人格的艱難過程，女主人翁付出了痛苦的代價才建構了完整的自我，全詩實際上表現了女主人翁向環境勇敢挑戰的思想意旨。蓉子曾如此評論過「維納麗沙」、「那是一個孤困的生命向完美作無盡的掙扎！」（參見周偉民、唐玲玲教授合著的《日月的雙軌──羅門、蓉子創作世界評介》第269頁）。很明顯，這一組詩帶有作者精神自傳的成份，它標誌著蓉子終於獲得了靈魂的自救，因此相對於蓉子七十年代的創作狀況而言，《維納麗沙組曲》的過渡性質是不言而喻的。此段時期蓉子已經樹立了一種強固的個體生命意識，現實的擠壓與外界環境的干擾所起的負面作用幾乎微乎其微，詩人沉醉於內在生命的世界裡而悠然忘返，表現出漠視與否定現實、實現生命之超越的價值取向。她備受讚譽的詩作〈一朵青蓮〉（收入詩集《橫笛與豎琴的晌午》）就是一首傑出的生命詠嘆調。詩人以冷凝的情感描寫了青蓮的生命狀態，贊美青蓮的高潔、脫俗、執著而又深沉的氣質與情操，實際上青蓮的意象就是詩人靈魂的自畫像。詩人借青蓮的形象來傳達自己對於生命理想境界形而上的思考以及自身的追求與嚮往。在〈傘〉（見詩集《天堂鳥》）一詩中，蓉子沉浸於傘下的那個「自在自適的小小世界」，表現出隨遇而安的人生態度，同時也喻示著詩人小我生命世界的完整豐盈以及封閉自足的狀態，而在另一首〈傘之逸〉中，詩人描寫了他人傘下的世界，表現了環境的惡劣（風雨襲臨）對於人類生命的聚合及昇華作用（共守

傘下），頌揚了至善至眞的人性美，同樣透露出詩人的思想智慧。這類詩作大多風格清新雅致，溫和莊重，情思優美、寧馨，絕少內心的衝突，對於生命的沉思靜觀都流露一種讚美與熱愛的態度，充滿悲天憫人的生命情懷。深究起來，這跟蓉子虔誠的宗教信念與博愛情感關係甚大，可以說是上帝的力量幫助蓉子戰勝了生命的沉淪，倖免於成爲被可怕的都市文明（對蓉子而言）異化的空心人。蓉子這一階段的生命哲思滲透了濃厚的宗教理念與宗教情感，誇大一點說，這是一種宗教化了的生命哲思。

　　從八十年代迄今可以看作蓉子在創作中進行生命思悟的第四個階段。與第三階段相比，這一階段蓉子對於生命的思考與態度可以說又發生了一個很大的轉變。也許是隨著年歲漸大，詩人對於生命的流逝日益變得敏感起來，對於生命的哲思也具有了一種宏觀透視的非凡意味。她在1986年出版了詩集《這一站不到神話》，首輯就以「時間列車」爲題收錄了七首關於時間與生命關係思考的詩作。專輯中〈當衆生走過〉一詩是這樣寫的：「大地褐觀音般躺著／只有遠天透露出朦朧的光 ∥風是琴弦／沙痕是誰人走過的腳印無數？ ∥聽，突然間琴音變奏／你熟稔的痕轍已換／於是風又轉調　同樣地／將前代的履痕都抹掉／──當衆生走過。」這首詩從自然現象的觀察轉入生命之思，悟出人類生命世代更迭、循環往復的玄奧哲理，思想境界可謂闊大。〈時間列車〉一詩以比喻手法反映了生命的易逝，以及時間對於人類生命公平（對集體而言）而又殘酷無情（對個體而言）的雙重性質，顯示出詩人的洞察以及高度的人生智慧。〈時間的旋律〉與〈一種季節的推移〉都表達出詩人無法阻止時間步伐的清醒意識。〈時間〉一詩則敘述自己對於時間意識的逐步覺醒過程，結尾這樣寫道：「只有他（指時間）一人　依然／健碩　從不疲倦和失望／也從不稍緩他的腳程／在和人類／億萬米的長跑賽中　永遠金牌在握。」這是蓉子從

日益豐富的人生經驗中驀然驚悟到的生命哲理，讓人們明白自己在時間面前的無能爲力，雖帶幾分失望的情緒，但其大智大慧也夠警策人心。在另一首名爲〈紫葡萄之死〉的詩作中，詩人寫自己從吃葡萄的行爲中突發聯想，悟解到人類生命的某種無常、意外死亡的難以避免。進入九十年代，蓉子又先後寫出了〈你有你的時間〉、〈紙上歲月〉、〈芸芸衆生〉等作品，表現了更爲清醒、睿智的時間意識與生命觀念。蓉子這些關於生命主題的詩篇，既顯出豐厚的人生經驗，又具備了濃烈的乃至比較純粹的思辨色彩，達到了生命哲思的較高層次，比起《青鳥集》時期來完全是兩種境界。《青鳥集》中的作品主要憑藉悟性與理念成份來開展生命哲思，尙缺乏豐厚的人生經驗，因此比起第四階段來便多少顯得有些單薄與輕飄，而這一階段同類主題的作品是作者在深厚人生體驗基礎上昇華出來的生命哲理因而境界宏闊，思想深刻，啓人心智，發人深思。這些詩篇充滿了一種閱盡滄桑後洞察人生的智慧，雖然帶有某種悵惘、無奈乃至失望的情緒，但決不是悲觀絕望，而顯出某種大徹大悟後的達觀態度。詩人認識到時間的無情與生命的有限是爲了更好地創造生命的價值與實現生命的意義，正如她在〈紙上歲月〉（1993年）一詩中告誡人們的那樣：「倘人不在其上耐心地作業／容不下多少內容和成績／唯糟蹋了歲月昂貴的紙頁。」

　　綜上所論，蓉子在創作中對於生命的哲思，大致可以分成這四個階段。從《青鳥集》開始，到《這一站不到神話》時期，我們可以明顯辨識出詩人在沉思與吟唱生命這一領域所走過的清晰線路及留下的履痕，可以說這是一段從理想的生命祈願逐漸回歸清醒的生命審視的漫長詩之旅程。從詩人對於生命的思考、情感、態度而言，如果說《青鳥集》時期體現爲溫和的浪漫主義階段，《七月的南方》與《蓉子詩抄》時期則可以稱作激烈的現代主義階段，照此類推，她在七十年代的創作可以說成執著的古典主義階段，而她從八十年代迄今的詩歌

創作自然屬於清醒的現實主義階段。從對生命思考的深化角度來看，這四個階段類似於一個螺旋形上升的過程，表現了詩人在探索生命，進行藝術價值創造的道路上不斷獲取的思想收穫。這個過程與蓉子本人的人生節奏也存在著某種自然而內在的契合關係。實際上，蓉子詩歌創作的主題與題材涉及範圍甚廣，比如自然與都市就是她最常見最普遍的創作題材，然而在蓉子的詩歌作品中，無論自然還是都市，都是她生命的依存背景，都充滿了生命的各種聲音，因而生命本體無論作為題材還是作為主題，在蓉子的詩歌中都具有極其重要的地位與意義。蓉子的生命意識非常強烈，她常常自覺或不自覺地以生命作為審美觀照與凝思內省的對象，創作出充滿豐盈情感與深刻思想的詩篇，這使她的創作擁有開掘不盡的資源，而她仍時時保持著自我更新與自我超越的姿態。可以說，蓉子是一位深情而又執著的生命歌手，一直在用她自己的聲音唱著生命的歌。自蓉子登上詩壇以來，臺灣及大陸詩界人士用「自焚新生的火鳳凰」、「中國詩壇上一朵開得最久的菊花」、「永遠的青鳥」等評語來讚譽蓉子本人及其創作，這些讚譽為蓉子保有長盛不衰的創作生命力提供了美麗而有又有力的證詞。

　　1995年農曆除夕完稿於北大燕園

（作者：北京大學中文系博士研究生，從事文學理論批評）

詩是女性的

──讀蓉子詩隨感

李漢榮

　　詩是女性的。這句話並沒有寫進詩的教科書，在眾多的詩學著作裡，這句話只被偶爾提過，隨之就被大段大段的男性敘述淹沒了。我固執地以為詩是女性的，詩本身就是一位通體透明、渾身是水的女性。荷馬史詩，充滿了男性的暴力，但這部史詩嚴格地講並不是詩，而是一部小說一個故事。最偉大的史詩《神曲》，其最動人的部分恰恰是在寫到貝亞德麗采──那位活在但丁記憶裡，現在又在天上為但丁指點天路的女性，她出場了，但丁生命裡的柔情和喜悅也開始充分地蕩漾，蕩漾成一個燦爛、遼闊、溫暖的詩的天堂。這樣我們似乎就明白了：一個男性詩人只有他身上的女性元素被調動出來，並克制了男性的強悍和暴力，他才能寫出美的、純粹的詩。大家都以為艾略特是一個大詩人，但確切地說他不是一個標準的也即真正意義上的詩人，而是一個智者，一個哲學家。

　　他的詩更確切地說應該叫做詩體哲學，他是用詩的形式負載哲學的內涵，他是用詩表達他對世界的哲學解釋。艾略特是一個男人，他寫詩的時候仍是一個男人，他沒有調動出他生命裡的女性元素，我想他也許很少體驗過那種被海水孕育又被海水分娩出來的新生的感動，被宇宙和大地母親深深愛著的感動，他的詩不是用心寫的，而是用腦想出來的，用腦想出來的只能是哲學，而不是真正的詩。再看看古典中國，最純粹的三位唐朝詩人李白、李賀、李商隱，他們的詩都呈現

出女性的特質：單純、憂鬱、幻想，一種美的傷感，傷感的美；他們的內心世界都異常豐富，但又很純真，他們豐富的內心體驗是用非常單純的意象來呈示的，單純到極致就是豐富。他們的心如同純潔女性的心，如同清澈的湖水，大地的圖景和天上的圖景都在其中投下美麗的倒影；到夜晚，我們來到湖邊，就會看見那萬古明月沉浸在水裡，這水是千年萬年的淚水，是世世代代少女的眼淚，母親的眼淚，祖母的眼淚。少女老了，母親去了，祖母走了，她們的淚水留在這裡，被詩人們小心地保管著，讓月亮從天上降落下來，讓月亮在水中自己辨認自己，看看自己還是不是千年萬年前的月亮，讓月亮在水裡憶想和憑弔千年萬年的生命，千年萬年的往事，千年萬年的生與死。水與月是中國詩人們的圖騰，幾乎成了公共意象。這不是沒有緣由。水是女性的，月是女性的，詩人守在水邊，守住大地的女性。大地的女性會消失，會被死神奪走，天上的女性不會消失，那是永恆的女性，永恆的月亮就是永恆女性的象徵，於是中國詩人幾千年來，就守著水，守著水中的月亮，也就是守著女性中的女性。李白愛酒，愛瀑布，愛九天的銀河，他是用酒供養月亮，讓月亮和他一起醉；用瀑布澆灌月亮，讓月亮和他一起奔流。酒神和月神是李白也是中國詩人們的詩神。我們都知道李白豪放的一面，但李白天真、傷感、憂鬱、愛幻想，見月傷懷，傷風酒淚，憑欄懷古，他身上的女性元素是很充分的，這種女性元素灌溉了李白偉大的詩情。李商隱，他身上的女性元素就更多了，他大量的無題詩纏綿、哀婉、憂傷，是世界詩歌寶庫中最瑰麗的精品，他對人性體驗的深度，對美與愛的苦戀，對人生中那些珍貴時刻的刻骨銘心的記憶，以及他那細膩深邃的美感經驗，他運用語言的精緻、工巧，無不是他身上的女性元素培育了他，完成了對他的詩性創造。而李賀更像一位多愁善感愛幻想的純潔少女，他的詩奇特而淒艷，「少女」眼睛裡的萬事萬物都是陌生的、神秘的，而且對於一個單薄的「

少女」，一個沒有被人類公共理性支撐起來的「少女」，當他面對如此巨大而蒼涼的天地萬物，他內心裡會有一種深深的恐懼，所以我們讀李賀的詩，總有一種冷峭和孤寂感；同時李賀對色彩的感覺異常強烈，李賀不僅有一顆少女的靈魂，而且有一雙透明而深邃的女性眼睛，否則，他看不見那樣多的光色影像，他常常在我們視覺失效的地方發現奇瑰的幻象。讀李賀常常使我想起英國詩人雪萊和濟慈，這兩位詩人不僅有著女性感傷和多夢的氣質，而且形貌上也有著女性的風姿，他們那男性的血管裡流淌著女性的血液，他們那美麗而憂鬱的詩篇瀰漫著紫羅蘭的氣息和孤獨夜鶯的呼吸。他們是以男人的形象到來的女性，他們以水的語言敘述著火的故事……

　　僅舉以上的例子，就可以看見，一部詩史雖然主要是男性詩人們的檔案，但這些詩的男人，主要是他們身上的女性元素幫助了他們，培育他們，豐富了他們，造就了他們。中國沒有大哲學家，而大詩人卻很多。原因何在？哲學家是用一顆異常發達的大腦來思考和解釋世界的，而中國的男人們的胸膛裡揣著一顆女性的靈魂，多愁善感的靈魂，水的靈魂，月光和夢的靈魂，直覺的靈魂。他們的心遼闊、空靈、深遠，他們的頭腦卻較簡單。所以中國的詩很豐富，而哲學則缺乏。中國的文化是以倫理代替宗教，以詩代替哲學。中國的古典文化是詩意文化。

　　現代詩的衰落甚至漸漸走向死亡，我認為原因之一，是現代人身上的女性因素越來越少，男人真正成了男人，只有腦沒有心；女性也正在變成非女性，變成一種非男非女的準男人。這是一個男人和準男人的世界，沒有母親、沒有女性，沒有女兒心，大家都在擴張、消費、互相消費，都在努力進入日益自動化的世界秩序，成為世界大機器上的一個優雅的、漂亮的、或重要的零件。人們對名利、角色的追逐，說到底是追逐一個做高級零件的資格。機器零件是沒有性別的，無論男

性零件或女性零件，大家都是零件。女性正在這個世界上消失，女人身上的母性日益稀薄，男人身上的女性已蕩然無存。而我認為只有當女性元素在詩人身上起作用的時候，詩人才會把肉眼變成靈眼，由物視進入靈視，才能進入詩的空間，看見隱藏的物象後面的靈象，才能真正與詩相遇。女性和男性身上的女性元素的消亡，必然導致詩的消亡。男人和準男人的擴張，也即是理性的擴張，暴力的擴張，物慾的擴張。呈現在我們眼前的世界，難道不正是一座物質和欲望的天堂，精神和詩的廢墟？

　　在這樣的時刻，讀到著名女詩人蓉子的詩，感到很幸運也很親切，猶如在沙漠上看到了一片蔥蘢的水草，喚回了我們對水的記憶，我們心中退潮的詩情又開始回流並漲潮。

　　上面已說過，即使是男性詩人，只有當他身上的女性元素活躍的時候，他才可能進入詩的狀態。那麼女性呢？女性天生都是詩人，上天派女性來到大地，就是讓她們寫詩。其實她們是上天寫好了的詩，她們只須把自己呈現出來，也就把詩呈現出來了。女性是水，水停在大地上，大地的事物，天上的幻影都在水面上投下倒影，水已經是詩了，水裡又出現了層出不窮的幻影、鳥的幻影、雲的幻影、虹彩和閃電的幻影、宇宙和神的幻影，水已經是詩了，水裡又呈現出如此眾多的幻影，這幻影就是詩中的詩。男性詩人除非個別天才（我所謂的天才就是女性部分在生命中占有較大比例的男人），大部分都需要修煉才可能調動和積聚起生命中的女性元素也即詩性元素，從而進入詩的狀態。女性詩人不需要修煉，她只須自然而然地呈現，如同水，自然而然地流淌和蕩漾，如同花，自然而然地開放和凋謝。她們身上保留著比較多的自然性本源性和詩性。男人是在寫詩，女人卻是在呈現詩。而這個世界，這個無限的宇宙，這個天地人神四位一體的時空結構，本來就是一首奇妙壯麗的大詩。只不過被以男人為主體的暴力和理性文

化破壞了，這個世界變成了物，宇宙變成了物，人變成了物，文化也變成了物的文化。而在沒有被男性文化污染的女性那裡，宇宙和生命的詩性本質還比較完整地保存著。她們寫詩，只是在向我們呈現：宇宙和生命原初的神秘神奇和神聖。

打開蓉子的詩，僅僅標題就是一片詩的大自然，一個詩的宇宙。這裡沒有暴力、沒有異化、沒有人的慾望的擴張和喧囂，甚至很少有人的聲音人的活動和人的景觀。我感到蓉子對人、對用理性、技術、慾望裝備起來的現代人和現代文化有一種本能的恐懼和拒絕。她守著一片大自然，守著一座寧靜古樸的教堂，她放飛著她夢中的「青鳥」，她在尋找一顆在光年之外用天國的眼神注視她的寂寞的寒星，她在小小石榴裡放進整個藍色的天空；她形成一朵「青蓮」，在澹澹的寒波裡擎起古典的月亮；她固執地守望著「最後的夏天」，在金碧輝煌又一無所有的都市的貧窮中，守著夏天的最後一片綠葉，守著對童年和青春的無盡眷戀。她從人的小小陸地走向神的遼闊海洋，她聽見貝殼的耳語，她聽見沉船在時間深處的呼吸，她與海融為一體，海是沒有心的，當蓉子走向海，無心的海也有了一顆詩的心，一顆蓉子的心。當蓉子寫詩的時候，海靜默了，蓉子說出了海深藏的秘密；當海漲潮的時候，蓉子靜默了，海說出了蓉子心中的苦戀。趁大海休息的時候，蓉子用詩代替大海工作，她的工作比大海的工作還要出色和感人！大海總是把人類的船隊變成沉船，讓海盜葬身於它波濤滾滾的墓場，蓉子，我們的抒情女神，趁大海休息的時候，她打撈了那些遠古的沉船，讓我們看到那神話中的船隊依舊保持著最初的編隊，向著永恆的彼岸航行；而那失蹤千年的海盜復活了，他來到我們中間，變成了一個在白楊林裡捉迷藏的少年，一個倒騎在牛背上吹柳笛的少年……

蓉子從寫第一首詩到正在寫的這一首詩，她始終保持了女性的純淨、真摯和柔情。也有傷感，這傷感非但沒有損傷詩，反而增加了詩

的深度和寧靜。在生命的清晨，合著鳥雀呼晴、雄雞啼鳴，蓉子用露水一樣明淨清麗的語言唱著「晨的戀歌」；即使她面對夕陽，也一定是黃昏原野的露水浸潤了她的詩心，她才會說：「當夕陽／回歸山谷之前／我們仍得見／那美好壯麗的晚景」，是的，在西天下沉的永遠是同一個落日，而在大地上，在宇宙深處又會升起多少生命的星辰。生與死，淚與笑，相聚與長別，有限與無限，短暫與永恆，新月與落日，搖籃與墓地，既不是悲劇也不是喜劇，而是宇宙舞台上上演的壯麗的詩劇。在蓉子的詩裡，在她洋溢著聖潔情懷的母親的心裡，自然和生命都超越了生死輪迴，化為永存的詩的記憶。

　　陰陽平衡是中國古老的哲學思想。世界的日益技術化物質化，說到底是陽性文化也即男性暴力擴張的結果。水流失了，女性流失了，詩流失了，我們生命中的美好流失了。與火抗衡的只能是水，與陽抗衡的只能是陰，與男性的暴力抗衡的只能是女性的柔情和空靈，與技術和物質文化抗衡的，只能是神聖的詩。

　　我們不無憂慮地看到：都市在瘋狂擴張，娛樂文化消費文化鋪天蓋地，影視音像文化已占據了幾乎所有的生存空間和時間，詩已被擠進了死角，已到了上無片瓦下無立錐之地的尷尬境況。詩人臥軌的臥軌，投水的投水，上吊的上吊，服毒的服毒；倖存下來的詩人，有的迫於生存改行經商從政，已無暇讀詩寫詩；有的以聖徒的虔誠為唯一的支撐，艱辛地維持著和詩的脆弱聯繫；有的「大隱隱於市」，知道公眾已遺忘詩，索性也遺忘大眾，一頭鑽進詩的小閣樓進行語言的冶煉，從事最高的虛構。尊敬的詩評家們雖然盡力為詩工作，但這種貧乏的詩歌生產並不能為他們提供像樣的解讀對象和批評材料，於是他們的批評基本上是自說自話，這種批評很難介入和提升詩歌創作的品位，詩歌創作也很難給理論思維注入鮮活的詩性泉水。詩創作和詩批評陷入了負循環的困境。

　　詩是水的，是神性的，是女性的。

　　讓我們這些寫詩的男人們，內心裡也多一些水吧，只有我們生命中的女性元素能復活我們，支持我們，培育我們日漸稀少的詩性。

　　讓我們的大地上多一些水，多一些女性，多一些詩；讓我們的文化裡多一些水，多一些女性，多一些詩；讓我們的語言裡多一些水，多一些女性，多一些詩，讓我們的生活裡多一些蓉子。

　　　　（作者：詩人，北京大學訪問學者，現在報社工作）

大自然的三原色

——論蓉子風景詩的色彩運用

許　燕

　　無論東方還是西方，《詩如畫》的說法都是源遠流長的。在西方，古希臘詩人西摩尼德斯「畫是一種無形的詩，詩是一種無聲的畫」的理論一直延續了兩千多年；在中國，「詩中有畫」的美學標準也歷來為詩家論詩的一個重要尺度。雖說繪畫與詩歌自有質的不同，但這並不影響二者之間的表現手段和藝術技巧的相互借鑑。

　　一般來說，詩的繪畫美是以語言所勾勒的線條、構圖和所喚起的色彩感受來完成的，尤其是色彩的表情功能遠遠勝於前二者。因為在人的各種感覺中，視覺可謂最重要的感覺。正常的人依靠眼睛獲得百分之七十五左右來自外界的信息，人眼又只有通過光的作用在物體上造成色彩才獲得原初的印象。因為色彩具有喚起人的第一視覺的作用，喚起人的物理的、生理的和心理的感受、情愫及種種聯想，從而成為情愫的自然呈現，是某種心理素質、民族性格和審美時尚的物態化，也積澱著悠久而濃厚的歷史文化內涵。既然形與色構成事物的形態，色彩又喚起情思的波瀾，那麼，它必然要進入包括詩歌在內的文學藝術的反映圈，並熔鑄於抒情或敘述的形象體系裡，滲透在詩的意象符號和情感空間裡。色彩的感覺不僅是一般美感中最大眾化的一種形式，而且，繪畫的「繪」的本來意義就是以色調勾取物象。從心理學角度來看，即使「把顏色縮小到針尖那麼大的話，它仍然是占有空間的，

假使你從思想上抽去空間屬性的話，色的感覺便隨之消失了。」（鐵欽那《感覺的屬性》）因此，詩的繪畫美的顯著特徵，即在於運用鮮明的色彩調動讀者的視知覺，在讀者的經驗背景和想像空間中，喚起一種如畫的氣氛和境界。

「老杜多以顏色字置第一字，卻引事實來，如「紅入桃花嫩，青歸柳葉新」是也。不如此，則語既弱而氣亦餒」（范晞文《對床夜語》）不僅杜甫，古今許多詩人都強調從色彩入手，從視知的直覺引發審美興趣，設色彩在第一信號系統中的效應移入第二信號系統，以激起讀者的視覺想像和聯想功能，造成「象」外的特殊美感。臺灣詩壇「開得最久的菊花」──現代派女詩人蓉子就是如此，她以其風景詩特有的美麗色彩在詩中有畫的行列裡獨標一格。

作為一名性靈溫婉的女性詩人，在與現代都市的急變喧囂相比之下，蓉子對大自然投以最濃的青睞。像這樣出淤泥而不染的「一朵青蓮」，蓉子真正是屬於自然的，在大自然的擁抱中她才擁有真正的心靈的自由飛翔。大自然給了詩人以清新和純潔，以旺盛的生命力直指生命的真諦。這也是她與泰戈爾、冰心等新月一族的共識，在大自然中徐徐徜徉，嫻靜的蓉子內心卻無比歡暢，這樣的情感無以「舞之蹈之」，惟有把它完全湧入筆端，歌以詠之，形成美輪美奐的如畫的風景詩。

「蓉子的山水詩，繼承了中國古典山水詩傳統」，又「能把傳統和現代融合而一，她既描繪了古老的曠古不變的星辰山水，又綜合了現代色彩斑斕，展現古老的東方和年輕的西方的結合。」（唐玲玲，《蓉子論・蓉子詩歌的藝術風格》）由於在構成詩的視覺畫面諸元素中，色彩是最重要、最活躍的一個因素，在對自然的詩的禮讚中，蓉子首先就是把最打動自身的大自然的美麗明快的色彩紛呈移入詩中，不僅描述色彩的客觀具象美，更有色彩的主體感應美，甚至發揮聯想

的功能，為色彩賦予種種象徵和意蘊，形成繪色和情彩的結合。

作為一名有敏感觀察力的詩人，蓉子在其詩中對色彩的色相、明度和彩度都有自身獨特的選擇。色相、明度和彩度是色彩的「三屬性」，也是識別色彩的線索與方法。其中，色相為區別色彩種類的名稱，如赤橙黃綠青藍紫；明度為明暗程度的稱謂，如黑色為最低明度，灰為中明度，白為最高明度；彩度為區分色彩鮮濁程度的稱謂，像濃淡強弱等。由於色彩與情感有一定的對應關系，那麼不同的情感就由不同的色彩屬性來暗示，因而正如不同的情感要用不同的音樂調性表現一樣，由於詩人之間的情感基調不同，對色彩屬性的選擇和偏愛也就不同。像艾青就採用紫色和赭黃表現黃土地農民的貧瘠和憂鬱，葉塞寧喜歡用藍色表現鄉村的寂靜和精神的安寧。而蓉子在她的風景詩中，則是選擇了大自然中最有代表性的三原色——紅、綠、藍——作為其詩的基本色彩基調，綠樹紅花，藍天大海，通過對這些色相進行高明度高彩度的選擇和處理，形成大自然中一個歡快的精靈形象，眾樹歡唱，花群嬉笑，藍天碧海開懷擁抱，一反其他詩中那個「靜靜的我」，表現了詩人在大自然中的心靈的舒張。

在蓉子詩中，三原色的表現各有其功，並且詩人又通過色彩的搭配對比表現出更為多姿的意象情感，並進而訴諸色彩中的靈魂投射出深徹而獨到的生命底蘊，具有意味深厚的審美價值，現舉詩例分析如下：

首先映入眼簾的是大自然的生命象徵——綠色：「寫一首綠色沉著的歌／當世界充滿了無知的瘋狂／寫一首綠色神奇的歌／當城市充滿摩肩接踵的荒涼／綠色是較其他事物更為甜美的事物／是回憶時初戀人清純的容顏／他青青的語言是我摯愛的芬芳語言／柔亮而不閉塞的語言／……／啊！我歌我頌這植物界綠色的海／油潤的雨　波光淋漓的滋澤／眾樹舉起成林：冷杉　香柏和紅檜／針葉樹和闊葉長綠森

林 //每一株樹都有他獨特的風姿／很多樹木有怡人的芳香氣息　不僅／詩一樣淨化提升人類的心靈　也／藥物般將我們身體醫治／讓我們為茂密的森林虔誠祈禱／當葉面積的指數和生活寧靜的指數／等高。而百草千花的林叢中／正隱藏著人類長壽的秘密 //森林　這自然資源的寶庫／提供人類所居留的大地無限生機／當我們和大自然共存一體／才是真正被祝福的族類！」（〈綠色大地森林之歌〉）

　　綠色是大部分植物的色彩，大自然中除了天與海，綠色所占的面積最大。在光譜中，綠色的波長爲570—500mu，屬中波長，其刺激度和明視度都不高，對生理和心理作用均極溫和，色性在冷暖中屬於中性色彩，感情程度也爲中性，從蓉子的詩中可以看出，詩人心中筆端的綠色是指自然大面積高彩度的綠色，有一種寧靜沉著愉快舒適感。當世界燈紅酒綠之時，綠色的大地和森林依然保持著生命執著的健康活力，是自然之子最可靠最友好的依附；綠色又是青春和成長的象徵，一切清新透明；綠色的植物之海既可以提供給人以生存的需要，又醫治身體，淨化心靈，提供的是生命的一種保障，也是安全感的一種來源；綠色是和平的象徵，只有和平的世界才有綠色可以滋生；綠色是親情的象徵，人來自自然歸於自然，詩中的綠是對自然的渴望，是一種綠色親情。蓉子通過對自然與都市的比較，引申出綠色獨有的吸引力，以植物的翠綠清新，投射出新鮮安靜舒服安全和平的色彩的心理特性，帶來希望生長和平青春暢旺等象徵意味，給人以大自然的廣翰與和平。

　　不變的綠中是四季變幻的紅：「四時奇葩異卉　秋來楓紅層層／鍾萼木　四照花　昆欄樹……／是花鳥蝴蝶的大家園　麗日晴空下／有鳳蝶麝香等五十種蝶族在此展舞／山頂青蒼平台爲賞鳥人最佳坐席 //十二月青楓換上深紅或橙紅色衣裝／欲與那冬陽爭輝　這刻山區沉寂／要等冬雨斂息　紅楠啓開春的序幕　華八仙如粉蝶撲翅　杜鵑花

再度／大紅特紅　便是人們所熟悉的花季／而野牡丹　水鴨腳和秋海棠　乃／七月的主角　加上野鴨椿的紅果實／山區之夏是艷紅又獷野的」（〈櫻花薄霧外的山水盛宴〉）

　　和綠色相比而言，紅色在光譜中屬於長波長，700—610mu，屬暖色，按感情興奮程度屬於積極的色彩。紅色系是暖色系中溫度較高的部分，一般很難降低其溫度與積極性，前進力和膨脹力也無法把它壓抑下來。一般刺激作用都很大，有主動性，其注目性和視認性都很高，容易造成興奮衝動的心理效果。蓉子在風景詩中對紅的運用處處可見，火、太陽，火山，更多的是漫山遍野的粉蝶紅花，熱烈鮮艷，活潑奔放，具有很強的動感，在上詩中，就是靠花葉樹和蝶表現的。一切的熱能左右萬物的生機，太陽是熱力的能源，能賜予一切以活力，冬陽在寒冷的季節裡是活力之源，而紅楓卻以其更為紅艷的色彩與其爭輝，呈現出溫暖的情意；春天的杜鵑華八仙和紅楠以濃淡不一的紅色帶來浪漫豐富的感覺；夏天的紅花與紅果以濃烈的紅煥發著熱情和愉悅，又染有夏的酷熱和興奮；秋天的花葉蝶虹彩流麗，花是不飛的蝶，蝶是會飛的花，在滿世界裡撒播紅的熱情，帶來喜氣洋洋的感覺。蓉子通過對山間四時的紅色描繪，展現出不同時節、不同明度彩度的花葉和蝶的紅色的不同畫境，粉紅的健康，暗紅的濃烈，橙紅的溫暖，大紅的熱情，艷紅的獷野，不同的明度和彩度的紅色自有其不同的表現力，並投射出活力、喜慶、進步、積極、浪漫和開放的象徵意味，拓展了詩歌的表現力。

　　對藍的描繪散見在海戀詩中：「你聽見晚風和波濤的對語？／在藍寶石的海洋／紛呈的百合蕊中」（〈海語〉）；「希望的藍晴亮起了／珍珠色澤的夢／連續的弧線劃過船舷／海原正盛飾明滅的曇花」（〈從海上歸來〉）；「夜寒使我不寐／風的長袍正緊／藍色的爐火緩緩地升起／緩緩地升起」（〈在金色海岸〉）；「綢藍無有邊沿

千噚之下是墨黑的死亡／哦！平靜嫵媚的海／冷酷桀驁的海／它深淵的藍眼睛有貓的多變的瞳／不停地變幻著晴朗或陰霾　溫柔或粗暴／短暫和永恆」（《冷漠的晴光》）。

　　長住於臺灣島的蓉子對蔚藍的天空和碧藍的大海有最深厚的感情。她很自然地注意到了藍色的清澈渾凝和博大，因而，蓉子把在自然界占有最大面積的天空大海的藍色繪入詩畫，並兼具了自然之藍的特點。蓉子的藍色系，是習俗的說法，其學名實際等同於青色系，這一色系的注目性和視認性都不太高，波長一般500─450mu，屬於短波長，寒暖對比中屬於冷色系，屬後退性的色。從蓉子的詩行中可以看出詩人對大自然的藍色彩結：最常見意象是「藍寶石」的海洋，把青玉的澄澈透明寒涼與大海聯繫起來，使大海在廣瀚高深的意味同時，又補添了一種清高冷靜的質感；藍色不僅有冷凝感，當蓉子寫它為「希望的藍晴」時，就是使藍色相具有高明度和高彩度，使藍明亮起來，一脫憂鬱，而展現出自由、飛翔、自信、閑逸的氣魄來；爐火本來是紅色的，但當海被語為「藍色的爐火」時，就使夜寒中的詩人因為大海的溫厚而體會出它的輕柔寬容含蓄深沉來，使藍在被賦予動感的同時依然不失不變穩定的永恆感；海的藍不僅有晴天的明快清純，又有暴風驟雨下的冷酷粗暴，藍一面是清爽明快，一面還有陰霾晦沉的調色可能，詩中的描述可見藍具有表現的多面性和心理功能的多樣性，由此可見，蓉子在對藍色的運用上，避其淒戚，一面注意到藍的冷酷吞噬的危險，另一主要之面卻揚其冷靜、沉思、磊落、廣大無涯的象徵意味，表現出對生命的冷靜關注。

　　藍的冷凝，綠的清新，紅的生機，大自然的三原色組成了蓉子詩歌之畫的基本色調，蓉子把大自然最注目的色彩收入眼中心中，形成有意味的色的呈現。這種呈現不僅表現在各種色相的單獨描繪中，而且通過在大自然中的不同特點的色彩搭配對比，表現出更深的意味和

美感。

　　「萬綠叢中一點紅」是中國悠久的配色藝術，蓉子是深明這一點的。在〈夏日異端〉就有「整個的架構是瘦：瘦瘦的葉面／瘦瘦的枝啊！全綠／唯額際那一抹微紅是眞」，還有「阿里山有鳥鳴　鳥鳴深山裡／飛來從乳紅色的晨霧裡／飛進那片濃密似永恆的蒼翠」

　　（〈阿里山有鳥鳴〉）。蓉子的紅色與綠色搭配，具有植物的特點，由於綠色屬中性，紅色有積極溫暖的色感，二者的配合屬於對比色相的配色，對比鮮明突出，意韻古老又充滿生機，表現出單純古老又新奇的美感。這一點在〈紅男綠女〉中就有很明顯的概括：「最原始是紅　在大陽下／最和平的是綠　一隻白鷺獨立在山間／最原始的匹配　是穴居人的匹配／最庸俗也最眞，∥後來我們都嫌它土／這紅與綠的單純匹配　遂長久地／從城裡人所使用的器物和衣著被屛棄／突然地　這最原始的組合／復活如春筍　鮮潔如火鳳凰的彩羽／成爲巴黎香榭大道服裝櫥窗內的寵色／美得令人驚異！仍是那古老的紅和綠　像祖傳的珠寶／從厚厚的泥土被挖掘出來／靈魂深處遂有一種美被喚醒……」

　　「忍受炙灼的夏陽／顯映的不是成熟的甜／而是痛苦的爆裂／啊，石榴滴血／粒粒紅殷……∥當立足的園內園外／狂嚚著風沙／不斷碎石塵泥的襲擊／無盡損傷／整個藍空向我隱藏」（《石榴》）「多一份紅色歡悅　色彩便明悅／多一份藍色沉郁　容顏遂滯黯」（《紫色裙影》）當紅與藍兩種顏色搭配時，一個積極一個消極，一個溫暖一個冰冷，一個興奮一個沉凝，色彩特質完全相反的兩者並沒有相互妥協，反而具有一種緊張與矛盾，形成張力，所以，蓉子運用紅與藍搭配重視二者的對比性和不和諧性，有意使兩種色塊並置，具有強烈的刺激性感覺，造成反諷效果，形成現代派特有的意象奇異之美。

　　在綠與紅的對比和紅與藍的衝突之外，蓉子又在尋找另一種接近

的搭配——綠與藍，「讓我們划湖去　展開層層波瀾／把夏的濃紅滌洗／當我們划近藍色的海洋／濃紅的火焰似玫瑰／燃燒在陸上／讓我們划湖去　去掬冷冽的波光／當夏的火焰熊熊地燃著／靈魂的沃土被擱置著／讓我們急速躲進林蔭　於樹的蔥翠年華／遠離玫瑰、玫瑰炙人的火光／什麼能使你起飲的感覺的／源於翠青的山岡　隱秘之泉／——永勿遠離青青濤光裡的冷涼啊」（〈湖上‧湖上〉）從詩中可以看出，作者把綠和藍都感受為清涼，與紅色溫暖相對立，不論代表湖海的藍還是代表林蔭的綠，一個冷色調一個中性色，是類似色相的配色，互不衝突，甚至相互補充，共同構成統一共通的和諧感覺，與紅的熱烈遠離，自成一種清冷柔爽之感，達到自身的統一。

　　儘管紅的熱烈溫暖與綠的柔和藍的冷靜有很大反差，蓉子還是注意到了這三者在風景中的和諧性：「傍湖水的明鏡／幾棟紅磚屋半掩在樹叢／蘆葦搖曳著它風裡的白頭／紅花默默傳香／就讓我把住處安頓在此吧！／藍天白雲，田壠和翠嶺／加上近邊的竹筏茅棚／他們的影子都在水中交融／牛車緩緩地向村外駛去／小舟載天光水色歸來／炊煙　雲一樣升起／家的意義就確定了！」（〈回歸田園〉）天光水色的藍、磚屋花朵的紅以及田壠山嶺的綠，在詩中構成一幅美麗的歸園田居的風景畫，足以見到詩人不鑿斧痕的色彩運用功力。

　　詩是審美情感的節律化形態，而色彩在視覺藝術中最重要的功能便是傳遞感情，產生情感經驗。魯奧沙赫指出「人對色彩的經驗和他對情感的體驗之間是有著類似的地方的。」（阿恩海姆《藝術與視知覺》）正是兩者之間的這種「類似」，蓉子在詩中採用鮮明的語言符號，能比較直接地、強烈地觸發讀者的情感體驗，在視知覺過程中起到某種特殊的審美效應，令詩中之畫欲奪框而出，又兼具想像和朦朧之美。

　　同時，在對大自然眾多色彩的觀察和描述裡，詩人漸漸建立起了

色彩的抽象聯想，形成了較爲穩定的色彩感情，甚至色彩象徵。在傳統、民族、文化和經驗等的交叉撞擊下，她把色彩與自然、社會、人生聯繫起來，形成特有的色彩感情與象徵體系，並把她的這些意識又投射到詩歌的表現中，在更大更深的領域裡展現著更多色彩的表現魅力，紫裙紫怨（「以旋風的姿／揚起了一片紫，這時代揚起了紫色深怨」「此乃我所喜靈魂之莊靜紫」）、藍海藍躁（一滴蜜與飛鳥／輪的跳躍及煩躁／海的危程和廣闊」）以及白色的睡與寂靜（「你禁錮的靈魂／正翕合著一種微睡／一群白色音符之寂靜」），正是詩人在自然法則之上，將色彩揉入社會法則，並通過藝術的超越與升華，使色彩的運用由具象到抽象、由畫境漸入化境的一幕幕實績。

　　以情入色、以色寫情，蓉子的風景詩通過大自然三原色的多方位展示表達了對大自然的赤子之情、也同時把對生命的深沉體驗灌注其中，使其詩提升出無盡的生命光輝，令誤入塵網的人們久久流連……

　　　（作者：汕頭大學中文系研究生，從事文藝理論）

年代的婉約‧山水抒情的高音

──蓉子早期山水詩初探

張國治

一、與永恆寧靜的大自然發生聯繫

有厚厚長卷論述《永遠的青鳥──蓉子詩作評論集》①，集結了四十年來蓉子創作之評鑑。我們看到許多的贊譽、許多的榮耀冠諸於前輩詩人蓉子身上，在臺灣現代詩壇上，無疑的，蓉子擁有她極其閃亮的桂冠。

我們在前輩纍纍相疊的印刷頁數，在蓉子冠蓋雲集的文字評論中，在她的盛名之下，作爲新生代，或新新詩人，常常忽略了對其作品的實質閱讀，或整合式的完整閱讀。對筆者而言，從高中伊始閱讀蓉子的詩至今已閱讀了不少評論文章，再回到作品原點的閱讀，試圖突破許多評論家對其作品的定論，而有所新的觀點發現，似乎是件困難的事。也是筆者力有所不逮的地方。

她的詩美學風格，我們似乎可印象式浮塑出一些形容語！中國傳統婉約的抒情、對宗教虔誠安詳兼具柔美浪漫的詩風，古典與現代的結合……等。而我們在此一資料完備、鉅細靡遺的評論集內，略加整理亦可歸之，譬如蕭蕭稱她爲：「蓉子女士以溫婉詩風贏得詩壇贊譽，歷四十年而不衰，……。」②。余光中言：「蓉子是現代的，也是古典的。」③，又言：「可是蓉子的作品並非永遠是『閨秀』的，往往她

的筆下竟聞風雷之聲，這是許多女詩人做不到的，……。」④。又例如衣凡就她早期詩作評論：「自民國四十二年《青鳥集》出版到五十四年《蓉子詩抄》問世，（這中間蓉子尚出版了一本《七月的南方》），十二年來，蓉子在「現實」與「夢境」的不斷換軌中，渡過了一段夠漫長的藝術生涯；「青鳥」時期，她本人蓄著可愛的短髮，她的作品，也蓄著可愛的短髮！活潑玲瓏的句法。音樂輕快的節奏，單純明澈的意象，嚴整穩妥的結構，以及傾向於含蓄的華滋華斯的抒情風貌……形成這時期作品特殊的風格；同時在對上帝、自然、與愛的永恒希望中，她情感的表現是寧靜、穩定與深入的，默默地感悟『上帝嘉納靈魂的深處而非靈魂之喧嚷』的精神境界，從其《青鳥》詩集中的作品〈青鳥〉、〈三光〉、〈鐘聲〉、〈五月〉、〈愛神〉、〈水的影子〉等詩篇，均不難窺見其作品具備了上述的優點，……。」⑤。以上這些確切的論點或可作為我們對她早期山水詩（自然詩）品讀上的一些導引，一些脈絡可尋。而她本人在《七月的南方》後記中忠實地表明出她一己對藝術的誠懇態度：「……當現代將我推入一紊亂不安與破碎的世界裡。一種屬於精神存在的狀態——為要由紊亂恢復秩序，由不安回歸寧靜與由破碎回到完整的渴念，遂引動我去與永恒寧靜的大自然發生連繫……」⑥。則讓我們完整的明白詩人何以走向大自然，去尋找永恒寧靜的原鄉世界，實則也在企圖建築心靈的平靜、秩序，耕耘內心一方良田，大自然中所潛藏的力量轉化為對生活的希望及生存的力量，對大自然恒久不渝的摯愛熱情孕育為寫詩源源不斷的動力，而大自然山水中種種可掬的面貌變化，成為寫詩創作的活水泉源，經採擷化為詩中動人的抒情語言，人的情意與天地融合，此為中國人講「天人合一」之思想亦可驗之於她，亦與中國山水畫創作之「立意為先」之觀念一致。此因她在書寫山水詩之前也有很好的精神出發點了！

二、由第一自然的空間，跨向第三自然的世界

　　談到她對自然的摯愛，我們會聯想到羅門先生對「自然」的界定：
所謂「第一自然」，便是指接近田園山水型的生存環境，「第二自然」為
高科技的物質文明、都市型的生活環境及「人為」的日漸複雜的現實
社會，而詩人創造了「存在的第三自然」，這「第三自然」亦即詩人
的心靈活動，進入以「美」為主體的「第三自然」，對詩人來說「第
三自然」是品管著詩人語言媒體中的「名詞」、「動詞」與「形容詞」是
否能達成詩的要求，進入詩的世界⑦。準此，本文所探討的蓉子五、
六〇年代有關大自然山水詩寫作，大抵還是屬於第一自然的空間，由
此跨向第三自然的世界。「大自然」構成了羅門創作上一個重大的思
想主題，不同於蓉子的這些詩作，是羅門的《自然詩》系列，乃為透
過第二自然──「都市」的交會後，便在詩創作中，對大自然表現出
新的體悟與新的存在觀⑧。與羅門的《自然詩》恰恰不同的乃是蓉子
掌握的自然顯然是肉眼現實的山水居多，以主體性敍述的是遊景所見
的描寫，再移情入詩，然而並非皮相的寫實詩，此與鄭愁予類同的記
遊詩相似，咸皆發揮了第三自然再造的美之本體，進入心靈情意的交
會。例如〈蘭陽平原〉、〈礁溪的月色〉、〈到南方澳去〉、〈五峯
瀑布〉、〈燕子口的佇立〉、〈金山·金山──青春的島嶼〉、〈眾
樹歌唱──記溪頭臺大實驗林〉、〈阿里山有鳥鳴〉、〈非詩的禮讚〉…
…等。但還有些是沒有具體的時空背景（場景），以一種整體性的刻
劃溶入自然山水中的情境，對生命、大自然真摯質樸的關懷，以獨白
或對語呈現。例如〈湖上·湖上〉、〈水上詩展〉、〈在風中，在山
裡〉、〈冷雨·冷雨〉、〈那些山、水、雲、樹〉、〈海語〉、〈從
海上歸來〉、〈海戀〉、〈海無遺跡〉……等。

　　對於以上的釐析，或許已縮小範圍讓我們回到蓉子早期有關自然

詩中的山水詩部份，回到主題之探討。

三、詩畫同源，詩是能言畫

　　徐望雲在〈焦桐與鄭愁予先生「寫山詩」之比較〉一文中首先開宗明義提到：「三千年來中國詩史的發展雖然在文類上迭有更動，但嫻熟文學史的人大概會同意，『山水』的描寫與呈現一直是詩歌中不斷被持續的題材，之所以如此，跟中國的生活環境及政治重心長期被設定在大陸有著互應且密切的關係，從較早的《詩經》與《楚辭》便可略知究竟。

　　後來隨著哲學思想（尤其是老莊思想）的影響及詩人寫作的背景與態度之不同，使得自然山水在詩歌也反顯出千變萬化的面貌。…………，但基本上，文學作品無論呈現何種面貌，它永不改其演示人的經驗，或者體現作者的意圖或者其結構再現人的精神結構的初衷，……。

　　同樣地，詩人如何將『山水』入詩，也在在暗示出其思想與精神面。」⑨

　　此時，暫且不再從文學史來看，我們試著從美術史來看，同樣的我們也可說：嫻熟美術史的人皆會同意「山水」的描寫與呈現一直是中國繪畫中不斷被持續的題材。中國畫畫科之一的山水，是以描寫山川自然景色為主體的繪畫，隋、唐已有山水畫，五代兩宋臻於繁榮，在畫風上，元代漸趨寫意，明清和近代繼續發展，側重達意暢神，山水在藝術表現上講求經營位置和表達意境。中國畫強調「外師造化，中得心源」，要求「意存筆先，畫盡意在」，做到以形寫神，形神兼備，由於書、畫在達意抒情上和詩文相互影響、結合，形成了顯著的藝術特徵⑩，依此立論來審視詩人創作之情境亦可以驗證。畫家在從事繪畫的人文涵養是十分重要的，畫家在下筆時，常有「成竹在胸」

之準備,故筆下常有所謂意到筆不到或預留空間、留白之處理。而詩講求含蓄、委婉,貴在精簡,講求「意在言表」、「弦外之音」,換個現代一點說法,即是預留讀者想像空間,開放讓讀者共同參與創作,或者藉著感覺翅膀飛翔。「出人意表」、「驚喜」常是測試詩的準則,而耐人尋味、餘音繞樑、令人低吟再三的詩方是好詩。此外,中國畫也有所謂的「無聲詩」──畫的別稱。北宋黃庭堅『次韻子瞻、子由題憩圖』:「李侯有句不肯吐,淡墨寫作無聲詩。」也稱「有形詩」,如北宋張舜民『跋百之詩畫』:「詩是無形畫,畫是有形詩。」古代希臘傳記家普路塔克曾引公之前六世紀希臘詩人西蒙尼底斯(Jimonides)的話:「畫為不語詩,詩是能言畫」意亦類似。詩人蓉子雖然不繪畫,但她和羅門始終沉浸在有畫、有雕塑的藝術造型燈屋中,想必也深深體會詩畫同源之個中之味。

作為美術科班出身繪畫亦寫詩的我,在面對蓉子前輩的山水詩之深度叩啟,在每次閱讀之前,我總是忍不住要把中國畫有關的觀點再回覆思索一番,試圖以繪畫的觀點去切入蓉子這些所謂「山水詩」的閱讀,變化角度,希冀找尋出另一種詮釋詩的策略。時至今日,中國近代的新詩已和畫分道揚鑣,我們離西方現代的形式愈近,離中國傳統的意涵也愈遠。於此,我們不免思索現代詩與現代畫重新整合之可能?

四、詩人寫詩,動筆之前必然有山有水為憑藉

視覺藝術領域追求的兩大要素,無非是形和色彩,而形狀、大小、色彩、肌理、空間也是造形的重大元素,詩和形色至為相關的應為「意象」,然而意象非僅現實外在的形象應包含了情意投射的意境之象,「情境交融」本是傳統詩論中重要的立論,從現代藝術創作觀點「移情作用」之說亦為理所當然。因而,若果我們也從蓉子所謂的山水詩之

詩句語言中，抓舉她在詩中對造形或賦色之表現，或探索她在現實山水中移情之後的意象凝塑，加上詩中由明喻、暗喻所賦予的智慧靈光、哲思、情意，也許我們會有另一種不同的視野，亦無不可能。

　　既名爲「山水畫」或「山水詩」，畫家作畫、詩人寫詩，動筆之前必然有山有水爲憑藉，或走訪群山峻嶺，或探涉海之濱水之湄，或讀遍千山萬水之上的那些雲嵐、那些霧靄，或聽遍群樹歌唱，如風起時的交響，逸與遄飛汩汩流出的山泉水聲，久而久之，心中自有山壑，心中自有水聲，心中自有雲霧。畫固然可於畫室中造境，然若不攬觀自然，以自然爲師必少創意，詩當然亦可心造意象，然若無自然深刻體驗感悟，或深切關懷之情，自無法感動別人，而無憑無據亦恐流於自囈，除非是採取超現實所謂的自動性技巧書寫自發式的寫作。然而彼時之超現實夢境或抽象表現之山水畫山水詩，畢竟離蓉子太遠。蓉子的山水詩不是五○年代臺灣的超現實主義，也不是五○年代紐約的抽象表現派，她是屬於中國的，屬於中國的詩人，秉承了傳統抒情婉約的情緻，具備了古典美之精神，並從傳統走向現代。

五、以極其甦醒的雙眼去探視寶島美麗的丰朵

　　在前述之中，我大抵將蓉子這些早期山水詩作了分類，一類爲遊景的描寫，類同記遊詩，因而有具體的場所、背景；另一類則爲沒有具體的時空背景（場景），以一種整體性的刻劃溶入自然山水中的情境。我們從詩題內容具體看到了詩的場景所屬皆爲美麗寶島的刻劃，且大都爲五○、六○年代，在〈蘭陽平原〉一詩題下，她副題——從蘭陽平原這隻初醒的眼睛去探視寶島美麗的丰朵，我們亦然可以想見蓉子在光燦的年華中，是如何用純潔的心靈，以極其甦醒的雙眼去探視寶島美麗的丰朵。蓉子在大陸中學畢業後曾考入農學院森林系就讀一年，後輟學到教會學校擔任音樂教師和家庭教師。一九四八年考入

南京國際電台，次年二月調台北電台工作然後定居臺灣，至一九六七年九月她寫作〈蘭陽平原〉詩亦有十八九年了，她對臺灣諒必有一份深情在，據她私底下曾告訴我她是嚮往寶島的美麗才來臺灣的。五、六○年代臺灣純淨美麗的丰采如今只留在詩人的筆下了，她這一年代的詩倒成為身在臺灣島民所共有的回憶，走過的足跡。

　　我們且從這些詩作看看蓉子如何將寶島美麗的丰采留下，首先我們檢視蓉子的這些山水詩可看到，她顯然也在描繪山水的形像、造型，並賦予色彩、肌理，單從寫形象來看，她所使用的筆法描繪絕非硬筆皴擦，她的運筆用墨是柔軟的，例如：

　　　　當如水的月色　　從藍天的湖沼溢出

　　　　光潤了林叢的黑髮

　　　　濡濕了茸茸的草地　　復鍍亮了魚躍的池塘〈礁溪的月色〉

　　　　筆墨有致，形像準確，又例如：

　　　　到南方澳去

　　　　看陽光的金羽翱翔在碧波上

　　　　有活潑的銀鱗深藏在水中央……〈到南方澳去〉

　　　　仰看飛泉　　可望而不可即

　　　　從觸天的高處　　一躍而下　　作三級跳

　　　　然後嘩嘩地奔入幽壑〈五峯瀑布〉

　　　　仰望　　更勝斧斤之姿　　挺立

　　　　以成行成叢成片的井然

　　　　一齊指向天空──

　　　　為這眾多意象協力的高舉

天空遂壯濶起來〈眾樹歌唱〉

古木巨幹　遮掩了如畫的藍天
這兒巨人族的長老們子孫繁衍
居處佈滿了整座岡嶺〈阿里山有鳥鳴〉

仰首插壁的雲天
在剪紙飛翔的燕子口，

　　每一行詩向便帶出了畫面，用文字畫出了景象，豈非詩中有畫之喻，更可看出蓉子生動的形像描寫之基本功。

　　我們再從蓉子詩中對色彩的捕捉列舉，在光譜中分解顯現，例如

　　它們一齊向山舉目

　　——燃熠在南方眾樹中的鳳凰木〈那些山、水、雲、樹〉

大批的綠迎面而來　從平原
從山岡　層巒疊翠
就不見山底蒼褐　只見
綠色錦緞密密地裹住那
深山　夢谷　更接壤
明淨的藍天〈蘭陽平原〉

文字賦予的色彩十分鮮明，色彩更賦了形像。又例如：

到南方澳去
那漁船兒蝟集的港
那紅色的黃色的綠色的漁舟啊〈到南方澳去〉

金黃湧向海岸

　　蔥翠升起山岡

　　滿盈的藍滴下

　　海遂將天拉成了它的另一半

　　那兒便爲永艷的陽光塑成一座青春的島〈金山・金山〉

　　阿里山有鳥鳴　鳥鳴深山裏

　　飛來從乳紅色的晨霧裏

　　飛進那片濃密似永恒的蒼翠〈阿里山有鳥鳴〉

　　由此看來，詩中若無隨形賦彩，色彩混濁，詩句亦將無法飛揚起來，而整首詩又是多麼黯淡無光呢？蓉子在詩中所賦予的色彩，雖然是肉眼所見的「固有色」，但畢竟也是她的視覺敏感之所在，用眼睛去調節詩的色彩。

　　然而欲作爲創作的詩人或畫家，若果也僅僅停留在視覺形和色的表相中打滾，畢竟是薄弱缺少深度的，在前面，我們一直強調中國畫論中的「意存筆先，畫盡意在」，或詩中的情境交融，立意，是十分重要的，亦即精神層面之所在。

　　除了山水形像色彩的描繪，蓉子這些山水詩，還有聲音的增強效果，情意的轉移及哲思的注入，增加了詩的豐富性，使之不致於流於單薄。例如：

　　而園林外有稀落的木屐

　　正敲響這冷寂小鎮的長街

　　如夜半柝聲　在山海的那邊〈礁溪的月色〉

　　文字的聲音，強化了詩中的夜冷之氛圍。以外，如：笑聲嘩啦啦地成千波萬浪〈金山・金山〉

　　除了擬聲外，也把聲音轉喻成千波萬浪的意象，使詩中動態活潑

起來。

　　鳥引頸長鳴　歌嘹亮清冽

　　劃破林子迷人的霧靄

　　就像一道閃電〈阿里山有鳥鳴〉

　　從鳥的歌嘹亮清冽轉喻到閃電，聲音的穿透與靜態的霧靄擴散形成張力。至於情意的轉移，例如：

　　唯長夏的洶湧阻我　阻我在山裏

　　在高高的山間　我如何沿絕壁直下

　　去看你眼中的海洋？〈在風中，在山裡〉

　　這裡，蓉子已將個人情意移入詩，用形象隱喻愛情的深長和困阻，或人生的命題或宗教的瞑思！

　　而有些詩句中閃爍著耐人尋味的哲思，以〈阿里山有鳥鳴〉為代表。這首詩除了前面所引的有關形色詩句外亦加上哲思，而思考深沉，相較於其它詩作，賦予了更多的人文關懷，茲列引第七段至最後的一段（第十一段），以便於說明。

　　時光在那兒緩慢下來幾至停滯

　　松樹靜立著看風景　千年就如我們的一天

　　因為它們安土重遷　從不流浪　永無鄉愁

　　看濃蔭織密了它們的空防

　　昨夜流亡的星辰無隙進入它們的領地

　　今早火熱的太陽也祇能在樹梢上徘徊

　　雲嵐湧動　氣象萬千

　　春來時泉水歌唱　蜂蝶飛舞

　　四重與吉野櫻滿山滿谷（註）

人們跋涉長途　攀百丈崎嶇

爲探山和森林的秘密　而嵐迷津渡

終無法看清彼等眞容

櫻花凋落於楚楚的瞬息

鳥在有限的空間飛鳴　唯松柏傲立

一切聲音都在林間寂默　形成那不能觸知的奧秘〈阿里山有鳥鳴〉

　　註：四重櫻，吉野櫻皆阿里山盛開的櫻品名。

　　除第九、十一段爲純形景描寫，第七、八、十段充滿著哲思！第七段中末句，因爲它們安土重遷　從不流浪　永無鄉愁，似乎是反過來說出這一代中國流離的鄉愁，而執守於土地的松樹又似乎暗喻了中國傳統宿命思想。第八段意象鮮明尖銳，用軍事戰爭的名詞：空防、流亡、領地描寫樹的濃蔭場景，加上火熱的太陽之形容詞也隱喻成另一種思考，而第十段讓「不識廬山眞面目，只緣身在此山中」古詩裡的哲理又再現於詩中。以整首詩的抒寫來看，這首詩不僅較長也較有氣勢，其恁游移動視點之觀看景物記錄的方式，正與中國畫山水長卷之描繪抒寫一致。

　　簡而言之，蓉子的山水詩應是寫意而不是枯澀的，她也絕少純白描或鈎勒，有些單句或單段固然是白描或鈎勒，但加上靜觀自然之景後蘊含的情感之注入，便使得整首詩渾厚或優雅起來，詩句像一筆運蘊得宜的筆墨渲染開來，因之意象、節奏靈活，鮮明的山水形像，讓人可以仰望，可以俯臨，令人心動。讀起來不會覺得刻板，純粹的山水形像，不帶學術知識報導，田野調查之意味，由於純粹從感性出發，缺少了當地歷史連結，比較不足的約略是人文意識較薄弱。而她詩中的主要色彩當然也不是野艷的青綠、富麗的金碧，比較接近一些沒骨、一些些淺絳，或文人的水墨，雖然在詩句中她也有一些直接擠出的紅、黃、青、綠

等原色，但還不致於流俗。總之看來還是雅致飄逸。

六、遠遠凝睇回顧那個婉約的年代

　　以蓉子詩作精選《千曲之聲》中作品為例探討的山水詩，其寫作年代，除了〈燕子口的佇立〉（1971年）、〈金山‧金山〉（1972年）、〈非詩的禮讚〉（1982年），其它大抵寫於六〇年代，部份未記年代的可能成立於五〇年代，有趣的是〈非詩的禮讚〉雖寫於1982年，其中的意象例如「仰首插壁的雲天／在剪紙飛翔的燕子口」和1971年的〈燕子口的佇立〉之首段「那兒有風　來自／插壁的雲天和下臨無地的深淵／剪紙的燕子往復飛翔　無分春夏」竟有些重覆，其它詩句內涵亦差不多。如果排除這幾首年代較晚的詩作，以其它詩作並置於臺灣五、六〇年代的詩壇，如果回顧早期一些詩人的詩集，如鄭愁予詩選集第二輯《山居的日子》（1952－1965）、第三輯《船長的獨步》（1952－1954）、第九輯《五嶽記》（1957－1966）、第十一輯《燕雲集》（未記寫作年代，僅〈九月圖畫〉一詩「註」末記一九六七改寫。）以葉珊（楊牧）的《水之湄》（1960）、《花季》（1963）《燈船》（1966），可不難發現一些題材的同質性，那個年代，許多詩人走向高山、大海、森林、草原、水湄，對自然有相當崇高的濡慕之情，以詩來禮讚，人與自然相對應，呼喊對話，而這些詩人雖然各有其運用語言的風格，但仍具有某種情調上的接近，隔著年代距離來看，也忍不住要把這個年代稱做詩的性靈婉約的年代。這裡看不到臺灣現實的困窘和悲情，超現實的逃避，或隆隆砲聲煙硝之味，冷戰的陰影，走向經濟開發齒輪的普羅基調……。純潔、婉約抒情，讀來無特別負擔，是一種純然的心靈清明洗滌，雖沒有息息相關周圍相迫的時代性，但卻有一種閱讀的永恒喜悅。帶領我們去尋找人類失落的家園，如海德格所言：無家可歸（homeless）後人類巨大鄉愁的心

靈「原鄉」，回到「第一自然」的「自然主義」原生狀態及品味「第三自然」的美感。或者回到臺灣原鄉的山水言說中。這與晚近九〇年代那些揭露後工業社會生存困境深沉時代現象，及城市流行的末世紀頹廢與華麗之情調，光怪陸離和脫序焦灼的異質文化，歷史沉重的背負及破碎分裂的心理症候等題材自有極大不同。

　　然而就題材來說，蓉子在一九六二年的〈從海上歸來〉詩的詩題就十分雷同於鄭愁予一九五四年〈如霧起時〉的首句「我從海上來，帶回航海的二十二顆星」之上句，在內容上也頗為類似，據楊牧在鄭愁予傳奇（代序）提到：「許常惠在巴黎譜寫的『昨從海上來』，是不是和愁予這首膾炙人口的『如霧起時』有關？」⑫，由此大抵可看出彼時詩人、音樂家對應於某些題材的同好。而〈礁溪的月色〉（1967年）詩中有詩句如「如霧起處」或「如風起時」，和葉珊（楊牧）〈風起的時候〉、鄭愁予〈如霧起時〉之詩題也有語意情調上的近似。

　　相較於葉珊早期西洋牧歌式的田園自然詩，蓉子顯然單純多了，葉珊挾其在英美詩歌的浸淫，學院風的一些些象徵、神秘主義的氛圍，使他的詩具有一種文字意象朦朧的美感，彷彿少年愛戀中的歌詠呢喃不清，如霧起時的迷離，但讀起來仍然很悅耳、很迷人，又像島上臺灣曲子中一種稀微的美感及黏膩貼緊胸腑，更如在幽微中的星光閃爍不已，令人心動，而蓉子的這些山水抒情卻像晴空萬里的明朗，詩句流暢清晰，文字並不晦澀，卻很晶瑩剔透，雖部份詩作也有說理甚為明白不夠隱的部份，甚而表現上較為單刀直式，但為數不多。

　　另相較於鄭愁予此一時期的詩，愁予的詩風一如楊牧所言：「形像準確，聲籟華美，而且是絕對地現代的」⑬。此外，他的結構亦堪稱完整，但不妨礙他在詩中所製造的懸伏效果，及呈現的有機性，其節奏聲韻迭宕起伏有致，在句法及詩用語上均有特別的創意，以楊牧就〈錯誤〉一詩的句法之詮釋：「〈錯誤〉的中國句法，亦見於其他。詩

之忽然展開，以最傳統的意像撥見最現代的敏感……」⑭。可作為代表。就那個年代而言，大多數詩均能掌握中國傳統裏的抒情部份，然而卻也能夠新創抒情詩一種新感性。觀其時鄭愁予以其一介陽剛之身軀卻有最陰性的語言，當然他亦有其堅硬陽剛的語言部份，而蓉子純以女性本有的纖細音質，有時間聞她也以些微陽剛語言委婉唱出山水詩抒情的高音，當然就二者的詩風來說都是十分輕巧溫柔，音色圓滿的。如今站在九〇年代後半期的模糊不確定中，遠遠凝睇回顧那個婉約的年代，那樣性別消失的抒情詩，是否也可冠諸「中性詩」之稱？而好的藝術往往是超越政治、道德、性別的！

七、安心下來聆賞蓉子一段山水抒情的高音

　　展讀蓉子早期山水詩，在繁喧不安戒慎恐懼氛圍的城市中，在在風雨變幻陰晴不定的天候中，在隆隆向前走的列車上，詩語言喚起的是一顆蟄眠沉寂的心靈，鈎起了許多旅遊的回憶片段，彷彿回到許多高山峻嶺、森林、草原、田野、海濱、山嵐霧靄大氣層的記憶，回到藍天綠野白雲的無染中。

　　蓉子這些詩，顯然沒有大山大海的雄奇、峭抖、壯闊，或滔滔大浪潮的驚濤駭浪，但卻有一股清澈的水流恒常自心的深處流過。

　　讓我們平靜、放鬆、安心下來聆賞蓉子一段山水抒情的高音！

一九九七年三月五日脫稿

（作者：詩人，從事藝術創作與寫詩評，任教國立臺灣藝術學院）

【附　註】

① 蕭蕭主編《永遠的青鳥——蓉子詩作評論集》，臺北文史哲出版社印行，1995年。

② 蕭蕭：〈編者導言〉，同註①，編者導言第1頁。

③ 余光中：〈女詩人——蓉子〉，同註①，第1頁。

④ 余光中：〈女詩人——蓉子〉，同註①，第4頁。

⑤ 衣凡：〈由聖經自然與存在觀造成的三角塔——女詩人蓉子評介〉，同
　　註①，第13頁。

⑥ 衣凡：〈由聖經自然與存在觀造成的三角塔——女詩人蓉子評介〉，同
　　註①，第16、17頁。

⑦ 羅門：總序：「我的詩觀與創作歷程」，羅門創作大序〈卷3〉《自然詩》，
　　臺北文史哲出版社印行，1995年，第5、6頁。

⑧ 羅門：前言，羅門創作大序〈卷3〉《自然詩》，臺北文史哲出版社印行，
　　1995年，第39頁。

⑨ 徐望雲：（焦桐與鄭愁予先生「寫山詩」之比較），臺北《新陸》現代
　　詩誌總號第六期，1985年9月，第57、58頁。

⑩ 參見藝術家工具書編委會主編《美術大辭典》中國美術名詞術語，臺北
　　藝術家出版社，1981年，第159頁。

⑪ 如上，第160頁。

⑫ 楊牧〈鄭愁予傳奇代序〉，《鄭愁予詩選集》，臺北志文出版社，1974
　　年初版，第23頁。

⑬ 同註⑫，第11頁。

⑭ 同註⑫，第15頁。

淺論蓉子詩中樹的意象

林　祁

　　七、八年前，我在福建的時候，就接觸過蓉子的詩，那時覺得從海峽那邊吹到我們這邊一股清新的風，給我留下了印象。後來我東渡到日本，去了五、六年才回來。現在又讀她的作品：那麼多詩，那麼多評論，乃至於有那麼多大師說了那麼多話，我感到無話可說了。今天我想談談蓉子詩歌中樹的意象，我發言的題目就是〈淺論蓉子詩中樹的意象〉。

　　也許和蓉子曾經讀過農學院的森林系不無關係，蓉子詩中有著大量樹的意象。讀《蓉子詩選》，你會看到「大批的綠迎面而來」。據不完全統計，寫到樹的詩有31首。

　　「有很多觀賞的林木／我觀賞其形相／我聆聽已久」，這是蓉子的詩，她這裡有詩為證，她對樹的關懷是長期的。她如此大量地使用一個意象，無疑是一種冒險，我為蓉子捏了一把汗。這種冒險容易使詩人的想像和語言彈盡糧絕。且讓我們集中地讀一下蓉子詩中大量的樹的意象，看看蓉子是如何營造它們的。

　　首先說一下我對意象這一詞語的理解。意象，來自（image）的翻譯。中國古典詩學雖無意象之名，但從《詩經》開始的「賦、比、興」傳統，講究的就是詩歌意象的營造。賦，說的是直陳的手法；比，以此物比彼物，用的是明喻的手法；興，言此及彼，使暗喻的手法來強調對整首詩之意境的創造。它是使語言得以擴展、延伸的最重要的方式。我覺得我們的賦、比、興是很著力于意象的營造的。

　　現在讓我們來看看蓉子詩中樹的意象。我覺得它主要表現在以下幾個方面的內容：

　　㈠個性：詩人的個性，《蓉子詩選》開篇便醒目地題著：「所有樹木都站定在自己腳跟上／人啊，為什麼要匍匐呢？」在這裡，樹，顯然成為詩人表達自己精神的支點，獨立人格的一個象徵物。弗洛依德認為詩是由一些你喜愛的意象進入到我們深奧的思考裡。那麼蓉子詩中樹的意象是深深的進入到蓉子的思考裡面的。在蓉子 1953年所作的〈樹〉：「我是一棵獨立的樹──不是藤蘿。」這首詩使我們很容易就想起我們大陸女詩人舒婷寫於1977年的〈致橡樹〉：「我必須是你近旁的一枝木棉／作為樹的形象和你站在一起。」詩人用了一連串的比喻：說她不做花、不做鳥。最終選擇樹的形象，表達出不做男人的附屬品而要建立獨立人格的女性願望。兩岸的女詩人在不同的年代裡（兩人相隔近二十年）選用相同的意象，書寫了相同的主題，這是個很有趣的話題。如果套用弗洛依德的心理學的分析法，可以說樹作為陽性象徵物，對它的喜愛恰恰洩露出女詩人潛意識裡的陽性崇拜心理。這聽來也許有點悚人所聞，且不說它的潛意識裡，至少它表現了女詩人的個性風格。蓉子說：「特別是樹，總是無限寧靜地立著。」時以風的翅膀激揚它們的翅羽，觸及了一種飛翔，似無數對張開的渴望。這首詩如果交給我處理的話，我會寫「特別是樹，總是寧靜地立著，時以風的翅膀，觸及了一種飛翔。」那麼我會省掉了她的一些句子，可是呢，在蓉子來看，她可能不喜歡我這種簡便的，急促的方式，她是一種比較舒緩的作風，她的整個句子都比較舒暢，這是蓉子的一種方式，或者說一種風格。蓉子的風格不同於羅門先生。羅門詩裡不但很少有樹，而且他的樹是「從盆景裡出走」，即使是他的傘也會變成天空的。「雨在傘裡落／傘外無雨」，以宏大來表現孤獨。但如在蓉子的詩裡，她就會說：「各種顏色的傘是栽花的樹／而且能夠行走」，

傘和樹一動一靜，藏一個「自在自適的小小世界」，「藏一個寧靜的
我」。蓉子不但說「傘是一庭花樹」，而且說它「滿月般令人激賞」，從
傘到花樹再到滿月，意象非常豐富且和諧。詩的飛躍非常重要，如果
沒有詩的跳躍就很難有新奇感，但如果跳得太遠，就會形成詩的斷裂，也
就是人們常說的晦澀、讀不懂。可是有時候我們在這種實驗中寧可要
這種斷裂、這種冒險。我覺得在這首詩當中，她的這種試驗並沒有形
成斷裂，它還是跳躍得非常和諧，飛躍得很美，要不是這首詩的語言
在我看來過於蕪雜，這首詩可以說是達到了空靈的境界。我覺得非常
可惜。我對這首詩有點偏愛，覺得它應該到達空靈的境界。從傘到樹
到滿月，有一種空靈的意象。

　　㈡我覺得在蓉子的詩當中樹的意象還表達了她的一個藝術觀，也
就是她對詩的看法。我覺得她對詩的看法借樹來表現得很有特點。她
說，「從鳥翼到鳥／從風到樹／從影到形／一顆種子從泥土出生的路
徑與變化。」我覺得很有意思的是，「從風到樹」，表現了詩人對詩
歌創造藝術的一種不同的看法。用詩的表現方式來進行表達，她找到
了一個很好的意象。她借詩的意象來抒發了她作為一個詩人有一種獨
特的風姿，這也是她的語言。「每一株樹都有她獨特的風姿。」這是
什麼風姿呢？她說：「荒原上有一棵樹」，只有一棵樹，而且是在荒
原上，我覺得這也是作為女詩人她的獨特的形象吧。

　　㈢我覺得她的樹的意象表現了一種人生哲理。像〈只要我們有根〉，
我覺得這首詩比較完整。但要從中找出一點例子，是不那麼容易，但
它很完整。像它的開頭：「在寒冷的冬天／惡劣的氣候裡／翠綠的葉
子片片枯萎／正似溫馨的友情——離去」。翠綠的葉子，溫馨的友情，顯
然是一種明喻的手法，是一種以實來喻虛的表現方法，但她寫得很有
情調，格調很清新，她寫的〈日本古城印象〉給我很深的印象。我在
日本生活了五、六年。我覺得詩人的敏銳之處在樹、木頭身上找到了

很好的感覺。她抓得很準。因爲我在日本生活過。她這樣寫道:「都是些木質小樓/踢踢拓拓的木屐敲出節拍/即使莊嚴的寺院亦不例外/在東洋/我好喜歡那原始木頭質樸的感覺/卻不一定欣賞木偶人樣你起我伏不停地鞠躬。」日本文化的特點,她通過樹抓得很準,不僅通過正面寫樹的質樸,還通過反面木偶人樣點頭哈腰的一種風氣。我自己也有這種感覺。人生哲理的表現是相當多的。我再挑一首詩,是〈悲愴〉,它也是通過樹來表現。我覺得這首詩很有一種畫面感。一開頭是「一片一片又/一片葉子辭去/故枝──/在空闊的時間/天幕上。」「夕照下曾經/濃美的樹/已瘦成乾禿的影」「哦,夜月如鏡/釋出悲涼。」我覺得這首詩的畫面很美,它放在一個很大的空間裡面來表現小小的葉子的無可奈何的離去。如果我寫可能我會直接寫出這株樹的悲涼,有些我可能會刪去,因爲我覺得已經夠了,這已經讓人覺得很悲涼,在這麼大的時空中間,那葉子的無可奈何,已表現很很充分。

㈣我覺得她借樹來表現了一種鄉愁。蓉子在詩中還充分的表現了她對大自然的嚮往。這使我們想起海德格爾所的一句話──詩人的天職是還鄉,還鄉使故土成爲親近本人之處,蓉子在詩中還表現了對回歸田園的意向。比如說她的〈綠色大地的森林之歌〉,就直接抒發了她這種感覺。「寫一首綠色沉著的歌/當世界充滿了無知的瘋狂/寫一首綠色神奇的歌/當城市充滿摩肩接踵的荒涼」在女詩人看來,摩肩接踵是一種荒涼。但我覺得這首詩後面寫得不夠透氣,詩要寫得豐富而單純,這種寫法還有待于我們不斷的實驗,蓉子這是從現代文明往樹林中逃,這有詩爲證,她說「經由林中秘徑逃回夢裡的茵島」這是蓉子的夢,她在〈白色的睡〉裡面充分表達了這種感覺,詩一開始寫道「這是失去預言的日子」……在後面寫道「我的憂悒在其中/在紫色花蕊。」「儘管鳥聲喧噪 滴瀝如雨/也喚不醒那睡意/冷冷的

時間埋葬了歡美／冷冷的靜睡不再記起陽光的顏彩／鳥聲滴滴如雨濾過密葉／密葉灑落很多影子／很多影子　很多萎謝　很多喧嚷／我柔和的心難以承當！」這首詩有一種靜靜的柔美，朦朧的格調，她不是直接寫樹，而是寫樹的葉子，樹的影子，寫一種憂愁的感覺，這種朦朧的情調使詩人柔和的心難以承受，這使讀者感覺到詩人那種難以承當的心境，我比較喜歡這首詩，我覺得蓉子的詩歌裡面比較成功的詩往往都是通過從一個層面向另一個層面的變換以達到所需要的效果，這種詩的朦朧性恰恰是詩的魅力所在，她在樹的意象中的這種經營，是比較成功的地方，值得我們好好學習。

（作者：詩人，北京大學博士研究生）

合評篇

羅門、蓉子與中國詩壇

張　炯

　　非常榮幸有機會參加羅門、蓉子兩位詩人的作品討論會。首先，允許我代表中國社會科學院文學研究所對兩位伉儷詩人從臺灣來到北京表示衷心的歡迎，並向會議致以熱烈的祝賀！

　　羅門先生和蓉子女士是當代臺灣的著名詩人，應該說也是當代中國的重要詩人，蓉子女士在五十年代初便出版了她的第一本詩集。羅門先生也在五十年代開始詩歌創作。半個世紀來，他們一直在詩壇辛勤耕耘，寫過許多作品，聲名早播於海外，近年隨著他們的作品在大陸出版，也漸為大陸的廣大讀者所熟悉。關於他們的詩歌創作，已有不少大陸學者寫過評論。而且有關的文學史著作也都有相應的論述。今天，我們能夠在北京大學共同研討他們的作品。有這麼多學者參加，這無疑是文學研究界的一件盛事！

　　我們的祖國自古就是一個詩歌大國，至今我國的詩壇仍然是世界上最大也最生氣蓬勃的詩壇。從上世紀末黃遵憲提倡「詩界革命」到「五四」後掀起新詩運動，近百年間新詩儘管曾受到反對和嘲笑、貶斥，但它的發展勢頭卻銳不可擋。新的詩人有如雨後春筍，他們以自己卓具才華的新作，贏得廣大的讀者，迅速發展了自己在詩壇的主導地位。今天，即使詩歌和整個文學一樣都受到商品狂潮和拜金主義的衝擊，在整個中國，不僅詩的作者仍然很多，詩的讀者也仍然相當可觀，特別是在年青人中間。中國的新詩所以能夠站住腳跟並保持自己蓬勃的發展勢頭，自然與好幾代詩人的努力分不開。應該說，羅門先

生和蓉子女士也是以自己的辛勤勞作，爲此作出不可磨滅的貢獻的。

　　儘管我個人對詩歌沒有專門研究，對羅門、蓉子的詩作也還來不及全部拜讀，但從我讀到的他們的詩篇中，我還是感受到他們的許多優秀詩作所表現出的卓越才華，充沛激情、敏睿哲思和出色技巧。羅門先生早期受到西方現代派詩歌的明顯影響，而後來也有回歸我國詩歌的更爲明白曉暢和研究韻律的傳統。他的詩歌題材十分廣闊，寫戰爭、寫都市、寫山川、寫鄉愁，都有一種陽剛之氣，一種雄渾的魄力，而他的一些小詩，也不失雋永有味，耐得咀嚼，他對於戰爭的咀咒，充滿一種歷史的深沉感；他對於現代都市所出現的景觀和都市所存在的負面現象的揭示，應該說是對當代中國詩歌題材開拓做出了突出的貢獻，他所嘗試的各種詩歌形式，在新詩的發展上也良足爲後人提供了有創意的借鑑。蓉子女士在我國女詩人中尤見天分。她的作品，我雖然讀得不多，卻以詩意濃郁，格調清麗婉約而吸引人。像《爲什麼向我索取形象》、《爲尋找一顆星》、《一朵青蓮》等許多短詩，都可謂精品。她的《月之初旅》所表現的宇宙意識，《您的名字》所抒發的男女之情，都發人思考，感人至深！而寶島景物和異國風光，經她的詩筆點染，尤給讀者留下深刻的印象。

　　在臺灣詩歌的發展上藍星詩社曾起過重要的作用。羅門、蓉子伉儷是藍星詩社的健將，同樣功不可沒。他們的詩確不僅僅屬於臺灣，而屬於整個中國。作爲一個普通的讀者，我爲他們的詩歌成就感到驕傲。我祝願他們在未來的歲月裡，取得更大的成就，爲我國文學事業的發展做出更大的貢獻！

　　　　（作者：中國社科院文學所所長）

多向歸航臺

——談羅門蓉子的創作世界

楊匡漢

　　從世紀末的角度回首往事和實現現況，我們不能不對如今眾多沒有「靈魂」和「精神」的「享樂人」在無休止地製造「文化藝術轟動效應」和「社會噪音」表示嘆息。此時此刻詩人何爲？誰能維繫崇高的人文精神並擁有充滿生命的詩化的眞實？誰能傾聽歷史與現實的大海漩渦般的交響？誰能在種種盲點與誤區的「導引」中尋找內在的挑戰並享受藝術超越的旨趣？誰又能在深入精神層面思索自然與人生的過程中高蹈知性的述說和悟性的語態？誰復能游乎廣天博地之間自誠自明而孜孜矻矻地爲現代詩歌以至民族文化開發新生命？這些嚴肅的話題擺在懷有眞誠和良知的詩人面前。

　　羅門、蓉子的創作世界是一個眞正意義上的詩的殿堂。倘若簡單地以「分門劃派」去評判他們屬「現代派」或「傳統派」，是沒有實際意義的。他們的創作，可以說是在強烈的中國美學意義下完成的現代作品，既有題材的中國、鄉土的中國、動蕩的中國、又有節奏的中國、情調的中國和哲學的中國。

　　羅門、蓉子畢竟生活在20世紀的中國。那種種遺痕的記憶——長夜中的奔突，禦侮中的抗爭，離亂中的企盼，轉型中的撞擊……難以言盡的焦灼與苦痛，都結爲一枚枚化石壓迫著我們的血肉，自然也把這些世紀性的情感和經驗投射於詩人的作品裡。

　　國人的傳統心理往往是安土重遷知足自得。但這片故土上世紀性

的動盪使許多知識者處於變動不居的漂泊狀態，隨之也產生了肉體放逐、精神放逐以及文化放逐諸類問題，生活和藝術也因之而由痛苦為陪伴、為象徵。翻過20世紀中國新詩悲涼曲，風亦蕭蕭，雨亦蕭蕭，苦難使詩情生輝，騷動不安、創造進取的人生與心靈，成為包括羅門、蓉子在內的許多詩人靈感和激情不竭的源泉。

　　羅門、蓉子四十年如一日生活於詩裡。詩賦於他們「前進中的永恆」的意義，也成為更高的人生價值的實現。這一點十分重要：在顛躓頓踣和困苦孤寂中，在文化迷惘和藝術喧嘩中，維護宗教式的詩的聖潔與美感，則是一個詩人精神強健的標誌。這種強健所體現的是個體和屬類整體的關聯，是存在和本質的同一。在這一體驗與謀求過程中，詩歌絕非浮泛的修辭操練，也不是對於生活表象的直視或官能的刺激。孤峭堅卓的人格和淒絕超邁的詩格之兼俱，把真正的詩人和流俗的詩匠區別了開來。

　　羅門從浪漫抒情到詩化知性，蓉子以「青鳥」到「弓背的貓」，苦難與漂泊、沈思與超拔使他們擁有了弓箭和琴弦。他們在多重時空中吟唱著，燃燒自己也震撼、照亮著他人。他的承擔起重建心靈秩序和賦予精神歸宿的責任。他們在「飄泊」與「尋找」的曠野地帶，循聲穿越，誠篤潛慮，讓詩神自由游弋，以靈性融化經驗。他們帶著自己的愛憎、悲歡、歌哭，帶著生命的本真狀態和藝術的超越渴念相膠結的困惑與探索，實踐著在孤寂的年代承受孤寂的聖地詩旅。

　　對於中國當代詩人而言，真正的詩旅是一個艱難的命題。我以為，羅門、蓉子以那雙無形的的手在背後推動人們趨近詩歌時，他（她）們比較直覺地實施著兩種超越──對泛政治化時代和泛工業化時代兩種生存狀態的超越。自然，從他（她）們的作品來看，後者（泛工業化時代）使他（她）們更切膚地感到「詩意地存在」和追問生存意義的必要。羅門是以直捷的方式：「猛力一推／竟被反鎖在走不出去的

透明裡」（《窗》），「一條揮過來的皮鞭，狠狠地鞭在都市撒野的腿上」（《摩托車》），身處俗世而夢在雲外，嚮往一種新人文精神；蓉子是以寂靜的方式：「擠我們於無窗的小屋／迷濛的始終不能清晰／明晰的卻是殘缺、謊言醜惡」（《亂夢》），面對夕照，她深信「仍舊有妍婉的紅焰／從澹澹的寒波　擎起」（《一朵青蓮》）。當焦慮如同瀰漫的霧氣將人們的生活籠罩，當誰也無可逃避生存的眞實且習慣於接受（受動地）而不能感受（主動地）時，羅門、蓉子則以一種詩性的反抗和詩意的覓求，把寫詩作爲濃縮著深邃回憶的過去、飄渺無著的現在和遍尋家園的將來，並將存在的不]諧關係於審美中得以消隱的過程。

　　羅門、蓉子數十年如一日在詩海裡游泳，漂泊的泳者在其間獲取種種回歸生命的實覺。他（她）們的詩奇詭而豐彩，值得我們注意的是，這一切都並非評家可以用「是什麼」或「是不是」的概念式認知去讀解。他（她）們繁復的作品猶如有動有靜地燃燒的原野，詩人和周遭的景色、感知的對象融爲燃繞的意象本身。燃燒的時空，燃燒的自我，還有燃燒的語言。常常是詩在訴說而並非詩人在直陳，而暗示又成爲喚醒人們受壓制的感受力和舒展方式。那些「超現實」的想像力，使詩人對常規的語言暴力和慣性思維的抗爭成爲可能。他（她）們往往跳出日常語言的秩序去「製造語言」——挖掘深藏於存在之下詩性話語的本質正是這些，使詩人的作品具有創新、前衛的動向。

　　羅門、蓉子的創作世界是全方位開放的天空。藝術上多視角、多向度的探索，一切又歸航於詩，於眞、於善、於美，於現代性的創化。大自然給了他（她）們一個家庭，詩又爲他（她）們締造一間燈屋。這燈屋映照著天宇間諸多星辰，我們自然期待著爲詩、也爲思想文化增添更多的光亮。

　　　　　　　（作者：中國社科院文學所——室主任、文學評論家）1966年6月

拯救的力量‧詩化的人格

易　丹

　　中國文化研究所所長劉夢溪先生和他太太作家陳祖芬女士要我向羅門、蓉子致歉，向到會的先生們致歉。他們兩位現在正在臺灣開會，很不湊巧。他們非常期待能夠參加這次會議，一開始得知此會將在十一月召開，因此也曾籌措多時，我們私底下曾多次談到蓉子女士和羅門先生的創作，這次沒能趕上，很遺憾了。

　　至於我個人，我以前曾接觸到過兩位的部分作品，我最早讀到羅門的詩是〈麥堅利堡〉，我當時對這首詩，曾經感到迷惑，一種深深的迷惑，尤其前面的題記：「超過偉大的，是人類對偉大已感到茫然」給了我最深刻的印象。我當時感到非常驚訝，在這首詩中，怎麼會有如此通靈、闊大、理智的東西和敏銳、新穎的感知，如此水乳交融，給我震憾。

　　至於蓉子的作品，非常有意思的，我最初讀到的作品是她的散文，而後才讀到她的詩。她那篇散文是談對於雨天的感受，她有一種具象化古雅素淨的豐彩就在眼前，觸手可及。她可以從晴天看到燦爛；從雨天讀到一種溫柔，這個人的心一定有多面的反射。是什麼溫柔的力量能夠有這種洞穿的能量？使我對他們兩位很景仰也很好奇！

　　前不久，我從白樺先生拿到「社會科學出版社」為他們出的作品集──共八本書，因為時間很短，只能匆匆地讀，我坐在地毯上，八本書全攤在周圍地上，我拿起這本翻一翻，又拿起那本翻一下，眞是一種很奢侈的感覺，這樣子讀書有一種酣暢淋漓的感受是非常奢侈的。眞

正讀完我感受到一種拯救的力量，這是很奇特的感受。以前讀詩，心中有怦然而動的感悟，一種觸動一種形形色色紛紛紜紜的感覺；從來沒有這種拯救的力量的感受，他們詩中這種力量，是直接從生命形態中流注出來的東西，才能在人心中凝聚成一種強大的拯救力量。

有人說：詩是屬於青春的，我認為詩有兩種：一種屬於青春，一群屬於那個季節的年輕人，在那種內心的感動裏有一種詩意和世界對話。另一種詩則屬於生命，可保持很久很久，不只把詩作為一種語言而更是作為一種生命的形態，作為存在的方式，人與詩進入同化的境界。

我在他們兩位的詩裏讀到拯救的力量，這種拯救的力量從何而來？乃從他們詩化的人格呈現出來。進而我想到一個關於文化的問題，作為後學的我，本沒資格來談文化這題目，究竟應如何解讀文化這詞？從最早《周易》對文化的界定：關乎人文、化成天下。可見「化」的意義比「文」的意義要大。看現時詩歌，現代文壇為甚麼缺少力度，更談不上拯救的力量，是一種文而不化的現象，倘文的意義只是拿到學銜、名譽、證書，給人們多了一個標籤而已；是否應多了一層與內在有關的化成？化為我們的生命，化為我們的人格。古人說：「文章千古事，得失寸心知」，我們所寫文章能否在寸心中有所觸動，如何到達文而化的境地？是讀書這多年來令我困惑的一個問題。缺少化成的過程，文（飾）只是表面的裝飾。當我們看到當今眾多發表的那些分行、押韻、有油墨香的文字，能否稱之為詩，我想要看化成的程度，一種詩化人格的外現，不論是拯救的力量或只是感動。我從他們兩位的詩中真正看出了「得其義而忘其言」。在他們的詩中多次出現天空、鳥、飛翔的意象，不管我們是否能飛翔，一書在手，起碼從他們的翅膀上拔下一翎羽毛，讓我們知道握著這根羽毛，生命可以飛翔。

我不曾看過他們的燈屋，很想能看到，希望燈屋那種具象的光芒

能夠將我照透。他們的作品，我雖無資格評論，我只作一位讀者來專
心傾聽他們詩歌中的聲音。我所能談到常久思索的一個關於文化的問
題，他們在詩化的世界裏給了我解答。從他們的作品我感受到最強的
兩組關係：(1)世俗和宗教的圓融相通(2)從古典到現代的未被斬斷的血
脈源流。從宗教對俗世生靈所產生對人類悲憫博大的愛，不完全像是
蓉子女士那種來自宗教家庭的淵源，而是他們兩位令我感動的宗教情
操，一種人性的本源；不是單單來自教義，而是具無窮張力、無限的
可能，陳列出生命多彩多姿的景觀。這種宗教的悲憫慘透到俗世裏有
各種解讀，有時是用反方向表現出來，羅門對現代文明都市、後工業、後
現代進行批評，有時把這些撕成碎片，冷酷地給人看，有一種嘲諷，
嘲諷中仍舊有酷熱的摯愛。倘沒有愛則不會表現出如此的冷，冷和熱
之間有著很深的淵源。他們作品內宗教深切的悲憫，外發為對世俗生
靈酷熱的愛。其次這麼多人標榜古典、熱愛古典，該不在標榜古典詞
章本身，而是古典提供我們的和諧，迄今已一去不返在朝生暮死小小
生物身上凝聚的愛，那種寧靜、遼闊、天人和萬物之間通靈的感悟，
古典之所以使人迷戀處在此。羅門的作品有現代的眼光，敏銳的洞察，還
有自己的理論在後面支持；仍舊感覺他們的作品中那從古典流傳過來
的血脈未被斬斷。現代大陸上的文學作品，我感到很遺憾，標榜很多
主義，有很多形式上的標新立異，古典的血脈卻呈現斷層。「皮之不
存，毛將焉附」，沒有內在的東西流露，呈現出來的是一種蒼白飄零
的東西。

　　無論是古典和現代的通融；世俗和宗教的勾連，綜合一點，歸之
於文而化了的人格力量，在文化範疇內的一種啓迪，不僅僅在詩歌的
意義。今天上午有學者提到了人文理性，這種人文理性實應好好去探
討、闡揚。中國文人面臨的危機不在文學，不是本文，而在於作為人
文己身的反省是否深刻？一位詩人如真正令人感動，首先在把生命醞

釀成酒，薰然而有酒香，把自己做成爲詩，瀰漫出詩意。而他們兩位的作品，作爲文化上的現象，確值得人們反思，就說到此，謝謝大家。

（作者：中國文化研究所助理研究員、文學評論家）

論羅門、蓉子伉儷詩

潘亞暾

　　《羅門蓉子文學世界學術研討會論文集》於去年四月在臺灣出版，後又在大陸出版，拙作亦蒙收錄，不勝榮幸。但當時忙中草草應付，急就章難免疏漏，又無暇赴瓊與會，特表歉意。今讀《論文集》，得領群賢高論卓見，受惠之餘，願再申前文《羅門蓉子伉儷詩》未盡之意，藉廣交流而收研討之益。

　　一我認為羅門蓉子年年都可以慶祝「詩婚」，他們是詩緣詩藝的結合。這姻緣本身就是一首生活的現代詩，它富含著對生命現象的靈視義蘊。羅門之投效詩國，原是出於蓉子的牽引。婦唱夫隨，婉婉雙星，在詠詩與論詩的園地上，使原不易懂的現代詩，經中華文化傳統篩籬的處理，變成了新意層出、不落陳腐又切合現代人的理解能力的現代詩。我把他倆的詩篇看做「經傳統過濾的現代詩」，我把他倆的詩觀看做推陳出新，融和東西文化的詩壇業績。臺灣有幾位很有成就的詩人，走過了都市詩的現代主義化的登山途程，艱哉何巍巍，後來似乎「出以折中」吧，提出「回歸古典」的口號，並躬自實踐，效果頗佳。他們的取經顯然跟羅門夫妻檔的全方位推進有所不同，讀者的反應自必有異。但就現代詩派的整體陣容來看，羅門蓉子顯然是擎大纛立在前頭的闖將。

　　二我曾說過，羅門蓉子的詩風迥然不同。從《論文集》裡許多學者專家的文章看來，似乎大家都有這一點共識。今應重申：詩風雖異而詩道卻同。道既同自可相為謀，故有夫妻檔三四十年「存在」不解

體的「（詩）生命現象」。此中奧妙，唯有目視靈視兼精的高能智士才能明察其情。我覺得他們異中卻有「互補」的默契，明眼人已在文章中點到提及了。我很受啓發，認爲研討會已在專家層面上大大推進了「羅蓉現代詩學」的探索與研究。後續的任務維艱——怎能在一般讀者的層次上爭取於萬人來聽陽春白雪的雅奏呢？這問題便也很值得研討！

　　三關於研討會所表露的羅蓉詩學研究道路的分歧問題。

　　幾位高手做了十分精闢的理論說明，那是宏觀鳥瞰式的，可供雅俗共賞，也有助澄清人們對現代詩諸多流派所常用的術語概念的誤解。可貴的是，有的學者還細心地指明了羅門對外國現代主義流派的見解所作的修正——這大大有利於今後的研究工作。另有許多專家從小題入手，分析了羅門蓉子的詩主題、詩同異、詩觀，乃至類別詩篇而加以解析——此類宏文易接受，富啓發，積之既多，便能突破現代詩「飛行聲障」而到達柳暗花明的新境。我還有過「山窮水盡疑無路」的印象，那是數年來接觸現代詩（特別是給研究生答疑）時的無奈心影。參加研討會，並於會後選讀了一些文章，感覺才有些好轉。

　　羅門蓉子顯然是大大成功了的詩人。願他們的業績，能進一步照明臺灣現代詩的征途。

1995年12月3日　飛京前夕於暨南園明月樓

（作者：暨南大學中文系教授，文學評論家）

與日月同輝

──評羅門、蓉子文學創作系列叢書

金　聲　麗　玲

　　當今大量的華文詩歌，在一個多元的世界裡面臨選擇和被選擇。有不少佳作，但也有太多的虛偽和賣弄，太多的遊戲和媚俗，尤其是太多的逃避，逃避我們的生活，也逃避自己的心靈。在近年詩壇魚龍混雜、遭受世人冷落的困窘中，中國社會科學出版社獨具慧眼，毅然選擇臺灣當代著名詩人羅門、蓉子夫婦，視爲當代華文詩人優秀代表，推出一套八卷本的關於他們文學創作的系列叢書，顯示出過人的眼光和氣魄。叢書面世，彷彿於大陸沉悶的詩界迎來一股春風，於繁亂的詩苑移植來二株生命常青的奇葩。令人愛不釋手，情不自禁讀到深夜，感到受益頗多。

　　這套系列叢書分爲羅門系列和蓉子系列，是其主體。羅門系列由《羅門長詩選》，《羅門短詩選》，《羅門論文集》構成。蓉子系列由《蓉子詩選》和《蓉子散文選》構成，每一組又分別附有海內外知名專家對他們的評論文章精選而編成的《羅門論》和《蓉子論》，可以說是捧月的眾星，成爲這套叢書的有機組成部分，爲閱讀和研究二位詩人提供了參考，不妨視作系列的跋語。

　　其中另有一卷是周偉民、唐玲玲二位教授撰寫的羅門、蓉子創作世界評介一書──《日月的雙軌》，在這套叢書中有著特殊的意義。我自以爲它相當於一個叢書的總序。二位作者是中國文學批評和古代

詩歌研究的專家，有很深的理論造詣。作為一對學者夫婦，研讀詩人
伉儷的作品，自有一種獨到的領悟。他們對羅門、蓉子的創作進行了
全方位的研讀，給過了一番「盡挹西江，細斟北斗，萬象為賓客」的
深入琢磨，以歷史和現代交織的眼光，用比較的、系統的、新批評的、闡
釋的等多種方法，將詩學理論與作品細讀結合起來，並且將他們置於
傳統文化與現代文明的廣闊背景的觀照之中。從詩人的創作歷程、藝
術成就、藝術觀念、風格特點及文壇評論諸方面，對他們進行了全面
而準確地評介，使羅門、蓉子的創作世界和他們最重要的詩文，在中
國當代文學史中得到了一種定位性的存在價值。整部書有一個較為龐
大而系統的邏輯結構，組綴著許多精彩的章節。有的古今中外縱橫比
較、旁徵博引、啓人思緒紛飛；有的條分理析，解讀細緻，鞭辟入理，令
人拍案叫絕；有的言人之未見，道出作者尚未明確意識的見解，是一
種再創造性的評論，讀之令人茅塞頓開，有的娓娓道來，情理並茂如
一篇優美的詩文，使人百讀不厭。對羅門、蓉子文學創作世界來說，
它就像一盞彩燈，照亮了羅門、蓉子藝術殿堂的四壁，使藝術家的藝
術精品更加醒目，導引著讀者直至藝術勝境。

　　羅門、蓉子在五十年代就已在臺灣詩壇成名。四十年來創作未斷，
已出版詩文詩論著述二十九種之多，作品選入世界各地出版的選集上
百種，被先後譯為英、法、日、韓、南斯拉夫和羅馬尼亞等多種文字，曾
獲得菲律賓總統大綬勛章，在第一、三屆世界詩人大會上獲大會特別
獎。1975年獲國際婦女文學獎和被譽為「世界詩人大會傑出文學伉儷」等，可
以說在華文詩壇上成績卓著，享譽海內外。對這樣兩位詩壇巨星，大
陸曾有人介紹過，但研究甚少，比之他們在詩壇上的盛譽大陸對他們
的了解就顯得太不夠了。這不能不說是一個缺憾。這套系列叢書是對
他們有份量的肯定和張揚，憑他們對藝術執著的獻身精神和高超的藝
術造詣以及經得起歷史檢驗的創作精品，必將在大陸文壇產生廣泛而

深遠的影響。

　　當我們通覽此叢書後，深深爲之感奮，從中體會到中國詩歌的潛力和希望，他們的藝術世界和成功的經驗，至少能給我們這樣一些啓示：

　　首先，羅門、蓉子是以全部熱情和生命投入文學藝術的，他們始終認同並充分體現著文學對人類文明的精神價值，對淨化人類精神空間抱著強烈的責任感和進取心，他們從高尚的人格融鑄了高雅的藝術，爲現代文壇樹立起光耀的典範。從青年時代起，他們就投身於詩歌創作，四十年如一日，一直保持著經久不衰的熱情，將詩歌藝術視爲自己的生命價值的體現。他們不爲商品經濟所誘，抵禦拜金主義的襲擊，甘願辭去待遇優厚的工作，傾注自己有限的財產，全身心地營造詩的藝術世界。他們認爲：「詩能將人類與一切，提昇到美的顛峰世界」，「人的一生就是一首詩」，而且「只有詩能把『自然的生命』『藝術的生命』與『道德的生命』三者在其無限超越與升華的思想感通力與慧悟中，統化爲一體的存在，而使人類與宇宙萬物的生命獲得接近完美性與永恆性的存在。」因此，他們的生命已與詩歌藝術融爲一體，對於寫詩已不再是存在於第一層面的興趣問題，而是對存在深層價值與意義的追認，這與當代文壇那些爲謀稻糧而媚俗，玩弄文字遊戲者有著天壤之別，在現代社會顯得尤其難能可貴。同時，他們還認爲一個眞正的詩人，「應該是一個具有是非感、良知、良能與人道精神的人。」所謂格高則境高，詩品即人品。要做詩人，首先要做一個高尚的人，「他必須具有對詩始終執著與嚮往的宗教情懷，不能被勢利的現實擊敗，若被擊敗，詩心則死，就不可能成爲眞正的詩人。」他們的實踐和主張再次展示了一個活生生的靈與肉相統一的詩學價值觀，在處於轉型期的大陸文壇有著振撼人心的力量。

　　其次，大陸詩壇繼朦朧詩後，陷入一種突破西方現代與後現代詩

歌創作模式的困境，在理論和實踐上對新詩的現代性與繼承傳統的關係處於一種困惑狀態，眾說紛紜，各執一端。所謂後現代主義否定和排斥傳統的潮流似乎愈演愈烈，讓人無所適從。閱讀這套羅門、蓉子文學創作，則大有於亂麻之中找到頭緒，雜曲中聽到了定位響鑼之感。可以說在這多元的世界中他們是自成一家的楷模。他們的文學創作很好地把握了中國傳統文化和現代意識的關係。羅門、蓉子認為中國文化中有一種高超的境界，能使人類內在的生命，得到張揚。作為人的存在，中國文化一直具有世界上最美與最優越的詩心；而且，中國文化中本身就有一種內在潛能，能「幫助那越來越陷在物化與機械化的冷漠生存空間中的人，將他們拯救，恢復靈性」。還能讓世上的炎黃子孫對中華民族認同，對民族傳統親和，依戀以及回歸，從而使中國人永遠保持著一種生機和活力。因此，他們滿腔熱忱地熱愛著本土文化，在他們的創作中處處體現著中華民族的文化精神和審美意識。然而，他們又不是故步自封，而主張立足現代，洞察和穿透現代和傳統，深切地關注現代生活和當代人類的命運，每一篇作品又都有鮮明的現代感。可貴的是，他們對現代社會的關注，不是停留在外在物質的變化，而是深入到社會的深層結構，體察工業文明以來人類靈魂深處的感受，舉凡道德倫理觀念，生活方式、文化心態等等，或者以開闊的胸懷，肯定社會的進步，或者以嚴峻的態度予以揭露和批判，或者以純真的愛蕩滌人們的心靈，給浮躁的現代人以撫慰。作品中充滿著摯誠、憂慮、爽朗、溫情等種種復合而深刻的情感體驗，為現代人提供了精神的多種可能性的空間。作為詩壇佳伉儷，羅門偏重於現代性，是一位享譽國際文壇的中國現代詩人，也是一位推動中國現代詩的健將。而蓉子具有一顆中國傳統的溫柔敦厚的心，她的詩側重於古典美。兩人可以說是珠聯璧合，互補互生，是傳統美與現代感完美統一的成功典範。

　　第三，通覽這八卷系列叢書，你會發現從裝幀到每一卷每一篇文

章和作品，都是那樣精粹，說明著者和出版社有很強的精品意識。羅門、蓉子四十年中年年月月都有作品問世，先後獲過十多個文學獎，羅門被譽為「當代中國詩壇都市與戰爭詩主題的巨擘」，「現代詩的守護神」，「少數具有靈視的『重量級』詩人」，「現代詩人的典範之一」。蓉子則被稱為詩壇「開得最久的菊花」，「永遠的青鳥」，「首席女詩人」等等，名揚海內外。但他們從未自滿自足，依然精益求精，「為求一字穩，用破一生心。」這套叢書也是他們協同編者從作品佳作中精選出來的。可以說篇篇精彩，頁頁可讀。正如周偉民、唐玲玲教授所說的：「他們對嚴肅文學有著嚴肅的追求，以強烈的精品意識對待創作，在藝術實踐中積極進行多方面的探索，在文學理論與創作實踐結合的基礎上，對藝術經驗作出科學的總結。」作為詩學研究者，我們更加注意他們的詩觀，深深感到在當代大陸詩壇上，像這種以詩人身份具有切身體驗而領悟的較為全面而深刻的現代詩論著作，實為罕見。羅門是一位以人的生命寫詩，以詩的生命論詩的難得的詩人詩論家。蓉子雖沒有詩論的專著，但在其作品的前言和後記，對詩的觀念，多有闡發，他們的創作精品和理論總結相輔相成，無疑對建設有中國特色的現代詩學詩論有著里程碑的價值。他們對藝術執著、嚴肅的態度，對於我們進行文化藝術建設有著深遠的啟示。

　　如果說日月是詩壇對羅門、蓉子伉儷美麗的比喻，那麼策劃這套叢書的周偉民、唐玲玲夫婦也不失日月的光彩。而中國社科出版社出版這套叢書則是對詩之日月崇高的禮讚和張揚。他們必將對人類的精神世界帶來光明和溫暖，並將與日月同輝。

　　　　（作者：學者、文學評論家）

燈屋裡的詩國伉儷

——羅門與蓉子

潘麗珠

　　燈屋是一處既現代又後現代的藝術殿堂，有燈的姿彩，有詩的宴饗，羅門像守護神一般與永遠的青鳥蓉子在這裡吞吐詩歌的氣韻，奏響生命的樂章。

　　四十四年到八十五年，四十一個春秋寒暑攜手行來，清風、明月、松影、竹韻、急湍、飛瀑、烈日、迅雷、狂沙……山山水水的風雨何嘗在詩國伉儷的靈視裡躲藏？綿長的文學生涯中，羅門注視社會生活的急遽變化以及都市人們所受的重大影響，以獨特而敏銳的感受力，向內心尋找真正的聲音，高高擎起豐富意象的大旗，揮動澎湃的激情、深沉的哲思，昂揚地鼓吹向第三自然探進；蓉子則始終不疾不徐、不慍不火，優優雅雅、婉婉約約地吟唱她對真淳與美善的深情，結合東方古典的神韻和西方宗教的莊嚴，清清新新地鎔鑄青蓮雅音；他們雖然創作風格有異、個性也不相同，但同樣堅定自己的想法與高度，不向時風流俗靠攏，不屈服於時代貪金圖銀的變調，以發皇現代詩為職志，歡歡喜喜地做永世的詩人！

　　高朋如潮的燈屋，是廢舊物品創作出來的裝置藝術，羅門自己如此陳述：

　　　　光的噴泉
　　　　無聲地交織
　　　　音樂流入音樂

　　　色彩溶入色彩

　　……

　　　日落在此

　　　月也落在此

　　　時間步過

　　　響起一排鐘聲

　　　那瞬息間的永恆

　　　　坐在守塔人的眼上

　　　守塔人的世界

　　　精巧如目之焦點

　　　亮自光的核心

　　　　　映出萬象

　　　外面是不能不隨夜暗下去了

　　　而燈屋裡

　　　那光自重疊的光中亮起

　　　守塔人臥著光而去

　　　讓吐出的煙流

　　　將整個彩色迷離的空間浮動

　　　　　（……見羅門詩作〈燈屋〉）

守塔人便是詩人夫婦。而關於燈屋世界，羅門自訴：

　　　光下著雨

　　　你淋在柔美的濕潤中

　　　一聞到花汁與果液的香味

> 夜便溶爲酒
>
> 露便結成黎明
>
> 開窗時　屋內屋外都在看
>
> 太陽鋪一條路到遠方去
>
> 把世界接了過來（見〈燈屋的世界〉）

這樣令人心醉神怡的居所，顯見主人何等慧心！然而，燈屋究竟是用來照亮詩境還是用來照亮生命與時空呢？或者，燈屋本身，就是一首生命的詩歌！光影在這裡詳和歡舞，眾聲在此地溫柔喧嘩。

　　走出燈屋看現今工商業與物質文明的高度發展，人類的生存空間幾乎難以倖免被物慾佔據，許多價值觀大逆轉，羅門認爲人類從形而上的靈境向形而下的物境奔竄，成爲金錢和物質的奴隸，成爲追求物慾滿足的高等野獸，感官與行動性的活動多於心靈思索性的活動，人類精神存在的至高境界——空靈，倒退成靈空的狀態，文化被消化打敗，人逃遁到飲食和娛樂裡，使時間破碎，使空間割裂，文學與藝術被大多數人從生活中放逐，人類的精神文明普遍衰微，於是，人們在忙忙亂亂中失去了尋往桃花源的路徑，忘卻了南山境界的悠然，羅門悲嘆：

> 休閒中心到不了文化中心
>
> 天橋到不了鵲橋楓橋
>
> 證券行到不了桃源行琵琶行
>
> 卡拉OK到不了坐看雲起時
>
> 塞車的街口到不了
>
> 　　　萬徑人蹤滅
>
> 他找路　路也在十字路口找他
>
> 他看錶　錶不知什麼時候停的
>
> 他找自己　上半身往上跑

　　　下半身往下跑

……（見〈古典的悲情故事〉）

在物化空間佔優勢，幾乎掩蓋靈動空間的情形下，人的身心被吃喝玩樂霸佔，一味尋求感官的刺激，文學不得不面臨沒落乃至消失的危機。即使充滿了美的想像，行囊裝滿理想，或多或少感染過詩情與詩意的年輕人，若沒有徹底的認知，堅持的愛好，往往現實打來一波強大浪濤，便足以使之淹沒。憂心如焚的羅門挺巨人之姿，以追求第三自然──可無限擴展的心靈活動空間──為主張，用詩眼透過心窗來點亮藝術光芒，期盼以詩歌藝術轉化人類的物化狀態，使回到心靈美感的生命世界裡。他孜孜不倦地耕耘詩歌花園，舉凡戰爭、都市、田園、自然，都在他的創作牢籠之下，而且都有輝煌高超的成就，屢得大獎，斐聲國際！勤耕的詩人有一幅自畫像：

　　靜坐書桌前

　　　時間是一片翠綠的桑葉

　　　　給秒針的滴答聲

　　　　一口一口的蠶吃著

　　　他連忙用筆尖擠出來的

　　　　　一顆顆字粒

　　　　　去填補它

　　一天天一年年下來

　　　時間已變成那棵

　　　蠶吃不了的桑樹

　　筆尖下的無數字粒

　　　也換到星空裡

　　　　　去亮相　　（見羅門〈速寫靜坐書桌前的詩人〉）

羅門的精神就是詩魂，他與時間競走，與人類內心緊張、不安、焦慮、冷

漠、孤獨、疲累對抗，倡導東方自然觀是人類心靈最好的停泊站。曾經一大早，整個世界尚在沉睡之中，詩人一個人靜靜地登上頂樓，探望浮現在都市中的大自然：

> 站在清晨的樓頂上
> 一呼吸
> 　花紅葉綠
> 　天藍山青
> 一遠看
> 　腳已踩在雲上
> 一張開雙手
> 　天空與胸便疊在一起
> 　　反而較翅膀輕了
>
> 此刻要是不飛
> 鳥那裡來的樣子
> 　遠方怎能用手去摸　　（見〈晨起〉）

就這麼簡單，一呼吸，一遠看，一張開雙手，瞬間生命與自然萬物脈動在一起，詩情充滿的人可以趨達平靜與安定的純一境界，羅門認為：這境界便是東方自然觀所蘊藏的深層的美學意義，與中國文化「天人合一」的思想相契。直捷地說：人類的生命若與詩歌文學的生命結合，並且堅持永恆地歌唱，便能到達第三自然，遨遊於靈性的昇華境地！

　　蓉子也憂心時下人們追求新潮流行，對美好傳統嗤之以鼻的心態，然而她的溫婉本不擅厲聲叱喝，只是秉持青鳥一貫的靈姿，吐露菊花優雅的清芬。她的〈維納麗沙〉豈不就是自述？「維納麗沙／你不是一株喧嘩的樹／不需用彩帶裝飾自己／你靜靜地走著／讓浮動的眼神將你遺落／因你不需在炫耀和烘托裡完成／你完成自己於無邊的寂靜

之中」。雖然初婚時曾稍稍歇筆，但鳳凰終究屬於天空！在她的詩歌園地裡休憩，可以薰染端莊、寧靜的氣質，可以徜徉自然、脫俗的境界，可以點燃醇美、雋永的火焰，可以採擷繽紛、流麗的音聲，可以感悟莊嚴、神聖的宗教情懷：

> 有一種低低的回響也成過往　仰瞻
>
> 只有沈寒的星光　照亮天邊
>
> 有一朵青蓮　在水之田
>
> 在星月之下獨自思吟
>
> ……………
>
> 紫色向晚　向夕陽的長窗
>
> 儘管荷蓋上承滿了水珠　但你從不哭泣
>
> 仍舊有翁鬱的青翠，仍舊有妍婉的紅焰
>
> 從澹澹的寒波　擎起　　（見蓉子〈一朵青蓮〉）

這首頗受矚目的小詩，語言清新，具有東方古典的美感——高雅而貞定，在水田、星月、向晚、寒波的氤氳氛圍中，透示一顆玲瓏的詩心，一種寧靜的堅持，氣氛是莊嚴的。在眾多前期作品中，蓉子自己頗偏愛〈維納麗沙組曲〉，她說：「因為它們是從我靈魂深處投射出來的，也是一個有理想的孤困的生命在向完美作無盡掙扎的過程，感受是較為深刻的——人生本來就是一場不斷蛻變與掙扎的經驗」，我們由此可知：蓉子對詩歌創作的嚴肅態度，以及從她內在生命出發的詩魂，如何在語言之外，在節奏之外、在意象之外，還有真摯的性情！許多詩評家稱賞她〈白色的睡〉：

> 這是失去預言的日子：
>
> 　在憂鬱藍的穹蒼下
>
> 我們採摘不到一束金黃

很多很淡的顏色湧生
　　很多虛白　很多灰雲　很多迷離
很多季節和收割闊離
……………

像滿園蘭蕊
你禁錮的靈魂
正翕合著一種微睡
一群白色音符之寂靜
──我的憂悒在其中
在紫色花蕊
……

深邃、幽靜當中熠熠著脫俗、雋永的美感，是這首詩令人著迷的所在；諸多顏色營造了一種繽紛卻冷凝的意境，彷彿喧呶的季節裡，自有靈魂深處一股肅穆的清音在迴盪，那清音不就是蓉子對自己深深的期待嗎？至於流麗的音聲，何不吟一吟〈橫笛與豎琴的晌午〉：

悠悠遠遠的音波　像隔岸搗衣聲
迴響在每一處靜靜的水上

迴響那沉穩的明麗　沁人的古典
撩人的哀愁和蒼涼的寂靜

又一全音階的時刻
橫笛與豎琴的晌午　透過長長的格子窗
看明代宮娥　矮鬟垂頸
玉簪珠翠　用纖纖手指撥響
…………

節奏如歌，非刻意的韻腳（聲、靜、頸／波、刻、娥／窗、響）中起
伏著自然的律動，顯見詩人對於聲音美感的表現是出自誠摯的心靈，
才能在不刻意中湧動著晶瑩剔透的精巧，而因為心靈誠摯，才能對詩
一往情深，才能以謙卑自牧看待詩國志業，蓉子說：「詩人不應該自
視甚高地把『詩人』當成什麼了不起的『行業』，詩人必須先做成『
人』──充分具有『人間性』的人，然後才能作『詩人』」；「詩
人應當『顯赫』的是他們的作品而非行動」；「文學不是知識的炫耀，是
生命的體認」……這些珠璣一般的智慧語，坦示詩人內在生命的精神
實質與高度，當她走過眾生，雖然遠天只透露朦朧的光，但她的確是
其中的光束，而且會愈來愈成熟，愈來愈亮麗，就像〈七月的南方〉
第十五段所詠讚：

> 而豔陽熊熊的火燄正點熾
>
> 這是宇宙不熄之火
>
> 是成熟的豐饒姊妹
>
> 使空氣裡溢滿了成熟的香氣──
>
> 溢自陽光的金杯；
>
> 更用它鮮明的油彩到處塗繪
>
> 塗抹在林葉、河水、原野、山嶺
>
> 使一切都燦爛耀熠

讀蓉子的詩，很可領略「詩能使人淨化」這句話的真諦，她的宗教生
命無疑影響了詩的氣質，不信，讀一讀她〈水上詩展〉中〈清柔的眸
影〉第一段：

> 泛漾著柔　泛漾著柔
>
> 你清冷的圓面
>
> 瑩澄的妙目　明靜爽颯復宜人的笑
>
> 雲階月地

這般茂密纖細湛藍之姿
緩緩的你走動
一池幽婉長裙曳地的漣波

讀其詩如見其人，清柔、瑩澄、明靜，真是蓉子宗教情懷具體的極佳寫照，詩的氣質也是人的氣質。

　　羅門與蓉子的藝術風格儘管如朗日麗月大不相同，然而他們都在現代詩的創作路途中不斷精進，堅持以文學淨化人心、美化人生為職志；他們都具有至美至善的心靈，以靈視觀照人生之後綻放千姿萬彩的詩的花朵！這對燈屋主人、詩國伉儷，必然在現代詩史上，存在「前進中的永恆」！

　　　　（作者：臺灣師範大學中文系教授，文學評論家）

有關重要言談

「羅門蓉子文學創作系列」發表會開幕辭

謝　冕

尊敬的蓉子女士，尊敬的羅門先生：
女士們、先生們：

由北京大學中國語言文學研究所、清華大學中文系、海南大學、海南日報社、中國社會科學出版社、中國藝術研究院中國文化研究所、《詩探索》編輯部聯合舉辦的羅門蓉子文學創作座談會暨羅門蓉子創作系列叢書推介禮現在開始。

經這麼多有影響的部門和單位隆重舉行來自海峽對岸作家的創作研討會，以及由大陸出版社出版臺灣詩人總數共八卷的個人系列叢書，可能都是新時期文學的第一次。我們今天的會議因此很可能成為一個標誌，標誌著阻隔四十餘年之後的兩岸學術文化交流正在走向全面、深入的正常發展的階段。

蓉子女士和羅門先生的創作成就享譽海內外，他們為中國詩歌和文學付出的貢獻和獲得的榮譽使我們深為欽佩並感到驕傲。今天能在北京大學舉辦這樣的會議，也使我們深感榮幸。

在中國傳統的節氣裡，明天（農曆十月十六日）是大雪，大雪過後是冬至，北京真的是進入寒冷季節了。但是，我們這個小小的會場，卻是春光滿眼。從海峽那邊飛來了兩位朋友，從南海那邊飛來了幾位朋友，從大陸和北京的各個角落來了一些朋友，這是詩人的聚會，更是

兄弟姐妹的聚會。

　　我們的共同話題是親情和友誼，是詩歌和文學。即使世界上別的
東西都不存在了，我們談論的東西都會永遠存在。我們看不到唐代的
月亮，但我們的頭頂卻是指著李白的太陽，他的詩的陽光至今還照耀
並溫暖著我們。權力可能使人腐敗，金錢可能使人墮落，而詩卻必定
使人純潔和豐富。因為我們親和了無數的李白的太陽，使我們所有的
人都不會衰老。

　　我就用這些話作為我們一天對話的開始。在這裡，我感謝今天到
會的所有的朋友。預祝蓉子女士和羅門先生在燕園的幾天過得愉快，
預祝會議成功。謝謝！

　　　　　　1995年12月6日於北京大學　　賽克勒考古與藝術博物館

詩人的職業

──在北京大學「羅門蓉子文學創作座談會」上的言談

謝　冕

　　在社會的各種分工中，詩人的工作是創造完美。這是詩人的榮幸，卻也是詩人的不幸。因爲詩人面對的是愈來愈不完美的世界。世界無情地展出它眞實的面容，那就是殘缺和破損。而詩人的使命卻是通過幻想和想像創造一個有別於此的世界。

　　也許就是這樣一個世界，卻成爲不完美的現實世界的一個完美的補充。一切曾經存在的東西都會消失，而唯有詩人創造的「不存在」卻成爲永恆。這就是李白說：

　　　　屈平詞賦懸日月，

　　　　楚王台榭空山丘。

從這個意義講，這就是詩人的幸運，至少他比帝王幸運。

　　今天到會並且將被我們談論的一位詩人深知這一點，他用智慧的詩句概括了詩人的這種光榮與悲哀──《完美是一種豪華的寂寞》（羅門）

　　　　你是無限的時空

　　　　就不能不讓短暫

　　　　　　　走出去

　　　　永恆走進來

> 你是完美
> 就得因完美
> 　　永遠守在那份
> 　　豪華的寂寞

世界很熱鬧，而詩卻永遠寂寞。深刻的詩人知道這一點。他們的心靈深處潛伏著曠古的憂患與悲愴。他們知道他們的職業有點像神話中的那個不斷推石上山的人。但他們對此卻不改痴心。

今天在座的另一位也是我們要加以談論的詩人，表達了她對這種悲劇命運的理解：

> 這是一齣未完成什麼的悲劇
> 當一切已然如此堅牢地縛住我
> 我真怕這過重的負荷使我裂碎
> 而我固有的完美會磨損　　（蓉子：《夢的荒原》）

她還說：

> 正如我未見完美——
> 在高高低低的海上有很多嘔吐
> 而夢在海深處卻難以企及　　（《早夏之歌》）

不可企及的悵惘，完美受到碎裂的憂慮，這一切，不僅未能阻攔詩人義無反顧的追逐，恰恰相反，愈是感到「不可企及」便愈要以百倍的熱誠去實現「海深處的夢」。

當世界呈現出某種缺失時，詩人用辛苦的勞作去彌補和完善它；當靈魂感到懸置或失落時，詩人用堅定的尋求去撫慰它。在失望甚至絕望處生起希望，在不可能處爭取實現。也許世上的聰明人會嘲笑詩人的愚頑，而真誠的詩人卻心甘情願地走著這一條也許永遠不能到達的路——

在貝多芬的樂音裡

有一條永遠的路

讓鳥能飛回剛展翅的地方

　花能開回剛開放的地方

　河能流回剛流動的地方

人真的回到人那裡去　　（羅門：《有條永遠的路》）

　　這條永遠的路誰都不曾見到，然而，誰都相信它存在著，而且上面連著一代又一代的人。詩人的職業不在別處，就在這裡，他描寫並指點人們去走這條永遠的路。昨天晚上我對詩人羅門和蓉子說，要是連這一點都不能守住，人們還要詩人幹什麼。他們認同了我的看法，我為此深感欣慰。

1995年12月6日於北京大學

（作者：文學理論家、北京大學中文研究所所長）

出版《羅門蓉子文學創作系列》感言

王俊義

主席！尊敬的女士們！先生們！學術界、新聞界的朋友們！

　　首先，請允許我代表《羅門、蓉子文學創作系列》的出版單位，也是這次首發座談會主辦單位之一的中國社會科學出版社的全體同仁，向光臨今天會議的各位專家、學者、新聞界的朋友，致以崇高的敬意和衷心的感謝！今天是入冬以來氣溫最低的一天，而各位朋友不畏風霜嚴寒，出席會議，充分體現了對會議的支持，也反映出對作者──羅門、蓉子傑出文學伉儷的尊敬和厚愛。因而今天天氣雖冷，但藝術的力量，詩情的感染、和友誼的支持，卻使我們的心感到無比的溫暖，我想會場中的朋友們，也一定和我有共識與共感！

　　今天，來自中國各地的各位名作家、專家、名學者濟濟一堂，在歡快、融洽、和諧的氛圍中又在中國大陸最高學府──北京大學，來座談研討羅門、蓉子的文學創作，確有著十分不平常的意義。

　　我覺得其不平常的意義，首先在于我們所要研討的對象不平常。羅門、蓉子這兩位享譽海內外的當代中國傑出的詩人，被世界詩人大會授予傑出文學伉儷，並獲頒菲總統大綬勳章。以他們四十多年的創作生涯，取得的光輝成就，締造的藝術殿堂，以及他們執著追求、獻身文學藝術的高尚品質和情操──詩品文品和人品、道德文章，都非常值得我們重視探討和研究，就我這個文學藝術的門外漢，也了解羅門、蓉子的成就和影響已涵蓋臺灣與中國，而且是具世界性的傑出詩人，他們的作品，已被譯成國際上的多種文字，他們還獲得世界上多

種文學獎勵。這不僅是他們的殊榮，也是整個中國文學界的光榮，我們通過出版他們的作品，取得借鑑，必然會影響和推動我們中國大陸文學藝術的繁榮！也能進一步提高、擴大中華民族優秀文化在世界上的影響！

其次不平常的意義是在于羅門、蓉子夫婦是來自臺灣的、具有影響與高知名度的詩人、作家，羅門先生被譽爲詩壇重鎮，詩藝精湛，一代風範，是臺灣極少數具有靈視的詩人，又是反映現代社會都市詩和戰爭主題最有代表性的詩人，同時他被稱譽爲現代詩的守護神，許多評論家都說羅門先生是位才華橫溢、享譽國際文壇的中國現代詩人，其作品均具廣度、深度、密度與接近完美，其詩作氣勢磅礡，富于陽剛之美，他將全部生命投入藝術，因而其作品有強烈的生命力。

而蓉子則是臺灣詩壇第一位女詩人，她是詩壇共認的「永遠的青鳥」和「開得最久的菊花」，而且在臺灣的女詩人中，她處理的題材最多面，視野最廣，其詩的內容有多方面的特色，包括描寫現代女性的內心世界，批判都市文明，帶來的負面現象，歌頌大自然以及咏物和對人的關懷，並且幾十年如一日，不斷有新作問世。她的作品、人品都是充滿著眞、善、美，且在風格上具有意境悠遠，含蓄秀婉，寧靜雋永的獨特表現，她的高尚品德情操，也是眾口皆碑。正如有的評論家所說：「更令人敬佩的是她的謙和的態度，待人親切，不因自己的成就而以大詩人自居，和她在一起，你會覺得特別愉快，她的親切總是叫人難忘！」我們身在大陸的文人學者，能夠和他們坐在一起，研討他們的作品，親睹他們的風采，反映了海峽兩岸學術文化交流的日益密切。通過這次研討，必然進一步增加相互的溝通和了解。

最後我還想說明的是，我們中國社會科學出版社，本來是以出版社會科學高層次學術著作的出版社，按照專業分工範圍，很少出版文學創作，出版臺灣作家的作品更少。但由於羅門、蓉子在詩歌和文學

藝術方面取得的傑出成就，其作品在臺灣，在全國，乃至國外都獲得好評。因而我們欣然的樂意出版他們的作品，並投入較大的人力、物力與財力一次推出「羅門蓉子文學創作系列」。包括八本：《羅門長詩選》、《羅門短詩選》、《羅門論文選》、《羅門論》、《蓉子詩選》、《蓉子散文選》、《蓉子論》、以及海南大學周偉民、唐玲玲教授合著的介紹、評論羅門、蓉子的《日月的雙軌》。通過這一系列的叢書，將羅門、蓉子的作品和人品介紹給大陸的廣大讀者。我們感謝羅門、蓉子夫婦對我們的信任，將他們有影響的作品交我們出版。說到這裡，我們也衷心感謝周偉民、唐玲玲兩位教授──他們也是一對傑出的文學伉儷，向我們社介紹推荐羅門、蓉子的作品，正是由於他們的引介，才使我們得以結識和出版羅門、蓉子的作品。他們二位合著的《日月的雙軌》這部研究性的著作，對廣大讀者了解羅門、蓉子的作品和人品也很有助益。

今後我們出版社的工作，還需要海內外的專家、學者、作家的繼續給予更多的合作和支持。我們願意將更多的海內外作者的優秀論著和作品推荐給讀者。我們也熱誠歡迎海內外朋友們對我們的工作提出寶貴的批評和建議。謝謝大家。

未完成的羅門論思考

任洪淵

今天我的發言，只是對羅門詩創作，談我個人的一些構想與思考。

前幾年羅門寄他洪範出版的「羅門詩選」以及張漢良、蔡源煌、鄭明娳、林燿德……等寫的「門羅天下」論羅門的專書，氣勢非常澎湃，我看過令我沈思與作深入的解讀。

羅門不僅是詩人，而且是有獨倡性的詩論家，他對自己的詩與詩學理論，已經談了很多，而且在「羅門天下」書中，海內外台港與大陸的理論家、學者談論羅門的文章也有數十萬字，這說明他的詩非常豐富，但是引我一直注意的是在豐富之外，我覺得還有更廣闊的未涉及的領域，那就是羅門自己的論文與「門羅天下」那許多評論家的論文中所沒有覆蓋的那些詩中的東西，便留給我與別人來解讀與思考，我覺得這是一個非常有意義的現象。

那麼正是在這一點上，我從幾方面來做思考，首先在這樣的一個語言環境中來思考，就是剛才大家也談到現代與後現代，在一個失去深度與歷史感以及平面化的年代，那麼，人必須尋找到生命的進入點。談羅門的詩，羅門在詩中尋找深度是非常根本的，說到平面，如果崇高點與英雄化是放在一個不變的點上，定在一條線上，就該被顛覆，但顛覆後的平面，應是起點，不是終點。這是我必須找到一種進入思考的框架，不然，無法來表述。基於這種思考，我發現羅門的深度是這樣的，無論做為個體生命的深度或宇宙的深度，是定在那永遠不能抵達的終極點，不是已經達到的最後的終極點，所以羅門的深度從未定

在一個終極點上，而是生命不斷進展向前推移的一種運動中的狀況，這是我的一種感覺與對羅門所做的思考。

　　所謂「平面化」，如果所有的崇高包括十九世紀的崇高是固定在一個點、一條線上，它便是一個平面，我們今天一再熱中這樣的平面，便是一次又一次的重複。然而很不幸的，目前解構崇高的人，他們卻又已經陷在自己的平面的深洞中，因爲他們將平面當作唯一的深度來存在，而平面只是一個新的起點。就是這一點，我在思考羅門的詩所達到無論是「第三自然」或「螺旋型架構」在不斷運動中變異與昇越的那種生命狀態；跟著有關的，看來生命存在的形式，人的生命必有他的文化性，存在必然是文化的，好像羅門極大的生命能量在詩中，出現了這樣的困境，要擺脫文化的困境，對羅門來說，人不是做爲文化的終極點出現，而是把文化當作新的創造起點，這個努力，不知我是否已把握到羅門。

　　再就是傳統對人的壓迫與複寫，而羅門則想以今日與現代重新改寫人生，將複寫的人生，成爲改寫的人生，這一點做爲我思考的一個方面，第一是生命的狀態與語言的狀態，必然連在一起，生命的邊界必須由語言的邊界呈現，離開語言的邊界，生命的邊界在那裏？我們現在談走出語言的深度，又成了一種時髦，那麼我想問，後現代後工業，其中最重要的一點，由電與技術製造的音響，還不是音樂的和聲，取代人的語言與語音，而影響到語言閱讀的深度與書寫的深度的時候，我看到有極少數的詩人，像羅門仍堅持語言自身原始狀態的閱讀與寫作；除了詩與文學能保持語言的深度，它的深度在那裏？如果我們的語言，不再更新，已經衰老，那麼人將存在那裏？所以更新自己的母語、古老的漢語，使漢語有新的詞句，新的邊界；每一個詞語與詞語之間，有新的詞語，新的語言功能，形成新的語言空間，新的語言秩序，這是我從羅門詩中思考與發現的另一面。而在這裏，白話寫作，

又顯然與古代漢語不同，當我們的古詩詞已將漢語每一個詞語的邊界運用幾乎到了極限的時候，那麼白話詩應該怎麼樣來具有它自身新的語言生命力，這是我對羅門的又一次思考。

再一點，是面對即將過去的廿世紀，我們新文學已有一百年的寫作，受著非常強大的外在語言的影響，在西方德、法、英、俄主流語言強大的衝擊下，這些語言覆蓋我們，複寫我們，我們的漢語應如何因應？我們的語言僅僅是被覆蓋與被改寫嗎？我們漢詩有沒有自身新的語言能量，這是羅門的詩又給我一個思考。因為據我理解，就連廿世紀，他們西方的語言從柏拉圖、亞利斯多德以來，也想有一個終結，有一個新的開始；就像人一樣，個人與歷史都不能同時走兩條路，他們的語言被理性推到極點也想有一新的起點，有另一條路，我們怎能重覆他們，追隨他們語言的足跡？連他們都重新要走出語言的新路，而我們僅僅寫非漢語經驗的創作嗎？持續漢語經驗的寫作嗎？翻譯的翻譯語言的寫作嗎？那我們真正的漢語寫作又在那裏？這在羅門的詩中又給我這方面的思考，這也都是我們自己當代文學所面臨的至為重要的問題，那不僅是談羅門的詩，不僅是對以往幾十年來的漢詩寫作，更是明天應做的一種努力與追求。

在讀羅門詩的時候，我考慮到我們當代的寫作是處在這樣的狀況中，我們無論如何，已清醒地感受與意識到，我們的古典詩學，依然存在我們的背後，五四想忘掉與斷裂這個傳統，而這個傳統仍如群山在我們的背後。而我們提到這一代語言的變化，羅門已感到中國詩人，想堵住面對的太平洋，而它的波浪在我們的前面，那種浪濤天外的動力，我們該站在那裏？我們的背後是幾千年的長江──我們的語言傳統，同時我們的前面又面臨波浪洶湧的太平洋的沖擊，我們當代的詩人能不能具有這樣的生命能量與包容力，讓江與海在自己的心靈中匯合。我們若能做到這樣，則我們的背後是古典文學的巍峨群山，我們的前面

是西方現代與後現代主義的異峰突起，我們便不致於在兩峰之間陷落或淪入兩峰的陰影中；而應是以自己創造的巨大能力在兩峰之間海拔起來，並肩存在或海拔在兩峰之上，我覺得討論羅門的詩與我心目中所要談的一些詩人，都將放在我上面這一論述的思考架構中來談。寫羅門我想要寫出像寫洛夫那樣的水準，即使時候慢一點；同時，寫羅門，我不想用純理論與邏輯化的理性來寫，而是希望以像寫一首長詩那樣的方式來完成。

（作者：北京師範大學中文系教授、詩人、文學評論家）

我的一些感想

古繼堂

　　談到羅門與蓉子，他們兩位自五〇年代登上臺灣詩壇到九〇年代，四、五十年來一直沒有中斷過創作，是臺灣至為重要的詩人，而且是在高水準的線上前進。

　　羅門是大家都知道的，他被重視：㈠他是臺灣第一位具代表性的都市詩人，大量以都市題材從事詩的創作，深具影響力，並用作臺灣詩創作的一種「評估」來談論。㈡他詩的創作，特別偏重心靈內在世界的探索，深入內在去做表現，形成他的特色，這是有目共睹與臺灣詩壇所共認的，所以在臺灣詩壇，傳說羅門是「心靈大學校長」，此話並非是戲言，是有其理由的。㈢羅門的詩歌理論「第三自然螺旋型架構」，以第三自然就內心再現的無限的自然為核心，將第一自然（田園型）與第二自然（都市型）的一切存在溶入第三自然，轉化成詩的創作世界，這一特殊的創作理念，也是被詩壇注意的觀點，在寫臺灣現代詩史，也是應該被提到的部份。

　　至於蓉子，她的地位也很清楚，她是臺灣第一位出現的女詩人，她的「青鳥集」是臺灣出版的第一本女詩人詩集，她不但是重要的女詩人，而且是整個臺灣詩壇重要的詩人，並打開臺灣女詩人創作的序幕，幾十年來她的創作也是一直保持著高的水準。

　　談到這裡，想起我赴臺灣造訪羅門蓉子的「燈屋」，便更具體與更深入的了解羅門的創作世界。「燈屋」就如上午詩人劉湛秋說的是羅門的藝術之宮；當然也是羅門創作理念展現的具體可見的世界，尤

其是「燈屋」加蓋的頂樓，便可清楚地看到他創作中的「第三自然螺旋型世界」是如何從外在「第一自然」與「第二自然」的景況轉化入內心第三自然去呈現整個存在、運作與發展的具體景況與過程，而體認到羅門詩的創作精神世界，它之所以創造出這樣的深度與高度的水準，是因爲他不像一般詩人只是靠一些靈感與一些詩句，而是靠他內在第三自然世界至爲深入的思維與心靈的感知與覺識，這些並可從他「燈屋」的藝術理念與情境中領悟與體認得到。的確羅門的「燈屋」，給了我很大的啓發；如果以往我只深入羅門詩創作世界的一半，則探訪羅門的「燈屋」後，便可說是整體與全部的進入。

　　以上是我的一些簡短的感想就談到此。

詩與藝術的結合

劉湛秋

　　各位的發言像邵燕祥先生等的談話都非常有內容的深度，我個人只簡短說一些感想。

　　一九八八年在北京，首次見到羅門，在旁尚有詩人林燿德，我與羅門一談就攏一拍即合。我們談詩與藝術，真是一下跳到這，一下跳到那，別人追不上來，我們卻都追得上來。後來一九九五年我到臺灣開會，羅門要我到他的「燈屋」來看看，真的一進入屋內，整個房子是一幅畫、一個雕塑、一首詩，像他的藝術之宮。我覺得，你們如果到臺灣不到燈屋，等於沒有到臺灣。我在「燈屋」同羅門暢談詩，他本人給人的感覺，就像是一首詩，一個藝術作品，他的「第三自然螺旋型世界」，絕不是空談，而是具有他創作確實的思想理念。他與蓉子的結合，是詩人的結合，也是詩與藝術的結合。羅門的詩，現代精神中含有古典，蓉子的詩，古典精神中含有現代。他們都是我們的楷模，值得我學習，不像有些先鋒派詩人的作品，把病態當作先鋒，這是很難被人接受的。當然只有古典精神而缺乏現代感，也難免對現代人有疏離感；而他們是兼顧古典與現代的創作精神，應是值得重視的，現在讓我來各讀他們的一首短詩供大家欣賞。

　　先讀蓉子的一首短詩〈鄉愁〉：

　　　鄉愁永不會衰老

　　　雖然我離家已久

鄉愁和遠遊一起延伸

分離令懷念更長

啊，鄉愁就是童年是記憶也是歷史

一九八一年六月

接著讀羅門很有趣的一首短詩〈老牌式主婦〉：

在產房

　廚房

　臥房

她走進走出

乳嘴咬去她三分之一

菜刀切去她三分之一

剩下的　用來繡綉

　　　愛鳳床單

羅門對大陸詩壇的啓示性意義

陳旭光

　　以當代大陸新詩發展爲參照而細讀羅門的詩，最爲令我震動且顯然對大陸詩壇具有啓示性意義的，有兩點：

　　一是羅門詩歌完全的「現代」性。中國新詩現代化的進程，在大陸曾遭受令人遺憾的中斷。在此後，雖有「朦朧詩」、「後朦朧詩」的修復，但它們所表現出來「現代性」或「後現代性」，其實往往攙雜過多詩之外的雜質，存留了太多的意識形態陰影，無論詩類觀念，意象符號系統或詩思方式、主題涵蓋面上均未能到眞正的「現代」的標準。而羅門，則以其全方位的現代意象取譬，新鮮感性與抽象物象的巧妙融合，以旁汲其他現代藝術門類的「超現實」的手法，爲我們打開了一個全新的現代詩類世界。他把詩意帶給了我們日常生活中最無詩意的東西，他以詩透露了人類從生活到意識結構之全面現代化的新信息。羅門雖然恪守人文理想，但卻直面現實，全身心地擁抱現代，甚至大膽地化醜爲美，不惜將現代都市的陰影與罪惡都予以「陌生化」的批判性再現。這與當下大陸某些詩人哀婉凄凉地回返古典、淺唱低吟形成了鮮明的反差。

　　其二是完全的「純詩性」。在羅門的詩中，完全看不到意識形態的鬱結，詩人主體的博大深沉，超拔智性，藝術境界的高邁沉雄，乃至冷靜調侃、微溫反諷中寄寓的悲天憫人氣質，均完全超逾了偏狹的意識形態糾葛。就如同羅門爲人的整日沉湎於他的藝術世界，滔滔不絕於他的藝術觀、藝術理想一樣，羅門的詩歌面對與沉思的均是具有

超越國界、種族、時代的永恆性意義的形而上主題。他從來就無暇他顧。而中國大陸詩歌，建國三十年不必說了，即使「朦朧詩」人甚或第三代詩人，這種完全獻身詩歌藝術，視詩歌意義爲一完整自足，與俗世無涉的「純詩」世界者也是不多的。

　　羅門的成功對大陸詩壇有著極大的啓示意義，要使大陸新詩在當今繼續長足發展繼續穩步地「現代化」，來自彼岸的警醒與啓迪，是意味深遠的。

　　　　（作者：北京大學中文系博士班研究生，從事文學批評）

羅門、蓉子創作世界學術研討會在京舉行

譚五昌、陳旭光

　　由北京大學中國語言文學研究所、清華大學中文系、海南大學、中國社會科學出版社主辦，中國藝術研究院中國文化研究所、海南日報社《詩探索》編輯部協辦的著名臺灣詩人「羅門、蓉子創作世界學術研討會暨《羅門、蓉子文學創作系列》推介禮」，於1995年 12月6日在北京大學賽克勒博物館舉行。在京部分詩人、評論家、學者鄭敏、邵燕祥、謝冕、嚴家炎、汪景壽、洪子誠、楊匡漢、劉湛秋、張同吾、丁國成、朱先樹、古繼堂、任洪淵、潘亞敦、王岳川、劉士杰、劉福春、張頤武、黎湘萍、王鏞、范安迪、王中忱、崔寶衡、蔣朗朗、計璧瑞、于丹、楊強、姜濤、魏赤，中國社科院文學所所長張炯、北京大學中文系主任費振剛、中國社會科學出版社總編輯王俊義和總編輯助理白燁、中國友誼出版公司副總編劉偉民，海南大學文學院院長閻廣林、教授周偉民、唐玲玲，《海南日報》副刊部主任黃老地，日本東京大學教授藤井省三，北京大學中文系博士生及訪問學者林祁、高秀芹、陳旭光、李漢榮、譚五昌，《人民日報》、《文藝報》、《中國文化報》、《台聲》、《四海》等新聞單位記者共約50餘人參加了會議。

　　北京大學語言文學所所長、《詩探索》主編謝冕致開幕詞。他盛贊這次臺灣詩人與大陸詩歌界同仁的聚會研討意義深遠。「標誌著阻

隔四十餘年之後的兩岸學術文化交流正在走向全面、深入的正常發展的階段」。中國社會科學出版社總編輯王俊義詳細介紹了他們推出《羅門、蓉子文學創作系列》叢書的原由及經過，高度評價了羅門、蓉子夫婦的詩歌創作取得的重大成就和深遠影響，闡明了此套叢書的出版對於推動和促進海峽兩岸文學藝術交流所必將產生的積極作用。

　　在會議進入羅門、蓉子「詩國伉儷」詩歌創作藝術研討的進程之後，研討會先後由幾家發起單位的負責人楊匡漢、黃宏地和白燁、閻廣林主持。與會人員針對羅門、蓉子詩歌創作的思想內容、藝術追求、主體精神、美學風範等方面進行了廣泛、深入而充分的探討與交流。與會者一致認為，羅門先生的詩歌創作題材寬廣、視界宏闊，在文明、戰爭、都市和自然四大主題中不斷開拓新的藝術境界。他的詩歌具有嶄新的現代精神與銳意的前衛意識。同時，羅門先生又具有極為開放的藝術胸襟，他既對古典文化傳統進行借鑒與熔鑄，吸取其精華，又廣泛接納吸收現代主義乃至後現代主義詩歌與藝術的合理成分。他的詩歌主題深刻、奇思精警、「外冷內熱」、幽峭迷人，具有極高的思想認識價值和藝術審美價值。關於蓉子女士的詩歌，大家一致高度評價了蓉子對於真、善、美的執著追求，讚揚她作品中親近自然、熱愛生活的美好情愫，她以心的透明、愛的純真各味的優雅，融貫東方古典式的朦朧美和西方宗教人道、博愛精神的深沉厚重，創造了深邃動人的藝術境界。她的詩歌還表達了自強自尊的女性意識，凸現了現代東方女性的獨立人格，風格含蓄溫婉、清新典雅，優美動人。

　　與會人員還把羅門、蓉子的詩歌創作定格在大陸詩歌創作現狀、當今商業主義和科學主義盛行的、趨於「後現代」、「後工業」的社會文化語境中，進行考察與探討。高度評價了羅門、蓉子對藝術執著不懈的追求和獻身藝術的精神。他們對現代都市文明的既直面現實又進行批判性反思，對戰爭的超越於簡單道德價值評判的形而上思考，

對人類心靈世界和精神價值之永恒性意義的執著追問，對東西方文明、古典傳統與現代精神之融滙和實施「創造性轉化」的追求……均對大陸詩歌界有著深刻啟示和參照意義，且在倡導人文理性、反思工具理性、呼喚人類對永恒性精神價值的尊重和創造等時代主題方面更有著發人深省的意義。

　　臨近結束，羅門、蓉子先後作簡短的發言，誠摯懇切地感謝中國社會科學出版社為兩岸文化藝術交流所作的巨大努力，感謝主辦、協辦單位及與會的大陸詩歌界同仁。最後，海南大學文學周偉民教授致閉幕詞，對這次研討會的圓滿成功表示了衷心的祝賀。

　　此外，《詩探索》編輯部在12月8日晚還舉辦了讀詩會，與羅門、蓉子一起研讀了二位詩人的詩作。吳思敬、劉福春、陳旭光、臧棣、林祁、高秀芹、譚五昌、周金聲參加了讀詩會。

註：（此文發表在北京《詩探索》雜誌1996年第1輯）

（作者：北京大學博士班研究生，從事文學批評）

羅門、蓉子文學創作座談會

──在北京大學隆重舉行

唐玲玲

　　「羅門、蓉子文學創作座談會暨《羅門、蓉子文學創作系列推介禮》」，1995年12月6日在北京大學隆重舉行。

　　這次學術會議由北京大學中國語言文學研究所所長謝冕教授主持，由北京大學中國語言文學研究所、清華大學中文系、海南大學、中國文化藝術研究院中國文化研究所、中國社會科學出版社、《詩探索》編輯部以及海南日報社聯合舉辦。正如主持人謝冕所指的：「這麼多有影響的部門和單位在北京大學隆重舉行來自海峽對岸作家的創作研討會，以及由大陸出版社出版臺灣詩人總數達八卷的個人系列叢書，可能都是新時期文學的第一次。我們今天的會議因此可能成為一個標誌，標誌著阻礙四十餘年之後的兩岸學術文化交流正在走向全面、深入的正常發展階段。中國社會科學出版社總編輯王俊義教授說：「中國社會科學出版社雖然以出版社會科學高層次學術著作為主，很少出版文學作品，出版臺灣作家作品的更少。但由於羅門、蓉子的創作，在臺灣、全國及世界詩壇中的地位和成就。因此出版社樂意出版這一套系列共八卷，即《羅門長詩選》、《羅門短詩選》、《羅門論文選》、《羅門論》、《蓉子詩選》、《蓉子散文選》、《蓉子論》以及周偉民、唐玲玲教授評介羅門、蓉子文學世界的著作《日月的雙軌》，把他們的優秀作品推向廣大讀者。

　　在研討會上，與會者把羅門、蓉子的詩歌創作放在中國「五四」之後新詩發展過程中作高度的評價，充分肯定了他們的詩品、人品，對他們的詩歌藝術成就和在現代詩中的地位作了多視角的闡釋。羅門、蓉子在研討會上，和與會的詩人、學者進行了深入的對話。

　　會議的策劃者、海南大學文學院周偉民教授最後致簡短閉幕詞。他說，這次會議主要收獲有三：以多維的視角，觀照羅門、蓉子的文學世界，進一步總結了他們詩中意象、精神和語言等方面的藝術經驗；充分地肯定了這對詩人夫婦幾十年在臺灣這個商品經濟充分發達的社會裡，勇敢地對抗拜金主義以及由此引發的市儈氣等污泥濁水的潮流，一直堅持著正確的人生價值取向，堅持著文學淨化人心、美化人生的嚴肅文學方向；探討了羅門、蓉子在當代世界詩壇中的藝術地位，確認他們在現代詩壇中的地位和成就。

　　出席座談會的作家學者有：謝冕、費振剛、嚴家炎、張炯、邵燕祥、劉湛秋、王俊義、鄭敏、任洪淵、楊匡漢、張同吾、古繼堂、王葆生、潘亞暾、崔寶衡、汪景壽、白舒榮、洪子誠、白燁、王中忱、藤井省三、周偉民、唐玲玲、于丹、黎湘萍等及北京大學、清華大學、中國社會科學院文學所的博士生、研究生、訪問學者等共五十多人，首都新聞單位《人民日報》、《人民日報》海外版、《光明日報》、《文藝報》、《北京晚報》、《文學評論》、《中國文化報》、《台聲》雜誌、《四海》雜誌等。（唐玲玲）

綆短汲深

──在「羅門、蓉子文學創作座談會暨《羅門、蓉子文學創作系列》推介禮」上的發言

周偉民

　　或曰：大半輩子撲在舊書堆中的書生，爲什麼要研究羅門、蓉子的當代詩歌呢？爲什麼這幾年不遺餘力地做幾件事：在海南大學建立羅門、蓉子文學創作專櫃；寫《日月的雙軌》評論羅門、蓉子的文學世界；1993年在海南大學召開羅門、蓉子創作世界研討會；今天又策劃出版這一套八冊《羅門、蓉子文學創作系列》，聯合國內幾個聲譽極高的單位，開研討會及推介禮呢？這從古典到當代的跨越，原因何在？是的，我們這幾十年的教書生涯，所接觸的是古代文學作品和理論批評。我們並非有意從研究古代文學向研究當代文學跨越，我們至今仍汲汲於自己的研究領域。

　　賽珍珠1938年12月12日在瑞典學院諾貝爾獎授獎儀式上的演說中，說到這樣一個有趣的故事：

> 一天，一群野獸爲了獵食，在山坡上聚在一起。它們互相商定，外出獵食一天，天黑時再聚在一起分享捕到的食物。白天過去了，只有老虎歸來一無所獲。別的動物問它爲啥什麼都沒有捕到時，它非常不高興地答道：「早晨我碰到一個學生，但我怕他太小不合你們的口味。中午我遇到一位先生，但我放他走了，因爲知道他除了有口氣瘦得什麼都沒有。一天過去了，我再沒

> 碰到一個人，覺得非常失望。然而天黑的時候，我碰到了一個秀才。可是我知道把他帶回來也沒用，因爲他又乾又硬，如果吃他會咯壞我們的牙齒。」

賽珍珠這一段故事，說的是社會對文人的嘲笑。因爲這一類文人「大部分時間都在讀那些死的文學作品」，如果讀書人脫離了時代和社會，失去了自己的價值，連老虎也懶得吃他。這個故事很有趣，有哲理性的暗示和令人深思的諷刺意味；弦外之音，不言自明。

　　羅門是海南島的兒子。1988年10月回到了故鄉，來到了海南大學。說來慚愧，這時候，我才第一次讀他的詩；讀了一輩子古典詩歌的人，驀然感受到一種不可名狀的磅礡激昂的澎湃力量。這是因爲：一、羅門詩中思想的深廣度；二、現代創作精神；三、原創力；四、美學經驗、藝術表現和詩的質量所帶來的強大力度。蓉子呢？她是帶羅門進入詩國的保護神；她的作品，另外有一種讓人心折的力量：一、以端莊、寧靜的氣質寫詩，詩的境界自然脫俗而又高雅；二、遊記中充滿純眞誠摯的感情和詩情畫意；三、用自己對詩的卓識和創見，去點燃下一代對詩和美的熊熊火焰；四、清麗雋永、富含哲思的散文。更使我們敬重的，當年正是盛年的詩人，毅然放棄了待遇豐厚的公職，提前十幾年退休，去實現自己的理想和追尋自己的藝術價值和人生價值。在繁華的都市臺北，在商品經濟充分發達的社會裡，睥睨拜金主義和市儈氣味，過著自甘寂寞的生活，從不計較經濟收入與自己的精神創造價值不成比例，四十多年來以嚴肅冷峻的態度對待現實，奮力不懈。余光中在他們結婚四十年的詩歌研討會上說過：「詩人的收入少，且不穩定，詩人家庭受詩人的牽連甚大，家中有一個人寫詩，日子就不太好過，如果夫妻二人都寫詩，那就太不簡單了。」羅門與蓉子，這一對傑出的詩人，數十年如一日，始終堅持著正確的人生價值取向，堅持著文學淨化人心、美化人生的嚴肅文學方向。分別寫出了

十四部和十五部傑出作品，奪取了世界傑出文學伉儷的榮譽！盛名之下，仍然不驕不躁，努力在詩歌王國裡艱苦探索、携手跋涉。這樣一對可歌可敬的詩人，一對把畢生的精力獻給詩的藝術的藝術家，一對不爲世俗觀念所染的永葆藝術童心、追求藝術的最高境界的詩人，對他們來說，生命是詩，詩是他們的生命。面對這二位令人尊敬的藝術創造者，能不引起我們爲他們鼓與呼嗎？

《庄》曰：綆短汲深！我們對詩人伉儷的文學世界所知甚少，所述也不敢自以爲是！

詩人，必須在他們的詩歌中表達高尚的理想和對眞理的追求，爲崇高的人性與純淨的藝術，以他們靈思盎然的作品，貢獻給人類的事業。羅門與蓉子數十年的藝術實踐正是這樣做的。

詩人，必須在他們的詩歌中，通過對人類心靈的深刻的洞察，深情地展示複雜的人生。羅門與蓉子，正是不斷地呈現人的心靈奧秘的眞境，叩醒人的自身內在的完美。

詩人，必須在他們的創作中表現出充沛的活力和藝術熱忱，深刻而獨特地在現實生活中汲取主題。羅門與蓉子的詩歌，正是以感覺的力量和智慧的透視，以他們藝術的敏感性，詮釋了人的價值。

詩人，必須以他們的充滿激情的詩歌藝術，以他們廣闊的文化視野和富有詩情畫意的想像力，創作出具有民族特質的又具個人獨創性的詩歌。羅門、蓉子的詩，各自以獨特的風格，對當代詩歌的發展發揮了先鋒作用。

羅門、蓉子賢伉儷，是受中華傳統文化薰陶的優秀詩人，他們在詩歌藝術創作中的成功，已在多屆世界詩人大會中獲得回響與肯定。一首《麥堅利堡》灼燙人類的心靈，開闢出「爲中國文化確立信仰之基的土壤」，使他成爲詩壇上戰爭主題的巨擘。蓉子的《一朵青蓮》的漫聲歌唱，以人格化的青蓮的深邃超然的氣質，表現了中華文化特

性中的高尚的靈性和情操。羅門與蓉子，在世界詩壇上獲得「中國白朗寧夫婦」的美稱。

今天，我們假座著名的北京大學學府的講壇，來探討二位詩人詩歌中所表現的光彩世界，共同探索當代中國詩歌藝術創作的精神，是一次難得的盛會。他們兩位是中國的詩人，也是世界的詩人，是走向真實人生的詩人。讓我們在這難得的一天裡，在羅門、蓉子詩歌中所展現的這一片奇異的天空中，領略藝術所賜予人類的精神力量。

與羅門、蓉子的筆墨友誼

──周偉民答海峽之聲電台記者周耿寧訪問

（1996年12月25日）

周偉民

○**周耿寧**：周教授，讀中國社會科學出版社出版的一套八冊《羅門蓉子文學創作系列》以及相關的其他幾冊書，知道唐玲玲教授和您跟羅門蓉子是1988年認識的，可以說是一見如故，到現在，將近十年。那麼我想，你們都是文學伉儷，分別居住在臺灣和海南，經過近十年的相識相知，你們之間的友誼可以說是跨越海洋而越發深厚了。能不能請談談你們建立起友誼的基礎以及友誼建立起來以後向縱深發展的一些主客觀原因，好嗎？

□**周偉民**：著名詩人羅門、蓉子，我們在見面之前已有些了解，不過是緣慳一面。羅門1988年 10月到大陸作學術訪問，因為他祖籍海南文昌，所以到海南來。來海南後到文藝單位及大學演講，我當時主持海南大學文學院工作，接待了他，因為我的專業是中國古典文學，對予詩，我一直有一種特殊鍾愛。而羅門和蓉子的詩，此前也讀過，見面自然是從詩談起。所以說，是詩把我們連在一起了。文學，特別是詩，超越時空，也把我們同臺灣的好多文化人連在一起。

○可以說是詩把你們連在一起了。那麼，羅門他寫的是現代詩，而你研究的是古典詩，你覺得羅門的詩在同中國古典藝術之間有什麼契合點嗎？

□羅門是寫現代詩。因爲詩是以意象、語言、思想情感這三種因素構成的；中國傳統的詩和現代詩是一脈相承的。羅門的現代詩，不少地方是運用了古典詩的某些意象與有機質素，賦予它新的涵義，給予翻新，成爲他某些詩裡的材料。讀他的作品，特別是他在《詩的追蹤》裡所舉的許多例子，還有我們經常長時間促膝對談，對於中國古典和現代詩的溶合與異同等問題。後來我讀他寫三峽的詩作，即是將唐詩某些意象翻新以後來表現三峽的壯瀾氣象的，寫得非常好！我愛讀現代詩，他則對古典詩的意境也相當著迷。因此我們倆就一見如故，越談就越貼近了。他回臺灣後給我的第一封信中有這樣一番話：「的確是『詩』使一切美化與單純化，使所有的距離都向『完美』接近，因詩與文學的觀念理念，在短短的交談中，已全面的展現到全人類都能共見與共識的理想位置。」

○在大陸，舉行過兩次羅門、蓉子文學世界學術研討會，第一次是1993年8月在海南大學，第二次是1995年12月在北京大學。您和唐教授是兩次研討會的直接策劃人。很想知道，你們不辭勞苦地積極促成這兩次研討會的成功召開，是出於什麼樣的想法，初衷是什麼？

□對於羅門和蓉子，我們相識以後，一直以詩做爲我們的一個基本交往點。對他伉儷我們一直深爲尊敬。他們好多年以前就主動提前退休了；他們退休不是因爲年齡或健康，而是爲了詩。甘願「寫詩窮一輩子」，詩人伉儷這種對藝術、對詩的奉獻精神，我們很欽佩；其次，他們的作品是用生命寫的；是精品：以豐富的意象和奇特的詩的語言，表現他們對於人類的前景抱著一種終極的文化關懷；同時，他們的詩，一直是追求美化人生、淨化人心，始終用一種高尚的情操，感染讀者。讓「詩與藝術將人類與一切提升到『美』的顚峰世界。」在臺灣這樣一個商業發達的社會裡面，能夠堅持嚴肅文學的方向，是難能可貴的。從這個角度出發，我們在1988年10月

見面時，表示了要在大陸爲他們做三件事：一、在海南大學圖書館設「羅門、蓉子文學世界資料專櫃」，讓廣大讀者自由閱讀進入他們非凡的創作世界；二、寫一部專著作評介；三、召開學術研討會。這個構想，羅門回臺北後來信說：「您的構想是我們的榮幸，但願在未來能獲得實現。」迄今爲止，羅門蓉子文學世界資料專櫃（緊接著香港大學圖書館）在海大圖書館陳列；《日月的雙軌──羅門、蓉子創作世界評介》一書已在臺灣文史哲出版社出版（1991年2月版），關於第三項，即我們希望通過研討會的方式，將他們的作品，在大陸廣爲介紹，更好地推向世界。於是有兩次研討會的召開。在這裡，我要特趁這個機會，感謝海南省文化界、企業界的人士在經濟上全力資助兩次研討會。

○聽說有一次羅門在海大演演時遇到刮颱風。

□那是1988年的事，羅門第一次來海南大學講學，正好那天颱風登島，風刮得非常大，狂風夾著暴雨。當時我很擔憂，因爲先前幾天把海報貼出去了；除了怕他來不了以外，還怕學生在宿舍裡出不來。預先選的又是禮拜六下午。等到兩點半，羅門果然來了，眞是詩人氣質！見面就樂呵呵地說：您不知道我喜歡暴風驟雨嗎？他又說是暴風雨把他送來了。進入階梯教室，那是一個可坐三百多人的大教堂，全坐滿了，過道上也站滿了學生。那次講演非常成功，老師和學生都很高興，羅門也很高興。演講完以後，我請他朗誦他的名作《麥堅利堡》。他話音剛落，一群學生湧到他眼前，向他提出很多問題。羅門的談興越來越高，滔滔不絕。天色晚了，大家還不願離開，勸了好半天，同學們才依依握別。那場面是很動人的。

○去年，在北京大學召開的那一次研討會也是很成功的。

□是的。我們考慮到，1992年那次研討會雖然開得好，但畢竟是在海南，地域限制，影響不夠大。於是考慮北京大學的謝冕教授和他的

太太陳素琰教授（中國社會科學院文學研究所研究員）分別編輯《羅門詩選》和《蓉子詩選》，一對有學術影響的教授夫婦編輯出版一對著名詩人夫婦的詩選並分別寫序，這件事情本身也是很有緣份與意思的。得到北京大學的支持後，1995年12月6日在北京大學舉辦研討會。應該說，這是一次學術水準高的高層次會議。研討會之後，並在北京大學作了一次別開生面的詩演講，北大學生的思想是非常活躍的，他們跟羅門做了一番詩的對話。羅門夫婦領會到大陸年青人的高素質。《詩探索》編輯部也在12月8 日晚舉辦讀詩會與他們伉儷研討羅門蓉子的詩作與創作觀。

○這兩次研討會對中國大陸詩壇有什麼積極的影響呢？因為大陸的詩壇這幾年比較冷漠，這是對比散文來說的，我看散文這幾年倒是非常紅火。

□的確如此。過去的幾年，我們也偶爾聽說，有的老詩人的詩集徵訂數不多，好像是說只兩百來冊。央央大國，詩集訂數那麼少；詩壇不僅不火紅，甚至可以說是沉悶。我們的研討會，目的是加強海峽兩岸文化人的溝通、聯繫，促進兩岸的文化健康地發展；同時，當時的初衷也包含著宏揚羅門、蓉子詩的藝術創作精神，倡導讀詩的風氣，讓詩人和讀者，共同承擔起重建心靈秩序和回歸精神家園的責任。至於說到「積極影響」，我能說的僅僅是，這兩次研討會，一方面讓羅門、蓉子和全體與會者，將他們對詩的倡導的勇氣和思想能力，加入到大陸詩壇的思想環境裡來，這樣，或多或少地會沖擊周圍的環境，包括對大陸詩人的創作探索提供啟示和借鑑，這方面北大博士研究生陳旭光在會上的發言也做了更具體與深入的說明。另一方面，兩次研討會海內外知名學者與批評家所寫的數十篇論文也將為華文詩壇留下詩創作思想世界的一些感人的回響。

○你們二位撰寫的專著《日月的雙軌》，我想這部書可以說是目前比

　　較廣面地評介羅門、蓉子生活和創作的有代表性的書。書中分日、
　　月兩部，「日」部評介羅門，「月」部評介蓉子。您們書名深刻的
　　意蘊是什麼？

□當時考慮，書的內容是寫一對詩人伉儷。與這部書的時間是1991年。我
　們深深領會到，羅門和蓉子夫婦，他們詩歌的風格差異很大：羅門
　是剛勁的，詩中蘊含一種洶湧澎湃與狂熱激情，有奔放剛強的力度，
　如果用自然界的物體來比喻，有點像太陽般的熾熱的感情。蓉子的
　詩，是很溫婉，抒情的格調，有如皎潔的月光一般優雅、柔情似水。
　太陽和月亮的比喻，差強能夠顯示他們二位詩的風格特征。那麼「
　雙軌」？本來也考慮到月亮圍繞太陽轉動，太陽是恒星，月亮是行
　星，月亮的圓缺都是跟著太陽轉。但是詩人伉儷的創作，詩風不同
　而且各行其道，互不依賴。用一個動態的比喻，那就是「雙軌」了。
　意謂蓉子並不依附羅門，蓉子有自己的女性特徵，是現代女性的代
　表人物。所謂雙軌，我們是說，越出自然界的規律；月亮有月亮的
　軌道，太陽有太陽的軌道，雙軌並行，然而兩個人詩的風格，雖獨
　特地相對地轉運，但又是連在一起的，一同向詩的歲月邁進。

○他們在第一屆世界詩人大會上獲得殊榮。請談談他們在世界詩壇上
　享有的盛譽的根本原因。

□羅門和蓉子在世界詩壇上享有「世界詩人大會傑出文學伉儷」的聲
　譽，獲菲律賓總統大綬勳章。詩人伉儷的創作，有著極強的穿透力，
　他們的作品，顯示出了穿越傳統與現代的才華，是在中國美學意義
　下完成的深具世界意義的現代作品；他們關懷著當代社會，對不斷
　淨化人類的精神空間，維繫崇高的人文精神，有著強烈的歷史責任
　感；在詩藝上，以感性的靈視，誠駕潛濾，循思穿越，向著生命和
　精神掘進、鑽深，直追事態人情的本質，逼近詩人所特有的藝術探
　求；他們的藝術觀，始終保持著開潤的世界性的視野，在發揮個體

的內在生命力和創造力的同時，將傳統有所突破。

○他們的「燈屋」就是他們進行藝術創作的天地，是充滿了柔情蜜意的愛的小天地。我想這個「燈屋」裡一定也有他們的愛情故事。能不能談談你們對羅門和蓉子的愛情的評價。

□燈屋是這對詩人伉儷幸福地生活了42年的天地。他們的朋友們常在夜晚踏星而來，「到泰順街追尋一室溫柔。」別緻的現代藝術的燈，迴蕩著貝多芬的樂曲，壁上的名畫與燈光相映照。其實，這燈屋的一切，是羅門親手利用廢品建構的藝術品與一首視覺詩，而燈屋這種簡樸的人間愛情的天堂，他們的愛情生活，純潔而又崇高。在臺灣的文人圈裡傳頌著不少關於這對詩人伉儷互敬互愛的故事。

　　在他們結婚四十周年的時候，臺灣的朋友們同時為他們出書舉辦一次慶祝會。會上，臺灣著名的文學批評家余光中先生發言說，在臺灣，一個家庭若有一個人寫詩，生活就很困難了。一個家庭若是兩個人同時都寫詩，大家就可想而知了。而羅門和蓉子不僅兩個人同時寫詩，而且一寫就寫了四十年，什麼都不顧了，可見這對夫婦對詩的奉獻精神。

○我覺得像他們這樣生活是很少有的，他們獲得傑出文學伉儷榮譽是當之無愧的，他們放棄了優厚的薪金，提前退休，進入一個自己營造的「燈屋」的藝術世界裡，能不能概括地談談他們對藝術追求的信念？

□羅門和蓉子，自寫詩的那一天開始，就用自己的全部生命的容量去包容這個世界，同時，也用自己的生命的深度去測量現存的世界並且測量自身。所以說，羅門是詩，蓉子是詩，他們的燈屋是詩，他們用生命寫詩，用優秀的詩來量化自己的生存價值。這就是他們的藝術追求。

○蓉子和羅門，這麼多年來，可以說藝術創作的生命力量一直是很旺

盛的，經久不衰的。像羅門被譽爲「現代詩的守護神」，蓉子被譽爲「開得最久的菊花」。他們在詩壇、評論界能夠獲得這樣的美譽，你覺得他們的創作與他們的人生價值取向、爲人等有什麼聯繫？

□他們在人生的道路上始終有一種非常嚴謹、嚴肅的人生態度。臺灣的朋友對羅門、蓉子的評價說羅門始終對世界的熱愛，對朋友的坦誠、眞切，對詩的創作的執著。蓉子的性格和心靈，都是非常美的，就像她的詩一樣，文如其人！請容許我引用羅門常說的一番話作答：「美的心靈如果死亡，太陽與皇冠也只好拿來紮花圈；文學與藝術是一種高超的力量，能夠將人類從所有複雜性與所有阻力中，回到純粹的生命領地。」你看，詩和「純粹的生命」是融滙在一塊的。

○這張卡片是蓉子給您們送書的時候留下的，卡片封面有兩朵丁香花，色彩非常柔和，上面寫的是「誠摯心情，萬分感激」，我就覺得這張小小的卡片上，看到他們對您們一種很深的朋友情意。

□這張卡片是這樣的。1995年暑假，大陸一位學者主編一部華文女作家傳，約唐玲玲寫蓉子傳。當時雖然手頭上任務很重，時間很緊，但還是很高興爲蓉子寫傳。編者說，每個傳最多不超過四萬字；於是只能寫到這個極限。其實蓉子的傳記是很豐富的，要寫得再長也完全可以。我們與羅門蓉子的友誼的確是文學上的「君子之交」，彼此都很尊重。

○這幾年來羅門、蓉子在大陸還有些什麼文化交流活動嗎？

□1993年暑假，我們陪著他們從北京到西安、成都、重慶等地講學；他們很高興，因爲事先安排得比較周密。首先，在北京參加了由中國文化藝術研究院中國文化研究所承辦的爲慶祝印度文化節而舉行的中印學術文化交流研討會。劉夢溪教授主持。到會的印度朋友，有的熟悉詩人羅門蓉子的名字；他們夫婦到會，令他們喜出望外。印度的詩人和學者們在研討會開完後，熱情地趕到羅門蓉子下榻的

酒店探望他們，切磋詩藝。他們用英語朗誦詩，談音樂，又一次藝術交流。印度文化節之後，我們陪他們到西安的西北大學講學，然後到四川成都的四川大學講詩，以及參加朱徽教授寫的「羅門詩一百首賞析」出書發表會與成都詩人會晤並做演講，再到重慶與重慶詩人座談，他們自重慶乘船經三峽到上海，我們從重慶回海南。一路上，我們婉謝他們的好意，始終自費陪伴他們。羅門、蓉子聲譽很高，所到之處，大學生們都非常熱情歡迎他們，傾聽他們的演講。他們這次大陸之旅，我們是要讓他們看看大西北文化古蹟，並在三峽大壩截流之前，經川江縱覽三峽的奇險景緻。羅門後來寫了十分出色的三峽詩篇，並說這次文學性旅行也很成功愉快。

　新加坡一位著名教授吳德耀（已故），他曾經在海南說過這樣的話：中國像一條巨龍，有兩隻眼睛，一是臺灣島，一是海南島，如果這兩隻眼睛同時放射光芒，這條巨龍將會在亞洲，在全世界產生巨大影響。我想，在當前情況下，海峽兩岸文化交流，加強文化人之間的聯繫，大家互相溝通，互相了解很有好處。我們接待羅門、蓉子，在海峽兩岸文化交流活動中，僅僅是滄海中之一粟吧了。

○我代表電台廣大聽眾感謝二位教授；並通過你們，感謝海峽彼岸的蓉子女士和羅門先生！

相會在未名湖畔

——1995年12月6日在北京大學舉行的「羅門蓉子文學創作座談會暨《羅門蓉子文學創作系列》推介禮」部分論點提要

唐玲玲

1995年12月6日，在北京大學舉行《羅門蓉子文學創作座談會暨¬羅門蓉子文學創作系列└推介禮》。會議由北京大學文學研究所所長謝冕教授主持。這是一次海峽兩岸文化人的高層次的文學對話，詩壇上著名的老詩人、評論家、學者和年青的文學專業博士生、研究生以及清華大學的日本訪問學者，濟濟一堂，對羅門、蓉子的文學世界作一次認眞的、細緻的全方位的評論和研討。

這次研討會的發言及論文槪分爲三類：一是對羅門、蓉子兩人詩歌藝術成就的評價，一是對羅門詩歌的探討，一是關於蓉子詩歌的研討和賞析。與會者（有交來論文但因故未能到會）從各個不同的角度，評論羅門蓉子伉儷爲中國新詩所作出的不可磨滅的貢獻。

一、羅門、蓉子的詩歌創作成就，享譽海內外；這次羅門蓉子文學創作座談會在北京大學召開，標誌著阻隔四十餘年之後的兩岸學術文化交流正在走向全面、深入的正常發展的階段。

會議主席，北京大學謝冕教授在會議開幕時深情地說：「蓉子女士和羅門先生的創作成就享譽海外內外，他們爲中國詩歌和文學作出

的貢獻和獲得的榮譽使我們深爲欽佩並感到驕傲。今天能在北京大學舉辦這樣的會議，也使我們感到榮幸。」中國社會科學院文學所所長張炯教授說：「羅門先生和蓉子女士是當代臺灣著名的詩人，應該說也是當代中國的重要詩人。蓉子女士在五十年代便出版了她的第一本詩集。羅門在五十年代開始詩歌創作。半個世紀來，他們一直在詩壇辛勤耕耘，寫過許多作品，聲名早揚海外，近年隨著他們的作品在大陸出版，也漸爲大陸的廣大讀者所熟悉。關於他們的詩歌創作，已有不少大陸學者寫過評論，而且有關的文學史著作也都有相應的論述。今天我們能在北京大學共同研討他們的作品，有這麼多學者參加，這無疑是文學研究界的一件盛事。」張炯認爲，他們倆的詩歌成就屬於中國。他說：「在臺灣詩歌的發展上藍星詩社曾起過重要的作用。羅門、蓉子伉儷是藍星詩社的健將，羅門曾是社長，同樣功不可沒。他們的詩，不僅僅屬於臺灣，而且屬於整個中國。」中國社會科學出版社破例在大陸出版「羅門、蓉子創作系列」，總編輯王俊義教授在會上說：「羅門、蓉子不尋常，這兩位享譽海內外的當代中國傑出的詩人，被世界詩人大會授予傑出文學伉儷，以他們四十多年的創作生涯，以及他們執著追求獻身文學藝術的高尚品德和情操——詩品高尚和人品道德高尚，都是值得我們探討和研究的。」著名文學評論家楊匡漢充分評價羅門蓉子的創作精神及所體現的人生價值，他說：「羅門蓉子四十年如一日生活於詩裡。詩賦予他們『前進中的永恒』的意義，也成爲更高的人生價值的實現。這一點十分重要，在顛躓頓踣和困苦孤寂中，在文化迷惘和藝術喧嘩中，維護宗教式的詩的聖潔與美感，則是一個詩人精神強健的標誌。這種強健所體現的是個體和屬類整體的關聯，是存在和本質的同一。在這一體驗與謀求過程中，詩歌絕非浮泛的修辭操練，也不是對於生活表象的直視或官能的刺激。孤峭堅卓的人格和淒絕超邁的詩格之兼俱，把真正的詩人和流俗的詩匠區別了

開來。」他著重評論羅門蓉子的詩歌藝術的精神價值,他指出:「羅門從浪漫抒情到詩化知性,蓉子從『青鳥』到『弓背的貓』,苦難與漂泊、沈思與超拔,使他們擁有了弓箭和琴弦。他們在多重時空中吟唱著,燃燒自己也震撼、照亮著他人。他們承擔起重建心靈秩序和賦予精神歸宿的責任。他們在『漂泊』與『尋找』的曠野地帶,循聲穿越,誠篤潛慮,讓詩神自由游戲,以靈性融化經驗。他們帶著自己的愛憎、悲歡、歌哭,帶著生命的本真狀態和藝術的超越渴念相膠結的困惑與探索,實踐著在孤寂的年代承受孤寂的聖地詩旅。」楊匡漢在高度贊揚羅門蓉子的詩歌語言之後,對羅門蓉子的創作世界寄予眞切的期待,他說:「羅門蓉子的創作世界是全方位開放的天空。藝術上多視角、多向度的探索,一切又歸航於詩、於眞、於美、於現代化性的創化。大自然給了他(她)們一個家庭,詩又爲他(她)們締造一間燈屋。這燈屋映照著天宇間諸多星辰,我們自然期待著詩,也爲思想文化增添更多的光亮。」楊匡漢在回顧世紀末詩壇的實視現況而嘆息,希望詩人能維繫崇高的人文精神並擁有充滿生命的詩化的眞實,爲現代詩歌以至民族文化開發新生命,而羅門蓉子的創作世界,是一個眞正意義上的詩的殿堂。他認爲他們的創作,「可以說是在強烈的中國美學意義下完成的現代作品,既有題材的中國、鄉土的中國、動蕩的中國,又有節奏的中國、情調的中國和哲學的中國。」暨南大學潘亞暾教授,從羅門蓉子的幸福「詩婚」探索他們生活在詩的環境中所勞作的藝術成就,他認爲:「羅門蓉子年年都可以慶祝『詩婚』,他們是詩緣詩藝的結合。這姻緣本身就是一首生活的現代詩,它富含著對生命現象的靈視義蘊。羅門之投效詩國,原是出於蓉子的牽引。婦唱夫隨,婉婉雙星,在咏詩與論詩的園地上,使原不易懂的現代詩,經中華文化傳統篩夢的處理,變成了新意層出、不落陳腐又切合現代人的心解能力的現代詩。我把他倆的詩篇看做『經傳統過濾的現代詩』,我

把他倆的詩觀看做推陳出新、融和東西文化的詩壇業績。臺灣有幾位很有成就的詩人，走過了都市詩的現代主義化的登山途程，艱哉何巍巍，後來似乎『出以折中』吧，提出『回歸古典』的口號，並躬自實踐，效果頗佳。他們的取徑顯然跟羅門夫妻檔的全方位推進有所不同，讀者的反應自必有異。但就現代詩派的整體陣容來看，羅門蓉子顯然是擎大旗走在前頭的闖將。」與會的學者對於羅門蓉子在詩壇上奮鬥四十多年的藝術業績，對於他們能「游乎廣天博地之間自誠自明而孜孜矻矻地為現代詩歌以至民族文化開發新生命的精神」，懷著深深的敬意。這次海峽兩岸詩人及學者的藝術交流，也是文化精神的交流，創作思想的交流，和如何繼承中國詩歌優秀傳統的交流。

二、羅門是一位領受中國傳統文化、顯示現代生存環境、關心全人類存在的現代世界的具有獨創性的詩人。

羅門的詩歌藝術成就是具世界性的，他以詩人的智慧和氣質，以二十世紀中的新人文理性，創造了一個絢爛的詩的世界。

（Ｉ）羅門立足於現代，一手伸向古代，一手伸向西方，完成他對外部世界和內心世界親察、體認、感受、轉化、昇華的詩創造過程。

著名詩人邵燕祥的發言題為《羅門猜想》，對羅門詩歌作了縱深的、穿透性的評判，他用中國古代詩人作對比來窺探羅門詩歌的氣質。他說：「中國詩歌史上有不少苦吟詩人：『兩句三年得，一吟雙調流』，『吟咸一個學，捻斷數莖鬚』。羅門也是刻意為詩，但絕沒有這樣的憔悴；他是瀟洒的苦吟者，精神上更接近老莊、王維、李白、蘇軾、柳宗元，較多超塵拔俗的一面；對待詩藝，則接近匠心獨運的羅丹，他是用文學進行雕塑，『意匠滲淡經營中』，一絲不苟而不帶匠氣。」他指出羅門的詩顯示出鏡子般誘人的縱深：「一般說詩是感性的藝術，而羅門不肯停留在感性的表層，他不但像一位詩論家要求的那樣，以主觀擁抱、搏擊並楔入客觀，同時向生命和精神的深層掘進和鑽深，必

欲逼近事態人情的本質。深刻，深邃，以至深玄，達到羅門特有的『美麗的形而上』；就連一些好像玻璃鏡片似的短章，也不止平面的反映，而顯示出鏡子般透人的縱深。」邵燕祥以文學藝術家的洞察力，探求羅門詩歌深邃的內涵，他指出，羅門以「他的創造智慧，使他在保持對永恒的不倦探求，對新異的明快感應的同時，也還要對傳統重新發現。就以詩藝來說，他從馬致遠『枯藤、老樹、昏鴉』那首小令，悟出讓多重景物向中心迫近的寫法，於是有了現代詩的『房屋急急讓開林野，林野漸漸讓開遠山，遠山慢慢讓開煙雲，煙雲卻不知往哪裡讓』的鏡頭。羅門在《詩的追踪》等不少詩論裡敘述了他怎樣從古典詩歌裡吸收和融滙其精華的例子。用大陸習慣的說法：他立足於現代，一手伸向古代，一手伸向西方，完成他對外部世界和內心世界親察、體認、感受、轉化、昇華的詩創造過程。」在與會的學者當中，人們從不同的角度審視羅門詩歌的藝術傳統的價值。北大博士生陳旭光在訪問羅門時也提到這樣一個問題，他說：「由於我們的傳統實在過於偉大，也過於沉重厚積，現代詩人往往只要略微尊重傳統，就反而爲其所累。現代詩歌史上經常『復古』的思潮，因強調古典詩歌和民歌體，傳統對新詩發展造成的倒退和損傷就是一個教訓。而您不諱言傳統，又超越於傳統，實源於您絕對的現代立場和開濶的胸襟。您曾說過：作爲一個具有創造和展望的中國現代詩人，他首先必須是一個領受過中國有機傳統文化的中國人，同時，他必須是一個顯已生存在現代環境中的現代中國人。『現代』對於他來說，便是此刻他站定的坐標點。」陳旭光認爲，羅門「最關心的是個體人的內在生命力和創造力的發揮，傳統必須在這種發揮中經由個體藝術生命的選擇、消化和提煉。」四川聯合大學文學院侯洪教授在論述羅門《詩的 N 度空間》時，特別就傳統與現代的論題作一番哲理性的闡釋，他說：「羅門的星空，中國的與西方的、傳統的與現代的融爲一體。它既是詩，又是詩的哲學。羅

門的星空，映現出時間、存在、生命、永恒、無限、空無、戰爭、死亡、愛情等古今中外的哲人和詩人們普遍關心的人類基本話題。」在羅門的星空下，我們還看到他對中國古代詩、畫和書法藝術的體認，他把中國古典詩歌的靈性和禪意，古代詩詞中煉學造『詩眼』的手法繼承和發揚了下來，並且把法國象徵主義和現代抽象繪畫藝術理論加以吸收和借鑒，使之有機地在他的詩歌中融爲一體，而不是對那些現代主義藝術作簡單模仿和照搬。從而使他免爲西方文化藝術的『代理商』和中國古典詩歌的『書童』。在他眼裡，中西藝術的融合是爲了開拓和創新，於是羅門的詩歌，體現出既具詩的純粹的品質，又能把握時代精神，既是感性的，又是知性的現代詩的質素。「侯洪特別強調羅門詩在對中國古典詩歌和西方現代主義詩歌的雙重吸引中，表現出了強烈而又自覺的現代意識的『熔鑄』能力。因此，他認同羅門的詩中，傳統與現代，吸收與揚棄，融進了他那不滅的星體中。羅門的現代詩歌，無疑是中西文化雙向交流和滙通的重鎮。」

（Ⅱ）羅門的詩歌是對存在生存價值與意義的追問，是對世界意義的追尋，同時也是對人的生存空間、人的整個活動過程的意義的探索。

對於羅門的詩，中國的讀者對羅門所創造的心靈感悟的藝術，莫不嘆爲觀止。尤其是羅門詩歌中對生命與世界意義的揭示，在中國的學者與詩人群中引起強烈的共鳴。北京大學王岳川教授，是研究後現代藝文的著名學者，他對羅門的詩似乎感知到一種靈性的通感，在研討會上，他發表了《後現代氛圍中的詩人與詩》的出色演講。他說：「讀羅門的詩，我分明感到一個清醒的詩人對世界的言說，同時我也感到，詩人是以一種生命的深度去測量這個世界並且測量自身」。他從羅門的詩引發對二十世紀人類所面臨的問題和「詩意棲居」問題的關注作一些總體性闡釋，諸如二十世紀中的人文理性問題，詩人自殺與重喚詩人問題以及後現代氛圍中的詩人之思，他對於羅門的「詩的

創作，不能不採取開放的多向性視點」的理念進行評說，認為「羅門先生的觀點無疑是辯證且富於歷史感的。有些批評家往往喜歡追『後』逐『新』，傳統中有價值的東西一概排斥，對藝術中的價值關懷，日久彌新的意義統統放逐。羅門的思想與他們完全不同，他強調從傳統中走出，賦予傳統新的機能，讓傳統與現代對話。」對於詩歌的現代感，王岳川認為：「羅門非常強調『現代感』，即『現代感』所含有的『前衛性』，使詩人在創作中機敏地站在靠近『未來』的最前端，去確實地預感，新的一切之『來向』，而成為所謂的『先知者』，去迎接與創造一切進入新境與其活動的新的美感形態與秩序。『現代感』所含有的『震驚性』，是一直刺動詩人的創作生命，呈現其超越已往的獨特與新異的面貌。因此可見『現代感』對一個詩人的創作生命，是極其重要的。」而對羅門詩歌的後現代內涵的闡釋，王岳川給予高度的評價，他指出：「羅門對後現代詩的看法也有獨到之處。他認為，真正偉大的詩人、藝術家都是具有偉大思想，有極強的主體性的，不會僅僅是以了無內容的形式取勝。現代主義相當注重價值，希圖在『上帝之死』的荒原上重建價值的追求過程本身具有一種『知其不可為而為之』的悲壯感，對之的嘲笑無疑是輕率的。後現代思想是後工業文明世界的產物，但實際上與現代主義有著一個延續發展的連續性。後現代思想本身具有兩重性，以後現代全面反叛現代，本身就不太現實。對傳統必要的批判精神和解構策略是應該的。但若是光解構，不重建，就會缺乏中心，主體性完全消解，也會導向空茫和虛無。所以，羅門主張一個詩人應該打破一切條條框框，吸取一切能為他所用的東西，不要人為地過分地強調現代還是後現代，而要強調一切有價值、有意義、有永恒性的東西。因為詩歌作為語言藝術的本質，它的內在超越的精神力量是無可代替的，這也正是詩歌的意義和魅力之所在。」王岳川充分肯定羅門對於現代、後現代的理論觀念，在評論羅門時強調

羅門所主張的「內在超越的精神力量」在詩歌創作中的重要性，羅門之所以能成為一位眾所承認的真詩人，在於他能清醒地思考現實生活中所發生的一切，以犀利的筆鋒堅持真正的寫作。

羅門的詩歌為我們打開了一個全新的現代詩美的世界。南開大學中文系崔寶衡教授幾年前擬編輯一部《羅門代表作》，早已領略了羅門詩中獨特的審美方式，他指出：羅門「面對日益異化的現代都市，面對日益惡化的生存環境，他沒有被物欲與情欲的洪流所淹沒，沒有為物質文明彈唱淺薄的贊歌，也沒有『被勢利的現實擊敗』，沒有頹唐與失望的吟嘆。他為自己建築了一間充滿光與美的奇妙『燈屋』，像『守塔人』一樣堅守著人格與藝術的操守。他甘願『與詩窮一輩子』，堅信『詩與藝術能將人類與一切提升到美的顛峯世界』。他把整個生命獻給了詩，對詩懷有宗教般的虔誠與執著。他背負著沉重的十字架，不屈不撓地高揚現代人文精神，為都市人打撈失落的靈魂，重塑被扭曲的人生，幫助人們回到純綷生命的領地。同那些追名逐利、滿身散發著要腐味的侏儒文人相比較，羅門的執著與安貧樂道是十分可貴的。」崔寶衡論羅門的人格美而及到對他的生命價值的探討，進而論及羅門作品的美麗世界，他以羅門的《窗》為例，指出：「羅門選擇了『窗』作為他獨特的審美方式，他從窗裡觀看窗外的世界，身在窗內，心在窗外，既看清了窗外世界的本質，又同窗外世界保持著一定的距離，我稱之為審美距離。」「沉溺於都市生活的現代浪漫派詩人，不可能揭示都市文明的本質，只有同都市生活保持一定的距離，才能辨清人生的真締，羅門的超現實主義或許可作如是理解。」臺灣詩人、畫家杜十三在《羅門論——羅門暨其詩作的價值》一文中，在介紹羅門的創作成就之後又向人們介紹羅門藝術生命的價值，讀後令人在內心深處產生認同感。他說：「目前的他（羅門）仍然以近七旬的『高齡』，生龍活虎的穿梭在臺灣文壇上，用心的過著他所謂的『每一秒鐘都是詩

人』的日子。如此一位從小身智俱優，生命結構紮實豐富，充滿尼采
所說『衝創意志』，每一時都是詩人的羅門，他在中國近代文壇上的
出現、存在與努力，自應有其特殊與非凡的價值──這個價值是建立
在羅門堅持做為一個純粹的詩人所散發出來的毅力、悲憫、能量、智
慧與創意，通過他的作品對世俗的社會，傳統的人世，弱者的妥協，
愚者的執著，所進行的一次長達半個世紀的發現、顛覆、革命與重建
──也就在這一連串為了捍衛做為一個人的價值的過程裡，羅門才成
為一個真正的詩人，並且讓我們深信他所一再強調的：『凡是離開人
的一切，它若不是死亡，便是尚未誕生。』」杜十三熱情澎湃地贊頌
羅門：「如果我們能夠誠實的、像發現一座山的雄偉或一條河流的美
麗那樣去面對羅門，我們也將可以『發現』：近看的羅門和幾分鐘內
看到的羅門確實難以和遠觀的羅門和數十年中看到的羅門相比，前者
和身旁的山岩、河岸一樣，難免有失之頑固、粗硬、拘束甚至冗煩之
感，後者卻是磅礡與婉約兼俱，動人心弦引人深思的壯麗美景。」最
後他指出：「毋庸諱言，擁有『中國都市詩之父』美譽的羅門，確是
中國近代詩空中一顆閃亮而詭奇的星，他以獨創的姿勢恒久發光，毫
不倦意，即使他終將殞落，後世的人亦能領受他無數光年以前便已傳
出的能量，而不會忘記他所在的位置。最重要的是，我們將從這個位
置繼續他的『發現』，努力去發現更多、更美的『發現』」。對於數
十年如一日地在詩的崗位上思索、鑽研、工作、始終努力不懈的羅門，對
於羅門以他永恒的理想與使命的藝術精神，造就了藝術和文學的永恒
和對人類發揮救贖力量的價值，一輩子求真、求美、充滿悲憫仁者胸
懷的羅門，人們在研讀他的詩歌之後，深深地發現了他做為一個詩人
的價值。

　　詩評家沈奇縱觀羅門的作品歸納為：

　　其一是其超越性。羅門詩思靈動闊展，常有很大的時空跨度。無

論處理那一類題材，都能自覺地將傳統與現代、本土與外域之視點溶合在一起，放開去思，表現在語言的運用和意象的營造上，也不拘一格，善於融滙一些新的意識和新的審美情趣，創造出一些新語境。如此，便常常可以超越地域、時代與民族文化心理的差異，也便經得起時空的打磨，得以廣披博及、長在長新的藝術魅力。

其二是其包容性。這主要來自於詩人創作中的大主題取向，無論長詩短詩，都能大處著眼，賦予較深廣的底蘊。這種包容性還表現在另一方面，即在羅門的詩思指向中，不僅有對現實犀利的批判，對存在深刻的質疑，同時也有對良知的呼喚，所謂「正負承載」，便具更大的震撼力。

其三是其思想性。羅門本質上是一位偏於理念和知性的詩人，支撐其寫作的，主要在於對意義價值的追尋而非淺近的審美需求。詩人大部份的作品，都可歸為一種思想性之詩，彌散著濃郁的哲學氣息，且常有一種雄辯的氣勢和思辯之美讓人著迷。實際上這也正是中外傑出詩人的一個優良傳統，正如笛卡爾早就指出的那樣：「有份量的意見往往在詩人的作品裡，而不是在哲學家的作品裡發現。」只不過在當代漢語詩歌界裡，羅門在此方面的探求，顯得更為突出和執著。尤其是那份聖徒般的虔誠與堅卓終會使他像在《曠野》一詩題記中所說的那樣：「以原本的遼闊，守望到最後」。

（Ⅲ）羅門詩歌的語言藝術，以他獨特的風格冲擊著人們的心靈。中國社科院文研所副教授黎湘萍，特別引用了羅門在《我的詩觀與創作歷程》中所自我解剖的話語：「我的語言是我的生命通過『現代』的時空位置，對人存在於『都市』與『大自然』兩大生存空間所遭遇到的『生死』、『戰爭』、『自我』、『性』與『永恒』等重大生命主題予以對話與沉思默想，所發出一己的獨特聲音，同時也更企求這聲音必須與人類原本的生命相呼應。」的確，羅門詩歌的語言是富有

個性特徵的,讀羅門的詩,其語言的冲擊力使心靈之扉難以抵擋,豁然爲之洞開。黎湘萍以評論家的敏感,發現羅門這段自白的藝術位置及其創造力量。著名詩人邵燕祥也敏感地注視到羅門詩歌的語言焦點,他指出:「也許因爲羅門皈依詩歌的年齡較晚,已經快是李賀夭折的歲數,對世界更多知性的把握了,他能夠以追求永恒的開濶胸襟區別於千年前鬱鬱而終的一代鬼才。他獨具慧眼通過靈視,通過有穿透性的幻覺去發現和構築詩的境界,他如古人那樣語不驚人死不休地煉字煉意,那奇詭的語言、奇崛的意象搭起來的不是五色眩目的『七寶樓台──折下來不成片斷』,而是卞之琳的空靈剔透的小樓,『風穿過,柳絮穿過,燕子穿過像穿梭』。羅門詩中的冷,就像熾熱的岩漿被冰川風雨澆鑄成石頭,使人倍覺凝重,《麥堅利堡》就是這方面一個無須多做闡釋的例子。如果它是一塊岩石,它還留存著火焰的痕迹;如果它是一塊冰雕,它還留存著海濤的波紋。」語言是詩歌藝術的載體,詩歌是作爲語言藝術的本質,它的內在超越的精神力量是無可替代的。臺灣師範大學國文研究所潘麗珠教授說:羅門的詩特別強調語言的現代感,如他的《生存!這兩個字》詩:

> 都市是一張吸墨最快的棉紙
> 寫來寫去
> 一直是生存兩個字
>
> 趕上班的行人
> 用一行行的小楷
> 　　寫著生存
> 趕上班的公車
> 用一排排的正楷
> 　　寫著生存

　　趕上班的摩托車

　　用來不及看的狂草

　　　　寫著生存

　　只為寫生存這兩個字

　　在時鐘的硯盤裡

　　　幾乎把心血滴盡

潘麗珠剖析說：「字字直指核心，沒有贅字，見不到一些貧弱無力的修飾詞藻，果然明朗、直接，並且能夠有效傳達都市人的生活情態，具『現揚性』，符合『現代感』的要求。同時，小小的行人是小楷，方形的公車是正楷，亂竄的摩托車是狂草，譬喻生動淺顯，而趕上班與時間爭競，心血只為生存，結尾三句令人動容！」金聲・麗玲在論述羅門的詩論《詩特質的深切體認——羅門詩論的啟示》一文中，特別著眼於羅門關於詩歌語言的理論。指出：「羅門在論述詩歌語言品質時，還專門從兩方面對其提出了精純性的要求，他說：『第二個「質點」是雕塑大師加克美蒂作品中所表現的「壓縮、凝聚與冷斂美」，使語言在活動中獲得可靠的強度與質感，排除語言虛弱與鬆懈的現象。」第三個『質點』是雕塑大師布朗庫斯在作品中透過抽象過程所提升的「單純美」，使語言在活動中呈現明澈的精純感與水晶般的潔度，像玉中之璞，排除語言的蕪雜與平庸性』。這一論述抓住了詩的又一本質特徵，差不多是詩論者們的共識。」金聲和麗玲兩位年青的學者，抓住了羅門論詩歌語言的特質，闡述了羅門詩歌創作的成功，在於他既能高屋建瓴地掌握詩歌語言藝術的理論，又能從自己的創作實踐中頓悟藝術大師作品對語言的探求，從而以精純的語言構建自己的詩歌藝術。清華大學中文系姜濤在《宣諭與靈視——羅門詩歌藝術片論》一文中，論述羅門詩歌語言的成功，是「他總是不斷地將語言攜帶至某種精神的超越性面前」。他指出：「『現代感』是羅門的一項基本創

作觀，除卻其包含的美學規定外，其主旨是面對現代文明侵入內心世界造成的人類精神破碎的困境，提供一條審美的解放之路。他所關注的物質陰影下泛起的人欲以及生命的困惑、價值的空場。……無論是處理戰爭、死亡、文明等宏大主題，還是精心描摹都市生存的浮世繪，他總是不斷地將語言携帶至某種精神的超越性面前，認爲語言不是雜要術或生存的鏡像，而且『世界上最美的人群社會與國家，最後仍是由詩與藝術而非機器造的。』這樣，羅門總是有『話』要說，而且滔滔不絕。」因此，羅門詩歌的藝術語言，在他的創作過程中，「不斷對諸種冲突進行調節、便使內部的爭辯矛盾推進至多重經驗的深層，這應和了現代主義詩學中悖論語言、反諷、多重曲喻等文體經營策略。」北京大學高秀芹博士，在她的《羅門：反諷框架下的生存意識》一文中也指出這一點，她說：「如果說羅門那些都市短詩更多地從修辭的角度來進行反諷策略，從語言本身固有的意義來巧妙安排來實現。那麼，他那些承載了生命體驗與生存體驗的詩已超越了修辭層面，而達到整體性、全面性、形而上的反諷。」羅門的詩歌，幾乎都是透過他的『靈視』，用文字感『靈』之後抒寫出來的，他的詩歌語言是他對客觀世界感悟之後的結晶。詩評家杜十三說：「羅門的詩是動態的『言語』，而不是靜態的『語言』，是『發現』本身，而不是『被發現』的終點，讀他的『詩』，是眞正進入語『言』的『寺』廟中去感悟另一個更神秘、更恢宏的『第三自然』眞世界，而不會只是傍留在『第一自然』和『第二自然』的有限表象中徘徊、頓足──總之，從羅門的詩作中，我們發現了『羅門的發現』、『羅門的看』、『羅門的言語』的價值，也發現了一種可以提供別人發現自己、發現美、發現生命的眞價值──這乃是一條秘徑，一把鑰匙，一種『靈視』的價值，而不是一塊人造碑，一座人工牆，一把人造花……的價值。」羅門詩歌的語言揮洒雄健，靈動活潑，具有現代感的獨特語言風格。汕頭大學杜麗秋教授

及許燕的文章，論述羅門詩歌中意象組合藝術，認爲羅門的詩歌，意象繁富，色彩繽紛。」達到詭譎雄奇的境界。

　　㈣羅門的詩歌是具世界性的，他的詩對大陸詩壇具有啓示性意義。北京大學博士研究生陳旭光以當代大陸新詩發展爲參照而細讀羅門的詩，最令他震動且顯然對大陸詩壇具有啓示性意義的，是他所指出的兩點：一是羅門詩歌完全是「現代」性的。中國新詩現代化的進程，在大陸曾遭受令人遺憾的中斷。在此後，雖在「朦朧詩」、「後朦朧詩」的修復，但它們所表現出來的「現代性」或「後現代性」，其實往往攙雜過多詩之外的雜質，存留了太多意識形態陰影，無論詩美觀念、意象符號系統或詩思方式、主題涵蓋面上均未能達到眞正的「現代」的標準。而羅門，則以其全方位的現代意象取譬，新鮮感性與抽象物象的巧妙融合，以旁汲其他現代藝術門類的「超現實」的手法，爲我們打開了一個全新的現代詩美世界。二是完全的「純詩性」。在羅門的詩中，看不到意識形態的鬱結，詩人主體的博大深沉，超拔智性，藝術境界的高邁沉雄，乃至冷靜調侃、微溫反諷中寄寓的悲天憫人氣質，均完全超逾了偏狹的意識形態的糾葛。就如同羅門的爲人，整日沉緬於他的藝術世界中滔滔不絕於他的藝術觀、藝術理想一樣，羅門的詩歌面對與沉思的均具有超越國界、種族、時代的永恒性意義的形而上主題，他從來就無暇他顧。而中國大陸的詩歌，建國三十年不必說了，即使「朦朧詩」人甚或第三代詩人，這種完全獻身詩歌藝術，視詩歌意義爲一完整自足、與俗世無涉的「純詩」世界者也是不多的。陳旭光的說法是對的！羅門的詩是世界性的，他在詩中生活，他的生活是詩，像他和蓉子這樣一對生活於詩歌藝術王國裡的詩人，怎不令人敬重呢！

三、蓉子是臺灣現代詩壇第一位女詩人，也是最負盛名的女詩人，蓉子的詩境界明徹、寧靜，流露著對自然、人類的永恒的摯

愛，對世界大我的生命的哲思。

讀蓉子的詩，人們都會不約而同地沉醉於她詩歌藝術中純眞、寧靜的藝術境界。這次研討會上的發言和論文，評論家或詩人們面對蓉子的樸實無華詩篇中所展示的性靈之類，精神爲之一爽。

㈠蓉子詩歌的樸素眞誠的詩格，與會的詩人和評論家們讀後感到意外的驚喜。關鍵處在於蓉子用生命與體驗孜孜不倦地探索著最能表現生命形態的詩。我們從北京師範大學鄭敏教授（「九葉」派老詩人）的發言中，領略到詩人之間的心靈的共鳴。鄭敏說：「在這很難讀到令人怡情養性的詩的時代，遇到蓉子的詩，讀後令人精神爲之一爽。美，不管在什麼時代，畢竟還是人們心靈的需要。」她在回顧中國20世紀詩壇的實況之後眞誠地說：「當我合上《蓉子詩選》時，我多麼希望在大陸的詩歌創作中多一些蓉子的樸實、虔誠，以己詩俸詩藝的品質。不追逐時尚，順著自己的詩才質志，以樸素的詩格來發展自己的詩之天賦。這種謙虛、眞誠的詩人品質是任何一位詩人能找到眞正的自己的詩之人格的先決條件。」鄭敏分析了當代漢詩缺陷，詩壇混濁之氣，使有才華的青年詩人迷失了眞正的自己，而蓉子的詩，「顯露出遠離商業與後工業時期的喧囂浮華，眞誠地埋首於開發自然賦予她的詩才的寶藏。她的才華因此能充分流露，橫溢於她的詩行中；這裡、那裡時時給讀者意外的驚喜。如寫詩的虔誠好像在完成自然分給她的精神耕耘和職責，不緩不急地向世界展示性靈之美，不是爲了驚動世界，也不是爲了博得彩聲。」蓉子的詩，就像她的人一樣，優美而又樸素，純眞而又溫柔，讀了她的詩後，令人不由然地產生一種回歸自然的悠然之感。沈奇在《青蓮之美──詩人蓉子散論》一文中論蓉子的詩歌，認爲人與詩交融爲一股清流，體現了詩人的詩歌精神。指出：「在一個無論是藝術還是人生，都空前虛妄浮躁的時代裡，閱讀和談論詩人蓉子，頗具別有意味的價值。作爲人的蓉子，她本身就是一首詩的存在，作

爲詩的蓉子，則足以成爲我們審度一位詩人之詩歌精神的、可資參照的標準。……蓉子，生活中的蓉子，寫作中的蓉子，近半個世紀裡，她在我們中間，持平常心，作平常人，寫不平常的詩，作我們平和、寧靜的『隔鄰的謬斯』，散佈愛意和聖潔。『你不是一棵喧嘩的樹』，『你完成自己於無邊的寂靜之中』（《維納麗沙組曲》1967年）——人與詩交融爲一股清流，沉沉穩穩地流淌於整個臺灣現代詩的進程之中，最終，成爲一則詩的童話，一部詩的至樂，一朵『開得最久的菊花』（余光中語），一隻『永遠的青鳥』（向明等語），『一座華美的永恒』（莊秀美語）『一朵不凋的青蓮』（蕭蕭語）」。認爲蓉子的詩，就是蓉子心性的呈現，「命運將眞正純粹的寫作賦予了蓉子，使她得以在詩的創造之中更創造了詩的人生；或者說，使本屬於詩性的人生，得以完全眞純自然的詩的表現。」蓉子是現代工業社會中能守住那分嫻靜的詩人，「無論是東方，還是西方，是現代，還是後現代，這樣的一種價值，一種境界，都是我們永遠爲之迷戀而難以捨棄的。」所以說，蓉子的詩是「生」的詮釋，也是一種對生的體認。正如北京大學中文系研究生譚五昌所說的：「生命作爲藝術反映與表現的對象對於蓉子創作動機與創作目的所具有的重要意義，同時也顯示出蓉子一以貫之的創作追求。」北京大學博士生高秀芹在《蓉子：在飛翔與降落之間》一文中說：「蓉子是臺灣詩壇第一位女詩人，她的意義，『更在於她數十年毫無間斷而且高潮迭起的創作生涯已帶給我們一種典範』（林耀德語），這位祖母輩的明星詩人從1951年發表第一首詩至到現在，都在用生命與體驗孜孜不倦地探索著最能表現生命形式的詩，而且這種探索還將繼續下去。」她在縱深探研與解構蓉子詩歌的時候，提出了蓉子的詩歌創作過程是與生命同構的過程的理念。她說：「蓉子的詩歌變化過程是與蓉子對人生、世界的認識與變化分不開的，她的詩歌創作過程是與生命同構的過程。在每一次飛翔的過程中，蓉子與世界

的關係或親或疏，或近或遠，或明或暗的體認方式與距離感，都會使她的詩風或飛翔或降落，或明朗樸素或沉靜達觀，她的每一次美麗的飛翔與苦難的降落裡，都深藏著女性的全部生存與體驗的密碼。」譚昌五說得更加具體，他說：「在蓉子的詩歌作品中，無論自然還是都市，都是她生命的依存背景，都充滿了生命的各種聲音，因而生命本體無論作為題材還是作為主題在蓉子的詩歌中都具有極其重要的地位與意義。蓉子的生命意識非常強烈，她常常自覺或不自覺地以生命作為審美觀照與凝思內省的對象，創作出充滿豐盈情感與深刻思想的詩篇，這使她的創作擁有開掘不盡的資源，而她仍時時保持著自我更新與自我超越的姿態。可以說，蓉子是一位深情而又執著的生命歌手，一直在用她自己的聲音唱著生命的歌。」

　　㈡蓉子藝術世界的真、善、美。蓉子的詩歌藝術，充滿著真、善、美，中國社會科學出版社王俊義總編輯在開幕式致辭時說：「蓉子是臺灣詩壇第一位女詩人，她是詩壇共認的『永遠的青鳥』和『開得最久的菊花』，而且在臺灣的諸女詩人中，她處理的題材最多方面，視野最廣，其詩的內容有多方面的特色，包括描寫現代女性的內心世界，抨擊都市文明……她的詩品、人品，都充滿著真、善、美。」李漢榮在《詩是女性的──讀蓉子詩隨感》一文中，在列舉中國詩壇上歷代女性詩歌的藝術天地的奇妙壯麗之後，以充滿激情的詩語，抒寫蓉子詩歌藝術真善美的內涵。他說：「打開蓉子的詩，僅僅標題就是一片詩的大自然，一個詩的宇宙。這裡沒有暴力，沒有異化，沒有人的欲望的擴張和喧囂。我感到蓉子對人、對用理性、技術、欲望裝備起來的現代人和現代文化有一種本能的疑惑和拒絕。她守著一片大自然、守著一座寧靜古樸的教堂，她放飛著她夢中的『青鳥』，她在尋找一顆在光年之外用天國的眼神注視她的寂寞的寒星，她在小小的石榴裡放進整個藍色的天空；她開成一朵『青蓮』，在澹澹的寒波裡擎起古典

的月亮；她固執地守望著『最後的夏天』，在金碧輝煌又一無所有的
都市貧窮中，守著夏天的最後一片綠葉，守著對童年和青春的無盡眷
戀。她從人的小小陸地走向神的遼闊海洋，她聽見貝殼的耳語，她聽
見沉船在時間深處的呼吸，她與海融為一體，海是沒有心的，當蓉子
走向海，無心的海也有一顆詩的心，一顆蓉子的心。當蓉子寫詩的時
候，海靜默了，蓉子說出了海深藏的秘密；當海漲潮的時候，蓉子靜
默了，海說出了蓉子心中的苦戀。趁大海休息的時候，蓉子用詩代替
大海工作，她的工作比大海的工作還要出色和感人！」汕頭大學研究
生許燕在論蓉子詩歌的色彩時，特別強調蓉子詩中繪畫美的特徵，她
在《大自然的三原色──論蓉子風景詩的色彩運用》一文中說：「作
為一名性靈溫婉的女性詩人，在與現代都市的急變喧囂相比之下，蓉
子對大自然投以最濃的青睞，像這樣出淤泥而不染的『一朵青蓮』，
蓉子真正是屬於自然的，在大自然的擁抱中她才擁有真正的心靈的自
由飛翔。大自然給了詩人以清新和純潔，以旺盛的生命力直指生命的
真諦，這也是她與泰戈爾、冰心等新月一族的共識。在大自然中徐徐
徜徉，嫻靜的蓉子內心卻無比歡暢，這樣的情感無以『舞之蹈之』，
惟有把它完全湧入筆端，歌以咏之，形成美侖美奐的如畫風景詩。」
許燕對蓉子詩篇中的自然色彩的傑出的描繪作了細緻的探討，並指出
詩中所呈現的美感：「藍的冷凝，綠的清新，紅的生機，大自然的三
原色組成了蓉子詩歌之畫的基本色調，蓉子把大自然最注目的色彩收
入眼中心中，形成有意味的色的呈現，這種呈現不僅表現在各種色相
的單獨描繪中，而且通過在大自然中的不同特點的色彩搭配對比，表
現出更深的意味和美感。」這是論述蓉子詩色彩之美。還有詩韻之美，沈
奇在論述蓉子詩歌美感時也動情地抒寫道：「我發現了蓉子詩歌的藝
術特質，我是說，我在蓉子式的浪漫主義詩風中，終於聽到了一種稱
之為『純正的抒情』的聲音，一種質樸無華而又悠然神會的音樂化了

的情感世界。在這個不事夸飾、清明溫煦的世界裡,生命化爲一片大和諧,具有內源性之光的『青蓮』精神,得以最好的發揮,情與景、意與象融洽無間,渾然一體,一種氣蘊貫通的形式飽滿狀態,如滿載甘液盈盈欲裂的葡萄般晶瑩鮮活,令人沉醉!」蓉子詩歌的藝術世界,她所表達的是主體與外在世界渾然認同與和諧。高秀芹說:「她純然流動的藝術世界裡,是一些飛翔的山、水、雲、樹,是一些靈動飄悠的夢、雨、海、風,她把她的內心情感投射到大自然中引起情感激揚淨化的事物上,主體和客體建立了一種相親相契的和諧對應關係。」對蓉子藝術世界眞善美的和諧統一的探討,評論者從各個不同的視角進行剖析,同聲肯定蓉子詩歌的藝術價值。高秀芹曾引述蓉子的談話,發表了一番議論。在研討會期間,有人問蓉子,您怎麼總書寫著這麼美麗的詩句,是不是生活裡總是充滿詩情畫意?蓉子回答說:我是悲觀的,羅門是樂觀的,我也不知道爲什麼,我寫詩的時候,不知不覺中總是濾去生活的困難,不知不覺地呈現出愛和美。因此,詩歌是蓉子從現實世界通向理想世界的橋樑,她用山、水、雲、樹建構起的藝術世界最終成爲她苦難精神的避難所。潘麗珠教授認爲長期閱讀蓉子的詩歌作品,深感她的「自然詩」與她的宗教生命、人文關懷息息相關,與她對美的追求、美的堅持也密不可分。蓉子從來不隨波逐流,她的〈維納麗沙〉寫著:「維納麗沙/你不是一株喧嘩的樹/不需用彩帶裝飾自己,/你靜靜地走著/讓浮動的眼神將你遺落/因你不需在炫耀和烘托裡完成/…你完成自己於無邊的寂靜之中。」自述了她面對世俗趨勢與時代潮流的態度。她的確是溫婉寧靜的,但溫婉寧靜中有靜水深流的動力、堅持不懈的韌性,就像大自然中恒定的光,雖遇黑夜,星在天際;又像暖陽,祥光照耀時,不忘提供綠蔭供人休憩。她的「自然詩」充滿光的意象,色彩繽紛,音聲泠泠,活潑而沉潛,顯現了她的性靈之美,一種活力飛動卻深沉靜照的生命情調,塑造出與

自然同一的精神氣韻、與宗教同德的藝術境界。詩人張國治則認為蓉子的山水詩，輕巧溫柔，音色圓滿，情意的轉移及哲思的注入，增加了詩的豐富性……蓉子的山水詩不是五○年代臺灣的超現實主義，也不是五○年代紐約的抽象表現派，她是屬於中國的，屬於中國的詩人，秉承了傳統抒情婉約的情緻，具備了古典美之精神，並從傳統走向現代。

　　㈢蓉子詩歌深沉的理性思考。這一點北京大學研究生譚五昌作了充分的闡述。他提出，在蓉子的一系列詩作中，「她或是表現了對於生命理想的追尋（《為尋找一顆星》、《覓尋》），或是傳達出對於完美生命形式的渴望（《休說》），或是袒露其對於獨立、正直、美好人格執著追求的摯誠情懷（《樹》、《我寧願擁抱大理石的柱石》、《菊》），或是宣揚了拼搏進取的人生哲學（《輯》、《不願》），等等。集子裡所收的詩作大多篇幅短小，形式工整，節奏輕柔，韻律和諧，氣氛寧馨，然而內涵豐富，充滿哲理色彩，明顯地見出印度詩哲泰戈爾及國內前輩女詩人冰心對她的創作影響。」他認為蓉子初期的詩作之所以成功，「其根本原因於詩集中作品抒情詩的高度哲理化，而決不只是一般意義上的少女抒懷。」而到了八十年代的創作，「詩人對於生命的流逝，日益變得敏感起來，對於生命的哲思也具有一種宏觀透視的非凡意味」，他指出在《這一站不到神話》詩集裡，第一輯的《當眾生走過》一詩，「從自然現象的觀察轉入生命之思，悟出人類生命世代更迭、循環往復的玄奧哲理，思想境界可謂闊大。《時間列車》一詩以比喻手法反映了生命的易逝，以及時間對於人類生命公平（對集體而言）而又殘酷無情（對個體而言）的雙重性質，顯示出詩人的洞察以及高度的人生智慧。……這是蓉子從日益豐富的人生經驗中驀然驚悟到的生命哲理，讓人們明白自己在時間面前的無能為力，雖帶幾分失望的情緒，但其大智大慧也夠警策人心。」

　　㈣蓉子詩歌的語言，是語境與心境和諧共生，詩的語言新穎清麗，

像一陣陣山風吹透讀者的心。鄭敏在感到當代詩壇語言的污染時，發
出了在這幾種污染之下漢語詩歌應當如何找到一種有漢語自身優點而
又能承受複雜的現代意識的詩歌語言的疑問，當她讀蓉子的詩歌之後，她
獲得了新的體會。她說：「蓉子的詩語和她的女性心地及靈活思維十
分貼近，幾乎無間。我想語言的泉湧和詩思的伸展在她可能幾乎是同
步的。語言這來自文化無意識的地下泉眼的流溢，帶來詩人的心靈的
每一閃波光，使我們在閱讀中時時驚嘆自然賦予人類的美和智慧。在
這到處都遇到語言交通阻塞的今天，蓉子的詩以其新穎清麗如山風的
詩歌語言給我以極大的閱讀愉悅。」老詩人鄭敏從蓉子的詩歌中獲得
欣喜愉悅的美感。從詩歌內質美的視覺，她稱贊蓉子詩歌「可讀性很
強，而又有很深邃的內涵。用字飽滿、穿透而不誇張，色彩鮮亮，喚
起視覺的形、色之感，而不造作。漢語的優美韻味及高度的活力被自
然地吸收到現代詩語中。」鄭敏提出，漢語在現代詩中棲居，才能使
現代詩與世界名作比美。她說：「漢語的視覺美與活力、聽覺的音樂
性如何能回到當代詩作中，棲居其中如在古典詩詞那樣，是我們在
21世紀必須面對的一個重要課題，捨此當代漢語詩無法比美於世界。」鄭
敏由此而進一步論述蓉子詩歌的音樂性，他指出：「在詩語的音樂性
方面蓉子的詩是有可惜鑑性的。譬如她的詩行很少格律性。但在那長
長短短、稀稀穊穊的詩行中卻有一種類似古典詞的節奏感，很好地配
合了感情的起伏，思緒的頓挫，形成一種音樂的完整性。第一眼，我
很擔心這樣的詩行會不會流於荒散。但在讀後我體會的詩人所追求的
音樂的錯落有致，與情感的委婉、突止，待發的各種節奏的配合。這
使得這些貌似不規則的詩行獲得由內在音樂結構所給它的整體凝聚，
因而並沒有流於煥散，反而有內在的整體結構。」沈奇關於蓉子詩歌
的語境與心境的和諧問題上，說過一段很有見地的話語：「和諧與純
正，是蓉子詩歌藝術最主要也是最成功的特質所在。依然是那首著名

的《一朵青蓮》的詩作中，蓉子用自己的詩句，對這一藝術特質作了精美的注釋：『有一種月色的朦朧・有一種星沉荷池的古典，超過這兒那兒的潮濕和泥濘而如此馨美！』這是典型的蓉子式的語境，也是典型的蓉子式的心境，語境與心境的和諧共生，方使抒情成為不含雜質、水晶般純淨的抒情，而『浪漫』一詞，也便不再成為遠離我們生存現實的虛妄之矯飾。從這樣的語境中，我們更看到，這是一位忠實於本真生命的感知，遠觀幽思，不願大聲高腔地對世界發言的詩人。心中有自己的廟堂，靈魂有自己的方向，在眾音齊鳴（思想的與藝術的）的時代裡，烙守自己的感悟，自己和自己辯論，並將這感悟親切地傾訴於世，為理解而非教誨。」文章同時指出蓉子詩歌「單純而不失豐富，悠揚而不失堅卓，音色純正，音韻和諧，在整個臺灣現代詩的交響中，有如一架豎琴，佔有不可或缺的一席重要位置。」侯洪在《蓉子詩歌的文本互涉──關於一組「傘詩」的解讀》一文中，通過對蓉子四首「傘」詩的解構，研討蓉子詩歌藝術獨特的話語方式，特別指出「蓉子的詩歌創作，完美地融合了中國古典詩歌創作的精華（意境的熔鑄、對凝煉的語言和音樂的和諧美的追求等）和現代『新月派』詩歌及法國象徵主義詩歌藝術的質素（重意象的營造，富有浪漫的情調，口語入詩等），並且包容了抒情與敘事的兩種基本的詩歌敘述方式，又富於變化，運用嫻熟。」

　　學者們讀蓉子的詩，頓感到與自然同歸為一的喜悅，讀者們喜愛蓉子清新純樸的詩篇，蓉子及蓉子的詩，是放飛於現代中國詩歌的藍天白雲間的一隻永遠的「青鳥」。

　　中國著名作家陳祖芬在北京研討會前幾天到臺北訪問，當她走進臺北鬧市羅門蓉子的家之後，她頓悟到這對詩人伉儷「心跟著愛轉」的詩的生活，我們在此以陳祖芬激情的話語來結束這篇冗長的綜述。她說：「我看羅門，就像他家那金黃光明旋而上的藤圈燈柱。他說要

是人不跟著心轉，心不跟著愛轉，哪裡會有這樣好看這樣光明的旋轉。羅門和他的妻子蓉子，是臺灣詩壇無可替代的兩位詩人。我明白了心跟著愛轉的道理，就明白了為什麼羅門是詩，蓉子是詩，他們的燈屋是詩，他們的詩更是詩。」

　　1995年12月6日，在中國的古都北京，在中國古老的高等學府──北京大學的未名湖畔，數十名中國詩人、學者圍坐在一起，共話羅門蓉子詩藝佳篇，實在是中國詩壇上難得的一刻！

有關資料與影像

聯合報　民國八十四年五月二十四日

副刊

羅門推出創作大系

對詩忠誠不二的詩人羅門，最近分卷整編自己的詩作出版，按序為卷一戰爭詩、卷二都市詩、卷三自然詩、卷四自我・時空・死亡詩、卷五素描與抒情詩、卷六題外詩。在這一套十卷的個人創作大系中，另四卷是「麥堅利堡」特輯、羅門論文集、論視覺藝術及燈屋生活影像集。總序「我的詩觀與創作歷程」，長二萬餘字，揭示了羅門的內心之路、第三自然、語言活動空間，是一篇極其重要的論文。這一套大系的出版除便於學者做當代專家詩研究，也透顯了羅門「對詩始終執著與嚮往的宗教情懷」。

（班森）

聯合報　中華民國八十四年五月十四日

文壇消息

羅門作品研討會

中國青年寫作協會今年活動頻仍，除各種文藝營之外，最具特色的是籌畫當代重要詩人的個人作品研討會，今日將在國際青年活動中心舉行「羅門作品研討會」。研討會之後並由余光中主持「羅門暨蓉子創作大系發表會」。（汪賦）

聯合報　中華民國八十四年六月一日　星期四

讀書人

蓉子羅門出版詩選

今年是蓉子羅門這對詩壇夫妻結婚四十周年，兩位詩人以出書的方式慶祝。蓉子選輯詩作合成《千曲之聲》，另由蕭蕭編選了有關蓉子詩作的評論，集成《永遠的青鳥》一書；羅門則一口氣出版了十本書，將多年來豐沛的創作分類為「戰爭詩」、「題外詩」、「自我、時空、死亡詩」、「自然詩」、「都市詩」、「素描與抒情詩」等，詩人著名的《麥堅利堡》一詩及其相關文章則另成一書，此外評論以及羅門蓉子二人居住燈屋的生活影像也以專書出版。這批總計十二本書由文史哲出版社印行，羅門夫婦則向出版社買了一百套，與親朋好友分享他們四十年的心靈生活。

民生報
文化新聞 **15** 民國八十四年五月十三日

青年寫作協會 明研討羅門作品
羅門創作大系 新書將發表

【本報訊】詩人羅門今年喜逢結婚四十周年慶，除了與夫人蓉子遊了一趟大陸外，文史哲出版社以全集方式出版了「羅門創作大系」十冊，完整記錄他創作生涯的各種面向，更令他歡欣不已。

羅門創作大系包括「戰爭詩」、「都市詩」、「自然詩」、「自我・時空・死亡」、「素描與抒情詩」、「題問詩」、「麥堅利堡特輯」、「羅門論文集」、「論視覺藝術」、「燈屋・生活影像」等，在中國青年寫作協會即將於十四日舉辦的「羅門作品研討會」

中，羅門除了參與研討之外，也將主持這套新書發表。

周日在台北國際青年活動中心舉行的「羅門作品研討會」，將有管管發表「吾與羅門的幾首詩吃茶」、王潤華「都市詩學：從羅門到林燿德」、林燿德「羅門作品中自然」、張啟疆「羅門散文論」等文章發表，並由林綠、李瑞騰、尹玲、羅青等擔任講評。

研討會會後的羅門創作大系發表會，將由名詩人余光中主持，蕭蕭、黃德偉、蓉子及羅門本人參與。

民生報
文化新聞 **15** 民國八十四年五月十五日

詩讓語言直入美的核心
作品研討會上 羅門夫婦備受推崇

記者 張夢瑞／報導

● 詩人余光中昨在中國青年寫作協會主辦「羅門作品研討會」上，以詩人多年的好友，讚美羅門、蓉子是一對傑出的詩人夫婦，特別是他們四十餘年來堅持寫詩，從不計較收入與努力不成正比，直到今天仍未放棄寫詩，是一件相當難得的事。

截至一九九五年為止，羅門共出版了十四本詩集、五冊論文集，詩作被各種中文選集收錄達五十五種。羅門表示，他喜歡寫詩的原因，主要是詩能使語言更富意涵，更趨於精簡、精銳、精密、精深、精純、和精美，同時能使語言很快進入一切「美」的核心

工作。所以自他寫下第一首詩後，就欲罷不能。

「羅門作品研討會」分別由詩人管管、王潤華、林燿德、張啟疆等提出論文，評論羅門的詩集。王潤華指出，在台灣的詩人中，羅門不斷探索當代都市文明迷惘現象。他是最早最有系統從事這方面創作的詩人。羅門不但創作城市詩，也努力建立自己的一套城市詩學。

張啟疆則指出，羅門以長篇累牘的詩作抨擊現代社會文明腐化人心、人性云云，經常被其他詩人引用，成為公論。羅門對物慾文明的憎惡，表現得直言不諱，而且淋漓盡致，這是一般詩人很

難與他一較長短之處。

詩人余光中及向陽昨天應邀擔任羅門暨蓉子創作大系發表會的主席與主講人。向陽表示，羅門一生的事業全部放在寫詩上，他的詩明朗有生氣，看後回味無窮，他本人就從羅門的詩中得到快樂。余光中指出，詩人的收入少，且不穩定，詩人家庭受詩人的牽連甚大，家中有一人寫詩，日子就不太好過，如果夫妻二人都寫詩，那就太不簡單了。他由衷祝福這對已創作四十餘載的夫妻，不要中斷手中的筆，繼續為中國的詩壇努力。

中國時報

民國八十四年五月十八日

羅門、蓉子詩緣、情緣四十載

「4」這個數字對詩人夫妻檔羅門、蓉子別具意義，民國四十四年四月十四日星期四的下午四點，他們正式結爲夫妻，今年則是他們結婚四十週年，選在這個紀念性的日子，他們連袂出版了《羅門創作大系》十本及蓉子的詩選《千曲之聲》、專論《永遠的青鳥》。羅門的創作大系收錄了寫詩四十餘年的羅門詩作菁華，其中一本《燈屋‧生活影像》更呈現出他們夫婦生活在燈影與藝術輝映下的燈屋景致。即將在大陸出版合集的羅門、蓉子，還將現在他今年遊一趟歐洲—用腳印在歐洲美好的風景上：做爲他們詩緣與情緣四十載的紀念。

（李金蓮）

中時晚報

19版

中華民國八十四年二月二十日

文學時代

《紙筆之外》

■小耳朵

執筆的手如何慶祝特殊節日？顯然還是離不開筆。詩壇佳偶羅門、蓉子，自紅地毯攜手共行至一九九五，整整四十年了。兩人自慶這段姻緣的形式是出書。羅門整理四十年創作心血，一口氣推出《羅門創作大系》十冊，蓉子則精選兩大冊詩集和評論，十二本書均在今年由文史哲出版社出版。

版。更令二人開心的是，大陸專出學術論著的社會科學出版社，看中他們的作品，也在今年推出《羅門‧蓉子創作系列》八冊，據說是開該社出版私人套書先例，還愼而重之地在北大爲兩人舉辦研討會，由北大中國語文研究所所長主持，出席者名家濟濟，親自與會的羅門和蓉子，驚喜地領受了最有意義的紅寶石婚禮物。

開卷　人&書

青年寫作協會辦羅門作品討論

中國青年寫作協會，五月十四日，舉辦「羅門作品研討會」，以及一場羅門及其詩人妻子蓉子創作大系的發表會。青年寫作協會計畫持續性舉辦作家作品研討會。

中國時報

民國八十四年五月十一日

開卷　人&書

自由時報

自由副刊
中華民國84年7月12日

《新書櫃》

文/易也

詩人伉儷聯手出擊

當

詩集羅門的創作大系出版了，本系列一套十卷，分別為《戰爭詩》、《都市詩》、《死亡詩》、《題外詩》、《自我·時空》、《自然詩》、《麥堅利堡特輯》、《羅門論文集》、《論視覺藝術》、《燈屋·生活影像》等，搜羅了羅門四十年來詩與藝術創造世界的完整藍圖。

素描與抒情詩

詩集羅門在書肆中持續「景氣低迷」時，詩人羅門的創作大系出版了，本系列一套

系之外，尚有《千曲之聲》（蓉子詩集）、《永遠的青鳥》（蓉子詩作評論集，蕭蕭王編）等二書同步出版。

羅門、蓉子這一對詩人伉儷結婚四十周年紀念，因此，除了羅門創作大

本書，不只是獻給我親愛的妻子──玉蓉芷，也是獻給我敬愛的女詩人──蓉子……」這十二本書在他們結婚四十周年之際獲得出版，不僅別具意義，更見證了他們共同生活四十年，在創作中共同努力的鶼鰈之情。

羅門在創作大系的序言中說：「……我這十

自立早報

中華民國八十四年五月十日

文藝

羅門作品研討會

中國青年寫作協會主辦、〈四度空間〉詩社協辦之「羅門作品研討會」將於五月十四日（星期日）假國際青年活動中心二樓大會議室舉行。

該研討會議程自上午九時起進行至下午六時十分，會場開放，並供應午餐，歡迎各界踴躍參與，蒞臨。

聯合報 UNITED DAILY NEWS
September 27, 1995 九月廿七日（星期三）

萬象
詩刊

△名詩人羅門惠贈「燈屋　生活影像」（羅門創作大系卷十）。收入燈屋影像圖片，以及有關燈屋之詩文，並附錄四十年來到「燈屋」的國內外文藝界與文化界人士留影等等。該書收入林泉的詩「燈屋──給詩人羅門蓉子伉儷」

中華日報
民國八十四年五月九日

藝文短簡

「羅門作品研討會」十四日舉行

中國青年寫作協會與四度空間詩刊，定於十四日上午九時，在台北市辛亥路國際青年活動中心舉辦「羅門作品研討會」與「羅門、蓉子創作討論會」。研討會共分四場，分別由應平書、張健、朱炎、曾永義主持，管管、王潤華、林燿德、張啟疆擔任撰述人，林綠、李瑞騰、尹玲、羅青擔任講評。「羅門、蓉子創作大系發表會」則由余光中主持，蕭蕭、黃德偉、蓉子、羅門王講。歡迎讀者前往參加。

中央日報
民國八十四年五月十三日

文化風信

羅門作品研討會

青年寫作協會舉辦「羅門作品研討會」，五月十四日上午九點起在辛亥路國際青年活動中心舉行，管管、毛潤華、林燿德、張啟疆詩人撰寫論文，余光中、應平書、張佩、朱炎、曾永義主持會議。（小玉）

聯合報
中華民國八十四年十二月十七日

文壇消息

羅門、蓉子在北京

由北京大學中國語言文學研究所、海南大學、海南日報社、中國社會科學出版社主辦，清華大學中文系、中國藝術研究院中國文化研究所、《詩探索》編輯部協辦的「羅門、蓉子文學創作系列」學術研討會暨《羅門、蓉子文學創作世界》推介禮」，日前於北京大學舉行。由於路途遙遠，與會者須自費，羅門、蓉子表示很難開口邀台灣的文友參加。（吳金）

中央日報
民國八十四年十二月二十五日

文化風信

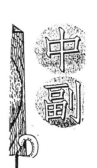

中副

羅門與蓉子作品在大陸出版

大陸社科院出版社近日出版了「羅門、蓉子文學創作系列」共八冊。本月六日並在北大召開兩人作品的研討會，邀請羅門、蓉子夫婦參加。會後，兩人應邀於北大中文系演講、座談。這一次的文學之行，羅門與蓉子接觸許多位大陸學者與詩人，彼此交換了對文學及藝術的看法，收穫豐富。（維揚）

報壇論界世

出版訊息

民國八十四年七月三十日

台灣現代主義先驅詩人羅門，最近由文史哲出版社推出「羅門創作六系」共十巨冊，卷一：戰爭詩。卷二：都市詩。卷三：自然詩。卷四：自我、時空、死亡詩。卷五：素描與抒情詩。卷六：題外詩。卷七：〈麥堅利堡〉特輯。卷八：羅門論文集。卷九：論視覺藝術。卷十：燈屋。生活影像。羅門不僅是詩人、詩論家，也是藝術評論家，另外，也推出蓉子詩作精選〈千曲之聲〉，共選入長短詩一一五首，都三百頁，每篇都是精挑細選的精品，以及評論家評論蓉子的詩作文章也集成專集〈永遠的青鳥〉同時出版。

上述十二巨冊，是認識羅門蓉子必讀的書，如欲購買，請直接與文史哲出版社聯系。

報壇論界世

論壇副刊　第9版

中華民國八十五年二月四日　星期日

文壇消息

羅門蓉子書出版發表會

去年北京於十二月六日為羅門、蓉子出版的八本系列書，在北京大學舉行新書發表研討會；由北京大學中國語言研究所、清華大學中文系、海南大學、中國藝術研究院中國文化研究所、中國社會科學出版社、〈詩探索〉編輯部與海南日報社共同籌辦，會議由北京大學中國語言研究所所長謝冕教授主持，到有著名詩人學者與批評家近六十位，並宣讀與羅門、蓉子作品有關的論文。會後兩人並應邀在北大中文系演講、座談，又和大陸著名詩雜誌〈詩探索〉同仁相互對談詩與藝術。

羅門、蓉子此次北京之行，由於大陸著名出版社破例出版個別詩人的八本系列書，又由大陸最高學府北大首次舉辦個別詩人的研討會，確使他倆感到慶慰。

又羅門詩創作世界，被批評家與學者評論的專書，先後獲獎。一是台灣大學外文系學者蔡源煌教授寫的〈從顯型到原始基型——論羅門的詩〉（約壹萬貳仟字），於多年前獲得「金筆獎」；一是師範大學外文系戴維揚教授寫的〈噴向永恆思維的螺旋——析論羅門詩作的「空間運作」〉（約叁萬字），獲八十四年度（一九九五年）國科會學術獎金。

JULY 31, 1995　Chinese Commercial News　商報

蓉子的美麗詩世界

四月十四日晚間，臺灣詩學季刊同仁宴請詩人羅門、蓉子伉儷，慶祝他們結婚四十週年。席間，羅門仍然高談詩與現代人的困境問題；而蓉子，臉上漾著笑意，溫婉嫻雅，如一朵馨美的青蓮。

一個月以後，在羅門作品研討會的現場，羅門甚至忍不住起身發言，憤慨的激昂與信念之堅執；而蓉子，時而振筆疾書，時而望著台上的主講者，靜靜地，似乎全不理會眼前的激辯，她「完成自己於無邊的寂靜之中」。

這是我所認識的蓉子嗎？如果是，那麼我所不認識的蓉子呢？多少年來，我見她親切友善的招呼著年輕的愛詩人，不論是在燈屋，在學府中，或是在有關詩的聚會裡，她給你一種溫柔的力量去面對人世的波濤，以及詩路上的諸多挫折。

蓉子是五四的女兒，合當是屬於詩的。

從民國四十二年出版

「青鳥集」迄今，合選集在內總計有十五本詩集了，佳評不斷，甫出版的顏藏所編的「永遠的青鳥——蓉子作品評論集」，完整鋪陳了蓉子的美麗詩世界。

在最近出版的詩作精選集「千曲之聲」中，蓉子如是說道：「詩在達到了藝術表現技巧的同時，也必須流溢出真實人性的慇悟與靈思。」誠然，千曲從「無聲」到「有聲」，正是一個澄澈的慇悟與靈思。她總是以此化成詩行，自我表現，並藉此而更積極關懷天地自然、生命以及人世的總總悲歡離合。

UNITED DAILY NEWS　聯合日報

August 30, 1995　八月卅日（星期三）

萬象　第一三八期

羅門蓉子出版時選

今年四月十四日，是著名詩人羅門、蓉子伉儷結婚四十週年，羅門將四十年來的創作，整編成「羅門創作大系」十卷，卷一至卷六按主題區分為：「戰爭詩」、「都市詩」、「自我．時空．死亡詩」、「素描與抒情詩」等六本詩集，卷七則是羅門名作「麥堅利堡」（曾獲菲律賓總統馬可仕金牌獎）的迴響——「麥堅利堡」特輯，卷八「羅門論文集」，卷九藝術評論系，卷十「燈屋．生活影像」，以及他與蓉子的藝文生活影像。記錄羅門觀自己設計的「燈屋」藝術，記錄羅門思想的論文集之聚。此外，蓉子也將她四十五年來的詩作，精選為「千曲之聲」，同時和蕭蕭主編的「永遠的青鳥——蓉子詩作評論集」一起出版。文史哲出版社耗資近百萬台幣，一口氣出版了羅門和蓉子夫婦的作品和評論十二本。這十二本書在他們結婚四十週年之際獲得出版，不僅具有意義，更見證了他們共同生活四十年，在創作中共同努力的鶼鰈之情。

文學月報
●文學新書

◉吳興文

文學出版「賣可挺」的時代

八十四年四月～八十四年五月

✿新詩類

戰爭詩／羅門著
文史哲出版社‧四月十四日‧二十五開‧一八三頁
羅門創作大系1。收作者的名作「麥堅利堡」等詩二十一首。並附有關評論、林燿德「人與神之間的交談——論羅門的戰爭詮釋」等四篇。

自然詩／羅門著
文史哲出版社‧四月十四日‧二十五開‧一九二頁
羅門創作大系2。收有關的名作「物悠」與「性悠」的詩三十九首。並附有關評論：張漢良「分析羅門的一首都市詩」等八篇。

都市詩／羅門著
文史哲出版社‧四月十四日‧二十五開‧二二六頁
羅門創作大系3。收有關都市文明製造的詩三十二首。並附有關評論：陳寧貴「「曠野」中的羅門」等八篇。

自我‧時空‧死亡詩／羅門著
文史哲出版社‧四月十四日‧二十五開‧一七八頁
羅門創作大系4。收探索「自我」、「時空」與「死」等存在奧秘的詩二十三首。並附有關評論：賀少陽「羅門詩的哲思」等四篇。

素描與抒情詩／羅門著
文史哲出版社‧四月十四日‧二十五開‧一八○頁
羅門創作大系5。分兩輯：「素描詩」收稼過不可見的描象程序，呈現新的可見的具象表現三十六首。「抒情詩」幾乎都是寫給結婚前婚後的女詩人蓉子。共收十五首。

題外詩／羅門著
文史哲出版社‧四月十四日‧二十五開‧一六五頁
羅門創作大系6。收已呈現明顯主題系列詩之外，還有不能確定的詩三十二首。曾後附「詩人、評論家眼中的羅門」和「羅門年表」。

千曲之聲／蓉子著
文史哲出版社‧四月十四日‧二十五開‧三○○頁
「蓉子詩作精選」。作者自選新詩創作生涯四十五年來的作品一四六首，分三集「為找一類星」、「看你名字的繁卉」（包括「維納麗組曲」十二首、「水上詩展」四首）、「吟能若晨深」（包括「花葉組曲」八首、「夏日組詩」六首、「秋詩六題」六首。）

✿散文類

燈屋‧生活影像／羅門編著
文史哲出版社‧四月十四日‧二十五開‧一六七頁
羅門創作大系10。分兩部分：「燈屋造型空間」、「藝文生活影像」。以圖文的方式，呈現作者的創作空間，和生活的影像。

✿評論類

「麥堅利堡」特輯／羅門編著
文史哲出版社‧四月十四日‧二十五開‧一八三頁
羅門創作大系7。有關「麥堅利堡」一詩的專書。分五部分：「麥堅利堡詩」、「麥堅利堡現場景」、「麥堅利堡的回響」、「麥堅利堡配圖特輯」、「麥堅利堡詩的答辯及其他」。

羅門論文集／羅門著
文史哲出版社‧四月十四日‧二十五開‧二九五頁
羅門創作大系8。紀錄作者思想的論文集。

論視覺藝術／羅門著
文史哲出版社‧四月十四日‧二十五開‧二三二頁
羅門創作大系9。討論中國當代著名的視覺藝術家與國際大師作品的論文集。

文訊6
中華民國八十四年六月一日

蓉子的美麗詩世界

/吳浩

　　四月十四日晚間，臺灣詩學季刊同仁宴請詩人羅門、仇儷，慶祝他們結婚四十週年。席間，羅門仍然高談詩與現代人的困境問題；而蓉子，臉上漾著笑意，溫婉嫻雅，如一朵馨美的青蓮。

　　一個月以後，在羅門作品研討會的現場，羅門甚至忍不住起身發言，慣常的激昂與信念的堅執；而蓉子，時而振筆疾書，時而望著台上的主講者，靜靜地，似乎全不理會眼前的激辯，她「完成自己於無邊的寂靜之中」。

　　還是我所認識的蓉子嗎？如果是，那麼我所不認識的蓉子呢？多少年來，我見她親切友善的招呼著年輕的愛詩人，不論是在燈屋，在學府中，或是在有關詩的聚會裡，她給你一種溫柔的力量去面對人世的波濤，以及詩路上的諸多挫折。

　　蓉子是五四的女兒，合當是屬於詩的。從民國四十二年出版

　　「青鳥集」迄今，含選集在內總計有十五本詩集了，佳評不斷，甫出版的顏艾琳所編的「永遠的青鳥——蓉子作品評論集」，完整鋪陳了蓉子的美麗詩世界。

　　在最近出版的詩作精選集「千曲之聲」中，蓉子如是說道：「詩在達到了藝術表現技巧的同時，也必須流溢出真實人性的慧悟與靈思。」誠然，千曲從「無聲」到「有聲」，正是一個澄淨的慧悟與靈思。她總是以此化成詩行，自我表現，並藉此而更積極關懷天地自然、生命以及人世的總總悲歡離合。

　　蓉子，本名王蓉芷，江蘇省吳縣人，民國十七年五月四日生。南京金陵女子大學畢業，曾獲頒菲總統馬可仕金牌獎、國家文藝獎新詩類獎。著有詩集「青鳥集」、「七月的南方」、「天堂鳥」、「這一站不到神話」、「千曲之聲」，散文集「歐遊散記」、「千泉之塘」等十餘部作品。

文學新書
各地文學採風
文學記事

文學月報
八十四年六月

　　今年四月十四日，是著名詩人羅門、蓉子仇儷結婚四十週年，作家林燿德特別爲羅門四十年來的創作，整編成「羅門創作大系」十卷。卷一至卷六按主題區分爲：「戰爭詩」、「都市詩」、「自我・時空・死亡詩」、「素描與抒情詩」、「題外詩」等六本詩集。卷七則是羅門詩作「麥堅利堡」（曾獲菲律賓總統馬可仕金牌獎）的迴響：「麥堅利堡」特輯，卷八「羅門論文集」，記錄羅門思想的論文集。卷九藝術評論集「論視覺藝術」。卷十「燈屋・生活影像」，紀錄了羅門親自設計的「燈屋」，以及他與蓉子的藝文生活影像。

　　此外，蓉子也將她四十五年的詩作，精選爲「千曲之聲」，同時和蕭蕭主編的「永遠的青鳥——蓉子作品評論集」一起出版。文史哲出版社一口氣出版了羅門和蓉子夫婦的作品和評論十二本，特別是被視爲市場毒藥的新詩和文學評論集，值得我們鼓勵。

　　中國青年寫作協會並於五月十四日，假台北國際青年活動中心舉辦「羅門作品研討會」暨「羅門、蓉子創作大系發表會」，會中將有管管、王潤華、林燿德、張啓疆等人發表論文。

◉吳興文

文訊　WEN-HSUN MAGAZINE

革新第79期（總號117）

中華民國八十四年七月一日

文學記事　文學月報

五月十四日，中國青年寫作協會與四度空間詩刊，假北市國際青年活動中心舉辦「羅門作品研討會」與「羅門、蓉子創作大系發表會」。由應平書、張健、朱炎、曾永義主持，管管、王潤華、林綠、李瑞騰、尹玲、羅青擔任講評。啓彊擔任撰述人。發表會則由余光中主持，蕭蕭、黃德偉、蓉子、羅門主講。

文訊　WEN-HSUN MAGAZINE

本期：中華民國八十五年元月一日

人‧物‧春‧秋　人物動態

羅門與蓉子在大陸受歡迎

去年對羅門與蓉子夫妻來說，是相當充實的一年。

先是羅門獲美國傳記學術中心頒發世界五百位具有影響力的領導人證書，再則是由台灣文哲出版社出版了一套十本的《羅門創作大系》，並由中國青年寫作協會辦了一項個人研討會。在大陸，北京中國社會科學出版社，出版了一套八本《羅門蓉子文學創作系列》。另在去年底由北京大學舉辦了研討會。

提到和大陸的淵源，羅門表示要追溯到一九八八年剛解嚴時，便曾到廣州、北京、上海、海南等地的大學巡迴演講。之後，海南大學安排了研討會，海內外學界多人參加。當時專出版非文學類書籍的中國社會科學出版社，便有意破例出文學書，促成了這套書的出版。至於由北京大學主辦清華、海南大學、社會科學藝術研究所及《詩探索》雜誌等單位協辦的研討會，是北大首度破例為個人開研討出書「推薦禮」的儀式　在會中安排了

目前，在各地舉辦的羅門、蓉子作品討論會論文，結集起來數目相當可觀，或者可以說，在多年的辛勤耕耘之後，如今的羅門、蓉子，每一年都能歡喜收割了。（萱）

1995年12月
19
人民日报社出版

第17328期 （代号1—1）

国内统一刊号：CN11—0065

今日 12 版（华东地区16版）

罗门、蓉子文学创作座谈会举行

由北京大学中国语言文学研究所、海南日报社和中国社会科学出版社等单位联合主办的"罗门、蓉子文学创作座谈会"近日在京举行。罗门、蓉子是台湾的伉俪诗人。与会者就罗门、蓉子的创作追求、作品的艺术观念和艺术成就等问题进行了探讨。

（文 一）

1995年12月15日

1949年9月25日创刊　|　中国作家协会主办　|　星期五·周报·

北京海南联合推介一对台湾文学伉俪

本报讯（实习记者 明江）也许对大陆许多读者来说，罗门、蓉子是两个陌生的名字。这是一对曾在世界诗人大会上获得"杰出文学伉俪奖"的台湾著名诗人。最近，北京大学中国语言文学研究所、海南大学等单位联合在京举行了罗门、蓉子创作世界学术研讨会。会上还特别推介了由中国社会科学出版社出版的"罗门、蓉子文学创作系列"共八本。

与会的近50名专家教授对罗门、蓉子诗歌在意义、精神、语言等方面作了评价。总结了他们的艺术经验、人生经验并探讨了其诗作在当代诗坛的艺术地位。

罗门是海南岛的儿子，在台湾被誉为"现代诗的守护神"，代表作《麦坚利堡》曾在台湾获金奖。其诗充满阳刚之气。蓉子是台湾诗坛最先出现的女诗人，其诗古典温婉，被台湾诗坛称为"开得最久的菊花"。这是一对极具诗人气质的文学伉俪，为了艺术，毅然放弃了待遇优厚的公职，在繁华的台北过着自甘寂寞的生活。

有趣的是，此次推出的《罗门、蓉子文学创作系列》是经另一对文学伉俪——海南大学的周作民、唐玲玲教授编撰而成的。

台湾诗坛的"勃朗宁夫妇"

罗门、蓉子夫妇近影

有"中国的勃朗宁夫妇"美誉的台湾著名诗人罗门和蓉子,言谈举止之间流露的个性气质,洋溢着阳刚与阴柔的对比之美,蓉子的雍雅温柔、含蓄宁静与罗门的豪迈硬朗、热情坦率那么完美地互补着,令人有天造地设、珠联璧合之感。

1955年4月14日,在台北一所古雅的小教堂里,罗门、蓉子举行了别开生面的婚礼朗诵诗。诗坛老友们朗诵的婚礼祝贺诗,攒成一个吉谶,预言着新人夫妇将共同度过漫长而甜蜜的、浸润于诗中的浓情岁月,预言着他们将在诗国之旅上互相扶持,奋力跋涉,并最终赢得世界性的"杰出文学伉俪"之称。

四十年来,罗门在台湾被文坛视为"现代诗的守护神"、"都市诗与战争主题的巨擘"、"台湾诗坛的五巨柱"之一。罗门始终关注着现代生活的激烈变化及其带给人类的深刻影响,以诗人的敏锐感受力、特有的"灵视"、冷静的内省,精炼出丰富的意象世界,读他的诗,常常会被其中深沉的哲思、澎湃的激情所震撼。迄今,这位勤奋而多产的诗人已经出版了诗集13种,论文集5种,作品被选入包括英、法、日、韩文在内的近80种诗集。

熟悉他们夫妇的朋友曾开玩笑说,是蓉子将罗门培养成诗人的,罗门也坦率地承认:"蓉子比我成名早。"

在漫长的文学生涯里,蓉子始终宁静而执著地追求着真纯和美善,她的诗,以东方古典的朦胧神韵和西方宗教的沉静诚信创造出清新柔婉的意境,极富音乐之美。十几年来,蓉子不疾不徐、连绵不断地推出13种诗集,被誉为台湾诗坛"开得最久的一朵菊花"、"永远的青鸟"。

虽然他们的创作风格、个性是不同的,甚至有所谓"各树标帜、两军对峙"的说法,但两位诗人又的确构成一股合力,始终以诗人的自信与风度,不受时风流俗影响,遵循着自己既定的目标和理想前进。七十年代,罗门、蓉子相继辞去待遇优厚的公职,专门从事创作。他们在"灯屋"──罗门用废旧物品创作出的装置艺术作品,一首视觉诗──这一诗人伉俪艺术生活和家庭生活的小天地里,孕育着属于自己的诗情画意,对抗着权力、金钱和一切污浊的东西,因为他们认为,"诗人必须先做成人"(蓉子语),他"除了有不凡的才华与智慧,以及对艺术尽责之外,也应该是一个具有是非感、良知、良能与人道精神的人"(罗门语)。或许正是由于发自两位诗人心底这份共同的对人类终极的关怀和"人诗合一"的追求,构成他们坚实的感情基础,促使他们在风风雨雨的人生旅程中,情愈切、意弥深;"随便抓一把雪/一把银发/一把相视的目光/都是流回四月的河水/都是寄向四月的诗"(罗门《诗的岁月──给蓉子》)。

(一凡摘自1月4日《人民日报·海外版》苗春文)

作家文摘

第160期

1996年1月19日
每周五出版
上期印数:
350,900份

人民日報

RENMIN RIBAO（海外版）

1996年1月4日　星期四　第7版

副　刊

岁月如诗

——台湾诗人罗门、蓉子夫妇印象

苗春

不久前，在北京大学举办的"罗门、蓉子文学创作座谈会"上，我终于见到了有"中国的勃朗宁夫妇"美誉的台湾著名诗人罗门和蓉子。那些素所喜爱的诗句在脑海中泪泪涌动起来："战争坐在此哭谁/它的笑声，曾使七万个灵魂陷落在比睡眠还深的地带……史密斯威廉斯，烟花节光荣仲不出手来接你们回家"（罗门《麦坚利堡》）；"尽管荷叶上承满了水珠，但你从不哭泣/仍旧有翡倩的背翠 仍旧有妍婉的红焰/从溜溜的寒波"掣起"（蓉子《一朵青莲》）；"猛力一推，竟被反锁在走不出去的透明里"（罗门《窗》）；"维纳丽沙/你不是一株喧哗的树/不需用彩带装饰自己"（蓉子《维纳丽沙》）……

正像这对夫妇诗人迥异的诗风所昭示的，这对诗人夫妇言谈举止之间流露的个性气质，也洋溢着阳刚与阴柔的对比之美，蓉子的雍雅温柔、含蓄宁静与罗门的豪迈硬朗、热情坦率那么完美地互补着，令人有天造地设、珠联璧合之感。

1955年4月14日，在台北一所古雅的小教堂里，罗门、蓉子举行了别开生面的婚礼朗诵会。诗坛老友们朗诵的婚礼祝贺诗，攒成一个吉谶，预言着新人夫妇后来将共同度过漫长而甜密的、浸润于诗中的浓情岁月，预言着他们将在诗国之旅上互相扶持，奋力跋涉，并最终赢得世界性的"杰出文学伉俪"之称。

四十年来，罗门在台湾被文坛视为"现代诗的守护神"、"都市诗与战争主题的巨擘"、"台湾诗坛的五巨柱"之一。罗门始终关注着现代生活的激烈变化及其带给人类的深刻影响，以诗人的敏锐感受力、特有的"灵视"、冷静的内省，精炼出丰富的意象世界。读他的诗，常常会被其中深沉的哲思、澎湃的激情和虎沛的披盖力虱所震慑。迄今，这位勤奋而多产的诗人已经出版了诗集13种，论文集5种，作品被选入包括英、法、日、韩文在内的近80种诗集。

熟悉他们夫妇的朋友曾开玩笑说，是蓉子将罗门培养成诗人的，罗门也坦率地承认："蓉子比我成名早。"

在漫长的文学生涯里，蓉子始终宁静而执着地追求着真纯和美善。她的诗，以东方古典的朦胧神韵和西方宗教的沉静诚信创造出清新柔婉的意境，极富音乐之美。几十年来，蓉子不疾不徐、连绵不断地推出了13种诗集，被誉为台湾诗坛"开得最久的一朵菊花"、"永远的青鸟"。

虽然他们的创作风格、个性是不同的，甚至有所谓"各树标帜、两军对峙"的说法，但两位诗人又的确构成一股合力，始终以诗人的自信与风度，不受时风流俗影响，遵循着自己既定的目标和理想前进。七十年代，罗门、蓉子相继辞去待遇优厚的公职，专门从事创作。他们在"灯屋"——罗门用废旧物品创作出的装置艺术作品，一首视觉诗——这一诗人优雅艺术生活和家庭生活的小天地里，孕育着属于自己的诗情画意，对抗着权力、金钱和一切污浊的东西，因为他们认为，"诗人必须先做成人"（蓉子语），他"除了有不凡的才华与智慧，以及对艺术尽责之外，也应该是一个具有是非感、良知、良能与人道精神的人"（罗门语）。或许正是由于发自两位诗人心底这份对人类终极的关怀和"人诗合一"的追求，构成他们坚实的感情基础，促使他们在风风雨雨的人生旅程中，情愈切，意弥深："随便抓一把雪/一把银发/一把相视的目光/都是流回四月的河水/都是寄回四月的诗"（罗门《诗的岁月——给蓉子》）。

值罗门、蓉子结婚四十周年纪念之际，中国社会科学出版社推出"罗门、蓉子文学创作系列"一套8本著作，向全国介绍这对知名的台湾诗人。他们赠给自写下许多佳作，而实际上，这对诗坛伉俪共同度过的四十年流金岁月，才是一首最美的诗篇。

罗门、蓉子夫妇近影

海南日報　HAINAN DAILY
1995年12月11

罗门、蓉子诗歌艺术研讨会在京召开

本报讯（记者黄宏地）12月6日，由海南日报、海南大学、北京大学中国语言文学研究所、中国社会科学出版社联合主办的台湾诗人罗门、蓉子诗歌艺术研讨会在北京召开。

罗门系海南省文昌市人，罗门、蓉子这对诗人夫妇著有诗集26种，论文集5种，作品选入英、法、日、韩等外文诗选种中文版《中国当代十大诗人选集》等近80种诗选集。罗门的长诗《麦坚利堡》被UPLI国际诗组织誉为世界伟大之作，颁发菲总统金牌，并获第三届世界诗人大会颁发的特别奖与接受加冕。

在京的邵燕祥、谢冕等50多位著名诗人评论家参加了这个研讨会。

文采报
中国·海南　·文采报社出版
●总编辑　张怀平
琼印准字第044号　第2期[总第8期]　1996年1月24日

罗门、蓉子文学创作系列出版

海南侨报讯 罗门、蓉子文学创作系列，近日由北京中国社会科学出版社出版。该系列共八册，即《罗门长诗选》、《罗门短诗选》、《蓉子诗选》、《蓉子散文选》、《罗门论》、《蓉子论》和《日月的双轨——罗门、蓉子创作世界评介》罗门、蓉子誉海内外。罗门本名韩仁存，海南省文昌市人，现居台北。这个系列是由海南大学文学院周伟民、唐玲玲两位教授策划出版的。 （杨德祥）

文讯

罗门、蓉子诗歌艺术研讨会在京召开

海南日报讯（记者黄宏地）12月6日，由海南日报、海南大学、北京大学中国语言文学研究所、中国社会科学出版社联合主办的台湾诗人罗门、蓉子诗歌艺术研讨会在北京召开。

罗门系海南省文昌市人，罗门、蓉子这对诗人夫妇著有诗集26种，论文集5种，作品选入英、法、日、韩等外文诗选种中文版《中国当代十大诗人选集》等近80种诗选集。罗门的长诗《麦坚利堡》被UPLI国际诗组织誉为世界伟大之作，颁发菲总统金牌，并获第三届世界诗人大会颁发的特别奖与接受加冕。在京的邵燕祥、谢冕等50多位著名诗人评论家参加了这个研讨会。

CHINA SPECIAL ZONES TIMES

③　1995年8月31日　·特区时报

蓝海洋

● 特讯

罗门、蓉子著作的出版及研讨活动

今年四月十四日是享有国际盛誉的我国著名诗人罗门、蓉子伉俪结婚四十周年，北京、台湾两地都出版了罗门、蓉子作品系列及有关的研讨著作，并举办了相应的学术活动。

北京：由周伟民、唐玲玲两位教授策划，中国社会科学出版社已在今年四、五月间以"罗门、蓉子文学创作系列"为总题，陆续出版了以下八种书：《罗门长诗选》、《罗门短诗选》、《蓉子诗选》、《蓉子散文选》、《罗门文学论文选》、《罗门论》、《蓉子论》及《日月的双轨——罗门、蓉子文学世界评介》并将于九月十五日假座北京大学举办由海南大学、海南日报社、北京大学中国语言文学研究所、清华大学中文系、文化艺术研究院中国文化研究所、《诗探索》编辑部和中国社会科学出版社文学编辑室联合召开的"罗门、蓉子文学创作座谈会暨《罗门、蓉子文学创作系列》推介礼"。

台湾，罗门将四十年来的创作，整编成《罗门创作大系》十卷，卷一至卷六按主题区分为《战争诗》、《都市诗》、《自我·时空·死亡诗》、《素描与抒情诗》、《题外诗》等六本诗集。卷七则是罗门名作《麦坚利堡》（曾获菲律宾总统马可斯金牌奖）的回响，《麦坚利堡特辑》，卷八为纪录罗门思想的《罗门论文集》，卷九是艺术评论集《论视觉艺术》，卷十《灯屋·生活影像》，记录了罗门亲自设计的灯屋以及他与蓉子的文艺生活影像。蓉子也将她四十五年的诗作，精选为《千曲之声》同时和萧萧主编的《永远的青鸟——蓉子诗作评论集》一起出版，文史哲出版社耗资近百万台币一口气出版了罗门和蓉子上述作品和评论12本。

此外，中国青年写作协会于五月十四日假台北国际青年活动中心举办"罗门作品研讨会"暨"罗门蓉子创作大系发表会"。《罗门蓉子创作大系发表会》由余光中主持，萧萧、黄德伟、蓉子、罗门主讲，研讨会共分四场，分别由应平书、张健、米炎、曾永义主持，管管、王润华、林耀德、张启疆担任撰述人，林焕、李瑞腾、尹玲、罗青担任讲评。《文讯》、《文学月报》、《联合报》、《民生报》、《中华日报》、《中央日报》、《中国时报》、《自立早报》等报刊，也对罗门、蓉子伉俪结婚四十年的出版和学术活动作了报道。

诚以这系列中的十本书，做为永物，献给同我生活四十年，在创作中共同努力、给我帮助最大的妻子——女诗人蓉子。

每当我读她的《一朵青莲》与《维纳丽沙组曲》等诗，那是我同其他诗人都无法只靠技巧与文字所能写的诗——那是在人类高次元的情思世界中，以特有的内在生命机能与心灵纤维，所编织的具体可知、可感、可见的"雅典"

"纯染"与"高洁"的情境，蕴合有宗教性的虔诚，在开放的内心感应磁场中，我的感动确实是超越常情与私情的，纯粹是站在"诗"与"人"浴合的"天地线"上，所引起的，

写在
《罗门创作大系》之前

□ 罗门

也不必在此故意隐晦，因而，这十本书，便不只是献给我亲爱的妻子一王蓉芷，也是献给我敬爱的女诗人——蓉子。同时更是献给所有受护与关心我的读者大众，给我更多的批评与鼓励。

華夏詩報　HUAXIA POETRY

1996年1月25日出版

国内外发行

社长：张德昌　　主编：野　曼、向　明、陈绍伟

罗门蓉子系列著作研讨会 在海峡两岸举行

本报讯　去年正值罗门、蓉子结婚40周年纪念之际，为配合这一喜日，台湾文史哲出版社耗资百万台币出版罗门、蓉子的十二本书，嗣后又由北京社会科学出版社出版罗门、蓉子八本系列书，共出了二十本书。在台北曾于五月十四日举办十二本书的发表研讨会，由林水福、余光中、朱炎、张建、王润华、尹玲、向明、林绿、黄德伟、林耀德、李瑞腾、罗青、曾永义、管管、应平书、张启彊等海内外知名学者与会的著名诗人与作家分别担任主持人、论文发表人、讲评人与引言人，与会的著名诗人有张错、洛夫、瘂弦、张默、辛郁、杜十三、罗英和名现代所艺术家张永村、洛贞以及名音乐家李泰祥等艺文人士近百人。北京也于去年十二月六日为出版的八本系列书，在北京大学举行罗门、蓉子新书发表研讨会。由北京大学中国语言研究所、清华大学中文系、海南大学、中国艺术研究院中国文化研究所、中国社会科学出版社、《诗探索》编辑部与海南日报社共同筹办。会议由北京大学中国语言研究所所长谢冕教授主持，到会有著名诗人学者和批评家邵燕祥、刘湛秋、张同吾、丁国成、朱先树、郑敏、任洪渊、杨匡汉、古继堂、谢冕等六十多人，非宣读与罗门、蓉子作品有关的论文及《诗探索》同仁相互对谈诗与艺术。会后两人并应邀在北大中文系演讲、座谈，又和《诗探索》同仁相互对谈诗与艺术。

●诗人写意

蓉子的美丽诗世界

吴　浩

这是去年4月24日晚间。台湾诗学季刊同仁宴请诗人罗门伉俪，庆祝他们结婚40周年，席间，罗门仍然高谈诗与现代人的困境问题，而蓉子，脸上漾着笑意，温婉娴雅，如一朵馨美的青莲。

一个月以后，在罗门作品研讨会的现场，罗门甚至忍不住起身发言，惯常的激昂与信念之坚执，而蓉子，时而振笔疾书，时而望着台上的主讲者，静静地，似乎全不理会眼前的激辩，她『完成自己于无边的寂静之中』。

这是我所认识的蓉子吗？如果是，那么我所不认识的蓉子呢？多少年来，我见她亲切友善的招呼着年轻的爱诗人，不论是在灯屋，或是在有诗的聚会里，她给你一种温柔的力量去面对人世的波涛，以及诗路上的诸多挫折。

蓉子是『五四』女儿，合当是属于诗的。从1953年出版《青鸟集》迄今，含选集在内总计有十五本诗集了，佳评不断，甫出版的萧萧所编的《永远的青鸟——蓉子作品评论集》，完整铺陈了蓉子的美丽诗世界。

在最近出版的诗作精选集《千曲之声》中，蓉子如是说道：『诗在达到艺术表现技巧的同时，也必须流溢出真实人性的慧悟与灵思』诚然，『千曲』以『无声』到『有声』，正是一个澄澈的慧悟与灵思。她总是以此化成诗行，自我袒现，并藉此而更积极关怀天地自然、生命以及人性的总总。悲欢离合。

□ 羅門蓉子12本系列書出版發表會，由詩人余光中教授主持（右起第三位）、香港大學黃德偉教授（右起第二位）與詩人向明（右起第一位）擔任引言人。

□ 羅門蓉子和與會的「燈屋」多年老友合照（前排左起：師大林綠教授。後排左起：美加州大學張錯教授、新加坡大學王潤華教授、香港大學黃德偉教授）

羅門作品研討會，由青年寫作協會理事長林水福教授主持（左第一位）

左起：新加坡大學前文學院院長王潤華教授、台灣大學張健教授、中央大學李瑞騰教授。

左起：詩人林燿德、台大前文學院長朱炎教授、文化大學尹玲教授。

左起：詩人管管、作家應平書女士、師大林綠教授、詩人張默。

會場開會情形（對面拍攝）

會場開會情形（背面拍攝）

左起：作家封德屏女士、蓉子羅門。

左起：李瑞騰教授夫婦、詩人蕭蕭夫婦。

左起：詩人向明、詩人白靈夫婦。右起：詩人尹玲。

用餐鏡頭。

□ 羅門蓉子結婚四十年紀念，文史哲出版社出版兩人12本書，詩學季刊社仝人，特於四月十四日晚歡宴詩人羅門蓉子。

☐ 羅門蓉子文學創作座談會，在北京大學舉行，由北大文學研究所所長謝冕主持開幕禮（左起：北大中文系主任費振剛教授、海南大學前文學院院長周偉民教授、謝冕教授、名詩人鄭敏教授、蓉子、羅門、社會科學出版社社長王俊義教授。）

☐ 北京大學中文系主任費振剛教授代表校方贈送羅門蓉子紀念禮物。

448

謝冕教授致開會詞（左起：任洪淵教授、周偉民教授、謝冕教授、鄭敏教授、蓉子）

社科院文學研究所所長張炯教授發言，（左起：社會科學出版社社長王俊義教授、北京大學嚴家炎教授、張所長、名詩人劉湛秋、海南日報副刊主任黃宏地）

右起：嚴家炎教授、評論家楊匡漢先生、羅門、蓉子…

會場開會情形

與會者：左起 海南大學文學院院長閻廣林、評論家古繼堂先生、暨南大學潘亞暾教授、南開大學崔寶衡教授、日籍北大高級訪問學者藤井省三教授、清華大學王中忱教授、詩人任洪淵教授。

與會者第一排左起：「詩探索」雜誌評論家劉福春先生、中國作協「詩刊」社評論家朱先樹先生。第二排左起：「詩探索」雜誌評論家楊匡漢先生、海南大學唐玲玲教授。

右起：名詩人邰燕祥先生

左起第三位北京大學後現代名
學者王岳川教授。

右起：名詩人、詩理論家、
北京師大任洪淵教授

起立者：評論家北京大學洪子誠教授。

第一排右起：清華大學王中忱教授、
日籍北京大學高級訪
問學者藤井省三教授

右起第二位社會科學出版社助理總編
輯、評論家白燁先生。

左起：海南大學周偉民教授、
　　　北京師大鄭敏教授。

站立者：海南大學唐玲玲教授。

右起：南開大學崔寶衡教授、評論家
　　　古繼堂、劉福春先生。

右起：北京大學汪景壽教授。

左起第三位暨南大學潘亞暾教授。

站立者：博士班研究生女詩人林祁。

452

名詩人劉湛秋　　北大博士研究生陳旭光　海南大學文學院院長閻
　　　　　　　　　　　　　　　　　廣林教授、清大羌濤。

中國藝研院文化所研究　北京大學博士班研究生　北京大學博士班研究生
員易丹女士　　　　　高秀芹女士　　　　　林祁女士。

左起：詩人、北京大學訪問學者　女作家、中國社科院文學所副
李漢榮，王俊義教授。　　　　研究員黎湘萍先生。

羅門會後在北京大學講詩

蓉子會後在北京大學講詩

「詩探索」雜誌訪談（前排右起：北大博士班研究生陳旭光、女詩人蓉子、北大博士研究生高秀芹、北大博士研究生林祁；後排右起：社會科學出版社文學室副主任萬小器、詩人羅門、詩人臧棣、首都師大吳思敏教授、評論家劉福春、華中師大周金聲教授）

456

編後記

編　後　記

　　羅門、蓉子是不需要多介紹的，而這本集子各位學者與評論家的高見，也具現在他們的文章之中，自然不必由我續貂，來個甚麼編後記。未料當我編完這本書後，心中卻興起不少感慨，似乎又可以寫上一筆。

　　我記得我與羅門是在一九六二年認識的；想一想，已經快四十年了。羅門喜歡跑書店，當時我在一家書店任職，所以很快的我便和羅門、蓉子兩夫妻認識了。我對羅門過人的才華和創作精神都非常佩服，對他印象很深。可惜，自一九七一年起，我離開原來的工作崗位，開始經營自己的出版事業，所以便和羅門失去了聯繫。

　　就這樣，二十年過去了。直到一九九一年，羅門忽然打電話來商議出版事誼，這就是後來本社所出版的第一本有關羅門、蓉子創作世界的評論專著－《日月的雙軌》。我素來敬佩他們的創作才華以及對詩歌真情執著的精神，當然很樂意出版研究他們夫妻作品的學術論文集，也因這本書我們才得以續緣，從此我開始出版他們伉儷的創作和評論集，其中，最值得紀念的是一九九五年，為了慶祝他們結婚四十週年，我出版了羅門創作大系十冊，也出版了蓉子的《千曲之聲》和蓉子的評論集《永遠的青鳥》。到了今天，本社已經出版他們的作品和對二人的專業研究共二十本了。

　　從一個出版社的角度看，文史哲能夠有幸替兩位重要詩人服務，自然感到非常光榮。但是每次我伏案編閱的時候，我心中總有一份欣悅的感覺。因為我心裡想到讀者也將和我一樣，可以分享羅門、蓉子的成就，詩壇也將呈現一片美麗的天空。其實，中國現代詩壇出現不過百年，今天能夠產生像羅門伉儷這樣高的文化成績，真是很值得中國人驕傲。

　　不過，對我個人而言，這二十本書，還是非常不足。稍改李易安的話，

若用二十本書來乘載四十年的交往，自然真像「雙溪」蚱蜢舟，載不動許多「情」。多少個清夜，我們沏清茗而談心，借杜康以解憂；總之，促膝長談，天南地北，主客皆歡。這許多許多又豈是這些書冊所可以盡表的呢！

我感到當我一邊編輯這本集子，其實一邊也在編織我和羅門伉儷的情誼。我希望羅門、蓉子不斷創作下去，我亦能一直編下去：編著我們的書，編著我們的情…

彭正雄 民國八十六年九月五日識於臺北